MULTICULTURAL SOCIETY AND HEALTHY

다문화사회와 건강

김동옥 · 강경숙 · 김원종 · 김희연 · 이미자 · 이상민
이정숙 · 장성림 · 차지은 · 함혜연 공저

정문각 JMK

머리말

12월의 대학 캠퍼스는 분주합니다. 학생들은 학기말 시험과 취업을 준비하고 교직원들은 한 해를 정리하는 여러 업무에 마음이 바쁩니다. 그 분주함 속에서 외국어가 들립니다. 겉모습만 보아도 외국인일 것 같은 이들도 있고, 겉모습은 우리와 비슷하지만 그들의 언어를 통해 외국인임을 인지할 수도 있습니다. 이런 광경들은 우리 사회에 많은 외국인 유학생들이 있음을 실감하게 합니다. 이미 산업체가 많은 도시에서 외국인 노동자들을 만나는 일은 일상이 되었으며, 지방의 농·어촌에서도 우리의 일손을 돕는 많은 외국인들을 볼 수 있습니다.

대한민국이 민주주의와 시장경제의 눈부신 발전을 맞이한 1980년대 이후 우리나라에 체류하는 외국인 수는 급증하였습니다. 급격한 도시화로 인해 성비 불균형을 맞이한 농촌에서는 결혼적령기 남성들이 외국인 여성들과 결혼하는 사례가 증가했습니다. 산업의 고도화로 인해 3D 업종에 종사하려는 내국인의 감소는 이를 대체하기 위한 외국인 노동자의 증가로 이어졌습니다. 그리고 2000년대 이후 대한민국의 발전은 한류와 K-팝 열풍을 세계에 전파하면서 많은 수의 외국 유학생과 관광객을 한국으로 불러들였으며, 이는 북한 주민들에게도 영향을 미쳤습니다.

우리나라에는 2023년 말 기준으로 2백 50만여 명의 외국인이 체류하고 있습니다. 체류 외국인들은 삶의 많은 시간을 우리나라에서 보내기도 하고, 짧은 시간만을 우리와 함께 하기도 합니다. 그리고 일부는 귀화라는 절차를 통해 '우리'가 되기도 합니다. 하지만 '우리'가 되는 과정은 결코 순탄하지 않습니다. 과거로부터 내려오는 한민족의 이미지와 문화적 관습은 보수와 진보의 관념처럼 어우러집니다. 그리고 그 안에서 화합과 저항이 발생하기도 합니다. 이미 서구 선진국가들에서는 이러한 과정을 겪어왔으며, 이를 자신들만의 방식으로 해결하기 위해 노력 중입니다. 그리고 그 상황이 우리에게도 닥쳤습니다.

다문화사회는 인종과 종족이 문화적으로 다원화된 사회입니다. 이는 기존 내국인의 문화가 외국인의 문화를 흡수하기도 하고, 이 둘이 양립하기도 하며, 때로는 새로운 문화가 창출되기도 합니다. 중요한 것은 그 과정을 이해하고 그 결과가 갈등과 대립이 아닌 화합과 공존의 시간이어야만 한다는 것입니다. 이를 위해서 우리는 다문화사회의 형성과정과 사례를 통한 변화과정, 그리고 현실의 직시와 미래에 대한 대비를 함께 해야 합니다.

그런 마음가짐으로 이 책을 저술하였습니다. 본 저서는 총 10개의 장으로 구성되었습니다. 제1장 '다문화사회의 이해'에서는 기존까지 논의되었던 다문화사회와 다문화주의의 개념에 대해 알아보고, 국제이주의 경향성과 우리나라의 다문화사회 형성과정을 살펴봅니다. 제2장 '인권과 다문화사회'에서는 다문화사회를 이해하는 기본원칙인 인권과 인권의 중요성, 이를 위한 국제인권규범 등을 공부합니다. 제3장 '다문화 이론'에서는 다문화사회를 이해하기 위한 다양한 이론들과 모델들에 대해서도 알아봅니다. 제4장 '다문화 관련 법과 정책'에서는 우리나라의 다문화 관련 법 및 다양한 다문화 정책 등을 소개합니다. 제5장 '외국의 다문화 정책'에서는 우리보다 먼저 다문화사회를 맞이했던 주요 선진국들의 다문화 정책을 알아봅니다.

제6장 '우리나라의 다문화 구성원 현황'에서는 체류외국인, 결혼이민자, 북한이탈주민, 난민, 유학생 및 다문화가족 등 현재 우리의 다문화사회 상황을 돌아봅니다. 제7장 '다문화사회와 건강'에서는 이민과 건강의 관련성 및 다문화사회 구성원의 건강관리를 살펴봅니다. 제8장 '다문화 역량'에서는 문화적 역량 개념을 통해 다문화사회를 준비하기 위해 우리들이 갖추어야 할 역량에 대해 알아봅니다. 제9장 '다문화 교육'에서는 다문화 교육의 개념을 통해 다문화사회를 대비한 교육이 어떻게 이루어져야 할지에 대해 공부합니다. 그리고 제10장 '다문화사회의 환경변화와 발전방향'에서는 국제 이민 환경의 변화를 알아보고 미래의 다문화사회를 대비한 제도적 발전방향을 논의합니다.

대한민국이 다문화사회로 가는 결말은 이미 정해졌습니다. 중요한 것은 그 종착점이 언제인가보다는 그 과정이 어떠한가라고 생각합니다. 따라서 다문화사회로 가는 과정에서도 우리는 차별과 배제가 아닌 화합과 공존의 모습을 보여주어야 합니다. 부족하지만 본 저서가 이를 위한 작은 바탕이 되길 희망합니다.

본 저서가 출간되기까지 많은 열정과 수고를 아끼지 않은 저자분들과 아낌없는 지원을 해주신 정문각 김재민 대표님과 많은 관계자 여러분들께 진심으로 감사드립니다.

2024년 12월

저자 일동

차 례

5장 외국의 다문화 정책 105

6장 우리나라의 다문화 구성원 현황 139

7장 다문화사회와 건강 171

>> CHAPTER

01

다문화사회의 이해

학습목표

1. 다문화사회의 개념을 이해할 수 있다.
2. 다문화주의의 개념을 이해할 수 있다.
3. 국제이주의 경향을 이해할 수 있다.
4. 우리나라 다문화사회의 형성과정을 설명할 수 있다.

01 » 다문화사회의 개요

우리나라는 한국전쟁 이후 급격한 경제성장을 이루었으며 이러한 변화는 산업구조와 더불어 인구구조에도 영향을 미쳤다. 우리나라의 베이비붐 세대(1955~1974년 사이에 출생한 인구)는 경제성장에 크게 기여하였으나, 이전 세대에 비하여 낮은 출산율을 기록하였다. 따라서 국내의 노동력은 대부분 3차 산업 위주에 집중되었고, 그 결과로 우리나라의 1차 · 2차 산업은 노동력 부족에 시달리게 되었다. 그리고 이러한 현상은 모자라는 노동력을 채우기 위하여 외국에서 노동인구가 유입되면서 결과를 낳았다.

1980년대 중반부터 외국인 노동자의 한국 이주가 증가하기 시작하였으며, 2000년대 이후 농촌에 남아 있던 남성들의 국제결혼이 증가하였다. 또한 발전된 한국을 배우기 위한 외국 유학생의 유입과 더불어 북한이탈주민도 꾸준히 증가하고 있는 추세이다. 이러한 다문화사회로의 진입은 현재 우리나라 사회의 주요 관심사로 떠오르고 있다.

그러나 우리나라는 단일민족이라는 정통성을 오랫동안 유지해 왔으므로 다문화사회로의 이행은 쉽게 받아들여지지 않았다. 테일러(C. Taylor, 1992)는 다문화주의를 "문화적 다수집단이 소수집단을 동등한 가치를 가진 집단으로 인정하는 인정의 정치"라고 정의하였는데, 여기서 '인정의 정치(politics of recognition)'란 다수집단이 소수집단의 문화적 가치가 그대로 공존하여 유지 또는 전승되도록 적극적인 조치를 취하는 것을 의미한다. 이것은 단지 소수집단이 다수집단의 권리를 침해하지 않으면서 그 사회 내에서의 공존을 허락한다는 소극적인 의미가 아니라, 다수집단이 소수집단의 문화가 존속할 수 있도록 조치를 하는 것까지를 포함하는 적극적인 개념이라고 할 수 있다. 그렇다면 과연 우리는 지금 '인정의 정치'를 하고 있다고 할 수 있을까?

한편 트로퍼(H. Troper, 1999)는 다문화주의를 충족하기 위하여 세 가지 조건을 언급했는데, 첫째는 인종, 민족, 문화적으로 다원화된 인구학적 현상이 존재하는 것이다. 둘째는 사회문화적 다양성을 가치 있게 여기고 긍정적으로 인식하며 존중하려는 사회적 이념이 공유되는 것이며, 셋째는 사회문화적 다양성을 보호하고 인종, 민족, 국적에 따른 차별과 배제가 없이 모든 개인이 형평성과 평등한 기회를 가질 수 있도록 보장하는 정부의 정책이 있어야 한다는 것이다.

이러한 세 가지의 다문화주의 요건 중 인구학적 측면에서 우리나라는 이제 다문화사회에 진입했다고 말할 수 있다. OECD에서는 다문화사회의 인구학적 정의를 한 나라의 전체 인구 중에서 체류 외국인이 차지하는 비중이 5% 이상인 경우라고 하였는데, 2011년 기준 우리나라에 체류하는 외국인 수는 1,395,007명으로 당시 인구의 약 2.75%였다(법무부, 2012). 이후 2020년에는 우리나라 총 인구수 51,829,023명 중 외국인 수는 2,059,900명으로 전체 인구의 3.97%를 차지하였는데(법무부, 2021), 2024년 7월 기준으로 우리나라 총 인구수는 51,751,065명이며, 체류 외국인은 2,616,007명으로 전체 인구의 5.05%를 차지하고 있다(법무부, 2024).

우리나라의 체류 외국인의 증감 추세를 살펴보면, 코로나19(COVID-19)가 유행하기 전인 2019년까지는 지속적으로 증가하였으나, 코로나 팬데믹의 여파로 인해 2020~2021년에 감소하였다. 이후 2022년부터는 코로나19의 유행이 줄어들면서 국가 간 인구이동 또한 활발해지며 다시 증가하기 시작한 것으로 나타났다(〈그림 1-1〉).

학문적 측면에서 다문화사회는 개인적 · 사회적 · 제도적 관점에서 논의되고 있는데, 이를 간단히 설명하면 다음과 같다.

- **개인적 관점**: 이주민들의 인구학적 특성, 이주 원인, 정착 과정에서의 문제점 등
- **사회적 관점**: 이주민들의 사회 적응 방법, 적응 시 발생하는 마찰, 갈등, 문제점 등
- **제도적 관점**: 이주민들의 적응에 미치는 법적 · 제도적 영향요인 등

특히 최근에는 제도적 관점에서 이주민들을 한국 사회의 일원으로서 받아들이기 위한 노력이 지속되고 있는데, 이러한 변화는 한국 사회의 저출산 · 고령화에 대한 심각한 위기 인식이 확대되어 나타난 변화라고 할 수 있다. 2007년에 제정된 「재한외국인 처우 기본법」에서는 외국인정책의 수립 및 추진 체계, 재한외국인 등의 처우, 국민과 재한외국인이 더불어 살아가는 환경 조성을 강조하였으며, 2008년에 제정된 「다문화가족지원법」에서는 다문화가족 지원을 위한 기본계획의 수립, 다문화가족정책위원회의 설치, 다문화가족지원센터의 설치 및 운영, 실태조사 등을 법제화하

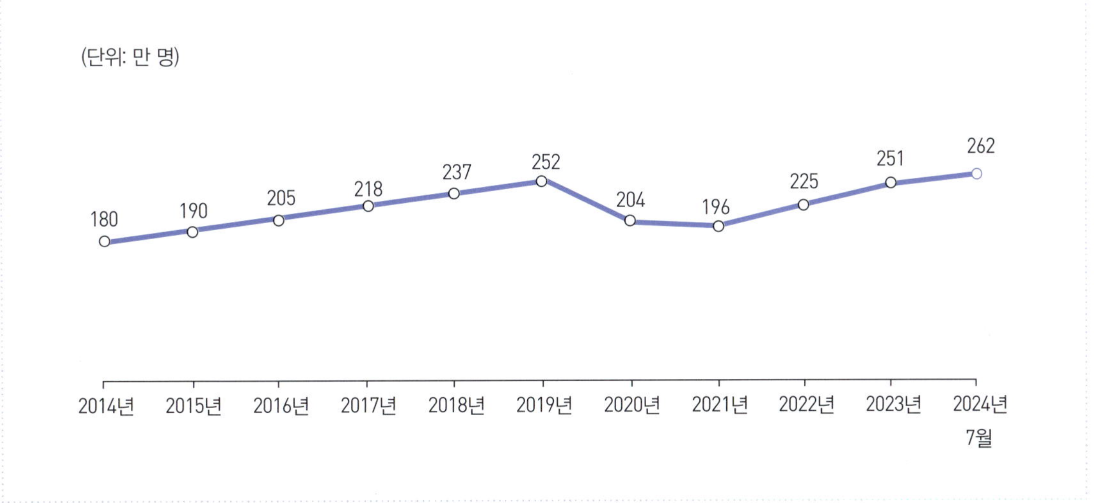

그림 1-1 우리나라 체류 외국인 증감추이(2014~2024.7)

※ 자료원: 법무부 출입국 · 외국인정책본부(2024). 출입국 · 외국인정책 통계월보(2024년 7월호).

여 다문화사회를 위한 제도적 실천을 위해 노력하고 있다.

또한 2010년부터는 보건복지부에서 주관하던 청소년 및 다문화가족을 포함한 가족기능을 여성가족부에서 이관받아 다양한 정책 및 프로그램을 운영하고 있으며, 2023년부터는 '제4차 다문화가족정책 기본계획(2023~2027)'이 시행되고 있다. 제4차 다문화가족정책 기본계획(2023~2027)은 '다문화가족과 함께 성장하는 조화로운 사회'를 비전으로 하여, '다문화 아동 · 청소년의 동등한 출발선 보장'과 '다문화가족의 안정적 생활환경 조성'을 목표로 한다. 또한 ①다문화 아동 · 청소년 성장단계별 맞춤형 지원, ②결혼이민자 정착주기별 지원, ③상호존중에 기반한 다문화 수용성 제고, ④다문화가족정책 추진기반 강화의 네 가지 대과제를 설정하고, 이를 달성하기 위한 다양한 정책들을 시행하고 있다(관계기관 합동, 2023)

2023년 기준으로 우리나라의 다문화가구는 총 415,584가구이며, 이는 전체 가구의 1.89%를 차지하고 있다. 같은 해 기준 결혼이민자수는 172,899명이며, 다문화가구에 속한 구성원을 포함한 다문화 인구는 1,191,768명으로 지속적으로 증가하고 있다(국가통계포털, 2024). 결혼이민자수의 증가는 당연히 다문화가구와 다문화 인구의 증가로 이어지며, 특히 다문화가구의 자녀들은 성장하여 대학 진학, 취업, 결혼 및 군 복무 등 자연스러운 삶의 과정들을 영위할 것이다. 이렇듯 다문화가족은 우리나라의 미래를 함께 이끌어갈 구성원으로서 기능하고 우리와 함께 살아갈 것이므로, 차별과 소외의 대상이 아니라 포용과 공존의 대상으로 바라보는 시각을 길러야만 한다. 더불어 정부와 국가는 다양한 다문화 정책을 제도화하려는 노력을 지속적으로 기울여야 할 것이다.

1) 다문화사회의 개념

다문화사회(multicultural society)란 인종이나 종족, 문화적으로 다원화되어 있는 사회로 소수집단 문화의 경계, 내국인 문화와 이주민 문화의 경계를 넘어서 서로의 문화를 가치 있게 여기고 존중하는 사회를 말한다. 다문화사회는 미국처럼 국가를 구성할 당시부터 다양한 민족과 인종이 모여진 사회도 있지만, 사회가 구성된 이후에 경제적 · 사회적 차원에서 다른 인종의 이주민이 유입되어 구성된 다문화사회도 있다. 특히 후자의 경우엔, 기존의 내국인과 이후 유입된 이주민 간의 문화적 갈등 등으로 사회문제가 발생하기도 하는데, 다문화가족으로 인해 증가하는 사회문제를 예방하기 위한 법과 제도를 만들고 그들을 위한 다양한 서비스를 제공하기 위해 노력하는 사회가 다문화사회의 긍정적인 방향이라고 할 수 있다. 즉 다문화사회는 하나의 제도권 안에서 여러 유형의 이질적인 문화의 상호교류를 통하여 형성된 사회이다.

최근에 우리나라에서도 외국인 노동자, 결혼이민자, 유학생, 북한이탈주민 등의 증가로 다문화사회에 대한 논의가 활발하게 전개되고 있으며, 관련 법과 제도, 정책 등에도 많은 관심을 기울이고 있는 중이다. 하지만 일반적으로 여러 개의 문화가 하나의 사회 내에 공존한다고 해서 다문화

사회라고 정의할 수는 없다. 즉 다문화사회는 문화의 공존 형식을 이해하는 것이 중요하다. 이는 서로 다른 문화나 민족, 인종이 자신들만의 고유한 형태를 유지하면서도 하나의 조합을 이루어야만 다문화사회라고 볼 수 있는 것이다.

그리고 최근에는 이러한 다문화사회에 대한 개념이 확장되고 있다. 19세기 인류학자 타일러(E.B. Tylor)는 문화(culture)를 "지식과 신념, 예술, 도덕, 법률, 관습과 사회의 한 구성원으로서 인간이 습득하게 되는 여러 능력들과 습관들의 복합체"라고 정의하였으며, 일반적으로 그 시대를 살아가는 사람들의 일상적 생활 형태 등의 삶의 방식으로까지 확장하여 포괄적인 의미로 규정한다(고길섶, 2000). 즉 '다문화'에 대한 개념을 단일성과 통일성의 차원에서 논의하는 것에서 벗어나, 현실에서 사람들이 삶을 살아가는 형식 및 모습에 주목하는 것이다. 이는 원주민과 이주민 간의 관계에 주목하는 것을 넘어서며, 다양한 사람들의 생활방식(lifestyle)이 포괄적으로 문화를 수용하고 포용하는 사회가 바로 다문화사회라고 할 수 있는 것이다.

일반적으로 문화적 차이는 인종적 또는 민족적 차이에서 기인한다고 알려져 있다. 하지만 우리나라처럼 '단일민족'에 대한 의식이 강한 국가에서도 지역, 성별, 관습, 성장 배경 등이 다를 수 있으므로 문화의 차이가 존재한다고도 말할 수 있다. 따라서 인종이나 민족이 다른, 또는 같은 지역이라도 전통적인 관습의 차이 등으로 구성된 다문화사회는 다양한 하위문화 집단으로 구분할 수 있다(김홍운, 김두성, 2007). 따라서 다양한 문화 집단들에서는 이질적인 문화가 존재하며, 이는 각각의 문화에서 중요하게 생각하는 관심 및 관점 영역이 다르게 나타날 수 있다는 것을 전제한다. 아무리 작은 문화 집단이라도 자기 문화 중심의 사고가 형성되기 때문에 상호 관심 영역 및 생활영역의 확장은 다른 문화와의 의사소통 등에서 새로운 갈등의 원인이 되기도 한다(조기제, 2004).

다문화사회로의 진입은 각 나라마다 조금씩 차이가 있다. 우리나라처럼 단일민족 국가에 이질적인 문화가 유입되는 경우와 처음부터 다양한 인종과 문화가 공존하는 상태에서 시작하는 경우로 나눌 수 있다(김남국, 2005). 우리나라의 경우에는 외국인 노동자의 유입과 국제결혼이 증가하면서 다문화사회로 진입하게 되었다. 지속적인 경제성장과 과학기술의 발전, 사회안전망의 상승은 우리나라는 선진국 반열에 올려놓았으며, 이로 인해 경제적으로 열악한 지역으로부터 인구 유입이 증가하였다. 또한 외국인 노동자를 비롯하여 결혼이주민, 북한이탈주민, 유학생 등 다민족, 다인종의 구성원이 증가함에 따라 다문화사회로 진입하고 있다(김혜순, 2007).

하지만 다문화사회로의 변화는 결코 쉽지 않은 일이며, 우리나라보다 먼저 다문화사회를 경험하고 사회적 통합을 위하여 노력한 국가들에서도 성공한 사례가 많지 않다. 특히 우리나라의 다문화사회는 이민 국가들이나 과거 식민제국들과도 차이가 있다. 미국과 같은 이민 국가들에는 과거 억압받았던 원주민이 존재하며, 과거 식민제국들에는 식민지 주민의 이주에 의한 다양한 민족공

표 1-1 우리나라와 서구의 다문화사회의 특성 차이

구분 \ 내용	이민 국가	유럽 국가	한국
구성	원주민, 다인종, 다민족	다인종, 다민족	동일인종, 단일민족
다문화사회	긴 역사	긴 역사	매우 짧은 역사
민족공동체	발달	발달	소규모
사회 특성	다원사회	다원사회	위계적 사회
경제적 평등	평등과 불평등	평등과 불평등	불평등
다문화갈등	미국의 경우 많음	영국과 프랑스의 경우 많음	큰 갈등 없음

※ 자료원: 황갑진(2015). 한국 다문화사회의 특성과 사회적 갈등. 사회과교육연구, 22(3), 13–29.

동체가 크게 발달되어 있다. 우리나라는 이러한 서구의 다문화사회 국가들과 비교해서 종교적 차별, 이민의 역사와 이민공동체 형성과 갈등이라는 점에서 명백한 차이가 있다. 우리나라는 역사적으로 오랜 시간 인접 지역을 중심으로 이주가 이루어졌으나, 주류사회에의 동화로 최근까지 단일 민족국가를 형성하고 있고, 1980년대 이후 지리적으로 인접한 동아시아에서의 이주가 대부분을 차지하고 있다. 그리고 역사적으로 식민지 지배, 독재정치, 계획적 경제개발정책 등의 경험으로 전반적인 사회 특성이 위계적이며, 식민제국과 같은 이민족공동체도 없었다(황갑진, 2015).

그럼에도 불구하고 우리나라가 미래에는 다문화사회로 변화한다는 사실은 명확하기 때문에 중요한 것은 다문화사회에서의 갈등과 차별을 줄이기 위해 노력해야만 한다. 예를 들어, 호주(Australia)는 다양한 인종으로 구성된 국가이다. 초기 호주에는 영국의 이민자들이 주로 살았으며, 이후 아시아, 유럽 등 다양한 국가의 이민자가 유입되면서 대다수 백인들이 다른 인종과 문화를 가진 사람들을 차별하는 정책을 펴게 된다. 하지만 차별은 국가경쟁력에도 도움이 되지 않을뿐더러 국제사회의 비난도 거세지자 다른 문화들을 배척하지 않고 존중하는 정책으로 바꾸기 시작한다. 이후 호주에서는 차별의 주요 대상이었던 아시아인의 이민을 적극적으로 받아들이고, 정부에서는 이민자들이 차별받지 않도록 법률을 제정하여 이민자들의 안정적인 정착을 도왔다. 특히 호주에서는 매년 3월 21일을 '하모니 데이(Harmony Day)'로 지정하여 다양한 문화적 배경을 가진 사람들이 한데 어울리는 행사를 진행하고 있다(교육부, 2015).

이처럼 다문화사회로의 성공적인 진입은 다양성 존중 및 타 문화에 대한 상호 이해가 우선시 되어야 한다는 것이다. 따라서 우리는 한국 다문화사회의 특수성을 인정하고, 인권 옹호와 차별의 철폐, 차별과 갈등을 초래하는 사회적 원인에 대한 탐색과 분석 및 교육 등이 이루어질 수 있도록 노력해야 할 것이다.

2) 다문화주의의 개념

다문화주의(multiculturalism)는 "사회적 소수집단의 정체성과 문화적 이해를 공공영역에서 적극적으로 인정하려는 일련의 흐름"으로 정의할 수 있으며(김남국, 2005), 문화적 다양성을 장려하는 생각이나 정책을 말한다. 다문화주의는 1960년대 말 서구의 시민권 운동의 시발점이 되어 1970년대 미국, 캐나다 등의 전형적인 다인종 · 다문화 국가들에서 활발한 논쟁을 불러일으키며 전 세계적인 이슈로 등장했으며, 우리나라에서는 1980년대 말부터 다문화주의에 대한 논의가 시작되었다. 다문화주의는 세계화가 진행됨에 따라 단일민족 국가들이 다양한 문화를 서로 인정하고 교류하기 위해 여러 문화를 존중하고자 하는 이론으로 발전하기 시작하였으며, 최근에는 여성문화, 소수파문화, 비서양문화 등 여러 가지 유형의 이질적인 문화를 제도권 안으로 수용하는 의미로 확장되었다. 현재 우리는 여러 국가의 문화를 자유롭게 접하고 있으며, 세계화로 인한 다문화가족의 증가로 인해 문화의 다양성을 이해하고 수용할 필요성 또한 커지고 있는 상황이다. 따라서 서로 다른 문화에 대한 존중과 문화적 차이에 대한 관용을 중시하는 다문화주의에 관심을 가질 필요가 있다.

다문화주의의 등장 배경으로서는 민주주의의 확산과 다양한 인종의 정체성이 복잡하게 얽혀 있는 국가에서 국민통합 이념(ideology)으로서 그 필요성이 지적된다(강휘원, 2006). 최근에는 국가나 인종, 민족 등의 거시적인 차원에만 국한된 것이 아니라 앞서와 같이 사회 내의 소외계층이나 소수인종, 또는 세대 간 갈등과 성 역할의 차이 등과 같은 미시적인 문제를 포함하고 있기 때문에 하나의 의미로 정의내리는 것은 불가능하다(이용승, 2004).

따라서 학자들마다 다문화주의에 대한 개념은 다양한데, 정상준(1995)은 다문화주의를 "체계적인 이론이나 조직적 운동이라기보다는 특정 사회의 지배적인 문화의 억압으로 인하여 실현되지 못한 다양한 문화적 차이에 대한 인식, 또는 그 차이를 열린 마음으로 인정하고 포용할 수 있는 감수성 배양 및 이 목적을 달성하기 위한 일련의 전략과 행위"라고 하였다. 버토벡(S. Vertovec, 2000)은 다문화주의가 몇 개의 인접한 소수집단의 단위문화가 주류사회의 단위문화를 배경으로 점점이 박혀있는 '모자이크(mosaic)'가 아니라, 다양한 구성요소들이 상호 공존하며 각자의 색깔과 냄새 그리고 고유의 개별성을 그대로 유지하면서도 서로 조화되어 또 다른 통합성을 이루어내는 이른바 '샐러드 그릇(salad bowl)'을 의미한다고 하였다. 이는 다양한 문화 상호간의 이해와 존중, 대화와 신뢰를 바탕으로 전체를 관통하는 다문화적 정체성을 수립하는 것이라고 해석할 수 있다. 이때 다문화적 정체성이란 강제와 배제와는 양립할 수 없는 개념이자 공존을 내용으로 하는 다원적인 국민성을 뜻한다.

다문화주의는 정치 성향이나 정책 방향에 따라 여러 형태로 구분되기도 한다. 마사미 세키네(關

根政美, 1996)는 정부나 사회적 주류사회가 다문화 정책을 시행하는 여러 가지 유형에 초점을 맞추어 다문화주의를 자유주의적, 조합적(corporate), 그리고 급진적(radical) 유형으로 구분하였다. 이를 살펴보면 다음과 같다.

- **자유주의적 다문화주의:** 사회통합을 위해 문화적 다양성을 허용하여 인종집단의 존재를 인정하지만, 시민생활과 공적생활에서는 이를 인정하지 않고 주류사회의 문화, 언어, 사회관습을 따를 것을 요구한다. 소수집단의 사회참여를 위해 국가는 공용어 교육이나 사회제도에 관한 교육에 적극적이며, 소수민족 공동체에 대한 원조도 주류사회에의 적응을 돕기 위한 방편이다.
- **조합적 다문화주의:** 자유주의적 다문화주의보다 다양성에 대한 승인이 조금 더 보장된다. 자유주의적 다문화주의가 기회의 평등을 지향한다면, 조합적 다문화주의는 차별금지에 그치지 않고 사회적 소수자의 경쟁상 불이익을 인정하여 이들의 사회참여를 위한 적극적인 재정적 · 법적 지원을 통해 결과의 평등(equality of result)을 강조한다. 따라서 조합적 다문화주의는 문화적 다양성을 존중하고 소수집단이 처할 수 있는 구조적 불이익을 극복하기 위해 공적영역에서도 다문화방송, 다언어 문서, 다언어 · 다문화 교육 등 다양한 정책적 배려를 시도한다.
- **급진적 다문화주의:** 소수집단이 '자결(自決) 원칙'을 내걸고 문화적 공존을 넘어 소수집단만의 공동체를 지향하는 경우이다. 이는 공동체의 분리 독립이라는 높은 요구수준에서부터 자신들과 관계된 복지, 교육 등의 생활부문에서 정책결정의 자결권을 요구하는 수준까지 그 범위가 다양하다.

다문화주의는 주로 다민족이 모여서 국가를 형성한 미국, 캐나다, 호주 등에서 먼저 논의되었는데, 그 이유로는 다양한 인종집단들이 공존하면서 그만큼의 다양한 욕구들이 충돌하였기 때문이다. 이러한 다양한 집단들의 욕구 충돌은 4가지 유형으로 구분할 수 있다(김남국, 2005). 첫째, 사회적 주류를 형성하고 있는 기존 시민들의 입장에서 이들은 자연적으로 새로운 이주자들에 의하여 발생하는 일상생활에서의 충격이나 노동시장에서의 경쟁의 심화, 전통 문화에 미치는 영향을 우려한다. 그리고 이 새로운 이주자들이 그들이 선택한 새로운 사회의 규칙과 관습, 생활양식 등을 존중하고 적응해 줄 것을 기대하는 보존욕구를 가지고 있다. 동시에 새로운 이주자들이 잘 정착할 수 있도록 그들을 도우려는 인간적인 노력과 심정적 유대감을 통하여 그들이 주류사회에 잘 동화되기를 바라는 동화욕구를 가지고 있다. 둘째, 이주자들 역시 그들 나름의 두 가지 욕구를 가지고 있다. 그 하나는 이주자들이 주류사회로부터 자신들의 인종과 문화에 관계없이, 기존 시민들과 동등한 자격을 갖는 보편적인 한 개인으로서 오직 자신들의 능력으로 평가받기 원하고, 그 결과에 따라 새로운 사회의 주류집단에 참여하고 성취하기를 원하는 동화욕구를 가지고 있다. 반면, 동시에 새로운 사회에서도 소수집단의 일원으로서 자신들의 문화적 정체성이 인정받기를 원

표 1-2 다문화사회의 욕구 충돌

	기존 시민	새로운 이주자
동화 욕구	이주자들에게 심정적 유대감과 주류사회에 신속히 적응 · 동화하도록 정착을 도우려는 인간적인 동정과 노력을 보임	기존시민으로부터 자신들의 인종과 문화에 관계없이 한 개인으로서 인정 받기를 원하며, 주류집단에 참여하고 받기를 성취하기를 원함
보존 욕구	이주자들이 새롭게 선택한 주류사 회의 규칙과 관습, 생활양식을 존중하고 적응해 줄 것을 기대	소수집단의 일원으로서 자신들의 문화적 정체성을 인정받기를 원하고, 자신의 문화와 전통을 유지하기를 원함

※ 자료원: 강휘원(2006). 한국 다문화사회의 형성 요인과 통합 정책. 국가정책연구, 20(2), 5-34.

하고, 자신들의 문화와 전통을 유지하려는 보존욕구를 가지고 있다. 이러한 상충되는 욕구들을 정리하면 〈표 1-2〉와 같다.

이처럼 다문화주의는 다양한 문화적 배경을 가지고 있는 다민족 · 다인종 국가에서 사회적 규범의 기준이 되는 핵심 가치라고 할 수 있다. 다원화되어 가는 사회에서 사회적 다수와 사회적 소수 또는 기존 시민과 새로운 이주자들이 함께 공존할 수 있는 사회구성의 원칙을 찾는 일은 현재 우리 사회가 광범위한 토론과 성찰을 통하여 풀어가야 할 중요한 과제 중의 하나라고 할 수 있다.

02 » 다문화사회의 형성과정

1) 국제이주의 경향

과거부터 인간은 자신이 살던 지역을 떠나 다른 곳으로 이동하였다. 자신이 태어난 곳에서 익숙하지 않은 장소로의 이동은 다양한 경제적 · 정치적 · 사회적 요인 등에 의해 이루어졌으며, 다시 돌아오거나 아니면 그곳에서 삶을 지속하였다. 이런 흐름은 특히 20세기 이후에 두드러졌는데, 기본적으로 교통과 통신의 발달로 인해 국가의 경계와 문화의 차이가 과거에 비해서 낮아졌기 때문이라고 할 수 있다. 이러한 현상을 우리는 세계화(globalization)라고 부르며, 이는 경제적 · 사회적 관계 속에서 이젠 서로가 서로를 의시하나 실아갈 수 밖에 없는 시대가 되었음을 사람들이 뚜렷이 인식하고 있음을 의미한다.

국제이주기구(International Organization for Migration, IOM, 2010)는 국가 간 대규모 이주의 원인을 과학기술의 발달(정보통신의 획기적인 발달 및 교통수단의 발전), 국제적인 탈냉전(출국 규제 완화 조치), 세계화에 따른 고용기회의 증가(국가 간 소득 차이에 대한 정보를 쉽고 빠르게 획득) 등으로 지적하였다. 특히 2010년 이후에 국제적 분쟁에 의한 강제이주민이 급격히 증가하였는데, 유엔 경제사회국(United Nations Department of Economic and Social Affairs, UNDESA)에 따르면 2010~2016년까지 전 세계에 6,560만 명의 강제이주민이 발생하였다.

대규모의 국제이주의 경향을 살펴보자면, 우선 1970년대 초까지의 국제이주는 노동 이주 중심이었기 때문에 주로 남성이 많았다. 제2차 세계대전 이후 과학과 경제발전은 많은 노동력을 필요로 했고, 선진국들은 높아진 자국민의 임금 수준을 대체하기 위해 대규모의 값싼 노동력을 외국으로부터 받아들이기 시작했다. 따라서 노동 이주는 처음에는 중공업이나 건설업 등에서 필요로 하는 젊은 남성 중심으로 이루어졌고, 기혼남성들도 처음에는 홀로 이주하는 경우가 많았다. 하지만 젊은 남성이 현지에서 결혼을 하거나, 기혼남성들이 자신의 가족을 이주시키는 형태가 나타나면서 다문화가족이 형성이고 이것이 발전하여 다문화사회가 만들어졌다(Bohning, 1984).

그리고 최근에는 여성 이주자의 수도 증가하고 있는데, 특히 여성 이주자의 경우에는 남성에 비하여 가족 전체가 이주하는 경우가 많기 때문에 다문화사회로의 변화가 과거보다 빨라질 수 있는 가능성을 높인다. 그리고 1980년대부터는 미혼여성의 단독 이주도 증가하기 시작하였다. 여성의 이주 목적은 주로 경제적인 도움을 위한 것이 많지만, 자신이 속한 사회 내에서의 불평등한 위치 때문이기도 하다. 주로 가부장적인 사회구조 내에서 엄마나 아내로서의 기대와 책임 및 억압으로부터 벗어나서 자신의 삶을 주체적으로 살기 원하는 여성들의 증가는 국제이주의 원인으로 작용하기도 한다. 예를 들어, 아일랜드 여성들의 영국으로의 이주, 국가가 정책적으로 국제이주를 장려하는 필리핀의 경우, 그리고 자국 내 인력 증강을 위하여 인센티브를 제공하는 정책을 편 미국 등이 있다(강경희, 2015).

21세기 이후부터는 가사노동자의 이주가 활발해지기 시작하는데, 이는 세계화에 따른 경제구조의 변화로서 금융업 등이 발달한 글로벌 도시들이 증가하면서 나타났다. 이런 도시들에서는 다양한 전문직 종류가 증가하고 이에 대한 가사노동자의 수요가 발생하였다. 처음에는 북미와 서유럽 중심으로 가사노동자의 수요가 증가하였고, 이후 남유럽 국가에서도 많은 가사노동자를 필요로 하고 있다(IOM, 2024). 우리나라의 경우에도 서울시와 고용노동부에서는 2024년 9월부터 '외국인 가사관리사 시범사업'이라는 이름으로 필리핀 출신의 가사노동자를 고용하기 시작하였다. 이 사업은 내국인 돌봄종사자가 감소하고, 점차 고령화되는 상황에서 돌봄비용의 증가 때문에 원치 않게 경력이 단절되거나 출산 자체를 포기하는 양육자를 위해 마련되었다. 가사관리사는 아동돌봄 및 가사서비스를 제공하며, 이들은 풀타임 · 파트타임 등 이용가정의 상황에 맞는 다양한 유형의 서비스를 제공한다(서울특별시, 2024).

IOM(2024)에 따르면 국제이주민은 2000년 세계 인구의 2.8%에 달하는 약 1억 5천만 명에서 2024년에는 3.6%인 2억 8천1백만 명으로 증가하였다. 같은 기간 난민(refugee) 수는 1천4백만 명에서 3천5백4십만 명으로, 국내 실향민(Internally Displaced Persons, IDPs) 수도 2천1백만 명에서 7

천1백4십 만 명으로 각각 증가하였다. 국제이주민 중 어린이 비율은 같은 기간 16.0%에서 10.1%로, 여성 이민자 비율은 47.5%에서 48.0%로 감소하였다. 전체 이주민의 성별 추이를 살펴보면, 2000년에는 남성 50.6% 여성 49.4%였는데, 2020년에는 남성 51.9%, 여성 48.1%로 여전히 남성이 여성에 비하여 약간 높은 비율을 보였다(〈표 1-3〉, 〈그림 1-2〉).

국제이주는 적도기준으로 인구비율이 높으면서 경제수준이 낮은 남부지역에서 저출산 현상을 나타내고 있는 북부지역으로의 이주가 가장 많고, 최근에는 여성 이민자가 비례해서 증가하고 있다. 아시아 지역의 아동 이민자도 늘어나는 추세로, 20세 이하의 아동 이주는 1990년 전체 이민자의 18.6%에서 2019년에는 13.9%로 낮아졌으나, 아시아 지역에서는 오히려 각각 10%대에서 15%대로 증가하였다. 같은 문화권과 종교를 가졌거나 지역적인 근접성으로 인해 근접 국가 간 이주가

표 1-3 국제이주민 주요 현황(2000, 2024)

구분	2000년	2024년
국제이주민 수(세계 인구 대비 비율)	1억 5천만 명(2.8%)	2억 8천1백만 명(3.6%)
국제이주민 중 여성 비율	47.5%	48.0%
국제이주민 중 어린이 비율	16.0%	10.1%
이주노동자 수	–	1억 6천9백만 명
난민 수	1천4백만 명	3천5백4십만 명
국내 실향민 수	2천1백만 명	7천1백4십만 명

※ 자료원: IOM(2024). World Migration Report 2024.(재편집)

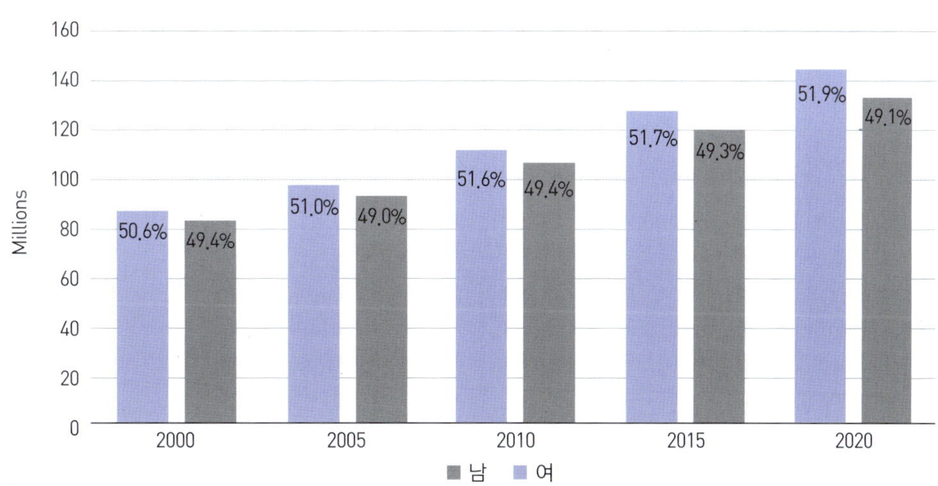

그림 1-2 국제이주민의 성별 변동추이(2000~2020)

※ 자료원: IOM(2024). World Migration Report 2024.

많으며, 최근에는 방글라데시, 미얀마, 네팔, 인도네이사, 필리핀 등의 주요 국가로부터 우리나라를 비롯한 일본, 싱가포르로의 이주가 많다(IOM, 2022).

또한 2021년 기준으로 국제이주민을 가장 많이 받아들이는 나라는 미국, 독일, 사우디아라비아, 러시아, 영국 순이었으며, 국제이주민의 송출국가로는 인도, 멕시코, 러시아, 중국, 시리아 순이었다(〈그림 1-3〉).

이주란 한 지역의 문화와 경험, 그리고 전통에서 점점 다른 문화와 함께하는 과정에서 탈영토화와 혼성화가 이루어지며 지역이나 국가 간에 상호의존성을 지니게 된다. 그렇기 때문에 송출국이나 수용국 모두가 그 차이를 인정하며 다양성을 존중하는 게 우선이다. 즉 이주민들의 다양한 문화를 수용하여 그들이 단지 우리 사회에 필요한 기술이나 노동력 측면에서만 유용한 것이 아니라, 그들과 함께 어우러지는 다양성이 곧 우리 사회의 지속가능성을 유지하고 사회발전에 기여할 수 있음을 인식하는 것이 필요하다.

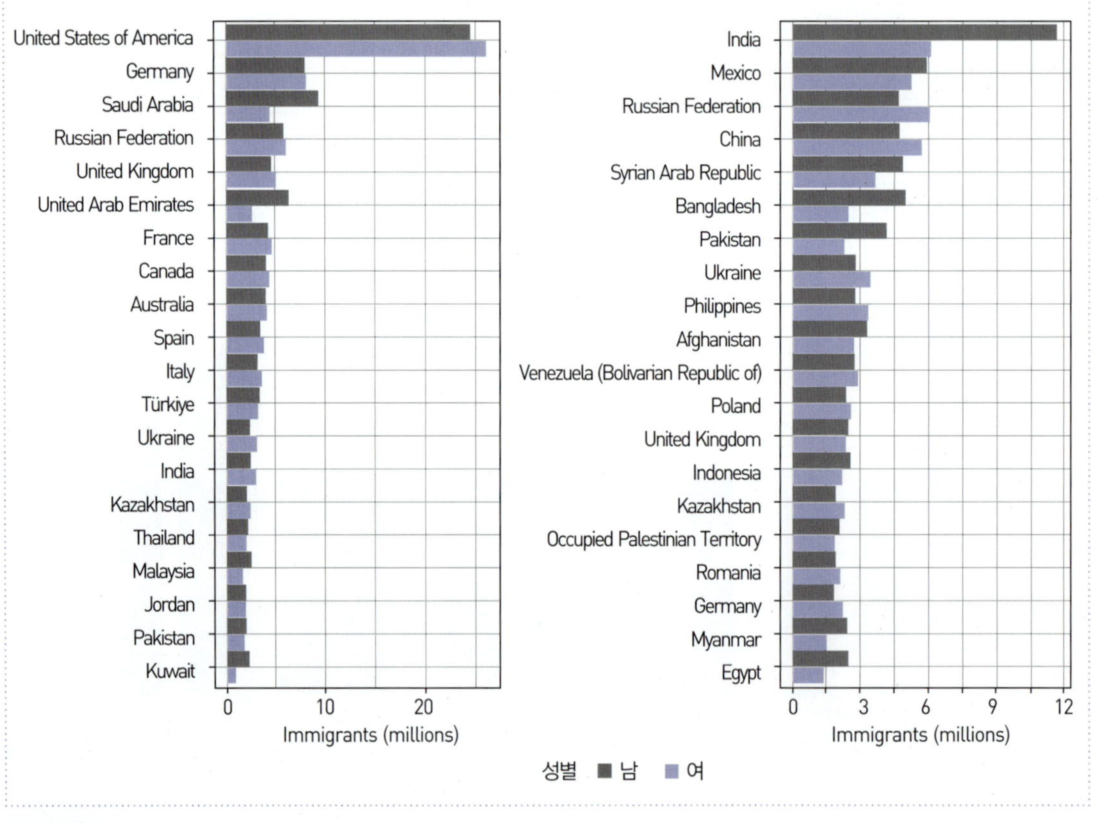

그림 1-3 성별에 따른 국제이주민의 송출국(우측)과 수용국(좌측) 순위

※ 자료원: IOM(2024). World Migration Report 2024.

2) 우리나라의 다문화사회 형성과정

단일문화를 강조하던 우리나라는 영국, 독일, 프랑스와 같이 비교적 동질적인 문화를 가졌던 국가가 자본과 노동의 세계화에 따른 이주노동자 등과 함께 다문화사회를 맞이하였다. 이는 1988년 서울올림픽 개최 이후에 한국의 경제발전 상황이 세계적으로 널리 알려지면서 저개발국가의 외국인 노동자들이 우리나라로 유입되기 시작하며 발생하였다. 특히 1991년에 법무부 훈련이 제정되면서부터 외국인 노동자의 국내 진출이 더욱 증가하였는데, 1990년대 초 5만여 명에 불과했던 외국인 노동자 수는 이후 지속적으로 증가하여 2010년에 46만 명, 2019년에는 53만 명까지 늘어났다. 하지만 코로나19 이후인 2020년에 39만 명, 2021년에 34만 명으로 감소하였다(법무부, 2021). 이후 코로나19의 완화로 인해 2022년에 44만 명, 2023년에는 52만여 명으로 증가하고 있다(법무부, 2024).

1990년대 이후 활성화된 한국인과 외국인의 국제결혼은 현재까지 꾸준한 증가추세를 보이고 있고, 2014년 이후에는 초청인의 소득요건 및 주거요건 등 결혼이민에 대한 요선을 상화하여 건전한 국제결혼 문화가 지속적으로 안정화되고 있다. 국제결혼은 2004년에 3만5천 건에서 지속적으로 증가하다가 2020년과 2021년 코로나19로 국가간 이동이 제한되면서 신규로 입국하는 결혼이민자의 증가 추세가 다소 정체되었다. 하지만 감염병 관련 방역조치가 해제되어 완전하게 일상을 회복한 2023년에는 결혼이민자가 전년대비 3% 이상 증가하여 2023년 기준 174,895명에 이르고 있다(법무부, 2024).

우리나라에서 다문화사회와 다문화주의에 대한 논의가 시작된 것은 2000년대 이후부터이다. 1970년대까지는 외국인에 대하여 노동 시장을 개방하지 않는 분위기였으나 우리나라 국민들이 중소기업이나 노동 현장을 기피하기 시작하면서 부족한 인력이 생겨나기 시작하였으며, 1988년 서울올림픽 개최 이후 한국 사회가 해외에 널리 알려지게 되었다. 이후 외국인 노동자가 증가하면서 정부 및 학계에서 외국인 노동자 유입에 대한 활발한 논의가 시작되었다. 처음에는 정부 각 부처에서 찬성과 반대의 시각이 존재하였으나, 1991년부터 외국인 산업연수생제도가 도입되며 외국인 노동자의 유입이 본격화되었다. 1993년에는 외국인 연수생 수입 방침을 공식화하여 이에 따라 중소기업의 인력난은 어느 정도 해소되었다. 그러나 산업연수생제도는 외국인 노동자를 '노동자'가 아닌 '연수생'으로 편법적으로 활용하려는 정책으로, 노동관계법의 보호를 받기 어렵고 연수생의 작업장 이탈과 이에 따른 불법체류자를 양산하였다. 이에 1995년 이후 외국인 지원단체 및 정부 내 특정 부처에서도 '고용허가제'로의 변화를 모색하기 시작하였다(이혜경, 2007).

이처럼 정부가 외국인 노동자에 대한 제도를 근본적으로 개선하지 못하고 미봉책에 매달리는 동안 2002년 말 전체 외국인 노동자 가운데 불법체류자의 규모가 80%에 달하게 되었고, 더 이상 불법체류 외국인의 문제를 방치할 수 없게 되었다. 이에 2003년 「외국인근로자 고용 등에 관한 법률」이 제정되어, 2004년 8월부터 '고용허가제'가 종전의 '산업연수생제도'와 병행되어 실시되다가 2007년 1월부터 '고용허가제'로 일원화되었다. 이렇듯 우리나라의 외국인 노동자들의 정착 과정에서 한국 국민으로의 권리를 획득하도록 하는 개방적 정책이 아니라 산업연수생제도 등의 편법을 사용하여 이들의 정주화를 막는 폐쇄적 정책을 펼친 것으로 보인다. 이는 이후 외국인 노동자들의 노동권 및 인권 문제 등을 발생시키며 우리 사회의 사회적 이슈로 상정되어 다문화사회로의 이전을 위한 정책적 의제로 부각되었다.

우리나라의 결혼이민자에 대한 정책은 1990년대 후반부터 이들이 집중되던 몇몇 지자체를 중심으로 모색되다가, 2000년대 들어서는 중앙정부의 각 부처가 산발적 · 즉자적으로 대응하였다. 이는 1990년대 이후 우리 사회에서 국제결혼이 크게 증가하였는데, 2005년 전체 결혼의 14%, 농촌지역 결혼의 34%가 국제결혼이라는 것이 조사되면서 사회적 이슈로 부각되었기 때문이다. 1997년 충청남도청에서는 이들에 대한 실태조사를 실시하여 이를 바탕으로 정책적인 방안을 모색하기 시작하였으며, 이후 강원도 여성정책실, 충청남도 여성정책개발원, 전라북도 여성발전연구원 등 다른 지방자치단체에서도 해당 지역 내에 있는 여성 결혼이민자 가족에 대한 실태조사를 바탕으로 이들에 대한 정책을 제안하기 시작하였다. 이러한 분위기 속에서 보건복지부는 2005년에 중앙정부 차원에서 실태조사를 실시하였으며, 이를 통해 이들이 복지의 사각지대에 있음이 밝혀졌고 2006년 4월에 이들에 대한 지원대책을 발표하였다(이혜경, 2007).

국제결혼이 증가하자 이들에 대한 중앙정부 차원에서의 첫 번째 정책은 법무부의 「국적법」 개정이었다. 우리나라의 국적법은 당시까지 부계혈통주의를 원칙으로 하고 있었다. 이러한 국적법은 1997년 11월에 전면적으로 개정되어 1998년 6월부터 시행되었는데, 개정된 내용 중 국제결혼과 관계가 있는 것은 두 가지였다. 하나는 국제결혼으로 인한 자녀의 국적이 과거의 부계혈통주의에서 부모양계주의로 바뀐 것이었으며, 다른 하는 국제결혼으로 인한 국적취즉에 있어서 남녀차별적인 요소를 폐지한 것이다. 우선 과거의 국적법에서는 국제결혼으로 인해 자녀가 출생하였을 때, 그 자녀는 아버지의 국적만 따르도록 하였으나, 개정된 국적법에서는 어머니의 국적도 취득할 수 있어서, 자녀가 22세 이전에 이중국적 가운데 하나를 선택할 수 있게 되었다. 그리고 과거에는 외국인 여성은 한국인 남성과 결혼하는 즉시 한국 국적을 취득할 수 있었으나, 1998년 개정된 국적법에서는 이들도 외국인 남성과 마찬가지로 결혼 후 국내체류 기간이 2년이 지난 후에야 귀화를 신청할 수 있게 되었다. 따라서 1998년에 개정된 국적법은 남녀차별적인 요소를 재선한다는 취지도 있으나, 법 개정의 이면에는 외국인 여성의 위장결혼을 막는다는 의도가 더 강했다고 평가된다. 이후 법무부는 국제결혼 결혼의 간이귀화 요건을 완화하는 방향으로 수차례 국적법을 부분적으로 개정하고 있다.

한편 보건복지부는 2004년 12월부터 2005년 6월까지 국제결혼 이주여성에 대한 실태조사를 실시하여, '국제결혼 이주여성에 대한 실태조사 및 보건 · 복지 지원 정책방안'을 발표하였다. 이 조사를 통해 국제결혼 가정에 대한 여러 가지 문제점이 발견되었지만, 가장 중요한 것은 이들이 외국인이란 이유로 기초생활수급권자에서 배제되고 있다는 점이었으며, 이러한 문제점은 2007년 1월부터 시정되었다.

정부는 2006년 4월 이후 '여성결혼이민자 가족의 사회통합 지원대책', '혼혈인 및 이주자 지원방안',' 외국인 정책 기본방향 및 추진체계' 그리고 「재한외국인 처우 기본법」 등을 발표하였다. 이 중 '외국인 정책 기본방향 및 추진체계'에서 불법체류 외국인의 인권보호란 과제를 포함하고는 있으나, 대부분의 정책에서 그 주요 정책대상은 합법체류 외국인과 결혼이민 여성 및 그 자녀와 가족 등임을 명확히 하고 있다. 그리고 이러한 정책들의 비전과 목표는 열린 다문화사회라고 할 수 있다.

이러한 일련의 정책들은 정부의 외국인 정책 즉 이민정책이 과거 경제일변도의 '인력정책'에서 벗어나, 경제는 물론 사회문화적인 측면까지 아우르는 '다문화 정책'으로 나아가게 된 것이고, 이러한 변화에 영향을 미친 요인들은 다음과 같다(이혜경, 2007).

첫째, 국내 체류 외국인의 규모 증가 등 전문인력과 외국인 투자자 등 인구의 자유로운 이동이 가속화되고 있으므로, 폐쇄적인 이민정책은 더 이상 현실적인 정책이 아니라는 인식이 증가하였다.

둘째, 급속한 저출산과 고령화로 경제활동인구는 감소하고, 국민의 고학력화로 3D 업종 및 소규모 사업장 기피현상으로 외국인 노동자 수요가 꾸준히 증가하고, 향후에도 지속적으로 증가할 것이라는 전망 때문이다.

셋째, 체류 외국인의 다양화와 양극화(전문인력과 단순노무인력 간, 불법체류자와 합법체류자 간)로 각 집단별로 다양한 문제와 요구가 대두하였다. 정부는 일단 외국인 노동자의 유입이 시작되면 정주화는 피할 수 없는 현실이라는 사실을 다른 국가의 사례와 우리의 경험을 통해 인식하게 된 것이다.

넷째, 2005년 11월 초에 일어난 프랑스 이민자 소요사태를 통해 정부는 국내 체류 외국인의 사회적응 지원과 통합정책의 중요성을 인식하게 되었다. 따라서 기존의 외국인 출입국 · 체류관리, 난민인정, 영주 · 국적제도 등의 기존업무와 외국인의 사회적응지원, 사회통합 등과 같은 새로운 정책의제를 포괄할 수 있는 "외국인 정책"의 패러다임 모색이 이루어진 것이다.

이후 정부 차원에서 결혼이주민들을 한국 사회에 통합시키려는 정책은 지속되어 2008년에 「다문화가족지원법」이 제정되었으며, 이 법은 다문화가족 구성원이 안정적인 가족생활을 영위하고 사회구성원으로서의 역할과 책임을 다할 수 있도록 함으로써 이들의 삶의 질 향상과 사회통합에 이바지함을 목적으로 하고 있다. 특히 이 법은 외국인 노동자와 결혼이민자에 대한 통제적인 정책에서 벗어나 다문화사회로의 변환 시점에서 이해와 소통을 통한 차별과 편견에서 벗어나고자 하는 다문화 정책으로의 전환을 시사하기 때문에 의미가 있다고 할 수 있다.

한편 우리나라의 다문화사회 형성과정에서 향후 중요하게 고려해야 하는 부분은 북한이탈주민과 관련된 것이다. 북한이탈주민이란 군사분계선 이북지역(북한)에 주소, 직계가족, 배우자, 직장 등을 두고 있는 사람으로서 북한을 벗어난 후 외국 국적을 취득하지 아니한 사람을 말한다(「북한이탈주민의 보호 및 정착지원에 관한 법률」 제2조). 1990년대 대홍수 등 식량난이 심하게 되자 북한주민들은 중국, 러시아 등으로 탈출을 하였으며, 1990년대 중후반부터는 한국으로의 이주가 증가하기 시작하였다. 북한이탈주민의 입국은 1998년 947명에서 2006년 2천 명 이상으로 증가하였고, 2011년 2천7백 6명을 정점으로 2019년까지는 1천 명대였다. 이후 코로나19로 2020년에는 229명, 2022년에는 67명으로 급감하였다가 2023년에는 다시 196명으로 증가하였다(〈표 1-4〉).

2023년 12월 말까지 국내에 들어온 북한이탈주민은 총 3만 4,078명이며, 이 중 여성이 2만 4,536명으로 전체의 72%를 차지하고 있다. 국내에 들어온 때의 연령을 기준으로 30대가 29%(9,771명)로 가장 높고, 20~30대가 전체의 57%(19,397명)이다. 특히 2023년 국내에 들어온 196명의 북한이탈주민은 전년 대비 3배 가까이 늘어난 수치이며, 이는 코로나19 상황 개선으로 중국 내 및 국가 간 이동 제한이 어느 정도 완화되었기 때문으로 해석된다. 특히 주목할 점은 크게 2가지 인데, 먼저 외교관이나 주재원, 유학생 등 이른바 '엘리트층'의 탈북이 10명 이상으로 크게 늘었다는 점이며 이는 2017년 이후 가장 높은 수치이다. 대북 제재 강화 등에 따른 재정난으로 북한 당국이 재외공관들을 철수시키는 과정에서 북한체제로 복귀하는 것에 큰 부담을 느껴 탈북하였을 것으로 보인다. 다음은 젊은 층인 2030세대 이른바 'MZ세대'의 탈북이 다시 늘었다는 점으로, 2023년 국내에 입국한 북한이탈주민의 50% 이상이 'MZ세대'이다. 북한 체제에 반감이 크고 외부 영상물 등에 관심이 많은 이들은 한국 드라마 등 외부 영상물 시청으로 외부 세계를 접할 기회가 많아, 이러한 사실들이 탈북 동기로 이어진 것으로 보인다(통일부, 2024).

2000년대를 지나면서 북한 주민의 탈북 이유가 달라지기 시작하였으며 그 양상에도 많은 변화

표 1-4 최근 10년간(2014~2023) 북한이탈주민 입국 현황

(단위: 명)

구분	'14년	'15년	'16년	'17년	'18년	'19년	'20년	'21년	'22년	'23년
남	305	251	302	188	168	202	72	40	35	32
여	1,092	1,024	1,116	939	969	845	157	23	32	164
합계	1,397	1,275	1,418	1,127	1,137	1,047	229	63	67	196

※ 자료원: 통일부(2024). 2024 통일백서.

가 있었다. 북한 주민들이 북한을 탈출하는 원인으로는 2000년 이전에는 개인적 신상과 북한의 경제난, 식량난 등과 같은 그들 자신의 생존을 위한 탈북이었으나, 그 이후에는 외부세계의 정보 유입과 확산, 국경지역 경비대의 군기강 해이, 중국 조선족 민간단체의 지원 등이 원인으로 대두되고 있다. 또한 여성 이주와 가족 동반 이주가 증가하였는데, 2002년부터는 여성 입국자 수가 증가하여 남성보다 숫자가 더 많아져 남녀 비율이 역전되는 현상이 나타났다. 여성 비율이 2002년 55.3%에서 계속 증가하여 2010년 75.4%, 2018년 85.2%까지 증가하였다.

우리나라 정부는 1997년 「북한이탈주민의 보호 및 정착지원에 관한 법률」을 제정하여, 북한이탈주민을 우리나라 국민으로 받아들이는 동시에 자립 및 자활을 할 수 있도록 돕는 등의 다양한 정책적 지원을 시행하기 시작하였다. 이 법률에 따라 '귀순'의 개념이 '북이탈'로 바뀌었으며, 통일부는 2005년에 '탈북자'라는 용어가 부정적인 인식을 심어줄 수 있다는 취지에서 '새터민'으로 변경한다는 발표를 했다. 하지만 탈북단체에서 새터민이라는 용어를 부정적으로 생각하여 문제 제기를 하였고 이에 '북한이탈주민'이라는 용어를 현재는 공식 명칭으로 사용하고 있다. 2012년에는 북한이탈주민정착지원사무소 시설을 확충하고 여러 가지 특화된 프로그램을 수행하였으며, 특히 여성특화교육을 강화하여 심리적 안정 및 건강회복 지원을 강화하고자 노력하였다. 그 이후에도 여러 차례 법률 개정을 통해 북한이탈주민의 정착지원을 강화 및 확대하였다. 2006~2008년에는 이혼특례 조항을 신설하였고, 2009년에는 청소년 · 학교 등 지원근거를 마련하였다. 2017년 영농지원 근거 마련, 2018년 대안학교 지원확대 근거 마련, 2019~2021년 신변보호 및 보호결정제도를 개선하였다.

이처럼 북한이탈주민의 우리 사회 정착을 위해서는 이들을 긍정적으로 바라보는 개인들의 인식 개선도 중요하며, 이와 더불어 정부의 정책적 차원에서의 지원도 절실하다. 정부는 현재 북한이탈주민과 지역사회 주민이 자연스럽게 접촉하여 서로 이해하고 소통하는 다양한 프로그램을 마련하는 등 상호이해를 바탕으로 북한이탈주민을 포용하는 사회적 환경 조성을 위해 노력하고 있다. 특히 북한이탈주민의 위기사례 발굴, 예방 및 자원 연계, 서비스 이력 등을 관리할 수 있는 '북한이탈주민 통합지원시스템'을 개발하여 2024년부터 운영하고 있는 등 북한이탈주민을 다문화사회의 일원으로서 포함시키기 위한 노력을 지속하고 있다.

다문화사회와 건강

>> CHAPTER

02

인권과 다문화사회

학습목표

1. 인권의 특성과 원칙을 이해할 수 있다.
2. 국제인권규범을 나열할 수 있다.
3. 다문화사회에서 인권의 중요성을 설명할 수 있다.

01 » 인권의 개념

인권(人權, human rights)은 인간의 가치와 존엄성이 침해되는 상황을 정의롭게 개선하려는 인간의 부단한 노력으로 형성되고 발전되어 온 개념이다. 평등한 권리를 갖는 인간의 범위도 그러한 노력을 통해 확장되었고, 인권을 바라보는 시각 역시 시대적 조건에 따라 변화해왔다. 인권을 보호하고자 하는 의지가 국제적으로 확인된 계기는 모순적이게도 유대인을 비롯해 집시, 장애인, 성소수자 등이 나치 정권과 그 협력자들에 의해 체계적으로 집단학살당한 역사적 비극을 목도한 후였다. 이러한 참극이 되풀이되지 않도록 하기 위해, UN은 1948년 세계인권선언을 채택하였다.

세계인권선언은 이전부터 각 나라별로 발전되어온 인권기준을 국제적인 차원에서 처음으로 집대성한 것으로, 인류 모두의 존엄과 권리에 대한 최소한의 보편적 기준을 담고 있다. 세계인권선언은 오늘날 사회권과 자유권이라고 부르는 다양한 인권을 포괄하고 있으며, 이후 국제사회는 UN을 통해 사회권, 자유권, 인종차별, 고문, 여성차별, 아동, 이주노동자, 장애인, 강제실졸 등 다양한 분야에 대한 국제인권규약을 발전시켜왔을뿐더러, 수많은 국가의 헌법에 영향을 미쳤고 각국의 기본권의 근간을 구성해왔다.

우리나라 「헌법」도 제10조에서 '모든 국민은 인간으로서의 존엄과 가치를 가지며, 행복을 추구할 권리를 가진다. 국가는 개인이 가지는 불가침의 기본적 인권을 확인하고 이를 보장할 의무를 가진다'고 선언하고, 이하 제37조까지 평등의 원리, 자유권, 참정권, 사회권, 청구권 등을 규정하고 있다.

인권은 모든 사람은 성별, 연령, 인종, 피부색, 출신 민족, 출신 지역, 장애, 신체조건, 종교, 언어, 혼인, 임신, 사회적 신분, 성적지향, 정치적 또는 그 밖의 의견 등에 관계없이 인간으로서의 존엄성을 가진다는 가치에서 비롯된 것이다. 모든 사람을 자율성을 가진 평등한 인격체로 존중하고 공정하게 대우하는 것이 인권의 바탕을 이룬다. 인권은 매우 일상적인 개인들 사이의 관계에서부터 학교, 일터 및 공공기관 등에서 일어나는 일까지 우리 생활의 매우 다양한 면들과 관계가 있다.

이런 측면에서 다문화사회와 인권은 깊은 관련성을 맺고 있다. 우리 사회에서 이주노동자, 결혼이민자 등은 차별 등과 관련하여 소위 취약계층이라고 할 수 있다. 이들의 인권을 보장 · 보호하는 것은 헌법적 요청이자 시대가 요구하는 바이기도 하다. 소수자의 인권이 보장되고 차별없는 사회로 나아가는 것은 사회적 갈등의 완화라는 관점에서, 또는 관용과 다양성 보장이라는 관점에서 더욱 좋은 사회로 나아갈 수 있는 계기가 될 수 있다. 즉 우리나라 헌법의 근본적 가치에 해당하는 인간의 존엄과 가치가 보장되고, 평등권이 이들에게도 실현되도록 하는 것은 헌법이 우리 사회에 대하여 요구하는 최소한의 요청이며, 근본적 가치에 해당된다고 할 수 있다. 이것이 한 국가 내에서 다양한 문화가 존재하고 문화 사이의 갈등과 투쟁이 전개된다고 하더라고 헌법적 원칙과 가치들이 훼손될 수 없는 이유는 여기에 있다고 할 것이다.

이처럼 인권은 국가의 정책뿐만 아니라 국제관계를 규정하는 주된 규범이 되고 있으나, 인권의 규범과 현실의 괴리는 여전히 존재하고 있다. 따라서 본격적으로 다문화사회에 진입하고 있는 상황 속에서 우리는 다문화사회와 다문화주의의 근간을 이루는 인권의 특성과 원칙, 그리고 이를 보호하기 위한 국제적 규범 등을 살펴보고, 이를 우리들의 삶 속에서 어떻게 실천할 수 있는지를 고민해야만 할 것이다.

1) 인권의 특성과 원칙

인권은 '세계인권선언' 이후 반세기를 넘는 세월을 통해 국제적인 발전을 거듭해왔고, 그 과정에서 여러 가지 특성과 원칙이 만들어졌다. 인권의 특성 중 하나인 모든 인간의 자유와 존엄성에 대한 내용은 '세계인권선언' 제1조를 통해 명문화되었다. 또한 그 외에도 1993년 '비엔나 인권선언 및 행동계획'을 비롯한 다양한 국제협약을 통해 인권의 특성과 원칙이 규정되었다.

(1) 인간의 존엄

인권은 인간이라는 이유만으로 향유할 수 있는 권리이다. 세계인권선언은 인간이 태어날 때부터 부여받은 자유롭고 기본적인 존엄을 갖고 있다는 천부적 특성을 강조한다. 인권은 바로 이러한 인간의 자유와 인간 본연의 고유한 존엄으로부터 유래함을 인정하고 있다.

가. 자율

자율은 타인의 지배에 놓이지 않고 자신이 추구하는 가치에 따라 자유롭게 삶을 영유하는 것을 의미한다. 자율적인 인간은 타인의 이익을 위해 단순히 봉사하는 대상이라기보다는 자신의 이익과 열망을 통해 이를 추구할 능력을 가진 능동적인 존재이다. 이처럼 인권은 인간의 안전과 자유 및 권리의 보장을 통해 개인의 자율을 존중하고 증진시킨다. 따라서 자율은 인권의 출발점이다.

나. 자유

인간의 존엄성을 실현하고 인권을 보호하기 위해서는 기본적으로 네 가지의 자유가 보장되어야 한다. 첫째는 언론의 자유를 포함한 표현의 자유, 둘째는 종교의 자유를 포함한 사상과 양심의 자유, 셋째는 결핍으로부터 자유, 넷째는 공포로부터 자유이다. 결핍으로부터의 자유는 모든 사람이 인간답게 살 수 있는 조건과 기회를 제공하는 것을 의미하고, 공포로부터의 자유는 누구도 자신의 의사에 반해 강요나 감시를 받지 않고 평화롭고 안전한 삶을 향유하는 것을 의미한다.

다. 민주주의

인간의 존엄성은 민주주의와 자기결정권와 같은 일정한 관념을 함축한다. 민주주의와 자기지배는 공동의 사회적 이익을 추구하는 국가운영과정, 법률의 제정 및 정책결정에 참여할 권리를 전제로 한다. 주로 대표를 통해 간접적으로 참여하지만, 반드시 간접 참여에 국한되는 것은 아니다. 예를 들어, 회합, 행진 및 시위 등의 정치활동 형태와 같은 직접 참여는 민주주의 달성에 중요한 기여를 한다.

(2) 평등한 대우

인권은 인간이면 누구나 향유할 수 있는 보편적인 권리이다. 따라서 지리, 역사, 문화, 정치 · 경제체제 및 사회적 발전단계 등 인간의 외적 조건에 따른 구별은 배제된다. 또한 성, 인종, 나이, 사회적 출신, 신분, 출신 지역, 출신 민족 및 국가, 부(富), 재능, 종교, 사상 등 인간의 내적 조건에 따른 구별 역시 배제된다. 그러나 이러한 평등은 차이를 존중할 때에 비로소 가능할 것이다.

(3) 차이의 존중

인간의 존엄성은 기본적인 기준이 모든 인간에게 적용되어야 한다는 것을 내포하고, 그 기준은 사람들의 공통적인 인간성을 반영한 것이다. 또한 인간의 존엄성은 사람 간의 차이를 인정한다. 개개인이 다른 종교적 · 정치적 신념을 가질 수 있고, 옳고 그름에 대한 판단이 다를 수 있다. 따라서 추구하는 열망과 이해가 다를 수 있다는 것에 대한 인정은 '차이에 대한 인정'의 핵심이다. 인권의 개념은 이러한 차이가 모든 인간이 정치, 상업, 종교 등 각 영역 내에서 시민으로서 다른 사람들과 함께 살아가는 기본적인 조건임을 전제로 하고 있다.

(4) 소수자 보호

모든 사람은 종교적 · 사회적 · 문화적 지위 또는 인종, 언어, 정치적 신념 등에 관계없이 존엄하며, 보편적으로 인정된 인권을 향유할 권리를 가진다. 그러나 소수자들은 종종 무시를 당하거나 차별을 받는다. 수적으로 소수이거나 신분 상 지위가 낮거나 정치적 영향력이 적은 소수자들의 인권은 무시와 억압에 취약하고, 법으로부터의 보호에 있어서 사각지대에 놓이기 쉽다. 또한 사회적 신분, 문화 등과 결합되어 복합적이거나 중첩적인 차별과 박탈을 겪게 된다.

인권 중에서도 평등권은 소수자의 권리를 보호하는 중요한 출발점이다. 평등 및 비차별에 대한 권리는 다수자에 의한 차별로부터 소수자를 보호하는데 있어서 중요한 기여를 한다. 특히 소수자의 평등권을 실질적으로 향유하기 위해 만든 소수자 우대정책(Affirmative Action)은 소수자의 인권 증진에 있어서 중요한 역할을 한다.

또한 소수자의 정체성이 다수자에 의해 유린되지 않도록 하기 위해서는 특별한 보호가 필요한데, 특히 시민적 · 정치적 · 경제적 · 사회적 및 문화적 소외와 배제로부터 벗어나 소수자의 인권이 충분히 향유될 수 있도록 법과 제도를 마련하고 정비해야 할 필요가 있다.

(5) 보편성, 불가분성과 상호의존성

'세계인권선언' 제1조는 모든 인간이 태어날 때부터 동등하다고 선언하였고, 핵심 문구 '모든 사람을 위한 모든 인권'(All Human Rights for All)은 인권의 보편성, 불가분성, 상호의존성과 상호연관성의 특성을 강조하였다. 1993년 '비엔나 인권선언 및 행동계획' 역시 모든 인권은 보편적이고 불가분적이며 상호의존적이라고 천명하였다.

인권의 보편성은 인종, 피부색, 성별, 출신 민족 또는 사회, 종교, 언어, 국적, 연령, 성적 지향, 장애, 기 타 등 어떠한 특징과도 상관없이 누릴 수 있는 권리이며, 모든 사람에게 동일하게 적용됨을 의미한다. 인권의 불가분성이란 전세계 모든 인권의 기반과 강조점은 공정하고 평등하게 다루어야 한다는 원리를 내포하고 있어 서로 나눌 수 없으며, 특정 부류 인권의 우선순위를 정할 수 없다. 따라서 일정한 부류의 인권들이 다른 부류의 인권들보다 우위에 있다고 할 수 없다.

인권의 상호의존성이란 모든 인권이 서로 긴밀하게 연결되어 있어 어느 인권의 향유는 다른 인권의 향유를 전제로 하고, 어느 인권의 실현은 다른 인권의 실현에 기여함을 의미한다. 경제적 · 사회적 및 문화적 권리의 충족은 시민적 · 정치적 권리를 효과적으로 향유하는 전제조건이고, 시민적 · 정치적 권리의 향유는 경제적 · 사회적 및 문화적 권리의 충족을 전제로 한다.

인권의 불가분성과 상호의존성은 경제적 · 사회적 및 문화적 권리의 권리적 성격을 부인하거나 시민적 · 정치적 권리를 우위로 두는 편향성을 극복하고, 주요 인권선언과 국제인권법을 통해 이를 통합적으로 접근하기 위해 노력하고 있다.

(6) 법적 보호

인권은 인간의 존엄성에 대한 본질적인 특성을 확인하는 것이 가능하고 바람직하며, 이러한 특성을 법이나 규칙으로 표현해야 한다는 이념과 긴밀하게 연결되어 있다. 이러한 이념은 인권이 단지 바람직한 것이 아니라 '의무적'이라는 것에 근간을 두고 있기 때문이다. 따라서 인권은 온정과 자비, 형제자매애, 사랑에 호소하는 것을 넘어 법의 일부가 되어야 한다. 또한 인권이 국가에 의해 선언되고 입법부에 의해 확립된 법적 규정에 따라 보호된다고 하더라도, 그것이 효과적으로 보장되지 않으면 안 된다. 인권은 법적규정에 따라 법원에 의해 집행이 가능해야 하고 국가와 정부를 법적으로 구속할 수 있어야 하며, 인권을 보호하기 위한 절차와 구제장치 역시 마련되어야 한다.

(7) 자유와 권리의 한계

인권은 그 특성상 실현하는 과정에서 일정한 제한을 받기도 한다. 예를 들어, 언론보도에서 대중의 알권리와 사생활을 보호받을 권리 사이의 충돌이나 신약개발을 통한 지적재산권과 환자의 생명권 및 건강권 충돌 등이 있다. 개인의 자유와 권리는 첫째, 타인에 대하여 지는 의무에 의해 제한을 받고, 둘째, 타인의 권리와의 관계 속에서 제한받으며, 셋째, 공공이익과 개인의 권리 간의 균형에 의해 제한을 받을 수 있다. 모든 사람의 인권을 만족시키기란 불가능하다.

인권을 실현하는 과정에서 특정 권리를 우선적으로 보호하고, 반대에 있는 다른 권리를 제한해야 하는 불가피한 상황이 종종 발생한다. 이러한 권리의 제한은 국가의 정책을 통해 구체화 되는데, 궁극적으로 공동체 구성원 모두의 인권 보호와 증진을 목표로 한다. 정책 실현과정에서 특정 권리를 보호하고 증진하기 위해 다른 권리를 제한해야 하는 경우가 불가피하게 발생하는데, 이러한 경우에도 최소한의 기준과 원칙을 따라야 한다.

자유는 타인에게 피해를 주지 않는 한 모든 것을 행할 수 있다는데 그 의미가 있다. 그러므로 자유와 권리들을 행사할 때에는 사회의 다른 구성원들에게도 동일한 자유와 권리들의 향유를 보장해야 한다는 제약이 있다. 그 제약은 법에 의해서만 정할 수 있다는 것과 권리 침해에 대한 논란이 발생할 경우 공정한 국가기관에 의한 판단을 받을 수 있어야 한다는 것이 핵심이다.

2) 국제인권규범

(1) UN헌장

인권법 측면에서 UN헌장(Charter of the United Nations, 1945)은 "기본적 인권, 인간의 존엄과 가치, 여성과 남성의 평등한 권리에 대한 신념을 재확인"(전문)하고, UN의 목적 중 하나로 "인종, 성별, 언어, 종교와 관계없이 모든 인간의 인권과 기본적 자유의 존중을 증진하기 위한 국제협력 달성"(제1조 3항)을 규정함으로써 UN을 중심으로 한 국제사회에서의 인권 논의의 확고한 토대를 마련하였다.

(2) 세계인권선언

세계인권선언(Universal Declaration of Human Rights)은 제2차 세계대전 중 인류의 야만적인 범죄에 대한 성찰을 계기로 개인의 자유와 권리를 진술한 문서이다. 모든 인간의 기본적 권리를 존중해야 한다는 UN헌장의 취지를 반영하여 UN 인권위원회에서 작성되었고, 1948년 12월 제3차 UN총회에서 채택되었다. 세계인권선언은 다양한 정치 · 법적 체제, 종교 · 문화 · 철학적 전통에 내재한 공통의 가치 결집을 위한 노력의 산물로서 인권과 기본적 자유의 보편성을 강조하고 있으며, 이후 60개 이상의 국제인권 관련 규범 탄생의 기념비적 역할을 하였다. 하지만 세계인권선언은 법적 구속력이 없고, 권리보장을 위한 국가의 의무가 제시되지 않았으며, 경제 · 사회 · 문화적 권리 분야에 대한 관심은 부족한 것이 주요 한계로 지적되고 있다.

세계인권선언은 전문과 30개의 조항으로 구성되어 있으며, 이를 요약하면 다음과 같다.

① **전문**: 인권 고유의 존엄성 및 평등하고 양도할 수 없는 권리를 인정하는 것이 세계의 자유, 정의 평화의 기초임. 사람들이 폭정과 억압에 대항하는 마지막 수단으로서 반란에 호소하도록 강요받지 않으려면, 법의 지배에 의한 인권 보호가 필요함.

② **인권에 대한 보편적 규정**(제1조~제2조): 존엄성과 권리의 평등, 천부적 자유를 강조함.

③ **시민적 · 정치적 권리 규정**(제3조~제21조): 생명권, 신체의 자유와 안전, 공정한 재판, 언론의 자유, 이전의 자유, 사생활 · 명예 · 신용에 대한 권리, 노예 · 고문 · 자의적인 체포로부터의 자유, 국적권, 성인 남녀의 혼인권, 재산소유권, 사상 · 양심 · 종교 · 집회 · 결사의 권리, 참정권 등을 명시함.

④ **경제적 · 사회적 · 문화적 권리 규정**(제22조~제27조): 사회보장 수혜, 근로의 권리, 직업선택, 정당한 보수, 노조가입, 휴식과 여가, 모자보호, 교육, 자신의 존엄과 자유, 개인적인 발전에 '불가결한' 경제 · 사회 · 문화적 권리 등을 명시함.

⑤ **권리 및 자유실현의 전제(제약) 규정**(제28조~제30조): 세계인권선언 내 권리 · 자유 실현 관련 사회적 · 국제적인 질서에 대한 권리, 공동체에 대한 의무, 타인의 권리와 자유에 대한 존중 등을 명시함.

(3) 비엔나 인권선언 및 행동계획

1993년 비엔나 세계인권회의는 냉전 종식 이후의 국제사회가 인권의 중요성을 재확인하는 계기를 마련하였다. 본 회의 결과로 채택된 비엔나 인권선언 및 행동계획(Vienna Declaration of Programme of Action)은 인권의 보편성과 불가분성(indivisibility) 및 상호연관성을 재확인하였다. 또한 인권증진과 보호가 국제사회의 정당한 관심사(legitimate concern)임과 여성인권이 인권의 불가양적인 일부라는 점을 명시하고, 이 외에도 UN 인권최고대표(High Commissioner for Human Rights) 설치 검토를 권고하였다.

(4) 국제인권협약

도덕적 구속력만을 가진 세계인권선언을 바탕으로 하여 법적 구속력을 가진 기본적이고 보편적인 국제인권법으로 마련된 것이 각각 1966년에 채택되고 1976년에 발효된 '시민적 · 정치적 권리규약(자유권규약)' 및 '경제적 · 사회적 · 문화적 권리규약(사회권규약)'이다. 이들 규약은 세계인권선언과 함께 일반적으로 국제인권장전(International Bill of Human Rights)으로 불리고 있다.

자유권규약과 사회권규약이 인권에 대해 포괄적인 내용을 담고 있는 것과 달리 특정한 주제 또는 집단(group)에 초점을 맞추어 채택된 국제인권협약으로는 인종차별철폐협약, 여성차별철폐협약, 고문방지협약, 아동권리협약이 있다. 이들 4개 협약은 2개 규약과 함께 전통적으로 주요(core) 인권협약으로 지칭되고 있다.

그리고 이들 협약을 보완하는 차원에서 협약 이행 강화를 위한 절차적 성격을 규정하는 5개의 선택의정서(시민적 · 정치적 권리규약 제1선택의정서, 경제적 · 사회적 · 문화적 권리규약 선택의정서, 고문방지협약 선택의정서, 여성차별철폐협약 선택의정서, 아동권리협약 제3선택의정서)와 실질적인 내용을 구체적으로 다루고 있는 3개의 선택의정서{시민적 · 정치적 권리규약 제2선택의정서(사형제 폐지), 아동권리협약 2개 선택의정서(아동의 무력충돌 참여, 아동매매 · 성매매 · 음란물)}가 마련되었다.

이후 기존의 주요인권협약 이외에 이주노동자권리협약, 장애인권리협약, 강제실종협약이 채택

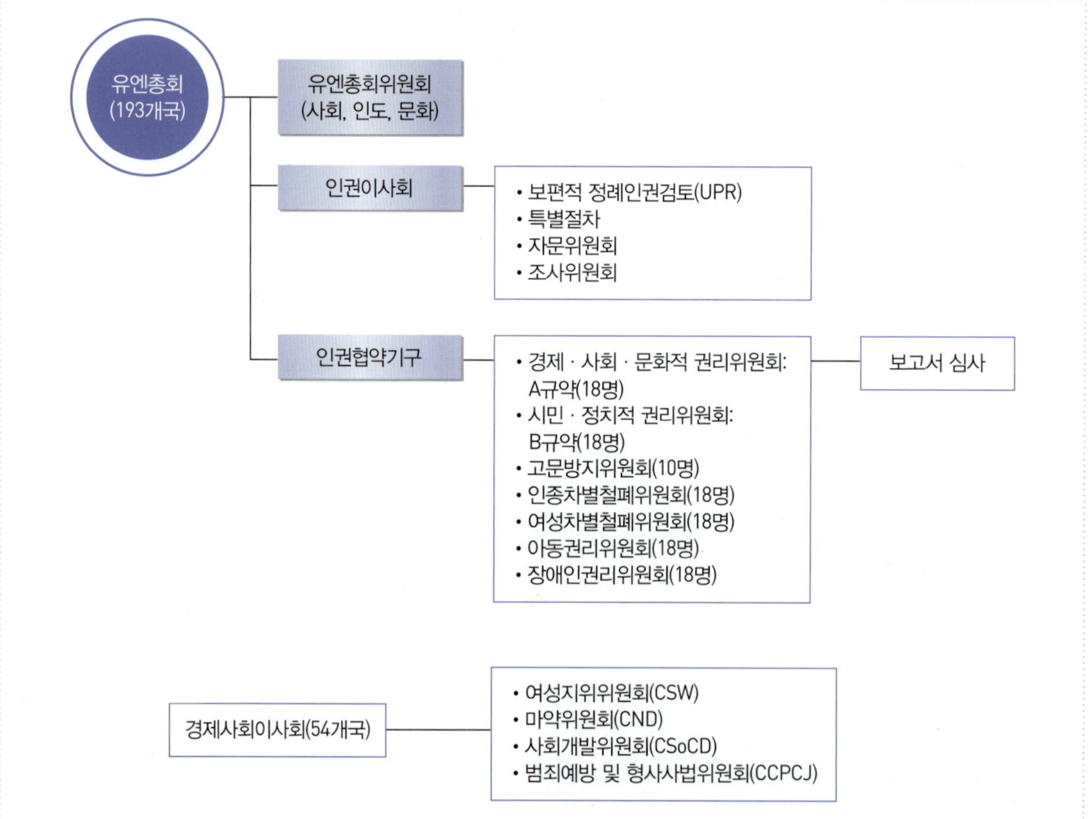

그림 2-1 주요 UN 인권기구

※ 자료원: 외교부 홈페이지 https://www.mofa.go.kr/www/wpge/m_3997/contents.do

되어, 여성과 아동 이외에도 이주노동자, 강제실종자, 장애인과 같은 사회적 취약계층의 권리 보호를 위한 국제적 규범이 새로 마련되었다.

(5) 국제인권 관련 기구

현재 UN총회에는 193개국이 참여하고 있으며, 인권과 관련하여 인권이사회(Human Rights Council), UN총회 3위원회 및 경제사회이사회 기능위원회, 그리고 인권협약기구(Treaty-based bodies)가 활동하고 있다. 특히 인권협약기구는 7대 국제인권협약에 대한 이행 보장 장치로서 이행감시기구를 설립하고 협약당사국이 정기적으로 제출하는 협약 이행에 관한 국가보고서를 심의하고 있다(〈그림 2-1〉).

그리고 주요 인권 NGO로서 국제사면위원회(Amnesty International), 프리덤 하우스(Freedom House), 인권감시(Human Rights Watch) 등이 활동하고 있다.

02 » 인권과 다문화사회

다문화사회를 맞이하여 높았던 국가 간의 경계가 소금씩 완화되면서 세계화의 사람들의 이주 현상은 전 세계가 고민해야 할 국제적인 의제가 되었다. 그러나 이러한 사회적 현상과 더불어 국경을 넘나드는 이주민은 다양한 인권문제에 직면하고 있다. 세계화 시대를 맞이하여 인권은 이제 인류 공동체가 실현해야 할 보편적인 규범적 가치로 받아들여지고 있다. 인권은 개별 국가의 정책뿐만 아니라 가정과 시민사회의 일상, 국제관계를 규정하는 주된 규범으로 정착해가고 있는 것이다. 따라서 인권이라는 가치는 교양의 수준을 넘어 반드시 숙지하고 우선적으로 실천해야 하는 필수적인 가치로 자리잡고 있음을 부인할 수 없다.

그럼에도 불구하고 여전히 이주민에 대한 인권 보장은 낯선 분야일지도 모른다. 대부분의 이주민들은 인종과 문화적 차이 등으로 인해 이주한 국가의 주류사회에 진입하기 힘들고, 이로 인해 인간으로서 누려야할 기본적인 권리조차 보장받지 못하는 인권의 사각지대에 놓여있는 경우가 많다. 이에 국가의 주권과 국경을 초월한 '보편적 인권'이라는 가치를 통해 다문화사회로 접어든 우리 사회에서의 '이주민 인권'에 대해 고민하는 과정은 반드시 필요하다.

1) 인종차별과 인권

다문화사회의 도래와 정부 주도의 다문화 정책을 전개하고 있는 시점에서 인종차별에 대한 이야기는 낯설지도 모른다. 그러나 그동안 진행되어 온 다문화 담론에는 우리 사회의 단일민족의식과 순혈주의가 항상 거론되었고, 이는 인종차별이라는 문제가 가시화되는 토대를 마련하였다고 볼 수 있다. 우리 사회는 오랜 세월 동안 단일민족에 대한 절대적인 신념을 유지해왔고, 그 결과 순수 혈통이 아닌 자들이나 이방인들은 배척해왔다. 그러나 한국인들의 이주민에 대한 차별은 백인에 대한 열등감과 피부색이 짙은 사람들에 대한 우월감으로 드러난다.

인종주의(racism)는 지난 500년간 유럽의 국가들이 식민지를 확대해가며 다른 대륙의 사람들을 지배하고 착취하는 도구로써의 역할을 해왔다. 또한 북아메리카와 오스트레일리아에서 원주민을 멸종시키며, 중남미 · 아시아 · 아프리카의 식민지 사람들을 죽이거나 노예화하고 착취하는 일을 정당화하는 데 사용되었다. 제2차 세계대전 당시에는 독일인들이 약 600만 명에 달하는 유대인들을 대학살하였는데, 이 사건의 기본적인 이념 역시 인종주의이다.

유대인 대학살과 식민지 해방으로 인해 인종차별을 금지하는 국제적 운동이 벌어지고, 인종차별을 금지하는 국가도 많아졌다. 이에 오늘날에는 과거와 같이 노골적인 인종주의적 태도는 받아들여지기 어렵지만, 아직도 많은 사람들은 인종주의적 사고방식에서 벗어나지 못하고 있다. 겉과는 달리 속으로는 황인종이나 흑인종을 무시하거나 경멸하기도 하는데, 이는 인종과 인종 사이에서 벌어지는 경제적 · 문화적 차이 때문이기도 하다. 따라서 인종주의에 대한 이해와 철폐는 우리에게 남아있는 매우 중요한 과제라고 할 수 있다(성상환, 2010).

(1) 인종차별의 개념과 정의

인종차별에 있어서 인종과 피부색의 개념은 중복되는 면이 있는데, 검은 피부를 가진 자에 대한 차별은 피부색 차별의 한 형태라고 할 수 있다. 어둡고 검은 피부의 흑인은 거부하면서, 그보다 밝은 피부색의 흑인을 받아들이는 것 또한 피부색 차별의 한 형태가 될 수 있다.

국내법에는 인종차별에 대한 정의가 없지만, 한국은 '인종차별철폐협약'에 가입되어 있어 자동적으로 국내법으로의 적용이 가능하다. '인종차별철폐협약' 제1조 제1항에서 정의하는 인종차별은 "인종, 피부색, 가문 또는 민족이나 종족의 기원에 근거를 둔 어떠한 구별, 배척, 제한 또는 우선권을 말하며, 이는 정치, 경제, 사회, 문화 또는 기타 어떠한 공공생활의 분야에 있어서든 평등하게 인권과 기본적 자유의 인정, 향유 또는 행사를 무효화시키거나 침해하는 목적 또는 효과를 가지고 있는 경우"이다.

미국 민권법에서는 "인종에 대한 비방, 인종에 관한 농담, 개인의 인종이나 피부색에 대한 공격적이고 모욕적인 언사 또는 인종이나 피부색에 기초한 기타 언어적, 물리적 행동이 위협적이고 적대적이며 공격적인 근로환경을 만들거나 노동을 방해하는 경우"도 인종차별이 된다고 규정하고 있다.

미국은 본래 살고 있던 원주민과 종교적 박해를 피하여 이주해 온 영국의 청교도인들의 갈등과 흑인에 대한 인종차별의 역사가 깊은 나라이다. 인종차별을 불식시키기 위한 방안으로 '반차별 정책(Anti-discrimation Policy)'을 펼쳤지만, 반차별 정책만으로는 인종 간의 실질적인 평등을 이룩할 수는 없었다. 이에 반차별 정책에서 한 걸음 더 나아가 경쟁의 조건을 같이 해주기 위한 정책적 배려로서의 '소수자 우대정책(Affirmative Action)'이 시작되었지만, 이에 대한 긍정적인 효과와 더불어 역차별 논란이 일어나기도 했다.

인종차별과 관련된 다양한 사건들이 있지만 그 중에서도 1955년 12월 몽고메리에서 흑인인 로자 파크스 씨가 버스의 백인 자리에 앉아 있다가 백인 남자에게 자리를 양보하지 않아 체포당하는 사건은 대표적인 인종차별 사례 중 하나이다. 또 다른 사건으로는 주류사회에 대한 LA 흑인 폭동이 있는데, 이는 백인 경찰들이 흑인 청년 로드니 킹을 무자비하게 구타하는 현장이 TV에 공개되면서 일어나게 되었다. 이처럼 미국은 인종차별에 대한 뼈아픈 역사를 간직하고 있으나 이러한 차별을 철폐하기 위한 제도의 개선과 다양한 인종차별 철폐운동을 전개하였다.

(2) 인종주의

인종주의는 다양한 인종집단에 대해 선입견이나 편견을 가진 또는 편협한 태도로 정의할 수 있다. 인종주의는 인종이 다르다는 이유만으로 이루어지는 공적 · 사적 차별 및 신체적 폭력뿐만 아니라 차별적 시선, 태도 등을 포함하는 포괄적인 개념이다. 또한 백인과 흑인 사이의 관계, 더 구체적으로는 백인이 흑인보다 우월하기 때문에 흑인은 차별을 받아도 마땅하다는 신념체계에 기반을 둔다.

그러나 제2차 세계대전 이후 인종에 따라 능력 차이를 부각시키는 모델은 그 기반을 잃었고, 대신 종족(ethnic) 중심의 문화적 차이를 강조하는 형태의 억압이 등장했다. 또한 서구사회를 중심으로 명시적인 인종주의는 감소하였으나 그 대신에 문화적 · 암시적 형태의 인종주의가 증가했다. 프랑스, 네덜란드, 영국을 대상으로 한 연구(Pettigrew & Meertens, 1995, 1997)는 인종주의 사이의 차이에 대한 흥미로운 연구결과를 밝혔다. 즉, 세 국가에서의 편견의 대상은 다르지만, 이주민을 대하는 사람들의 행동은 명시적 · 암시적 척도에 의해 예견될 수 있다는 것인데 그 내용은 다음과 같다.

첫째, 세 나라 모두에서 '명시적 편견'을 보이는 사람들은 이주민들이 본국으로 돌아가기를 원했고 그들의 권리를 제한해야 한다고 하였다. 둘째, 명시적 · 암시적 척도에서 모두 낮은 점수를 받은 사람들은 이주민들의 권리가 더욱 개선되기를 바라며 그들의 체류를 도우려고 했고, 이주민과 자국민 사이의 관계를 개선시키고자 하였다. 셋째, '암시적 인종차별'을 보이고, 명시적 인종차별을 보이지 않는 사람들은 이주민들을 좀 더 은밀하고 사회적으로 허용될만한 수준에서 거부하는 경향을 보였다. 즉, 이주민들을 본국으로 송환하도록 어떠한 행위도 하지 않고 이주민과 자국민과의 관계 개선을 위해 어떤 도움도 주지 않으며, 그들의 권리 증진을 위한 어떠한 시도도 하지 않으려 했다.

이러한 연구 결과는 인종주의의 명시적 · 암시적 행위 사이의 차이를 보여주는 동시에, 현대사회에 등장한 인종주의의 새로운 양상을 지닌 모호하고 은밀한 형태의 인종주의가 증가하고 있음을 보여준다(김현경, 2011).

(3) 우리나라의 인종차별 사례

➡ 사례 1. 살색 크레파스, 살구색으로 최종 확정(2001~2005)

한국산업규격(KS)상 특정색의 색명을 살색이라고 명명하고, 크레파스 및 수채 물감 제품 중 특정 색깔의 제품을 살색이라고 표기한 것은 특정한 색만이 피부색 이라는 인식을 전달하는 것이다. 이는 다른 피부색에 대한 차별행위를 조장하는 것이라고 주장하며 이의 시정을 요구하였다.

우리나라 국가인권위원회에서 피부색에 관하여 최초로 다룬 사례는 '크레파스 회사의 피부색 차별사건'이다. 이주민 4명과 김해성 목사 등이 기술표준원장과 3개 크레파스 제조업체를 상대로 진정한 크레파스 색상의 피부색 차별사건(2001)에 대해 특정색을 살색이라고 명명한 것은 「헌법」 제11조의 평등권을 침해할 소지가 있는 것으로 인정된다며 기술표준원에 한국산업규격(KS)을 개정하도록 권고하였다(2002). 한국산업규격(KS)상 살색 색명은 한국산업규격 제정(1967) 당시 제반사항에 대한 고려 없이 일본의 공업규격을 단순 번역한 것이었다. 위원회의 권고에 의해 2002년 11월 살색을 없애고, 문구류 등에서 살색 계통의 명칭인 연주황을 사용하도록 했다. 또한 2003년 계통색 표준을 개편하면서 한자어 연주황(軟朱黃)을 한글이름 연한노랑분홍으로 변경했으나, 문구류 등에서는 연주황이 계속 사용되었다. 이에 초 · 중등학생 6명은 2004년 8월 지나치게 어려운 한자어인 연주황을 사용하는 것은 어린이에 대한 차별이라며 국가인권위원회에 진정을 제기한 바 있다. 이후 기술표준원은 2005년 5월 관용색 명칭을 전면 개편하면서 기존의 살색에 해당하는 명칭을 살구색으로 최종 확정하였다.

➡ 사례 2. 인종 등을 이유로 한 레스토랑 출입 거부(2007)

특정한 국적 출신에 의한 사고로 인한 특정한 국적 출신의 모든 사람에 대한 레스토랑 출입을 거부하여 차별행위가 재발하지 않도록 조치할 것을 권고한 사례이다.
[참조조문] 「헌법」제11조, 제37조, 「인종차별철폐협약」

한 레스토랑 내에서 나이지리아인에 의해 불미스러운 사고가 있었고, 이러한 사고를 계기로 다른 나이지리아인에 대한 출입을 제한하였다. 이러한 이유만으로 사고를 일으킨 당사자가 아닌 모든 나이지리아인을 대상으로 출입을 제한하는 것은 나이지리아인 모두를 잠재적으로 사고를 일으킬 수 있는 자들로 보는 편견에 의한 것이라고 할 수 있다. 이에 실제 사고와는 관계도 없는 나이지리아인들에 대한 레스토랑 출입 제한은 합리적인 사유가 될 수 없다고 판단하였다. 이는 국적 및 인종에 의한 차별이므로 출입을 거부한 레스토랑에 대해 그와 같은 차별행위가 재발하지 않도록 조치할 것을 권고하였다.

➡ 사례 3. 귀화 여성 '사우나 출입 거부' 인종차별 논란

부산지역 한 사우나에서 한국국적을 가진 우즈베키스탄 출신 여성이 에이즈를 우려한 주인에 의해 사우나 출입을 거부 당해 인종차별을 둘러싼 논란이 일었다. 지난 9월 25일 오후 3시경 구모(31 · 여)씨는 부산 ○구의 A사우나에서 참지 못할 모욕감을 느꼈다. 구 씨가 사우나에 들어가기 위해 요금을 지불하려하자 사우나 종업원은 다짜고짜 "이주민은 출입이 안된다"며 구 씨를 막아섰다. "나는 한국국 적을 가진 한국인이다."라는 구 씨의 말에 종업원은 "국적이 한국이더라도 얼굴은 이주민이기 때문에 출입이 안된다."며 꿈쩍도 하지 않았다.

구 씨는 호출을 받고 온 사우나 업주의 말에 다시 한 번 충격을 받았다. 업주는 "이주민들을 에이즈에 감염됐을 위험이 있고, 이주민들이 들어오면 단골 손님들이 떨어져 나간다."고 말했다.

"6세 난 한국인 아들을 키우는 엄마로서 수치심을 느꼈다."는 구 씨는 지난 12 일 국가인권위원회에 '더 이상 이주민들을 차별해서는 안 된다.'는 내용의 진정서 를 냈다. 구 씨는 경남이주민노동복지센터와 함께 '이주민 인종차별 금지에 관한 특별법의 제정을 촉구했다.

구 씨를 막아섰던 A사우나 업주인 B(38)씨는 "체구가 큰 이주민이 사우나에 오면 손님들이 두려움을 느껴 다른 사우나로 가는 경우가 많다."며 "당장 매출에 영향을 미치기 때문에 이주민 손님을 받을 수 없다."고 해명했다.

주변 사우나 업주들의 반응은 엇갈렸다. C(54 · 여)씨는 "이주민 출입을 허용하고 있지만 이주민들의 체취나 두려움 때문에 한국인 손님들이 꺼려하는 것은 사실이다."고 털어놨다.

이와 달리 D(62)씨는 "한국인들이 외국에 나가서 사우나 출입을 거절당한다면 어떤 기분일지 역지사지의 태도로 되돌아봐야 한다."며 "그렇게 인종차별을 해서는 안된다."고 주장했다.

부산일보(2011.10.14)

위의 사례는 우즈베키스탄 출신 30대 여성이 사우나를 이용하려 했으나 외모가 이주민이고 에이즈 문제를 옮길지 모른다는 이유로 사우나 출입을 거부당한 사건이다. 이 여성은 2011년 10월 12일 경남이주민노동복지센터를 통해 국가인권위원회에 진정을 제기하였고, 국가인권위원회는 귀화한 이주민 여성의 사우나 출입을 제한한 것은 합리적 이유가 없는 인종차별이라 판단하였다.

이에 국가인권위원회는 사우나 대표에게 향후 인종 등을 이유로 목욕장 시실 이용을 거부하지 말 것을 권고하였다. 또한 해당 광역시장과 구청장에게 이주민 및 귀화이주민이 목욕장 시설을 이용함에 있어 출입제한 등 불합리한 차별을 받지 않도록 관리 · 감독을 강화할 것을 권고하였다.

이 여성은 한국어와 한국문화를 배우고 귀화까지 한 여성이다. 그러나 이러한 인종차별은 국적 취득 여부와는 관계없이 외모로 인해 발생하는 차별로써 인종적 수치심을 느끼게 하는 사건이며, 다문화사회에 맞는 시민의식을 함양할 필요성이 제기된다.

2) 행정과 인권

다문화사회에서 행정의 궁극적인 목표로 간주되는 '국익의 실현' 또는 '국민의 인권 보장'을 위해 고려되어야 하는 인구 집단은 국민 또는 민족을 넘어 비국민(비국적자), 타민족을 포함한 이주민으로까지 확장되어야 한다. 다문화사회는 행정 활동에 있어서 전통적인 국내 · 해외 업무의 이분법적 구분 자체도 무의미하게 만들어버린다.

다문화사회에 조응하는 새로운 행정 패러다임의 키워드는 다름 아닌 '인권'이다. 인권은 다문화사회가 요청하는 새로운 행정 수요를 충족시켜줄 수 있을뿐만 아니라 전통적인 행정 활동을 재개념화하는 데에도 유용하게 활용될 수 있다. 단적으로 다문화사회가 요청하는 새로운 행정 패러다임은 '주권'으로 수렴되는 전통적인 통치 행위를 '인권'의 지평으로 확장하는 것을 목표로 한다고 할 수 있다. 기본권의 주체를 '국민'으로부터 국민과 이주민을 포함하는 '인간'으로 확장할 수 있어야 한다.

세계화와 다문화 시대, 인권친화적인 행정 시스템의 구축 여부는 국제 사회에서 국가의 위상이나 경쟁력을 평가하는 데 있어서도 중요한 기준으로 작용한다. 서구 국가들의 사례에서 확인되듯이 다문화사회로의 이행에 있어 가장 큰 걸림돌은 국가기관에 의해 자행되는 제도적 인종주의이다. 이들 사회의 심각한 인종 분규들은 어김없이 '공권력'이나 공공 서비스의 차별적인 집행에서 촉발되었다. 따라서 다문화사회로의 이행이 가시화됨에 따라 우리나라 정부 역시 적극적인 대응책 마련에 고민하고 있다.

(1) 인권친화적인 이주행정의 중요성

다문화사회가 요청하는 인권의 보편성과 국가 주권의 제한성 사이의 충돌을 조정하고, 국가 주권의 주체를 국민으로부터 이주민과 사회적 소수자를 포용하는 인간으로 확장하는 과제를 수행하는 데 있어서 행정의 중요성은 아무리 강조해도 지나침이 없다. 이 문제는 결국 국민에 근거한 전통적인 행정 패러다임을 인간 중심적이고 인권친화적인 행정 패러다임으로 전환하는 과제로 귀결되기 때문이다.

전통적인 맥락에서 행정이란 '국민' 또는 '민족'으로 수렴되는 '표준적인 인간상'을 전제로 국정수행을 위해 "정책을 수립하고 집행하며, 사람이나 물자를 효율적으로 관리하는 과정과 활동"으로 개념화된다. 이러한 활동의 궁극적인 목표는 '국익의 실현'이고, '국익의 실현'은 '모든 국민'의 인권 구현으로 구체화된다(국가인권위원회, 2003).

따라서 국가는 '모든 국민'의 인권을 증진하고 보호할 책무를 갖는다. 국가는 개인의 자유를 침해하지 않아야 하며(인권 존중), 제3자가 개인의 권리와 자유를 침해하지 못하도록 조치를 취할 수 있어야 한다(인권 보호). 나아가 개인의 권리와 자유가 효과적으로 실현될 수 있는 조건들을 적극적으로 조성하는 '인권 실현'의 의무를 수행할 수 있어야만 하는 것이다(국가인권위원회, 2003).

국가가 국민의 인권 증진 및 보호와 관련된 세 가지 책무를 효율적으로 수행한다는 것은 행정 활동에 동원되는 각 요소들의 인권친화성을 최우선으로 고려하여 행정 활동의 전 과정을 인권친화적으로 재조정하고, 나아가 인권친화적인 행정 환경을 조성한다는 것을 의미한다(〈표 2-1〉).

그러나 다문화사회에서 국가의 인권 책무의 지평은 '국민'으로 제한될 수 없다. 이주민 인권의 보호와 증진 역시 국가 책무에 포함될 수 있어야 하기 때문이다. 다문화사회에서 "국가 주권 및 국가책무성"은 국민과 이주민, 시민과 비시민 사이의 '차별 금지, 평등 대우'를 분명히 하고 있는 국제인권규범들에 근거해 재조정될 수 있어야만 하는 것이다.

아쉽게도 우리나라는 여전히 '국민 중심'의 법제를 고수하고 있는데, 이는 법제도의 미비만이 문제가 아니다. 이주민 인권 관련 행정 담당관들의 인식과 태도 역시 논란의 대상이 되고 있다. 이주민 인권 침해 사례의 대부분이 행정 담당자들의 자의적인 법해석과 과도한 재량권 행사와 관련되어 있는 것으로 나타나기 때문이다(한양대학교 글로벌다문화연구원, 2011). 2010년 한국의 대표적인 이주민 집거 지역인 안산 지역의 이주민들을 대상으로 했던 '이주민 인권 실태 조사' 결과, '가장 심각한 인권 침해 행위자'로 '공공 기관'을 선택한 응답자는 5.6%였고, 인권 침해를 당했을 때 '공공 기관에 가장 먼저 알렸다'라고 답한 응답자는 5.1%였다(한양대학교 글로벌다문화연구원, 2010).

(2) 국가인권위원회

인권친화적인 이주 행정 패러다임의 구축을 위해서는 국제사회의 인권 준칙에 조응하는 방향에서의 법제 정비를 비롯하여 획일적인 행정 편의주의에서 벗어난 민주적이며 소수자 친화적인 추

표 2-1 행정 요소와 인권의 관련성(국가인권위원회, 2003)

행정요소	주요기능	인권관련성
정책	국정 목표 설정 및 시행 공공 문제 해결	인권 실행의 기본 골격 제시 '인권영향평가' 필요
조직	자원배치 정책수행 정책의 효율성 제고	인권실행지원조직 편성 인권실행의 효율성 증대
행정인력	정부 과제 수행 자원 관리	인권교육, 인권감수성 제고 인권중심사고에 의한 일처리
예산	공공자원의 배분 정책 실현의 물리적 자원지원	인권실행의 물적 기반 조성 '인권인지적 예산 편성

※ 자료원: 국가인권위원회(2011). 다르지만 평등한 이주민 인권 길라잡이.(재인용)

진 체계의 구성, 행정 담당자의 인권 의식 및 다문화 감수성의 제고 등이 요구된다. 더불어 인권의 증진과 보호를 위한 광범위한 국가 책무를 전담해서 수행할 수 있는 '독립된 행정 기구'의 필요성도 제기된다.

국가인권위원회는 바로 그러한 문제의식으로 설립된 기구이다. 국가인권위원회는 대한민국의 국가 기구이지만 동시에 '준국제기구'이기도 하다. 국가인권위원회 설치의 필요성과 논거 및 가이드라인에 대한 합의가 UN을 비롯한 국제사회의 지속적인 문제 제기와 토론을 통해 만들어졌기 때문이다. 1991년 파리에서 열린 '제1회 국가인권기구 워크숍'은 "국가인권기구는 인권의 증진과 보호를 위한 광범위한 책무가 부여되고 헌법이나 법률에 의해 그 독립적인 지위가 보장되어야 한다"는 국가인권기구의 지위에 관한 '파리 원칙'을 채택함으로써 국가인권기구 설립의 보편적인 준거 틀을 제시한 바 있다.

1993년 비엔나에서 열린 세계인권회의는 '국제 인권 규범의 국내적 실현'을 위한 구체적인 방안으로 국가인권기구를 설립하고 활성화시키는 문제를 국제사회 공통의 과제로 확산시킨 바 있다.

우리나라는 2001년 5월 「국가인권위원회법」을 제정 · 공포하고, 이를 근거로 2001년 11월 국가인권위원회를 출범시켰다. 대한민국 국가인권위원회는 '파리 원칙'에 입각하여 인권전담국가기구, 준국제기구, 독립적인 국가기관, 준사법기구의 4가지 위상을 갖고 있다(국가인권위, 2003).

국가인권위원회는 출범 이후 이주민 인권 분야에서 수천 건의 진정을 처리하고, 수십 여 차례에 걸쳐 관련 법제의 제정 및 개정을 비롯한 권고와 입장표명을 해옴으로써, 우리나라의 이주 행정이 인권친화적인 패러다임 전환의 실마리를 잃어버리지 않을 수 있는 중요한 기여를 한 것으로 평가되고 있다.

2024년 기준 우리나라 국가인권위원회는 다음의 3가지 전략목표와 21개 성과목표를 설정하여 국가인권기구로서의 책임성과 역량 강화를 위해 노력하고 있다.

① 급변하는 인권환경과 지구적 재난·위기상황에 선제적 대응

- 빈곤과 양극화 해소를 위한 사회보장 강화
- 4차 산업혁명시대 정보인권 보호
- 초고령사회 노인의 권리 강화
- 새로운 노동인권 사각지대 해소와 인권경영 강화
- 스포츠인권환경의 패러다임 전환과 스포츠인권 강화
- 북한인권 개선 강화

② 국제인권규범 국내 이행 강화

- 평등과 차별금지를 위한 법 · 제도화 및 혐오표현 대응
- 인종차별 대응과 이주민 · 난민 인권보호
- 성차별 해소와 성평등 기반 구축
- 장애인 인권 강화를 위한 장애인 사회참여 증진
- 아동 · 청소년 인권에 대한 인식 정립 및 법제도 개선
- 형사사법절차의 인권친화적 개선
- 미가입 국제인권조약 대응과 국제협력 강화

③ 국가인권기구로서의 책임성과 역량 제고

- 조사구제 활동의 신속성 · 실효성 · 전문성 강화
- 생애주기별 인권교육 확대와 인권문화 확산

Vision(비전)

사람이 사람답게 사는 세상

Mission(사명)

모든 사람의 존엄, 평등, 자유가 보장되는 인권사회 실현

전략목표 및 성과목표

급변하는 인권환경과 지구적 재난 · 위기상황에 선제적 대응	국제인권규범 · 국내이행강화	국가인권기구로서의 · 책임성과 역량 제고
1. 재난상황에서 인간의 존엄과 권리 보장 2. 빈곤과 양극화 해소를 위한 사회보장 강화 3. 4차 산업혁명시대 정보인권 보호 4. 초고령사회 노인의 권리 강화 5. 새로운 노동인권 사각지대 해소와 인권경영 강화 6. 스포츠인권환경의 패러다임 전환과 스포스인권강화 7. 북한인권 개선 강화	8. 평등과 차별금지를 위한 법 · 제도화 및 혐오표현 대응 9. 인종차별 대응과 이주민 · 난민 인권보호 10. 성차별 해소와 성평등 기반 구축 11. 장애인 인권 강화를 위한 사회참여 증진 12. 아동 · 청소년 인권에 대한 인식 정립 및 법 · 제도 개선 13. 형사사법절차의 인권친화적 개선 14. 미가입 국제인권조약 대응과 국제협력 강화	15. 조사구제 활동의 신속성, 실효성, 전문성 강화 16. 생애주기별 인권교육 확대와 인권문화 확산 17. 교류협력 내실화와 인권거버넌스 강화 18. 지역인권보장체계 및 인권사무소역량 강화 19. 군 인권 보호 · 증진 체계 강화 20. 체계적 인권진단과 평가제도 마련 21. 위원회 전문성 제고와 독립성 강화

그림 2-2 국가인권위원회의 비전과 정책목표

※ 자료원: 국가인권위원회 홈페이지 https://www.humanrights.go.kr/base/contents/view?contentsNo=3&menuLevel=3&menuNo=98

- 교류협력 내실화와 인권 거버넌스 강화
- 지역인권보장체계 및 인권사무소 역량 강화
- 군인권 보호 · 증진 체계 강화
- 체계적 인권진단과 평가제도 마련
- 위원회 전문성 제고와 독립성 강화

3) 학교와 인권

우리나라는 다문화사회로 변화하는 과정에서 다문화 교육의 필요성이 점차 높아지고 있다. 국제결혼의 건수와 국내로 유입되는 이주노동자의 수는 지속적으로 증가하고 있으며, 이러한 추세와 함께 다문화가정 자녀의 수도 빠르게 증가하고 있다. 또한 난민 가정, 국제결혼 재혼가정 등 다문화가정 구성원의 유형은 점차 다양해지고 있는 추세이다.

국제결혼 가정 자녀, 이주노동자 가정의 자녀 등에 대한 연구들은 전반적으로 그들의 교육 실태가 좋지 않은 상황임을 설명하고 있다. 관련 연구들에 따르면, 새롭게 유입된 결혼이주여성과 그 자녀들은 대체적으로 한국 사회의 언어와 문화 적응과정에 어려움을 겪고 있는 것으로 확인된다. 결혼이주여성 대부분은 한국의 언어와 문화의 적응을 위한 준비를 못한 상태에서 입국하여 가사와 양육을 책임지고 있다(윤형숙, 2004; 설동훈 등, 2005; 김이선 등, 2007). 그 자녀들도 어머니의 영향으로 성장과정에서 언어발달과 정체성 형성 등에 문제가 나타나기도 하며, 학교 교육에 부적응하는 등 교육과정에서 어려움을 겪는 경우가 종종 있는 것으로 확인되고 있다. 그리고 그들에 대한 사회 전반의 인식도 긍정적이지 않은 것으로 확인된다(김정원, 2006; 조혜영 등, 2008; 오성배, 2009).

이러한 문제점이 지속적으로 나타난다면 다문화사회에서는 인종, 민족 등의 차이와 차별로 인하여 새로운 소외계층이 형성될 수 있으며, 사회 양극화의 또 다른 현상으로 나타날 수도 있다. 특히 새로운 소수집단의 2세인 다문화가정 자녀들은 성장과정에서 소외현상으로 발생하는 이른바 '격차의 누적' 때문에 더 큰 사회 문제에 직면할 수 있다. 따라서 새롭게 유입되는 구성원과 그들 자녀의 수가 점차 증가하는 상황에서 본격적인 다문화사회를 대비한 교육적 대책이 마련될 필요가 있다.

(1) 다문화가정 자녀의 증가와 유형의 다양화

최근 우리나라는 국가 간 교류 확대로 외국인 유입이 증가하는 한편, 저출산 기조에 따라 다문화학생 비율은 점차 높아지고 있다. 이에 따라 국내 학교에 재학하는 학생들의 언어, 인종, 문화적 배경 등은 더욱 다양해지고 학교현장의 변화도 가속될 전망이다. 따라서 국적 · 체류자격 등과 무관하게 공교육에 진입할 수 있는 기반을 조성하고, 다문화학생의 특성을 고려한 맞춤형 교육의 필요성이 증가하고 있다. 이는 다문화학생이 학교 현장에 조기 적응하고 다양성과 잠재력을 발휘하여 미래인재로서 성장할 수 있도록 내실 있는 지원체계 마련이 필요함을 의미한다. 따라서 다문화학생의 성장을 위해서는 모든 학교 구성원이 문화적 다양성을 이해하고 조화롭게 어울리는 다문화 친화적 교육환경 조성이 요구된다.

최근 우리나라의 다문화학생 현황을 구체적으로 살펴보면, 다문화학생의 증가와 학령기 인구 감소에 따른 전체 학생 수의 감소로 인해 전체 학생 대비 다문화학생 비율이 지속적으로 상승하고 있다. 다문화학생은 최근 5년 간 매년 1만 명이 증가하여 2022년에는 16만8천 명을 초과하였다(〈그림 2-3〉). 또한 유형별로 보면, 국내출생, 중도입국, 외국인학생이 모두 증가하고 있으며, 최근 중도입국, 외국인학생의 증가세가 뚜렷하게 나타나 2022년에는 전년대비 약 12.3%가 증가하였다(〈그림 2-4〉).

지역별로 살펴보면 다문화학생은 경기, 서울에 가장 많이 재학하고 있으며, 전체 학생 대비 다문화학생 비율은 전남과 충남이 가장 높았다(〈그림 2-5〉). 또한 중도입국, 외국인학생은 경기, 서울에 가장 많이 재학하고 있으며, 다문화학생 중 중도입국, 외국인학생 비율은 서울, 경기, 인천이 높았다(〈그림 2-6〉).

이와 더불어 2021년 기준 다문화학생의 전체 학업중단율 및 부적응 관련 학업중단율은 전년 대비 소폭 상승하였다(〈그림 2-7〉). 다문화학생 학업중단율(0.82%)은 전체학생(0.80%)과 유사한 수

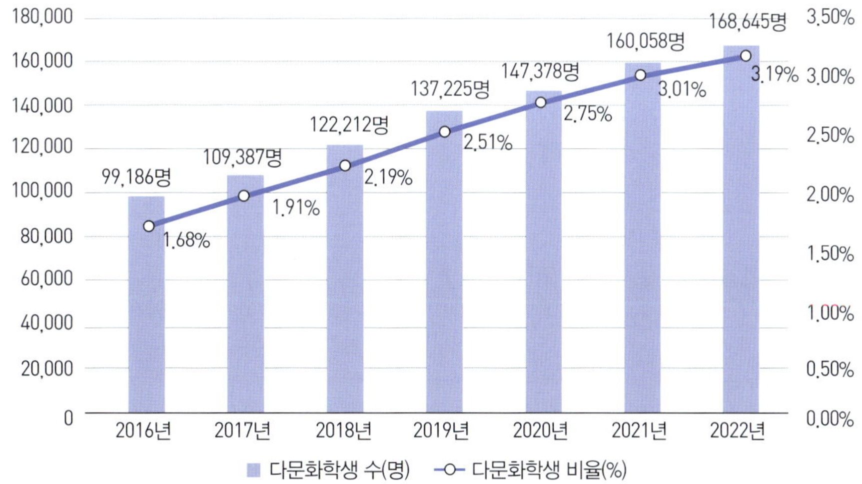

그림 2-3 우리나라 다문화학생 수 및 다문화학생 비율 추이(2016년~2022년)

※ 자료원: 교육부(2023). 2023년 다문화교육 지원계획.

준이며, 부적응 관련 학업중단율(0.34%)은 전체학생(0.50%)보다 낮은 수준이었다. 학업중단 사유를 보면 해외 출국 및 미인정 유학으로 인한 경우가 약 63.2%로 가장 많았으며, 중도입국 및 외국인학생이 국내출생 학생보다 전체 학업중단율 및 부적응 관련 학업중단율이 모두 높았다(〈그림 2-8〉).

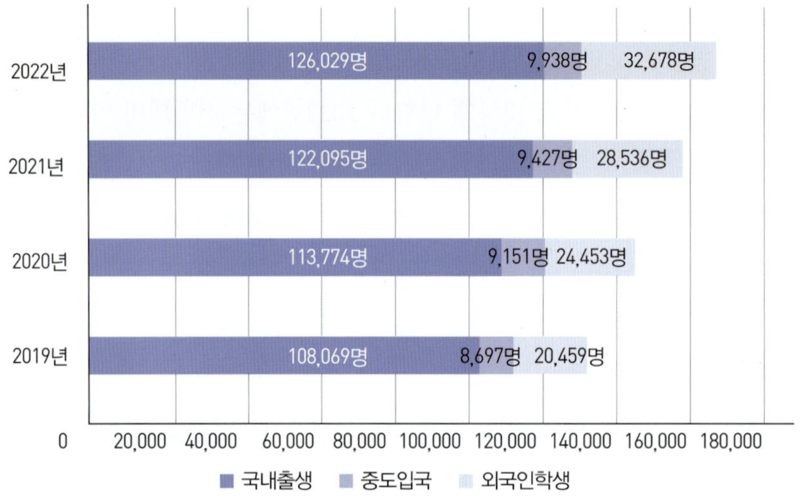

그림 2-4 유형별 다문화학생 수 추이(2019년~2022년)

※ 자료원: 교육부(2023). 2023년 다문화교육 지원계획.

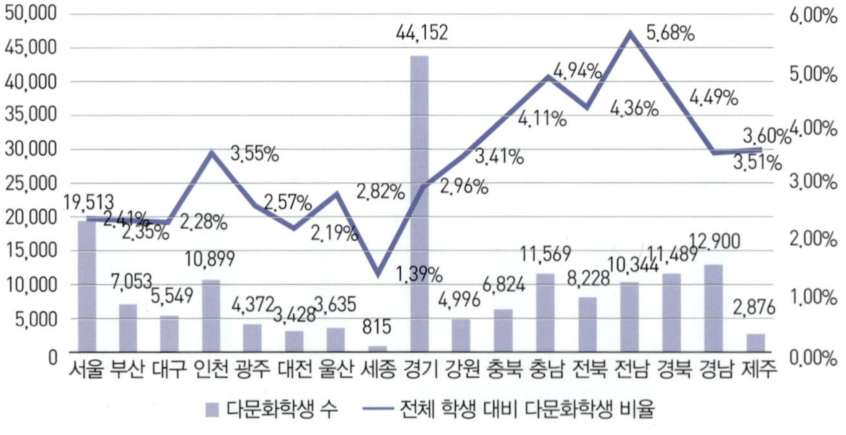

그림 2-5 지역별 다문화학생 수와 전체 학생 대비 다문화학생 비율(2022년)

※ 자료원: 교육부(2023). 2023년 다문화교육 지원계획.

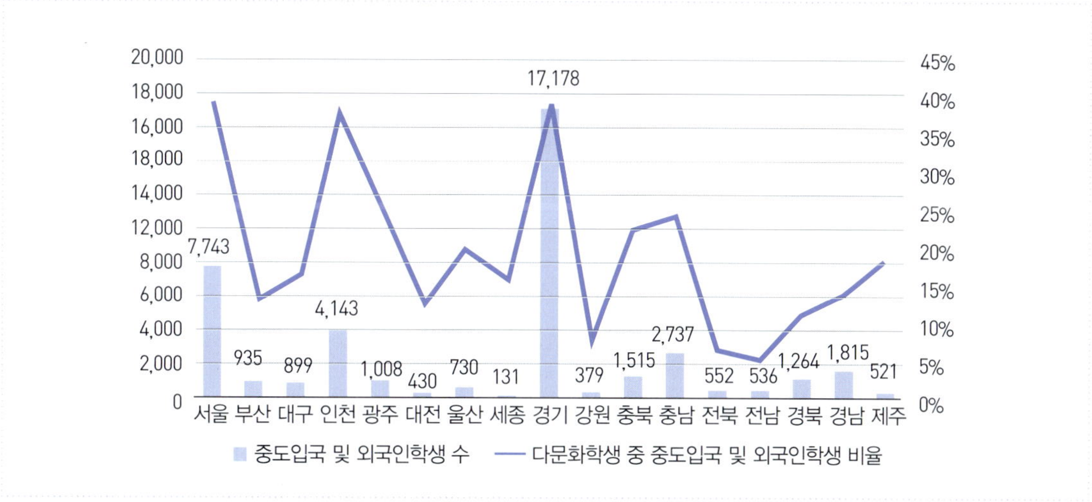

그림 2-6 지역별 중도입국 및 외국인학생 수와 비율(2022년)

※ 자료원: 교육부(2023). 2023년 다문화교육 지원계획.

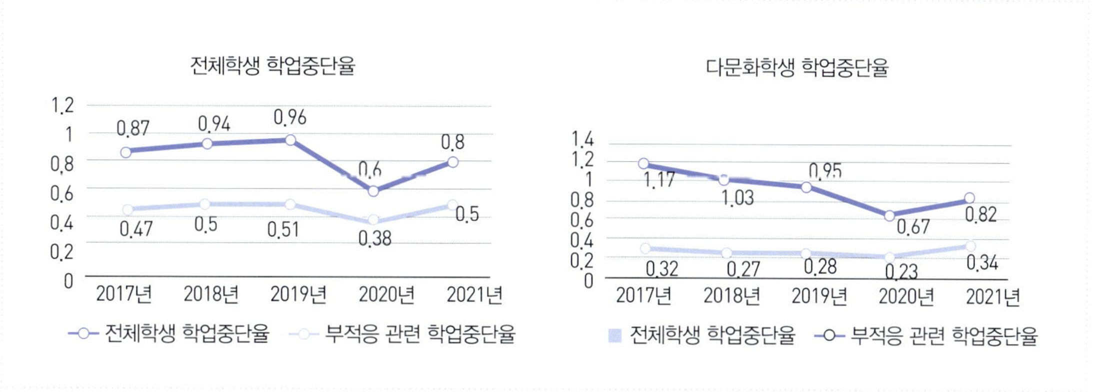

그림 2-7 최근 5년 간 전체학생 및 다문화학생 학업중단율 추이(2017년~2021년)

※ 자료원: 교육부(2023). 2023년 다문화교육 지원계획.

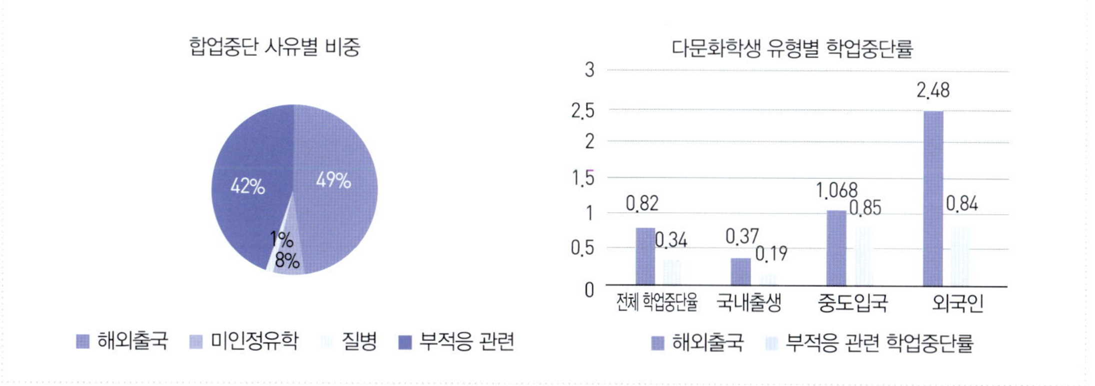

그림 2-8 학업중단 사유별 비중과 다문화학생 유형별 학업중단율(2021년)

※ 자료원: 교육부(2023). 2023년 다문화교육 지원계획.

(2) 다문화가정 자녀의 교육권

UN은 아동과 청소년을 보호하기 위하여 1989년 '아동권리협약(Convention on the Rights of the Child)'을 채택하였고, 우리나라 정부도 1991년에 가입하였다. '아동권리협약'은 아동의 권리보호를 목적으로 만들어진 국제사회 최초의 협약이며, 아동도 권리를 가진 주체로 인정하는 협약이다. 이 협약의 취지는 아동이 신체적 · 정신적으로 발달단계에 있기 때문에 성인과는 달리 적절한 법적 보호를 포함한 특별한 보호와 배려의 필요성에 있다. 또한 그들의 기본적인 인권에 더하여 국가와 사회, 그리고 부모와 성인들이 지켜주어야 하는 권리가 무엇이며, 이를 구체적으로 어떻게 해줄 것인가를 명확히 밝혀 법으로 보장하는 데에 그 목적이 있다.

우리나라 정부는 '아동권리협약'을 근거로 「초중등교육법 시행령」이 부분적으로 개정되어 왔다. 지난 2008년 2월 「초중등교육법 시행령」을 개정하여 초등학교 단계의 입학 및 전학, 편입학이 법적으로 보장되었고, 중학교 단계의 경우에는 학교장의 재량에 의하여 입학 · 전학 또는 편입학을 할 수 있었던 것을 2010년 12월 개정을 통해 중학교 단계의 편입학에도 초등학교 단계의 내용을 준용하도록 하여, 학교장의 재량이 아니라 이주 아동의 당연한 권리로 보장받게 되었다. 그러나 고등학교의 경우 국내에서 중학교를 졸업하면 일반전형 이외의 방법으로 입학전형을 실시할 수 있도록 되어 있을 뿐(제82조), 여전히 학교장의 재량에 맡겨두고 있다. 이에 따라 중학교 단계와 달리 고등학교 단계의 경우 학교장이 이들의 입학을 거부할 경우 입학이 어렵게 된다. 특히, 대부분의 고등학교는 학교운영의 방향이 대학입시준비와 성적 올리기에 집중되어 있어 학습에 어려움을 겪는 중도입국청소년들의 수용은 더욱 꺼리고 있다.

다문화가정의 자녀가 학교에 적응하는 기간과 노력이 필요하듯 내국인 학생과 교사도 새로운 학생을 이해하고, 그들을 배려하는 태도를 함양할 필요가 있다. 내국인 학생과 교사의 태도나 인식이 변화하지 않는 경우에 문제가 발생하기도 하는데, 일례로 새로운 학생을 만나는 교사가 갖는 호기심을 표현할 때, 해당 학생에게는 불쾌감을 불러일으키는 표현이 될 수도 있다. 또한 유사한 일이 지속적으로 반복될 때 학교 구성원들은 다문화가정 자녀에 대해 좋지 않은 인식을 갖게 될 가능성이 있고, 이는 학교 자체에 대한 부정적 인식으로 연결될 가능성이 있다.

같은 학교, 학급 내에 있는 내국인 학생들의 암묵적인 배타적 태도와 편견, 고정관념으로 인해 다문화가정 자녀의 학교생활과 적응이 어려워지기도 한다. 내국인 학생들이 다문화가정 자녀를 차별하거나 동료관계에서 따돌리는 경우도 여전히 존재한다. 그러나 이와 동시에 표면적으로 드러나지 않는 암묵적인 구별 짓기와 이를 바탕으로 하는 파벌과 하위집단 형성을 통해 차별하고 따돌리는 경우도 있다. 때때로 이러한 차별과 편견의 경험은 다문화가정 자녀들이 학교를 중도 이탈하는 요인으로 작용하기도 한다.

그리고 이주아동 스스로의 발달과정에 적합한 교육의 기회를 누리기 위해서는 적극적으로 교육권을 보장받는 것과 동시에, 아동기와 청소년기의 발달 과업 중 하나인 진로 탐색의 기회도 적절히 제공되어야 한다.

주로 청소년기를 보내는 도중에 한국으로 입국하게 되는 중도입국 자녀와 이주노동자가정의 자녀들은 특히 진로탐색의 과정이 필요하다. 이들은 주로 중학교 학령기 또는 후기 청소년기에 한국으로 입국하는 경우가 많다. 이 시기에 내국인 학생은 자신의 미래를 준비하기 위해 다양한 방법을 통해 자신의 진로를 탐색한다. 또한 자신이 가진 인적 · 물적 네트워크를 동원하여 자신의 진로를 위한 정보를 탐색하고 진로를 설계하며, 계획에 따라 차분히 행동으로 옮겨 실천하기도 한다. 이처럼 내국인 학생들의 진로탐색 과정은 그들이 인식하고 있는 사회 · 문화 · 진로 시스템 등에 대한 정보를 바탕으로 한다. 그들은 이러한 정보를 바탕으로 자신의 진로를 구성하고 실천하는 과정을 반복하면서 자신의 적성을 인지하고 앞으로의 인생을 설계하며, 건강한 사회 구성원으로 자리 잡아 나갈 수 있다.

그러나 중도입국 자녀나 이주노동자가정 자녀의 경우에는 한국어와 한국문화조차 적응하지 못한 상태에서 청소년기를 맞이하게 된다. 그러나 한국어와 한국문화 학습이라는 과제에 밀려 진로탐색이 미루어지기도 하고, 미숙한 한국어 수준으로 인해 만족할만한 수준의 진로 탐색을 하지 못하는 경우가 발생하기도 한다. 진로 탐색을 위한 첫길음은 진로 탐색의 중요성을 인식하고, 자신의 적성과 진로 희망 수준을 인식하여 그에 맞는 정보를 탐색하는 것이다. 그러나 한국의 모든 시스템이 낯설은 중도입국 자녀나 이주노동자가정의 자녀들은 스스로의 힘으로 적절한 정보를 수집하고 구조화하기란 여간 어려운 것이 아닐 수 없다. 따라서 개별적인 특성과 적성에 맞는 진로 탐색 프로그램의 기회를 충분히 제공받을 수 있어야 한다.

4) 사회복지와 인권

사회권이란 일반적으로 "최소한의 인간다운 생활을 할 권리, 사회적 위협으로부터 보호받을 권리, 자신이 속한 사회의 자원을 배분받을 권리, 자신이 속한 구성원으로서 그 사회에 참여하고 헌신할 권리 등을 포함"하는 개념이다. 따라서 사회권은 적절한 영양, 보건, 주거환경 뿐만 아니라 교육, 사회보장, 사회복지서비스 등에 대한 권리를 포괄하는 개념이다. 즉, 질병, 노령, 장애, 사망, 실업, 빈곤 등의 사회적 위험으로부터 보호받을 개인의 사회보장에 관한 권리이며, 가족복지, 주거, 교육, 고용 등을 요구할 수 있는 권리이다.

사회권을 '인간존엄성 유지에 적절한 생활수준을 누릴 권리'로 이해하는 관점에서, 인권을 윤리 · 철학적으로 인간의 자유와 행복을 위한 기본적 필요 또는 경제학적 관점에서 인간발전을 위한 기본능력을 보장하기 위한 권리로 이해한다면 그것은 자유권과 같은 보편적인 가치를 갖게 된다. 이와 같은 이론적 관점에서는 '궁핍으로부터 자유로울 권리', '건강권', '교육권', '주거권', '이주노동자의 사회권', '장애인의 사회권', '여성과 아동의 사회권', '환경권' 등이 구체적인 인권으로서의 가치를 갖게 된다. 따라서 사회적 기본권 또한 우리 삶의 필수적인 기초로서의 인권이므로 외국인에게도 기본적으로 그 가능성을 열어주어야 한다(장서연, 2009).

(1) 이주민의 사회문화적 적응 문제

국내 이주민들이 경험하는 문제는 크게 국적 취득 및 인권 관련 문제, 사회문화적 적응의 문제 등이 있다. 그 중에서도 이주민이 한국 사회와 그 문화에 적응하는 과정에서 경험하는 어려움은 다음과 같다.

가. 문화적 갈등과 억압

결혼이주민의 경우, 언어 차이와 더불어 문화예절과 음식, 관습 문화의 차이, 배우자 상호 문화 이해 부족, 가부장적인 남편의 태도와 시댁의 문화, 자녀의 소속과 양육방식, 친족과의 관계 등 문화적 차이로 인한 갈등을 경험하게 된다. 특히, 가부장적 권위의 남편과 시댁의 문화적 차이에서 오는 문화 갈등을 경험하고 있고, 민족우월주의에서 오는 이주여성에 대한 차별적 시각을 경험하고 있다. 한편, 이미 한국 여성들에게서 포기된 시부모 부양의 전통에 대한 복종, 가사와 농경일의 이중 부담이 결혼이주여성에게 요구되고 있으며, 이들을 통하여 전통적 며느리 역할에 대한 기대가 지속됨으로서, 가부장적 가족문화 강화의 부담을 지우려 한다는 지적이 제기된다. 이주하기 전 본국에서는 부부 간의 문제, 가사, 자녀양육 등은 여성 자신 또는 부부의 의견 조율에 의해서 결정되는 사항이었지만, 한국 이주 후 시어머니를 비롯한 시댁식구가 관여하거나 강압적인 결정으로 일방적으로 따르기만을 요구하는 문화적 차이를 경험하고 있는 것이다(김이선, 김민정, 한건수, 2007).

나. 타문화에 대한 이해 부족

한국 사회 구성원이 가진 다른 문화에 대해 제한된 이해는 역사적 경험에 기반을 두고 있다. 예를 들어, 한국 사회에서 미국인이 백인의 기준이 되어 왔는데, 이것은 오랫동안 정치 · 사회적으로 미국의 영향 하에 있으면서 미국 중심의 획일적인 서구관과 문화관을 키워 왔기 때문이다. 그 결과 미국인이 아닌 다른 서구인과 그들의 문화권에 대한 이해가 부족하고, 인종에 관계없이 영어를 사용하는 외국인에게는 우호적인 태도를 보이곤 한다. 또한 과거 정치 · 군사 · 경제적으로 압도적인 미국의 영향 하에서 강력한 외세에 대한 배타성과 동경심을 동시에 경험한 한국 사회는 외부 문화에 대해 경제력을 기준으로 판단하는 왜곡이 축적되면서 상대적으로 문화적 · 도덕적 기준이 희박한 상황이다. 그러므로 실제로 다양한 국가, 직업 배경의 비서구권 외국인이 존재하지만 검은 피부색을 가지고 비영어권 국가에서 온 외국인을 대부분 이주노동자 수준에서 선입견을 가지고 바라본다든지, 아프리카에서 온 비즈니스맨, 태국이나 필리핀 등에서 온 관광객 등을 무시하는 사례가 빈번한 것으로 알려지고 있다.

타문화에 대한 이해 부족과 함께 더 큰 문제점으로 지적되는 것은 지역, 피부색, 국가의 경제력을 막론하고 거주 이주민에 대한 제대로 된 제도적 지원을 찾기 힘들거나 소극적이고 영세하다는 점이다. 이러한 상황에서 동남아권역 또는 구소련연방 지역 출신의 결혼이주민에 대한 출신국문화의 이해와 배려, 그리고 존중은 더욱 찾기 어려운 실정이다(최명민 등, 2009).

다. 이주민의 한국문화 이해 부족

한국인이 외국 문화에 대한 이해가 부족한 것과 동시에 최근 유입되는 이주민들의 한국인과 한국 사회의 문화에 대한 이해도 부족한 편이다. 이것은 지금까지 한국 정부와 사회가 한국 문화의 대외적 소개가 부족하였음을 반영하는 것이다. 다문화사회는 이주민의 일방적인 적응만으로 이루어지는 것이 아니고 쌍방향으로 수용과 적응이 필요하다고 볼 때, 한국 사회와 문화에 대한 이주민의 이해 또한 매우 중요하다(최명민 등, 2009).

(2) 결혼이주여성과 사회보장

우리나라 「국민건강보험법」, 「국민기초생활보장법」, 「한부모가족지원법」에서도 국제 결혼이주민의 법적 지위를 규정하고 있다. 세 법의 경우 모두 그 대상을 국민으로 하고 있지만 외국인에 대한 특례조항을 두고 있다는 점이 특징적이다.

그러나 국민기초생활수급권자로 인정받기 위해서는 결혼이주민 중 본인 또는 배우자가 임신 중이거나 대한민국 국적의 미성년 자녀를 양육하고 있거나 배우자의 대한민국 국적인 직계존속(直系尊屬)과 생계나 주거를 같이하고 있어야 한다. 그래서 부득이하게 출산이나 양육이 불가능하지만 공적 부조를 받아야 하는 경우를 제외하는 문제점이 있다. 2011년 10월부터 시행된 개정법에서는 '배우자의 대한민국 국적인 직계존속과 생계나 주거를 같이하고 있는 사람'을 추가함으로써 결혼이주민이 배우자의 가족을 봉양하는 경우 공적부조를 줄 수 있도록 하여 한국인 배우자 및 배우자의 가족에 의존하여서만 그 혜택을 주는 방식으로 개정되었다. 그러나 임신, 자녀 양육, 직계존속 부양 등의 조건 없이 결혼이주민 개인에 대한 공적 부조의 필요성을 따져 수급권자로 인정할지 여부를 판정하도록 법을 개정할 필요성이 있다. 또한 앞으로 인도적인 차원에서 수급권자의 범위를 공적 부조가 필요한 미성년 자녀를 양육하는 이주노동자도 포함시키는 방안에 대한 검토가 필요하다.

5) 기업과 인권

세계화가 급속히 진행되면서 자민족중심 계몽은 다국적 기업으로 부활하고 있다. 다국적 기업들은 '시장주의'를 내세워 '이윤 창출'을 위하여 현지 원주민에 대한 전쟁과 무역 압박 등을 통하여 무차별적인 공격과 차별도 진행하였다. 국내적으로도 영토 안으로 들어오는 이주민에게 정부의 법을 내세워 국민과 비국민으로 선을 그었다. 일부 국민들은 국민이 아닌 이주민들에 한하여 임금 체불, 폭행, 강제추방, 여권 압류 등의 인권 침해와 문화적 차별에 동참하기도 했다.

이러한 현실에 대한 반성적 차원에서 국제사회는 1970년대 이후 '합리적 이성을 가진 기업', '사람을 생각하는 기업', 이윤 창출만이 아닌 기업에게 이윤을 남기도록 허락한 사회에 대한 '사회적 공헌 활동'에 대한 논의를 시작하였다. 기업은 '문화적 다양성과 차이에 따른 갈등과 도전'을 극복하는 측면에서 '인권경영'에 대한 관심을 갖게 되었다.

'다문화 인권경영'은 기업 경영 활동 전반에 걸쳐 국내 이주노동자 인권관련 요소를 통합하려는 경영 전략의 개념이다. '유엔 글로벌 콤팩트(UN Global Compact)'는 전 세계 135여 개 나라의 8,000여 개에 달하는 참여기관이 국제적으로 인정된 원칙에 바탕을 둔 인권, 노동, 환경, 반부패 분야의 '10대 원칙'을 기업전략과 경영활동에 결합시킬 수 있는 틀을 제공하고 있다.

비록 인권경영의 문제가 다국적기업의 차원에서 해외 현지법인의 현지인에 대한 저항을 극복하기 위한 조치에서 시작되었을지라도, 기업의 '이주노동자 인권보호'와 '다문화 인권경영'에 대한 전략을 마련하는 데 매우 중요한 조치가 되고 있다. 그동안 이주노동자의 인권은 기업의 반대편에서 기업을 공격하는 수단이 되어 온 것이 사실이고, 기업도 이주노동자 인권에 대하여 방어적인 입장에 집중하였다. 그러나 기업의 이주노동자 인권과 다문화 인권경영에 대한 인식이 바뀌고 있다.

즉 무한경쟁 일변도의 경영을 통하여 이주노동자를 착취하는 구조는 결국 기업과 경제적 위기만을 만들어 낼 뿐이라는 것을 깨달아가게 되었다. 그래서 기업들은 다문화 시대에 새로운 인식의 변화를 통하여 체제 중심의 사회에서 '인간 중심의 사회', 경쟁 중심 사회에서 '협동 중심의 사회'를 꿈꾸게 되었다. 이러한 측면에서 기업의 '이주노동자 인권보호'와 '다문화 인권경영'의 문제는 기업 경영활동에 매우 중요한 의제가 되었다. 그러므로 기업은 이주 노동자의 인권을 존중하고 평등한 기회를 제공하며 포용적인 리더십을 실현하는 것은 단순한 법적 의무를 넘어서, 윤리적 기업으로서 사회적 책임과 지속가능한 성장을 위한 중요한 전략이 될 것이다.

(1) 이주노동자와 인종차별

본래 과학적으로는 지역적 · 민족적 구분으로 인종을 분류하는 것이 불가능하지만, 유럽인들은 진화론과 과학적 합리성을 이용하여 인종 간의 유전적 우월성을 주장하였다. 그들은 유럽인이 가장 진화되었고, 문명화된 존재라는 자민족 중심주의를 내세워 비유럽인들에 대한 인종적 멸시, 박해, 차별을 정당화하였다. 나치의 반유대주의, 백인의 흑인 차별이 전형적인 인종차별의 예이다. 특히 인종적 편견으로 인해 특정한 인종에게 정치적 · 사회적 · 경제적 · 법적 불평등을 강요하는 일도 자주 발생한다.

이주노동자에 대한 인종차별과 배제는 다양한 사회적 갈등을 야기하는데, 타인종 · 타민족에 대한 편견과 차별적인 태도에는 인종주의(racism), 인종차별(racial discrimination), 외국인 혐오(xenophobia) 등이 있다. 유럽 국가들의 인종적 편견을 비교 · 분석하는 '유럽 인종주의와 외국인 혐오 모니터링 센터(EU Monitoring Center for Racism and Xenophobia, EUMC)'의 보고서 『소수자에 대한 주류의 태도: 유로바로미터와 유럽 사회 조사의 주요 연구 결과』는 상당히 주목할 만한 연구다. EUMC는 인종적 배제주의를 측정하기 위해 유럽 국가들을 대상으로 실시되는 두 가지 조사자료(유로바로미터, 유럽의 사회조사)를 이용하였고, 설문 문항을 토대로 한 인종적 배제주의는 10개의 하위 요인으로 구성된다. EUMC의 인종적 배제주의의 하위요인을 통해 한국사회의 이주노동자 차별과 배제의 하위요인을 재구성하면 아래의 〈표 2-2〉와 같다.

(2) 기업의 인권경영과 윤리형성 요인

다문화 인권경영에 있어서 윤리형성의 요인은 문화적 '다양성'과 '차이'에 따른 갈등과 도전을 중심으로 살펴볼 수 있다. 가치와 규범에 도전을 주는 '다양성'과 새로운 '차이'에 따른 윤리형성의

표 2-2 이주노동자 차별과 배제의 하위요인

하위요인	조사 문항
다문화 사회에 대한 저항	• 어느 국가든 다양한 인종, 종교, 문화가 공존하는 것이 더 좋다. • 국가의 다양성이 국가 경쟁력에 도움이 된다. • 이주민이 늘어나면 우리나라 문화는 더욱 풍부해진다
다문화 사회의 한계	• 우리나라와 다른 인종, 종교, 문화를 가진 사람들을 받아들이는 데에는 한계가 있다
이주민의 시민권 반대	• 등록 이주민에게는 우리나라 근로자와 같은 노동법적 권리가 주어져야 한다. • 등록 이주민에게는 가족들을 데려올 권리가 주어져야 한다. • 등록 이주민이 영주권이나 국적을 쉽게 취득할 수 있도록 해줘야 한다.
이주민 송환정책 선호	• 합법적 이주민들은 근로계약이 종료되면 본국으로 돌아가야 한다. • 미등록 이주노동자는 즉각 본국으로 돌려보내야 한다.
다양성에 대한 저항	• 이주민들은 우리나라에 체류하는 동안 한국과는 다른 자신들의 전통이나 생활습관을 버려야 한다.
집합적 위협 인지	• 이주민들은 한국인의 일자리를 빼앗아 간다. • 이주민들은 우리나라 경제에 기여하는 것보다 가져가는 것이 더 많다. • 이주민 때문에 우리나라 임금이 낮은 수준에 머물러 있다.

※ 자료원: 국가인권위원회(2011). 다르지만 평등한 이주민 인권 길라잡이.(재인용)

표 2-3 기업의 인권경영과 윤리형성 요인

주체	윤리도전요인	내용
이주 노동자	차이이해의 당사자	국내노동자, 기업인, 지역주민, 정부부처, 지방자치단체, 시민단체 등
	차이의 내용	노동권 제한, 취업 제한, 임금차별, 불평등 고용관계, 체류제한, 혐오감, 지역사회 참여 등
	갈등의 원인	노동권과 인권 인식의 차이, 정책적 포섭과 배제, 이주민에 대한 이중적 차별 태도, 일자리 보존, 문화적 차이 등
	갈등의 성격	욕구갈등 이해관계, 사실관계, 구조적 갈등, 상호관계 갈등 등 가치갈등 : 가치관, 문화적 습관, 출신국, 종교 등
	위협되는 가치	국내 고용시장의 안정성, 인권과 민주주의 인식, 전통적인 기업문화, 지역 향토문화, 힘의 관계 등
	새로운 가치	차별 없는 노동권, 차별 없는 인권, 문화적 다양성, 주민의 새로운 주체, 이주민 인권 등
	새로운 규범	문화적 상대성, 차이의 다양성, 이주민 시민권 등

※ 자료원: 국가인권위원회(2011). 다르지만 평등한 이주민 인권 길라잡이.(재인용)

요인에는 차이의 주체, 이해당사자, 내용, 갈등 원인과 성격, 차이로 인해 위협당하는 가치와 새롭게 형성되는 가치, 사회적 규범 등이 있다.

구체적으로 다문화 사회의 윤리 내용을 형성하는 요인들이자 다양성과 차이를 가져다주는 주체들은 대개 이주노동자, 결혼이주민, 난민, 북한이탈주민, 국내체류 재외동포, 유학생, 이주민 자녀, 국내 입양자, 영주권자, 국내 외국인 주재원 등이다. 이러한 주체자들과 이해 당사자 간의 관계에서 갈등이 발생하고, 갈등은 새로운 가치관과 규범을 요구한다. 특히 다문화 사회에서의 윤리형성 요인들은 다음의 〈표 2-3〉과 같이 추론해 볼 수 있다(박천응, 2009).

(3) 이주노동자 인권침해 사례

사례 1. 돼지고기 못 먹는다고 식판을 뒤집어엎어

파키스탄 출신 B씨는 고용허가제로 입국하여 경기도 포천 소재 ○○인쇄회사 에서 근무한지 2달이 되었다. 회사에서 제공해주는 식사를 하는 B씨에게 어느날 돼지고기가 반찬으로 제공되었다. 그러나 B씨는 무슬림이라 돼지고기를 먹지 못 하였다. 아직 한국의 김치 맛에도 익숙하지 못한 B씨는 점심 식사를 하기가 매우 힘들었다. 잘 하지 못하는 한국말로 다른 밥을 달라고 요구하자 고용주는 "배부르 니까 돼지고기를 못 먹지, 배고프면 돼지고기 왜 못 먹느냐?"고 사람들 앞에서 욕을 하였다. 눈치를 챈 주방 아주머니가 라면을 끓여 왔으나 라면 역시 돼지고기 기름을 사용하여 튀긴다. 이것을 안 B씨는 주방 아주머니에게 이것도 돼지고기 기름으로 튀긴 음식이라고 하였다. 이때 사장이 달려와 식판을 식당 바닥에 뒤집 어엎고는 "이주노동자들은 자기 밖에 모른다며 한국에 와서는 한국의 음식 습관을 따라야 한다."며 B씨를 식당 밖으로 내쫓아 버렸다.

고용주는 이슬람권에서 돼지고기를 먹지 않는 문화에 대해 인정하려 들지 않았다. 때때로 고용허가제를 통해 들어온 이주노동자 중 이슬람권 출신들을 돼지농장 등에서 일하도록 배치하는 경우도 있었다. 한국인은 돼지고기를 좋아하고 소비도 많이 하지만, 이슬람국가에서는 돼지고기를 섭취하지 않는 종교적 · 문화적 금기가 존재한다. 이는 이슬람 지역의 건조한 기후조건상 돼지를 키우는 것이 적합하지 않고, 돼지고기가 비교적 빨리 부패하기 때문에 위생상 돼지고기 섭취를 막으려는 노력이 종교적 · 사회적 금기로 자리 잡았기 때문이다.

➡ 사례 2. 말이 안 통해 마대 자루로 때리다

중국에서 온 W씨는 화성 소재 박스공장에서 일한다. W씨는 같은 회사의 한국 인 노동자 K씨에게 화장실로 끌려가 화장실에서 사용하는 마대자루로 맞았다. 점심시간 전에 중국인 출신 W씨가 한국인 K씨에게 먼저 "#발 놈아!"라고 욕을 했고, 화가 난 한국인 K씨가 W씨를 마대자루로 때린 것이다. 그러나 공장장이 둘을 화해시키는 과정에서 알고 보니 중국인 출신 W씨가 점심에 식사를 하고 나오면서 한국인 K씨와 함께 있는 동료 중국인에게 "팔로마(식사했어요?)"라고 한 말을 한국인 K씨에게 욕한 것인 줄 알고 화가 났던 것이다.

베트남에서 온 B씨도 기숙사에서 생활하면서 선반 일을 하고 있다. 한국에 온 지 6개월이 되었지만 언어소통에 문제가 있어 반장이 시키는 일을 제대로 알아듣 지 못한다. 특히 위험한 선반 일을 하고 있기 때문에 항상 위험에 노출되어 작업 을 하고 있는 상황이다.

때로는 이주노동자들도 한국인 고용주들에게 불만이 많이 있을 경우 고용주가 옆에 있는데도 자기 나라말로 고용주에게 심한 욕을 한다. 그러나 고용주는 이주노동자들이 무슨 말을 하는지 모른다. 의사소통은 인간관계와 더불어 업무능력에도 중요한 영향을 미치기 때문에 이주노동자의 언어능력에 대한 이해와 세심한 고려가 필요하다.

➡ 사례 3. 산업재해의 불인정과 사업장 변경의 미끼

우즈베키스탄에서 온 A씨는 고용허가제로 한국에 입국하여 경기도 시화공단에서 3년 동안 일을 하고 재고용되어 한 직장에서만 근무하였다. 3년 넘게 낮은 자리에 앉아 강도 높은 일을 했고 허리에 통증을 느껴 병원을 찾아갔는데, 요추 염좌라는 진단을 받았다. 한 직장에서 장시간 근로하여 약 2주 이상의 안정가료와 약물치료, 의학적 요법이 필요하고, 통증이 지속되면 추가검사가 필요하다는 진단이었다. 하지만 회사에서는 산업재해가 없었기 때문에 직장이동은 불가능하고, 그렇게 생각하면 이 회사에서 일하는 모든 사람들이 다 직장을 이동해야 되지 않겠냐고 면박을 주었다. 그러나 요추 염좌도 업무상 재해에 해당될 수 있기 때문 에 A씨가 산재신청을 하려고 하자 회사는 산재신청을 거부하고 대신 직장을 이동하게 해주었다. 이에 고용주는 A씨와의 고용계약을 해지하고, "외국인노동자의 고용 변동 등에 관한 신고"를 하여 다른 사업장에서 일할 수 있도록 하였다.

고용주들은 노동자에게 산업재해가 발생하면 노동자의 실수로 다친 일은 노동자만의 책임으로 치부해 버리는 경향이 있다. 또한 산업재해가 발생했을 경우, 고용주가 치료비의 절반을 주면서 노동자에게 "감사하라"고 요구하는 등 선심을 베푸는 듯한 태도를 보일 때도 있다.

6) 인권인식 개선과 교육

다문화 사회에서 인권인식의 개선과 교육이 필요한 이유는 서로 다른 배경을 가진 사람들이 공존하며 평등하고 조화로운 사회를 만드는 데 핵심적인 역할을 한다. 이를 위해서 다양성을 존중하는 태도와 자세, 평등과 공정성을 이해할 수 있는 민감성을 증진시키고, 사회적 책임감을 형성하는 것으로 구체적인 인권교육의 목표를 설정해야 한다. 또한 유아 및 초등생부터 성인까지 그리고 지역사회 구성원, 공공기관 및 기업 까지 대상자별 전략적인 접근이 필요하다. 이를 실현하기 위해서 교육 콘텐츠와 도구를 어떻게 활용할 것인가와 지속가능한 교육 환경을 구축하기 위한 방안 또한 주요한 과제가 될 것이다.

>> CHAPTER

03

다문화 이론

학습목표

1. 다문화사회 이론의 종류를 나열할 수 있다.
2. 수용 · 통합 방식에 따른 다문화주의 모델의 종류를 나열할 수 있다.
3. 문화적응 모델을 설명할 수 있다.
4. 횡문화간호 이론을 설명할 수 있다.

01 » 다문화사회 이론

다문화사회는 말 그대로 다양한 문화가 하나의 사회에 공존함을 의미하지만, 현실적으로는 기존에 있던 사회에 새로운 이주민 사회가 유입되는 경우가 대부분이다. 따라서 이는 주류집단과 소수집단이 대립과 공존을 모색하는 사회라고도 할 수 있다. 학자들은 이러한 다문화사회를 설명하기 위해 다양한 이론들을 제시하였는데, 대표적인 이론들로는 용광로 이론, 모자이크 이론, 샐러드볼 이론 등이 있다. 이 이론들은 대부분 이주민 사회가 주류사회에 흡수되느냐 유지되느냐의 이분법적 시각으로 다문화사회를 파악한다는 한계를 가지고 있음에도 불구하고, 다문화사회의 형성과정을 설명하기 위한 노력으로써 의미가 있다.

1) 용광로 이론

용광로 이론(melting pot theory)은 다양한 문화를 가진 사람들이 섞여 하나의 동질한 문화를 만들어가는 과정을 의미한다. 역사적으로는 주로 미국의 경우에 많이 사용되었는데, 이는 미국으로 수많은 이주민과 외국인들이 모여 단일한 공통의 문화를 만들어가던 현상을 설명하기 위해서이다. 이 이론은 말 그대로 서로 다른 것들을 녹여 단일한 무엇인가를 만들어낸다는 개념으로 1780년대에 처음으로 사용되기 시작하였고, 이후 본격적으로 '용광로 이론'이라는 이름으로 불리게 되었다. 19세기에 아메리칸 드림을 기대하여 서로 다른 국적, 문화, 가치관들을 가진 사람들이 미국으로 몰려와서 함께 모여있는 상태를 설명하기에 유용하였고, 특히 그 과정에서 주류사회를 형성했던 WASP(White Anglo-Saxon Protestant, 앵글로 색슨 계의 신교도 백인) 문화에 새로운 이민계 문화가 용해되어 미국인이라는 새로운 인종으로 바뀐다는 의미를 갖기 때문에 널리 쓰이게 되었다.

2) 모자이크 이론

모자이크 이론(theory of mosaic)은 미국의 용광로 이론에 대한 비판적인 시각에서 생성된 이론이다. 캐나다는 1971년에 다문화주의를 국가정책으로 처음 채택한 나라이며, 문화적 다양성을 국가 정체성으로 표명하고 있다. 모자이크 이론은 소수민족의 문화를 용해시키기 보다는 각 문화를 살려내어 화려한 모자이크 패턴을 만드는 다문화주의를 추구한다는 것을 강조하는 이론이다. 캐나다는 이러한 모자이크 이론을 바탕으로 2001년 UN 세계인종차별철폐회의 이후에는 매년 천억 원 이상의 예산을 투입하면서 '인정'과 '차별철폐'를 위한 캠페인 전개, 소수민족 문화유산의 달 제정, 민족통계 수시 업데이트 프로그램 구축 등 다양한 다문화 정책을 시행하고 있는 중이다.

3) 샐러드볼 이론

샐러드볼 이론(theory of salad bowl)은 다양한 문화를 가진 사회 구성원들이 각자의 문화 정체성을 유지하며 하나의 사회 내에서 조화로운 통합을 이루어나가는 과정에 대한 이론이다. 용광로 이론이 다양한 문화들이 새로운 문화를 만들어낸다는 의미가 강하다면, 샐러드볼 이론은 다양한 문화들이 고유의 독자성을 유지하면서도 하나로 통합된다는 의미를 갖는다. 이 이론은 20세기 후반에 제기된 다문화교육 이론이며, 용광로 이론에 대한 대안으로 나온 미국의 사회구조 이론 중 하나이다. 사라져가는 이민자들의 정체성을 유지하기 위하여 제기되었고, 특히 미국의 뉴욕과 LA의 대도시에 적용되어 각광을 받았다.

02 » 다양한 다문화주의 모델들

1) 수용·통합 방식에 따른 다문화주의 모델들

다문화사회를 이루고 있는 각국의 나라들이 이주민을 주류사회에 수용 · 통합하는 방식에는 크게 동화주의 모델, 차별적 배제모델, 그리고 다문화주의 모델 등 3가지 유형으로 구분할 수 있다.

(1) 동화주의 모델

동화주의 모델(assimilationist model)은 한 국가 내에 공존하는 주류문화와 비주류문화 중에서 주류문화를 통한 사회통합을 목표로 하고 있다(한승준, 2008). '동화(同化)'의 사전적 의미는 "성질, 양식, 사상 따위가 다르던 것이 서로 같게 됨"을 의미하는데, 동화주의란 한쪽이 다른 한쪽과 동일하게 변해갈 것을 기대한 일방적 통합정책이라고 할 수 있다. 즉 동화주의는 소수인종을 주류사회의 핵심가치로 순응할 것을 요구하는 주의이다. 동화주의 모델의 대표적인 국가로는 프랑스와 미국을 들 수 있다.

이민자와 소수집단의 구성원들은 동화의 과정을 통해 그들이 가지고 있는 특성이나 관습, 종교, 문화 등을 소멸하거나 상실해 가는 반면, 자연적이거나 회피할 수 없는 일방적인 습득과정을 통하여 주류집단이 보유한 것들의 정체성과 유사성을 취득하게 된다.

동화주의 전략에서는 이주민이 그 나라의 '국민'이 됨을 전제로 하여 조속한 동화를 지원하고 제도적으로 내국인과 평등하게 대우하려고 노력한다. 따라서 정책의 목표는 소수집단의 주류사회로의 동화이며, 동질화의 정체성을 강조한다. 또한 이주민에 대하여 완전한 동화를 전제로 하여 인정하고, 통합의 대상으로 본다. 내국인과 이주민 간의 갈등은 이주민의 완전한 동화를 통해 해소되며, 소수집단 차별방지의 법제화를 정책의 수단으로 삼는다. 하지만 동화는 현실적으로 어려운 과정이며, 이주민에 대해서는 현실적인 사회적 배제 현상이 발생한다는 비판이 있다.

(2) 차별적 배제모델

차별적 배제모델(differential exclusionary model)은 이민을 받아들이는 유입국 사회가 이민자의 정착을 원천적으로 차단하는 정책을 펼치는 모델이라고 정의할 수 있다. 특정한 이주민에 대해서는 자국 국민에 준하는 공식적 권리를 인정하지만, 그 외의 이주민에게는 일시적인 체류 자격 정도만 부여하고 이들을 사회통합의 대상에서 배제한다. 즉 이런 유형의 유입국은 자국민이 피하는 저임금 노동시장 같은 사회의 한정된 영역에서만 이주민을 수용할 뿐 사회복지 혜택이나 시민권, 국적, 선거권, 피선거권의 부여 같은 사회적 · 정치적 영역까지 확대해서 수용하지 않는다. 차별적 배제모델의 대표적인 국가로는 독일과 일본을 들 수 있다.

이처럼 이주민에 대해서 배제하는 형태를 띠는 사회는 엄격한 조건을 통과해 국가 구성원으로서 권한을 부여받은 이주민들에게는 자국의 제도와 가치, 문화에 동화되는 것을 당연시하며, 단일 문화에 집중하는 경향성을 보인다. 따라서 타문화 · 타인종에 대해서는 자국의 문화를 유지하는 데 있어서 위협의 요인으로 받아들이기 때문에 이주민을 받아들이는 것을 최소화하며, 국적취득에 있어서는 혈통을 강조하는 속인주의(屬人主義)를 취하고 있다.

차별적 배제모델은 사회적으로 부정적인 문제들을 야기해 왔는데, 이민자들의 문화적 정체성과 존엄성을 무시하고, 이민자들을 사회의 외부로 밀어내어 소외와 차별을 초래하는 등의 부정적인 사회 현상을 가져왔다. 또한 이민자들의 사회통합을 방해하고, 이민자들의 사회적 자본과 인적 자원을 활용하지 못하게 하여 사회적 불안과 불만을 초래하였다. 이는 반사회적 행동이나 극단주의적 행동으로도 표출될 수 있는 위험성을 가져오기도 하였다.

(3) 다문화주의 모델

다문화주의 모델(multi-cultural model)은 이민자들이 자신의 문화적 정체성을 유지하면서도 주류사회와 상호작용하고 협력할 수 있도록 하는 것으로, 이민자들의 다양한 문화를 인정 · 존중하고, 이민자들의 문화적 표현과 창의성을 지원하는 정책으로 나타난다. 즉 다문화주의는 소수집단의 고유한 문화를 지켜주고 인정해주는 주의이다. 다문화주의 모델의 대표적인 국가로는 캐나다와 호주를 들 수 있다.

다문화주의 전략에서는 소수자의 동등한 가치를 인정하고 이에 대한 보전을 지원하며, 이주민에 대한 우대조치를 마련하려고 노력한다. 정책의 목표는 소수집단의 고유성 인정을 통한 사회통합이며, 이질화의 정체성을 강조한다. 또한 이주민에 대하여 상호존중과 관용을 중시하며, 그들을 사회 다양성의 원천으로 본다. 내국인과 이주민 간의 갈등은 이주민의 완전한 참여를 통해 해소되며, 소수집단 문화와 권리 보호의 법제화를 정책의 수단으로 삼는다. 하지만 주류집단의 민족정체성이 약화되거나 사회적 분열을 초래할 수 있다는 비판이 있다.

2) 문화적응 모델

베리(John W. Berry, 1997)는 문화적응의 상태를 두 가지 차원의 네 가지 결과로 범주화하고 문화적응에 대한 다양한 측정기법을 개발함으로써 이 분야의 연구를 용이하게 하였고, 많은 호응을 받았다. 여기서 두 가지 차원이란 첫째, 자신의 문화적 가치와 특성을 유지할 것인가 아닌가의 문제, 둘째, 주류사회와 관계를 유지할 것인가 아닌가의 문제이다. 모국의 문화도 유지하면서 새로운 문화를 동시에 받아들이면 통합(integration), 모국의 문화는 유지하지 않고 새로운 문화만 받아들이면 동화(assimilation), 모국의 문화를 유지하면서 새로운 문화를 받아들이지 않으면 분리(separation), 모국의 문화를 유지하지도 못하면서 새로운 문화와도 접촉을 하지 못하면 주변화(marginalisation)가 된다(〈표 3-1〉).

베리의 문화적응 모델은 많은 인기를 끌었지만 실제적인 측면에서는 문제를 지니는데, 현실적으로 사람들이 문화적응을 할 때 이 네 가지 전략 중 하나를 반드시 선택한다고 보기는 어렵다는 점이다. 맥락과 시기에 따라 다양한 전략이 사용될 수 있다. 첫째로, 전반적으로는 하나의 특정한 전략을 선택한다 할지라도 상황에 따라 전략선택이 달라질 수 있다. 예를 들면, 사적인 영역과 공적인 영역에서의 전략이 다를 수 있는데, 집에서는 좀 더 자신의 문화를 유지시키는 행동을 많이 할 수 있다. 새로 들어간 국가가 통합을 중시하는 정책을 지니고 있다면 개인도 통합적인 전략을 선택하게 될 가능성이 높고, 동화정책을 사용하는 국가라면 사람들도 동화전략을 사용하기 쉽다. 둘째는 사람들이 발달과정에서 전략을 바꾸어 나갈 수 있다는 것이다. 즉, 평생 동안 하나의 전략을 고수하는 것이 아니라 연령이 변화함에 따라 다른 전략을 채택할 수 있다. 그러나 어떤 연령에서 어떤 전략을 선택하는 경향이 있는지를 설명한 연구는 아직 없다. 셋째, 개인이나 집단이 선호한 전략을 주류사회에서 반드시 인정하는 것은 아니다. 예를 들면, 동화정책을 사용하는 국가에

표 3-1 베리의 문화적응 모델

차원 2 \ 차원 1		문화적 정체감과 특성을 유지할 것인가	
		그렇다	아니다
주류 사회와 관계를 유지할 것인가	그렇다	통합(Integration)	동화(Assimilation)
	아니다	분리(Segregation)	주변화(Marginalization)

※ 자료원: 정진경, 양계민(2004). 문화적응이론의 전개와 현황. 한국심리학회지, 23(1), 101-136. (재인용)

서 통합전략을 선택한 사람은 매우 제한을 받을 수밖에 없다는 것이다.

이민자들의 문화적응 전략에 대한 연구를 보면, 이민자들은 통합(integration)을 가장 선호하는 것으로 나타났다. 그러나 두 번째로 선호하는 전략은 이민자들의 집단특성에 따라 달랐다. 헝가리 출신 캐나다 사람들의 1세대는 분리(separation)를 두 번째로 선호하고, 2세대들은 동화(assimilation)를 선호하는 것으로 나타났다. 캐나다에 사는 한국인과 포르투갈인은 통합 이외의 다른 세 가지 모두를 바람직하지 않은 것으로 보았고, 일본에 사는 서양인과 노르웨이에 사는 개발도상국 사람들은 분리(separation)를 두 번째로 선호하였다. 이는 많은 이민자들이 상당 부분 자신들의 문화적 유산과 정체감을 새로운 사회에서도 유지하기를 바란다는 것을 보여주는 결과라고 할 수 있다. 실제로 통합 방식은 다른 전략에 비해 많은 긍정적인 결과를 낳아서 통합전략이 스트레스와 부적으로 상관되어 있는 것으로 나타나고 있다.

3) 횡문화간호 이론

인류학자이며 간호사인 레이닝거(Medelein Leininger, 1925~2012)는 횡문화간호(transcultural nursing)를 창시한 인간 돌봄 이론의 선구자이다. 레이닝거는 1940년대 후반에 문화간호의 다양성과 보편성의 이론 개발을 시작하였고, 1959년 간호학과 인류학의 철학적이고 이론적 유사점을 정의하여 '횡문화간호'라는 용어를 처음으로 사용하였다. 1974년 횡문화간호학회(Transcultural Nursing Society)를 설립하고, 1991년에 자신의 이론을 정리한 책인 『Culture Care, Diversity and Universality: A Theory of Nursing』을 출간하면서 본격적으로 간호계에 미래의 다문화사회를 대비한 문화간호를 시작하였다.

레이닝거의 횡문화간호 이론인 '선라이즈 모형(Sun Rise Model)'은 유사한 문화 또는 다른 문화를 가진 개인이나 집단의 문화적 가치관, 신념, 실천에 대한 중요한 간호연구와 실무에 대한 관련성을 모형으로 제시하여 설명하고 있다(〈그림 3-1〉).

문화간호의 목표는 사람들의 건강과 안녕을 추구하고 질병예방 및 죽음을 잘 준비하도록 돕기 위해 문화적으로 의미 있는 방법을 이용하여 특수하면서도 보편적인 간호실무를 제공하는 것이다. 이 이론은 7가지 요인들(기술, 종교와 철학, 혈연 및 사회, 문화적 가치관과 삶의 방식, 정책 및 법, 경제, 교육)이 개인, 가족, 집단의 건강과 질병에 영향을 미친다고 하였으며, 문화적으로 적합한 간호를 제공하기 위해 구조화된 접근법을 사용하여, 다양한 건강체계에서 개인, 가족, 집단, 지역사회, 기관을 사정하고 간호하는 데 적용할 수 있다. 이 이론에서 직접간호를 담당하는 간호사에게 무엇보다 중요한 일은 다양하고 고유한 문화적 배경을 파악하는 일이며, 간호사는 대상자의 문화와 그들의 요구, 삶의 방식에 영향을 미치는 다양한 요인들에 대하여 해박한 지식을 갖추어야 한다고 하였다.

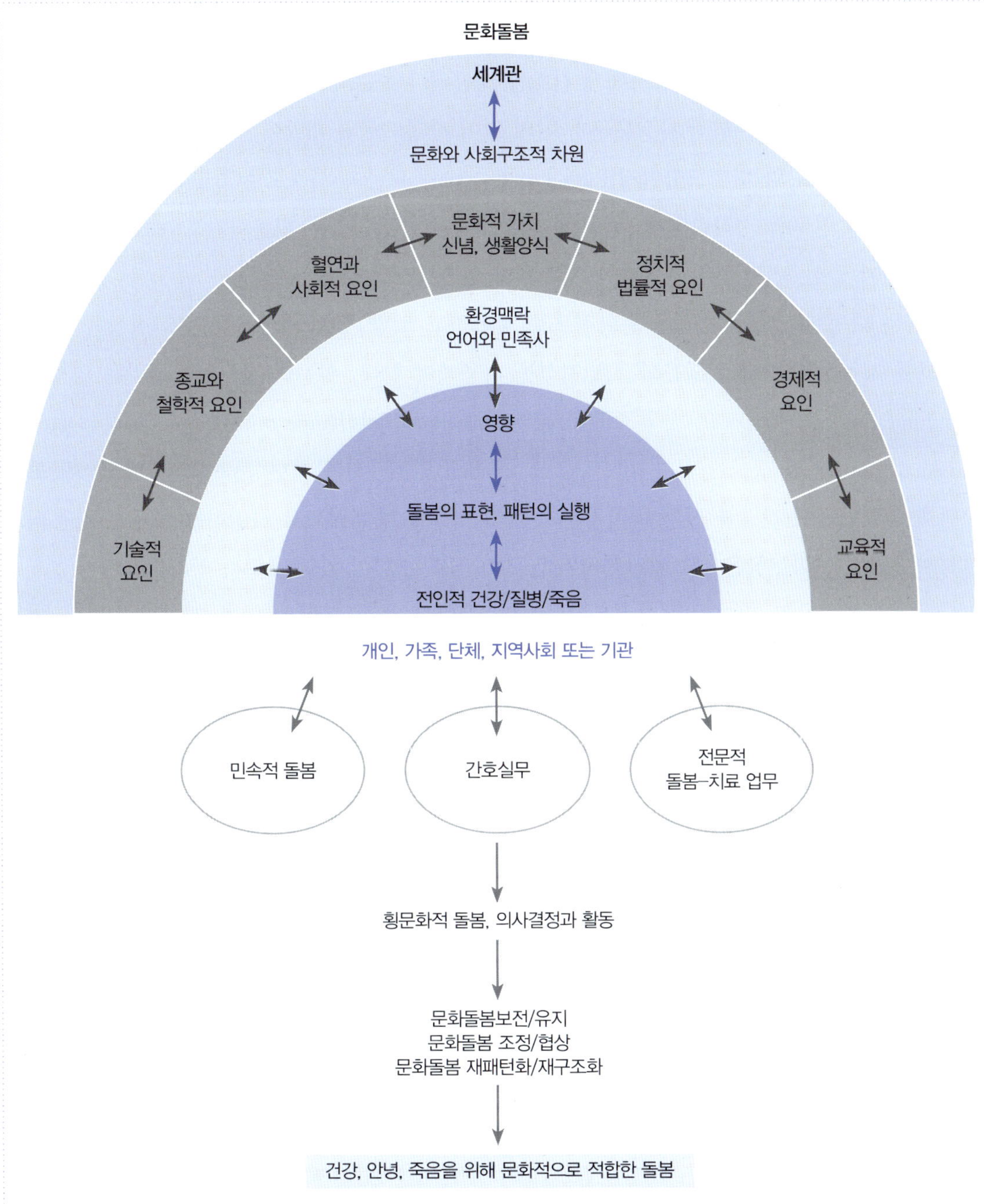

그림 3-1 레이닝거의 선라이즈 모형(Sun Rise Model)

※ 자료원: 노인숙 등(2012). 다문화사회와 건강간호. 현문사.

4) 횡문화 사정모형

1988년 문화적으로 다양한 대상자에게 간호를 제공해야 하는 사회적 요구가 급격히 증가하였음에도 불구하고, 개발된 문화적 사정도구가 거의 없어 사정도구의 개발이 절실히 필요함에 따라 가이거(Joyce N. Giger)와 다비드하이저(Ruth Davidhizar)는 횡문화 사정모형(Transcultural Assessment Model)에 대한 연구를 시작하였다. 횡문화 사정모형에서 정의하는 횡문화간호(transcultural nursing)는 대상자 중심, 연구 중심인 문화적으로 역량 있는 간호실무를 말한다.

간호사는 다양한 인구집단에게 문화적으로 적합하고 역량 있는 방법으로 문화현상을 고려하여 간호를 제공하는 기술로 횡문화간호 지식을 사용해야 한다. 횡문화 사정모형에서는 의사소통(communication), 공간(space), 사회조직(social organization), 시간(time orientation), 환경통제(environmental control) 및 생물학적 차이(biological variation)의 6가지 문화현상을 제시하였고, 이 모형은 현재 의료인들이 건강과 질환에 미치는 문화의 역할을 체계적으로 사정하는 도구로 사용되고 있다. 이 6가지 문화현상은 상호배타적이지 않으며 서로 관련이 있고 때로는 상호작용한다.

이 모형을 기반으로 가이거와 다비드하이저의 '문화적 사정도구'(1999)가 개발되었으며, 이후 수정 및 보완된 도구는 건강 관련 분야에서 실용적으로 많이 사용되고 있다(〈표 3-2〉). 이 모형에서 모든 사람은 문화적으로 독특하기 때문에 6가지 문화현상에 따라 세밀하게 사정해야 함을 제시하고 있다.

표 3-2 다문화 대상자의 문화적 사정도구(Giger, 2013)

구분		내용	
문화적으로 독특한 개인		1. 출생지 2. 문화적 정의 3. 그 나라에 머문 기간	
문화 현상	I. 의사소통	1. 목소리 특징	a. 강하고 낭랑함 b. 부드러움 c. 보통 d. 날카로움
		2. 억양과 발음	a. 명확함 b. 불분명함 c. 사투리 사용함
		3. 침묵 사용	a. 드물게 침묵함 b. 자주 침묵함 c. 길이: 짧게, 보통, 길게, 관찰 못 함
		4. 언어적 의사소통 사용	a. 손짓 b. 눈짓 c. 몸짓 d. 동작(자세, 표정, 발의 위치)

표 3-2 다문화 대상자의 문화적 사정도구(Giger, 2013)–계속

구분		내용	
문화 현상	Ⅰ. 의사소통	5. 터치	a. 접촉했을 때 움츠러들거나 뒤로 뺌 b. 불편함 없이 접촉을 받아들임 c. 불편함 없이 다른 사람과 접촉함
		6. 다음 내용이나 유사한 질문을 한다.	a. 다른 사람에게 당신 의견을 어떻게 전달하는가? b. 친구, 가족이나 아는 사람과 이야기하기를 좋아하는가? c. 질문을 받았을 때 보통 어떤 반응을 하는가? (예: 말, 몸짓) d. 가족과 논의해야 할 중요한 일이 있을 때, 어떤 방법으로 접근하는가?
	Ⅱ. 공간	1. 편안한 정도	a. 공간 침범을 당했을 때 움직임이 있음 b. 공간 침범을 당했을 때 움직이지 않음
		2. 대화의 거리	a. 1~45cm(1~18inch) b. 45~90cm(18inch~3feet) c. 90cm 이상(3feet 이상)
		3. 공간의 정의	a. 다른 사람과 이야기하거나 가까이 서 있을 때 친밀감과 편안함 정도를 설명함 b. 환경 안에 물건들이 당신의 공간감에 어떠한 영향을 주는가?(예: 가구)
		4. 다음 내용이나 유사한 질문을 한다.	a. 당신이 가족과 이야기할 때 얼마나 가까이 서 있는가? b. 당신이 아는 사람과 대화를 나눌 때 얼마나 가까이 서 있는가? c. 낯선 사람이 당신과 접촉했을 때, 당신은 어떻게 반응하고 느끼는가? d. 사랑하는 사람과 접촉한다면, 당신은 어떻게 반응하고 느끼는가? e. 지금 우리 사이의 거리는 편안한가?
	Ⅲ. 사회조직	1. 건강상태	a. 나쁨 b. 양호 c. 좋음 d. 아주 좋음
		2. 결혼상태 3. 자녀 수 4. 부모가 생존하는지 혹은 사망했는지 여부	
		5. 다음 내용이나 유사한 실문을 한다.	a 사회활동을 어떻게 정의하는가? b. 당신을 즐겁게 하는 활동들은 무엇인가? c. 취미가 무엇인가 혹은 시간이 있을 때 무엇을 하는가? d. 당신은 신을 믿는가? e. 당신은 신을 어떻게 숭배하는가? f. 가족 내에서 당신은 무슨 역할을 하는가? g. 가족 내에서 당신의 위치는 어떠한가? h. 어릴 때 당신에게 가장 영향을 미친 것은 혹은 사람은? i. 부모와 형제와의 관계는 어떤가? j. 일하는 것은 당신에게 어떤 영향을 주는가? k. 당신의 과거, 현재, 미래 직업을 설명하시오. 1. 당신의 정치적 견해는? m. 당신의 정치적 견해가 건강과 질병에 대한 당신 태도에 어떤 영향을 주는가?

표 3-2 다문화 대상자의 문화적 사정도구(Giger, 2013)–계속

구분		내용	
문화 현상	IV. 시간	1. 시간관념	a. 과거 중심 b. 현재 중심 c. 미래 중심
		2. 시간관점	a. 사회적 시간 b. 시계에 표시된 시간
		3. 시간에 대한 물리화학적 반응	a. 밤에 적어도 8시간은 잔다. b. 일정한 계획에 따라서 자고 일어난다. c. 계획대로 약을 먹고 치료받는 것의 중요성을 이해한다.
		4. 다음 내용이나 유사한 질문을 한다.	a. 매일 어떤 종류의 시계를 차는가? b. 오후 2시에 약속을 했을 때, 몇 시에 도착하는 것이 괜찮은가? c. 간호사가 30분 내에 약을 받을 수 있다고 하면 실제로 어느 정도 기다릴 수 있는가?
	V. 환경 통제	1. 통제위	a. 내적 통제위(변화하게 하는 힘이 내부에 있다고 믿는 것) b. 외적 통제위(운명, 운, 기회가 어떤 것을 변화하는 데 상당한 역할을 한다고 믿는 것)
		2. 가치관념	a. 초자연적인 힘을 믿는다. b. 변화하기 위해서 마술, 기도에 의존한다. c. 초자연적인 힘을 믿지 않는다. d. 변화하기 위해서 마술, 기도에 의존하지 않는다.
		3. 다음 내용이나 유사한 질문을 한다.	a. 당신의 집에 방문객은 얼마나 자주 오는가? b. 갑자기 방문객이 왔을 때 수용할 수 있는가? c. 어렸을 때 부모님이나 다른 사람이 당신 병을 치료하려고 어떤 방식으로 말했는가? d. 당신이나 주위에 가까운 사람들이 당신이 아플 때 사용하는 가정요법이 있는가? e. 어떤 가정요법을 사용하였는가? 앞으로 당신도 그 요법을 사용할 것인가? f. 강하다는 것에 대한 정의는 무엇인가? g. 병이나 건강이 나쁘다는 것에 대한 정의는 무엇인가?
	VI. 생물학적 차이	1. 신체사정을 철저하게 실시한다.	a. 신체구조(적음, 보통, 혹은 큰 체형) b. 피부색 c. 색다른 피부 특징 d. 모발색과 숱 e. 다른 신체 특징(흉터, 기미 등) f. 체중 9. 신장 h. 검사에서 혈색소, 헤마토크릿, 겸상적혈구 등의 변화 점검
		2. 다음 내용이나 유사한 질문을 한다.	a. 당신 가족에게 일반적인 질환이나 질병이 있는가? b. 당신 가족에게 유전적으로 취약한 특별한 질병이 있는가? c. 가족이 아플 때 당신 가족의 전형적인 행동은 무엇인가? d. 화가 나면 어떻게 반응하는가? e. 보통 어려울 때 대처하기 위해 누구에게 도움을 청하는가? f. 당신과 가족이 좋아하는 음식은 무엇인가? g. 어떤 특이한 것을 섭취하는 것을 갈구한 적이 있는가?(예: 백색/붉은 점토, 세탁풀) h. 어릴 때, 어떤 유형의 음식을 먹었는가? i. 가족이 좋아하는 음식이나 전통음식은 무엇인가?

표 3-2 다문화 대상자의 문화적 사정도구(Giger, 2013)–계속

<table>
<tr><th>구분</th><th colspan="2">내용</th></tr>
<tr><td rowspan="2">간호사정</td><td colspan="2">1. 대상자가 문화적으로 동화되었는지 아니면 자기 문화적 관행을 관찰할 수 있는지를 확인한다.</td></tr>
<tr><td>2. 자료를 간호계획에 통합한다.</td><td>a. 대상자에게 문화차이를 이야기하게 한다.
b. 대상자의 의사소통 방법을 받아들이고 이해한다.
c. 개개인의 사적인 공간요구를 존중한다.
d. 대상자가 신을 숭배할 권리를 존중한다.
e. 연락하는 성직자나 영적인 사람을 확인한다.
f. 영적 관행이 건강, 삶과 안녕에 관련되는지를 결정한다(예: 여호와 증인은 수혈을 거부, 정통 유대교인은 유대교 율법에 따라 만든 음식만 먹음).
g. 취미를 확인한다(특히 긴 요양기간이나 회복 동안 계획된 중재를 할 때).
h. 시간과 가치관념 그리고 차이를 존중한다.
i. 대상자의 건강상태와 개인 요구에 맞추어서 프라이버시를 보호해준다(예: 통증에 대한 인식과 반응은 문화에 따른다).
j. 문화적 건강관행을 확인한다.
– 효과적인 관행을 확인하고 격려한다.
– 역기능적 관행을 확인하고 자제하게 한다.
– 긴깅 관행이 장기적으로 나쁜 영향을 수는지를 확인하고 결정한다.
k. 기호음식을 확인한다.
– 장기적 이점이 있다면 대상자 중심의 식이로 조정을 한다.
– 대상자와 관련된 부정적인 식이관행을 확인한다.</td></tr>
</table>

※ 자료원: Giger J. N.(2013). Transcultural Nursing: Assessment and Intervention. St. Louis, Missouri: Elsevier.

>> CHAPTER

04

다문화 관련 법과 정책

학습목표

1. 우리나라 다문화 관련법의 종류를 나열할 수 있다.
2. 우리나라 제4차 외국인정책 기본계획을 설명할 수 있다.
3. 우리나라 제4차 다문화가족정책 기본계획을 설명할 수 있다.
4. 우리나라 제4차 북한이탈주민 정착지원 기본계획을 설명할 수 있다.
5. 우리나라 사회통합정책의 종류를 나열할 수 있다.

01 » 우리나라 다문화 관련법

우리나라의 외국인 관련법과 제도는 1980년대 말부터 1990년대 초까지 산업의 발달과 고학력으로 인한 내국인의 3D업종 기피 현상, 저출산과 고령 인구 증가에 따른 경제활동인구의 감소로 인한 중소기업의 인력난이 심화됨에 따라 대거 유입된 이주노동자와 관련된 이주노동자 관리 정책으로부터 시작되었다.

이후 유입되는 외국인의 유형이 종래의 단순기능 분야 종사자 중심에서 결혼이민자, 유학생, 난민 등 다양화되고, 특히 국제결혼가정이 우리 사회에 원만하게 정착하는 것이 당사자들만의 책임이 아니라는 인식과 이들의 적응이 사회통합의 문제와 직결된다는 인식이 증가함에 따라 2000년대부터는 정부와 학계 그리고 사회적으로 '다문화사회'에 대한 담론이 폭넓게 형성되기 시작했다.

그러나 여전히 이주민, 체류 외국인, 이주노동자, 결혼이민자 등 호칭도 다양하고 대상자별로 적용되는 법도 달라 다양한 법과 제도에 대한 종합적이고 체계적인 관리감독이 필요한 시점이다. 세계적으로도 국가 간 이동이 가속화하는 과정에서 코로나19 팬데믹으로 모든 나라가 외국인의 출·입국에서부터 모든 이민 관련 법제와 정책의 수정이 불가피하게 되었고, 자민족 중심으로 변해가면서 국가 간 정책적 연대도 약해지고 있다. 그럼에도 불구하고 우리나라의 출·입국 관리가 국제적으로 높은 평가를 받는 것은 2015년의 메르스(MERS) 경험과 신속한 관련 법제 개정 등의 시스템 발전 덕분이며, 체류 외국인이 상대적으로 심한 타격을 받지 않았다는 평가도 중요한 부분이다(권채리, 2020).

이처럼 대내·외적인 환경의 변화와 다문화 사회에 대한 인식이 확대되면서 그간 법무부, 외교부, 보건복지부, 여성가족부 등으로 흩어져 있던 외국인 관련 업무를 종합적·거시적으로 연계하는 「재한외국인 처우 기본법」이 입법되어 2007년 7월부터 시행되고 있다. 여기서는 위 법을 포함하여 국내 외국인 및 이민자에게 적용되고 있는 다양한 다문화 관련법들에 대해서 알아보고, 이를 통해 우리 사회에서 내·외국인 간의 갈등 해결과 사회통합을 위해 필요한 부분이 무엇인지를 살펴보고자 한다.

1) 「재한외국인 처우 기본법」

21세기의 변화하는 국내·외적 상황과 배경 속에서 참여정부는 국민과 재한외국인이 서로를 이해하고 존중하는 사회환경을 조성하기 위해 2006년 5월 제1회 외국인정책회의에서 '외국인 정책 기본 방향 및 추진체계'를 확정하였다. 그리고 그 후속 조치의 일환으로 「재한외국인 처우 기본법」(약칭: 외국인처우법)을 마련하게 되었다. 이 법은 2007년 5월 17일 공포되어 동년 7월 18일 시행되었으며, 이 법의 제정으로 그간 각 부처에서 개별적 · 단편적으로 시행되어오던 외국인 관련 정책을 종합적 · 거시적으로 수립하기 위한 추진체계를 마련하였으며, 재한외국인에 대한 조기 사회적응을 지원함으로써 국가 발전과 사회통합에 크게 기여하였다. 이 법은 2023년 10월 24일 일부개정이 이루어졌고, 2024년 4월 25일부터 시행되고 있다.

(1) 주요 내용

「재한외국인 처우 기본법」은 총 5장 23개 조문으로 구성되어 있으며, 제1장 총칙, 제2장 외국인 정책의 수립 및 추진 체계, 제3장 재한외국인 등의 처우, 제4장 국민과 재한외국인이 더불어 살아가는 환경 조성, 제5장 보칙으로 규정하고 있다. 이 법은 재한외국인에 대한 처우 등에 관한 기본적인 사항을 정함으로써 재한외국인이 대한민국 사회에 적응하여 개인의 능력을 충분히 발휘할 수 있도록 하고, 대한민국 국민과 재한외국인이 서로를 이해하고 존중하는 사회 환경을 만들어 대한민국의 발전과 사회통합에 이바지함을 목적으로 한다.

「재한외국인 처우 기본법」의 주요 내용은 다음과 같다.

▶제2조(정의)

1. "재한외국인"이란 대한민국의 국적을 가지지 아니한 자로서 대한민국에 거주할 목적을 가지고 합법적으로 체류하고 있는 자를 말한다.
2. "재한외국인에 대한 처우"란 국가 및 지방자치단체가 재한외국인을 그 법적 지위에 따라 적정하게 대우하는 것을 말한다.
3. "결혼이민자"란 대한민국 국민과 혼인한 적이 있거나 혼인관계에 있는 재한외국인을 말한다.

▶제5조(외국인정책의 기본계획)

① 법무부장관은 관계 중앙행정기관의 장과 협의하여 5년마다 외국인정책에 관한 기본계획(이하 "기본계획"이라 한다)을 수립하여야 한다.

② 기본계획에는 다음 각 호의 사항이 포함되어야 한다.

1. 외국인정책의 기본목표와 추진방향
2. 외국인정책의 추진과제, 그 추진방법 및 추진시기
3. 필요한 재원의 규모와 조달방안
4. 그 밖에 외국인정책 수립 등을 위하여 필요하다고 인정되는 사항

③ 법무부장관은 제1항에 따라 수립된 기본계획을 제8조에 따른 외국인정책위원회의 심의를 거쳐 확정하여야 한다.

④ 기본계획의 수립절차 등에 관하여 필요한 사항은 대통령령으로 정한다.

⑤ 법무부장관은 기본계획을 수립함에 있어서 상호주의 원칙을 고려한다.

▶제12조(결혼이민자 및 그 자녀의 처우)

① 국가 및 지방자치단체는 결혼이민자에 대한 국어교육, 대한민국의 제도 · 문화에 대한 교육, 결

혼이민자의 자녀에 대한 보육 및 교육 지원, 의료 지원 등을 통하여 결혼이민자 및 그 자녀가 대한민국 사회에 빨리 적응하도록 지원할 수 있다. 〈개정 2010. 7. 23.〉

② 제1항은 대한민국 국민과 사실혼 관계에서 출생한 자녀를 양육하고 있는 재한외국인 및 그 자녀에 대하여 준용한다.

③ 국가와 지방자치단체는 제1항의 결혼이민자 및 그 자녀와 제2항의 재한외국인 및 그 자녀에 대하여 건강검진을 실시할 수 있다. 〈신설 2017. 10. 31.〉

▶제14조(난민의 처우)

① 「난민법」에 따른 난민인정자가 대한민국에서 거주하기를 원하는 경우에는 제12조제1항을 준용하여 지원할 수 있다. 〈개정 2012. 2. 10.〉

② 국가는 난민의 인정을 받은 재한외국인이 외국에서 거주할 목적으로 출국하려는 경우에는 출국에 필요한 정보제공 및 상담과 그 밖에 필요한 지원을 할 수 있다.

▶제16조(전문외국인력의 처우 개선)

국가 및 지방자치단체는 전문적인 지식 · 기술 또는 기능을 가진 외국인력의 유치를 촉진할 수 있도록 그 법적 지위 및 처우의 개선에 필요한 제도와 시책을 마련하기 위하여 노력하여야 한다.

▶제18조(다문화에 대한 이해 증진)

국가 및 지방자치단체는 국민과 재한외국인이 서로의 역사 · 문화 및 제도를 이해하고 존중할 수 있도록 교육, 홍보, 불합리한 제도의 시정이나 그 밖에 필요한 조치를 하기 위하여 노력하여야 한다.

(2) 쟁점 및 과제

「재한외국인 처우 기본법」은 재한외국인의 법적 지위를 보장하고 결혼이민자에 대한 한국어 교육, 대한민국의 제도 · 문화에 대한 교육, 결혼이민자의 자녀에 대한 보육 및 교육 지원, 의료 지원 등에 관한 조항을 규정하고 있다. 그러나 재한외국인의 기본적인 인권보호 내용을 구체적으로 적시하지 않고 있어 기본법으로서의 역할에 부합하지 못하다는 비판이 있다(장선희, 2010). 향후 외국인 혐오와 차별금지와 같은 인권보호에 대한 약간의 조항이라도 명시할 필요가 있고, 또한 재한외국인의 역량을 강화하는 데 중점을 두고 지속적으로 개정해 나가는 노력이 요구된다.

또한 이 법의 적용대상인 재한외국인은 대한민국의 국적을 가지지 아니한 자로서 대한민국에 거주할 목적을 가지고 합법적으로 체류하고 있는 자이다(「재한외국인 처우 기본법」 제2조 제1호). 불법체류자는 재한외국인이 아니므로 당연히 우리 사회의 적응 및 안정적 정착 지원을 받지 못한다. 그러나 불법체류자 중에는 특별한 보호나 지원이 필요한 대상이 있다는 것을 고려해야만 한다. 예를 들어, ① 고용허가제로 입국한 외국인 근로자가 밀린 임금체불로 인해 체류 기간을 초과한 경우, ② 대한민국 국민과 혼인하였으나, 국내거주요건을 충족하지 못한 상태에서 가정파탄 등으로 혼인관계가 해소된 결혼이주여성, ③ 특히 무국적으로 살아가는 불법체류 미성년 · 이주아동 등이다. 이들은 자신의 귀책사유와 아무런 관계없이 불법체류자 신분이라는 멍에를 지고 불안한 일상생활을 하고 있다. 합법체류 외국인만으로 한정되어 있는 현행 법제도에서 전향적 확대의 입법 방향으로 나아갈 것인지에 대해서 더욱 심도 있는 논의가 요구될 것으로 여겨진다(정상기, 2018). 따라서 인도적 고려 및 외국인 인권보호 차원에서 보다 실효성 있는 제도를 마련하여 체류질서를 확립해야 할 것이다.

그리고 이 법의 상당 부분이 권고적 · 훈시적인 규정으로서 국가나 지방자치단체의 의무에 대해서 강행규정이 아닌 '노력하여야 한다' 또는 '할 수 있다'고 임의규정의 형식으로 되어있기 때문에 조항에 따라 국가나 지방자치단체가 이러한 정책을 시행하지 않더라도 아무런 책임을 추궁할 수 없다. 그러므로 법적 실효성에 대한 의문이 제기되고, 실효성 없는 장식적 법률로써 전락할 우려가 크다(장정은, 2012). 만약 국가 및 지방자치단체는 '하여야 한다'라는 강행규정으로 규정될 경우에는 외국인 등이 이 법률을 근거로 '부작위 위법확인의 소'를 제기할 수 있다는 의견이 있지만, 재한외국인들의 진정한 권익보호에 어떠한 입법정책이 기여할 수 있을 것인가에 초점을 맞추어 발전적으로 검토할 필요가 있다.

2) 「다문화가족지원법」

다문화가족이 증가하고 또한 세계화와 국제경제 환경의 변화, 이주의 여성화 등으로 우리 사회가 다문화사회로 변화하고 있음에도 아직도 단일민족의 순혈주의에 빠져 결혼이주여성 및 그 자녀가 우리 사회에 적응하기까지 여러 가지 난관이 존재한다. 특히 결혼이주여성은 한국어 능력의 부족만이 아닌 한국 사회와 문화적 차이로 인한 가족구성원 간의 갈등 및 자녀양육 등의 어려움을 겪고 있다(차용호, 2015).

결혼이민자 및 그 자녀로 구성된 다문화가족이 우리 사회의 구성원으로서 순조롭게 통합되어 안정적인 가족생활을 영위할 수 있도록 하기 위한 목적으로 2008년 3월 21일 「다문화가족지원법」(약칭: 다문화가족법)이 제정되었고, 이 법은 2020년 5월 9일 일부개정이 이루어졌고, 일부개정 후 바로 시행되고 있다.

(1) 주요 내용

「다문화가족지원법」은 총 17개 조문으로 구성되어 있으며, 이 법은 다문화가족 구성원이 안정적인 가족생활을 영위하고 사회구성원으로서의 역할과 책임을 다할 수 있도록 함으로써 이들의 삶의 질 향상과 사회통합에 이바지함을 목적으로 한다.

「다문화가족지원법」의 주요 내용은 다음과 같다.

▶ 제2조(정의)

1. “다문화가족”이란 다음 각 목의 어느 하나에 해당하는 가족을 말한다.
   가. 「재한외국인 처우 기본법」 제2조제3호의 결혼이민자와 「국적법」 제2조부터 제4조까지의 규정에 따라 대한민국 국적을 취득한 자로 이루어진 가족
   나. 「국적법」 제3조 및 제4조에 따라 대한민국 국적을 취득한 자와 같은 법 제2조부터 제4조까지의 규정에 따라 대한민국 국적을 취득한 자로 이루어진 가족
2. “결혼이민자등”이란 다문화가족의 구성원으로서 다음 각 목의 어느 하나에 해당하는 자를 말한다.
   가. 「재한외국인 처우 기본법」 제2조제3호의 결혼이민자
   나. 「국적법」 제4조에 따라 귀화허가를 받은 자
3. “아동 · 청소년”이란 24세 이하인 사람을 말한다.

▶ 제3조의2(다문화가족 지원을 위한 기본계획의 수립)

① 여성가족부장관은 다문화가족 지원을 위하여 5년마다 다문화가족정책에 관한 기본계획(이하 “기본계획”이라 한다)을 수립하여야 한다.
② 기본계획에는 다음 각 호의 사항을 포함하여야 한다. 〈개정 2015. 12. 22.〉
   1. 다문화가족 지원 정책의 기본 방향
   2. 다문화가족 지원을 위한 분야별 발전시책과 평가에 관한 사항
   3. 다문화가족 지원을 위한 제도 개선에 관한 사항

3의2. 다문화가족 구성원의 경제 · 사회 · 문화 등 각 분야에서 활동 증진에 관한 사항

   4. 다문화가족 지원을 위한 재원 확보 및 배분에 관한 사항
   5. 그 밖에 다문화가족 지원을 위하여 필요한 사항
③ 여성가족부장관은 기본계획을 수립할 때에는 미리 관계 중앙행정기관의 장과 협의하여야 한다.
④ 기본계획은 제3조의4에 따른 다문화가족정책위원회의 심의를 거쳐 확정한다. 이 경우 여성가족부장관은 확정된 기본계획을 지체 없이 국회 소관 상임위원회에 보고하고, 관계 중앙행정기관의 장과 특별시장 · 광역시장 · 특별자치시장 · 도지사 · 특별자치도지사(이하 “시 · 도지사”라 한다)에게 알려야 한다. 〈개정 2015. 12. 1., 2020. 5. 19.〉
⑤ 여성가족부장관은 기본계획을 수립하기 위하여 필요하다고 인정하는 경우 관계 기관의 장에게 기본계획의 수립에 필요한 자료의 제출을 요구할 수 있다.
⑥ 제5항에 따라 자료의 제출을 요구받은 관계 기관의 장은 정당한 사유가 없으면 이에 따라야 한다.
[본조신설 2011. 4. 4.]

▶ 제5조(다문화가족에 대한 이해증진)

① 국가와 지방자치단체는 다문화가족에 대한 사회적 차별 및 편견을 예방하고 사회구성원이 문화적 다양성을 인정하고 존중할 수 있도록 다문화 이해교육을 실시하고 홍보 등 필요한 조치를 하여야 한다. 〈개정 2011. 4. 4., 2013. 3. 22.〉
② 여성가족부장관은 제1항에 따른 조치를 함에 있어 홍보영상을 제작하여 「방송법」 제2조제3호에 따른 방송사업자에게 배포하여야 한다. 〈신설 2015. 12. 1.〉
③ 여성가족부장관은 「방송법」 제2조제3호에 따른 방송사업자(이하 이 조에서 “방송사업자”라 한다)에게 같은 법 제73조제4항에 따라 대통령령으로 정하는 비상업적 공익광고 편성비율의 범위에서 제2항의 홍보영상을 채널별로 송출하도록 요청할 수 있다. 〈신설 2015. 12. 1., 2020. 5. 19.〉

④ 방송사업자는 제2항의 홍보영상 외에 독자적으로 홍보영상을 제작하여 송출할 수 있다. 이 경우 여성가족부장관에게 필요한 협조 및 지원을 요청할 수 있다. 〈신설 2015. 12. 1., 2020. 5. 19.〉

⑤ 교육부장관과 특별시 · 광역시 · 특별자치시 · 도 · 특별자치도의 교육감은 「유아교육법」 제2조, 「초 · 중등교육법」 제2조 또는「고등교육법」 제2조에 따른 학교에서 다문화가족에 대한 이해를 돕는 교육을 실시하기 위한 시책을 수립 · 시행하여야 한다. 이 경우 제4조에 따른 실태조사의 결과 중 다문화가족 구성원인 아동 · 청소년의 교육현황 및 아동 · 청소년의 다문화가족에 대한 인식 등에 관한 사항을 반영하여야 한다. 〈신설 2011. 4. 4., 2013. 3. 23., 2015. 12. 1., 2017. 3. 21.〉

⑥ 교육부장관과 특별시 · 광역시 · 특별자치시 · 도 · 특별자치도의 교육감은 「유아교육법」 제2조 및 「초 · 중등교육법」 제2조에 따른 학교의 교원에 대하여 대통령령으로 정하는 바에 따라 다문화 이해교육 관련 연수를 실시하여야 한다. 〈신설 2017. 12. 12.〉

▶제6조(생활정보 제공 및 교육 지원)

① 국가와 지방자치단체는 결혼이민자등이 대한민국에서 생활하는데 필요한 기본적 정보(아동 · 청소년에 대한 학습 및 생활지도 관련 정보를 포함한다)를 제공하고, 사회적응교육과 직업교육 · 훈련 및 언어소통 능력 향상을 위한 한국어교육 등을 받을 수 있도록 필요한 지원을 할 수 있다. 〈개정 2011. 4. 4., 2016. 3. 2.〉

② 국가와 지방자치단체는 결혼이민자등의 배우자 및 가족구성원이 결혼이민자등의 출신 국가 및 문화 등을 이해하는 데 필요한 기본적 정보를 제공하고 관련 교육을 지원할 수 있다. 〈신설 2017. 12. 12.〉

③ 국가와 지방자치단체는 제1항 및 제2항에 따른 교육을 실시함에 있어 거주지 및 가정환경 등으로 인하여 서비스에서 소외되는 결혼이민자등과 배우자 및 그 가족구성원이 없도록 방문교육이나 원격교육 등 다양한 방법으로 교육을 지원하고, 교재와 강사 등의 전문성을 강화하기 위한 시책을 수립 · 시행하여야 한다. 〈신설 2011. 4. 4., 2017. 12. 12.〉

④ 국가와 지방자치단체는 제3항의 방문교육의 비용을 결혼이민자등의 가구 소득수준, 교육의 종류 등 여성가족부장관이 정하여 고시하는 기준에 따라 차등지원할 수 있다. 〈신설 2015. 12. 1., 2017. 12. 12.〉

⑤ 국가와 지방자치단체가 제4항에 따른 비용을 지원함에 있어 비용 지원의 신청, 금융정보 등의 제공, 조사 · 질문 등은 「아이돌봄 지원법」 제22조부터 제25조까지의 규정을 준용한다. 〈신설 2015. 12. 1., 2017. 12. 12.〉

⑥ 결혼이민자등의 배우자 등 다문화가족 구성원은 결혼이민자등이 한국어교육 등 사회적응에 필요한 다양한 교육을 받을 수 있도록 노력하여야 한다. 〈신설 2015. 12. 1., 2017. 12. 12.〉

⑦ 그 밖에 제1항 및 제2항에 따른 정보제공 및 교육에 필요한 사항은 대통령령으로 정한다. 〈개정 2011. 4. 4., 2015. 12. 1., 2017. 12. 12.〉

▶제8조(가정폭력 피해자에 대한 보호 · 지원)

① 국가와 지방자치단체는 「가정폭력방지 및 피해자보호 등에 관한 법률」에 따라 다문화가족 내 가정폭력을 예방하기 위하여 노력하여야 한다. 〈개정 2011. 4. 4.〉

② 국가와 지방자치단체는 가정폭력으로 피해를 입은 결혼이민자등을 보호 · 지원할 수 있다. 〈신설 2011. 4. 4.〉

③ 국가와 지방자치단체는 가정폭력의 피해를 입은 결혼이민자등에 대한 보호 및 지원을 위하여 외국

어 통역 서비스를 갖춘 가정폭력 상담소 및 보호시설의 설치를 확대하도록 노력하여야 한다. 〈개정 2011. 4. 4.〉

④ 국가와 지방자치단체는 결혼이민자등이 가정폭력으로 혼인관계를 종료하는 경우 의사소통의 어려움과 법률체계 등에 관한 정보의 부족 등으로 불리한 입장에 놓이지 아니하도록 의견진술 및 사실확인 등에 있어서 언어통역, 법률상담 및 행정지원 등 필요한 서비스를 제공할 수 있다. 〈개정 2011. 4. 4.〉

▶제12조(다문화가족지원센터의 설치 · 운영 등)

① 국가와 지방자치단체는 다문화가족지원센터(이하 "지원센터"라 한다)를 설치 · 운영할 수 있다.

② 국가 또는 지방자치단체는 지원센터의 설치 · 운영을 대통령령으로 정하는 법인이나 단체에 위탁할 수 있다.

③ 국가 또는 지방자치단체 아닌 자가 지원센터를 설치 · 운영하고자 할 때에는 미리 시 · 도지사 또는 시장 · 군수 · 구청장(자치구의 구청장을 말한다. 이하 같다)의 지정을 받아야 한다.

④ 지원센터는 다음 각 호의 업무를 수행한다. 〈개정 2020. 5. 19.〉

1. 다문화가족을 위한 교육 · 상담 등 지원사업의 실시
2. 결혼이민자등에 대한 한국어교육
3. 다문화가족 지원서비스 정보제공 및 홍보
4. 다문화가족 지원 관련 기관 · 단체와의 서비스 연계
5. 일자리에 관한 정보제공 및 일자리의 알선
6. 다문화가족을 위한 통역 · 번역 지원사업
7. 다문화가족 내 가정폭력 방지 및 피해자 연계 지원
8. 그 밖에 다문화가족 지원을 위하여 필요한 사업

⑤ 지원센터에는 다문화가족에 대한 교육 · 상담 등의 업무를 수행하기 위하여 관련 분야에 대한 학식과 경험을 가진 전문인력을 두어야 한다.

⑥ 국가와 지방자치단체는 제3항에 따라 지정한 지원센터에 대하여 예산의 범위에서 제4항 각 호의 업무를 수행하는 데에 필요한 비용 및 지원센터의 운영에 드는 비용의 전부 또는 일부를 보조할 수 있다. 〈개정 2016. 3. 2.〉

⑦ 제1항, 제2항 및 제3항에 따른 지원센터의 설치 · 운영 기준, 위탁 · 지정 기간 및 절차 등에 필요한 사항은 대통령령으로 정하고, 제5항에 따른 전문인력의 기준 등에 필요한 사항은 여성가족부령으로 정한다.

[전문개정 2012. 2. 1.]

(2) 쟁점 및 과제

「다문화가족지원법」에서는 안정적 정착 지원과 보호의 적용대상자를 결혼이민자 또는 귀화자로 이루어진 가족만으로 하고 있으므로, 또 다른 다문화가족이라 할 수 있는 외국인만으로 구성된 외국인근로자 부부 및 그들 사이에서 출생한 자녀, 외국인유학생 부부와 그 가족, 재외동포, 영주권자, 난민 등으로 다양한 형태의 이주가족은 다문화가족에서 제외된다. 이러한 문제는 다문화가족

의 형태에 따르는 차별을 발생할 수 있다. 때문에 사회통합적 차원에서 다문화가족에 대한 정의를 외국인가족 등으로 적용대상 범위를 확대해야 한다(권영호, 2014; 전경근, 2015; 강명원 2019).

그러나 「다문화가족지원법」의 적용 대상자를 모든 외국인가족 등으로 확대할 경우에 「재한외국인 처우 기본법」, 「외국인근로자의 고용 등에 관한 법률」, 「난민법」 등에 적용 대상자로 규정된 외국인에 대한 처우의 중복 · 충돌 및 추진체계의 중복 · 충돌이 발생하고, 관련된 부처 간에 갈등이 초래되어 행정의 비효율이 발생된다(김종세, 2019). 그렇다면 우선 「다문화가족지원법」에서 외국인가족을 포함한 적용대상 범위를 확대하는 것에 대해 법적 타당성과 정책 효율성을 고려하여 검토해야 할 것이다. 그리고 외국인가족 등으로 다문화가족의 적용대상 범위를 폭넓게 정의할 경우에 국가가 부담해야 할 비용이 증가될 수 있으므로, 이를 고려하여 외국인가족을 포함한 모든 다문화가족에게는 의료 · 응급구호 · 아동교육과 같은 기본적 사회서비스를 제공하고, 그 외에 특별한 사회서비스는 소득기준 분위에 따라 제공하는 방안도 함께 고려할 필요가 있다.

또한 현행 「다문화가족지원법」과 「재한외국인 처우 기본법」은 모두 합법적 체류외국인으로 한정하고 있다. 그러나 불법체류자이든 합법체류자이든 인간이면 누구나 향유할 수 있는 인권적 차원에서 고려하면, 앞서 언급한 것처럼 불법체류자 일지라도 자신의 귀책사유가 아니면 인권은 존중되어야 하기 때문에 의료, 응급구호, 아동교육과 같은 기본적 지원은 해야 한다. 특히 외국인 부모 중 쌍방 또는 일방이 불법체류 상태에서 출생한 자녀는 반드시 인권보호와 함께 지원이 필요하다. 다행히 현행 「초중등교육법 시행령」 제19조에는 "불법체류자 자녀라도 초등학교 · 중학교에는 입학할 수 있다"고 규정하고 있다. 그러나 근거 법령이 '법률'이 아닌 '시행령'이라는 점에서 그 한계가 있다. 특히 이들은 '출생신고'가 불가능하므로, 아파도 의료보험(건강보험) 혜택을 받을 수 없어 병원에 가는 건 엄두를 못 낸다. 진료비가 부담되기 때문이다. 그러므로 지금이라도 국회와 정부, 지방자치단체는 시민단체 등과 함께 사회적 합의선을 조율하고, 새로운 법 · 정책적 대안을 모색해야 할 것이다.

3) 「외국인근로자의 고용 등에 관한 법률」

1991년 법무부는 구 「외국인 산업기술 연수사증 발급 등에 관한 업무처리지침(법무부 훈령)」을 제정하고 '외국인 산업연수생제도'를 도입하여 중소기업 또는 영세업체가 단순외국인력을 활용할 수 있도록 하였다. 하지만 1990년대 초에는 산업연수생 자격으로 입국한 단순외국인력과 불법체류 외국인의 인권침해 사례가 증가하여 시민단체, 종교계, 불법체류 외국인 등이 산업연수생의 인권침해 문제를 사회 문제화하여 정부의 정책의제로까지 선정되기에 이르렀다(차용호, 2015).

외국인근로자를 체계적으로 도입 · 관리함으로써 원활한 인력수급 및 국민경제의 균형 있는 발전을 도모함을 목적으로 2003년 8월 16일 「외국인근로자의 고용 등에 관한 법률」(약칭: 외국인고용법)이 제정되었고, 2022년 6월 10일 일부개정이 이루어졌으며, 당해 12월 11일부터 바로 시행되고 있다.

(1) 주요 내용

「외국인근로자의 고용 등에 관한 법률」은 총 6장 32개 조문으로 구성되어 있으며, 제1장 총칙, 제2장 외국인근로자 고용절차, 제3장 외국인근로자의 고용관리, 제4장 외국인근로자의 보호, 제5장 보칙, 제6장 벌칙으로 규정하고 있다.

「외국인근로자의 고용 등에 관한 법률」의 주요 내용은 다음과 같다.

▶제2조(정의)

이 법에서 "외국인근로자"란 대한민국의 국적을 가지지 아니한 사람으로서 국내에 소재하고 있는 사업 또는 사업장에서 임금을 목적으로 근로를 제공하고 있거나 제공하려는 사람을 말한다. 다만, 「출입국관리법」 제18조제1항에 따라 취업활동을 할 수 있는 체류자격을 받은 외국인 중 취업분야 또는 체류기간 등을 고려하여 대통령령으로 정하는 사람은 제외한다.
[전문개정 2009. 10. 9.]

▶제9조(근로계약)

① 사용자가 제8조제4항에 따라 선정한 외국인근로자를 고용하려면 고용노동부령으로 정하는 표준근로계약서를 사용하여 근로계약을 체결하여야 한다. 〈개정 2010. 6. 4.〉
② 사용자는 제1항에 따른 근로계약을 체결하려는 경우 이를 한국산업인력공단에 대행하게 할 수 있다. 〈개정 2014. 1. 28.〉
③ 제8조에 따라 고용허가를 받은 사용자와 외국인근로자는 제18조에 따른 기간 내에서 당사자 간의 합의에 따라 근로계약을 체결하거나 갱신할 수 있다. 〈개정 2012. 2. 1.〉
④ 제18조의2에 따라 취업활동 기간이 연장되는 외국인근로자와 사용자는 연장된 취업활동 기간의 범위에서 근로계약을 체결할 수 있다.
⑤ 제1항에 따른 근로계약을 체결하는 절차 및 효력발생 시기 등에 관하여 필요한 사항은 대통령령으로 정한다.
[전문개정 2009. 10. 9.]

▶제17조(외국인근로자의 고용관리)

① 사용자는 외국인근로자와의 근로계약을 해지하거나 그 밖에 고용과 관련된 중요 사항을 변경하는 등 대통령령으로 정하는 사유가 발생하였을 때에는 고용노동부령으로 정하는 바에 따라 직업안정기관의 장에게 신고하여야 한다. 〈개정 2010. 6. 4.〉
② 사용자가 제1항에 따른 신고를 한 경우 그 신고사실이 「출입국관리법」 제19조제1항 각 호에 따른 신고사유에 해당하는 때에는 같은 항에 따른 신고를 한 것으로 본다. 〈신설 2016. 1. 27.〉
③ 제1항에 따라 신고를 받은 직업안정기관의 장은 그 신고사실이 제2항에 해당하는 때에는 지체없이 사용자의 소재지를 관할하는 지방출입국 · 외국인관서의 장에게 통보하여야 한다. 〈신설 2016. 1. 27.〉

④ 외국인근로자의 적절한 고용관리 등에 필요한 사항은 대통령령으로 정한다. 〈개정 2016. 1. 27.〉
[전문개정 2009. 10. 9.]

▶제23조(보증보험 등의 가입)
① 사업의 규모 및 산업별 특성 등을 고려하여 대통령령으로 정하는 사업 또는 사업장의 사용자는 임금체불에 대비하여 그가 고용하는 외국인근로자를 위한 보증보험에 가입하여야 한다.
② 산업별 특성 등을 고려하여 대통령령으로 정하는 사업 또는 사업장에서 취업하는 외국인근로자는 질병 · 사망 등에 대비한 상해보험에 가입하여야 한다.
③ 제1항 및 제2항에 따른 보증보험, 상해보험의 가입방법 · 내용 · 관리 및 지급 등에 필요한 사항은 대통령령으로 정한다.
[전문개정 2009. 10. 9.]

▶제24조의2(외국인근로자 권익보호협의회)
① 외국인근로자의 권익보호에 관한 사항을 협의하기 위하여 직업안정기관에 관할 구역의 노동자단체와 사용자단체 등이 참여하는 외국인근로자 권익보호협의회를 둘 수 있다.
② 외국인근로자 권익보호협의회의 구성 · 운영 등에 필요한 사항은 고용노동부령으로 정한다. 〈개정 2010. 6. 4.〉
[본조신설 2009. 10. 9.]

(2) 쟁점 및 과제

「외국인근로자의 고용 등에 관한 법률」은 2004년부터 '고용허가제'를 통해 외국인근로자의 체계적인 도입 · 관리를 함으로써 중소기업의 인력난 완화와 국민경제의 발전에 기여하였다. 하지만 이 법은 외국인근로자 정주화(定住化) 방지라는 대원칙을 유지하고 있고, 또한 '고용허가제'는 내국인고용 우선의 원칙과 국내 고용시장의 우선적 고려 등의 정책에 따라 운영되고 있기 때문에 외국인근로자는 한국인근로자와 동등한 권리를 향유할 수 없는 문제점이 있다(손윤석 2013).

한편 불법체류나 불법취업 외국인근로자는 우리 사회에 체류자격 없이 체류기간을 초과하여 또한 취업활동을 할 수 있는 체류자격 없이 취업을 하고 있는 외국인근로자를 말한다(「출입국관리법」 제17조 제1항, 제18조 제1항 및 「외국인근로자의 고용 등에 관한 법률」 제2조). 그렇지만 2015년에 대법원은 "타인과의 사용종속관계 하에서 근로를 제공하고 그 대가로 임금 등을 받아 생활하는 사람은 노동조합법상 근로자에 해당하고, 노동조합법상의 근로자성이 인정되는 한, 그러한 근로자가 외국인인지 여부나 취업자격의 유무에 따라 노동조합법상 근로자의 범위에 포함되지 아니한다고 볼 수는 없다"고 판결했다. 그 밖에도 2008년에 대법원은 「출입국관리법」 위반의 불법체류 외국인근로자이었다 할지라도, 「근로기준법」 상의 근로자에 해당하므로, 퇴직금 지급대상이 된다고 하였다. 또한 작업하는 도중에 단속반을 피하려다가 부상을 입은 불법체류 외국인에 대해서

역시 근로자로 인정하여 업무상 재해에 해당한다고 판결했다. 이처럼 비록 불법체류라는 법규 위반은 존재할지라도 그로 인해 인간으로서의 권리마저 침해받아서는 안 된다는 의식 등이 존재하므로 이를 법에 적용할 수 있는 방안에 대한 고민이 필요하다.

4) 「난민법」

「난민법」은 최근 국제적으로 거론되고 있는 난민에 대한 우리나라 정부의 입장을 밝히는 것으로, 난민인정 절차와 심사 등에 대한 사항을 정하고 있다. 우리나라에서도 2018년 제주도에 예멘 난민들이 급작스럽게 입국을 하였고, 2021년 아프가니스탄의 특별체류허가자들이 들어오면서 난민인정 신청자들이 늘어나 인권보호차원에서 국내 · 외적으로 「난민법」을 포함한 이민정책 관련법제 개정에 관심이 고조되고 있다(김병록, 2020).

이 법은 「난민의 지위에 관한 1951년 협약」(이하 "난민협약"이라 한다) 및 「난민의 지위에 관한 1967년 의정서」(이하 "난민의정서"라 한다) 등에 따라 난민의 지위와 처우 등에 관한 사항을 정함을 목적으로 2012년 2월 16일에 제정되었고, 2016년 12월 20일 일부개정이 이루어져 시행되고 있다.

(1) 주요 내용

「난민법」은 총 6장 46개 조문으로 구성되어 있으며, 제1장 총칙, 제2장 난민인정 신청과 심사 등, 제3장 난민위원회 등, 제4장 난민인정자 등의 처우, 제5장 보칙, 제6장 벌칙으로 규정하고 있다.

「난민법」의 주요 내용은 다음과 같다.

▶제2조(정의)

1. "난민"이란 인종, 종교, 국적, 특정 사회집단의 구성원인 신분 또는 정치적 견해를 이유로 박해를 받을 수 있다고 인정할 충분한 근거가 있는 공포로 인하여 국적국의 보호를 받을 수 없거나 보호받기를 원하지 아니하는 외국인 또는 그러한 공포로 인하여 대한민국에 입국하기 전에 거주한 국가(이하 "상주국"이라 한다)로 돌아갈 수 없거나 돌아가기를 원하지 아니하는 무국적자인 외국인을 말한다.
2. "난민으로 인정된 사람"(이하 "난민인정자"라 한다)이란 이 법에 따라 난민으로 인정을 받은 외국인을 말한다.
3. "인도적 체류 허가를 받은 사람"(이하 "인도적체류자"라 한다)이란 제1호에는 해당하지 아니하지만 고문 등의 비인도적인 처우나 처벌 또는 그 밖의 상황으로 인하여 생명이나 신체의 자유 등을 현저히 침해당할 수 있다고 인정할 만한 합리적인 근거가 있는 사람으로서 대통령령으로 정하는 바에 따라 법무부장관으로부터 체류허가를 받은 외국인을 말한다.
4. "난민인정을 신청한 사람"(이하 "난민신청자"라 한다)이란 대한민국에 난민인정을 신청한 외국인으로서 다음 각 목의 어느 하나에 해당하는 사람을 말한다.

가. 난민인정 신청에 대한 심사가 진행 중인 사람
나. 난민불인정결정이나 난민불인정결정에 대한 이의신청의 기각결정을 받고 이의신청의 제기기간이나 행정심판 또는 행정소송의 제기기간이 지나지 아니한 사람
다. 난민불인정결정에 대한 행정심판 또는 행정소송이 진행 중인 사람

5. "재정착희망난민"이란 대한민국 밖에 있는 난민 중 대한민국에서 정착을 희망하는 외국인을 말한다.
6. "외국인"이란 대한민국의 국적을 가지지 아니한 사람을 말한다.

▶제3조(강제송환의 금지)

난민인정자와 인도적체류자 및 난민신청자는 난민협약 제33조 및 「고문 및 그 밖의 잔혹하거나 비인도적 또는 굴욕적인 대우나 처벌의 방지에 관한 협약」 제3조에 따라 본인의 의사에 반하여 강제로 송환되지 아니한다.

▶제5조(난민인정 신청)

① 대한민국 안에 있는 외국인으로서 난민인정을 받으려는 사람은 법무부장관에게 난민인정 신청을 할 수 있다. 이 경우 외국인은 난민인정신청서를 지방출입국·외국인관서의 장에게 제출하여야 한다. 〈개정 2014. 3. 18.〉
② 제1항에 따른 신청을 하는 때에는 다음 각 호에 해당하는 서류를 제시하여야 한다.
1. 여권 또는 외국인등록증. 다만, 이를 제시할 수 없는 경우에는 그 사유서
2. 난민인정 심사에 참고할 문서 등 자료가 있는 경우 그 자료
③ 난민인정 신청은 서면으로 하여야 한다. 다만, 신청자가 글을 쓸 줄 모르거나 장애 등의 사유로 인하여 신청서를 작성할 수 없는 경우에는 접수하는 공무원이 신청서를 작성하고 신청자와 함께 서명 또는 기명날인하여야 한다.
④ 출입국관리공무원은 난민인정 신청에 관하여 문의하거나 신청 의사를 밝히는 외국인이 있으면 적극적으로 도와야 한다.
⑤ 법무부장관은 난민인정 신청을 받은 때에는 즉시 신청자에게 접수증을 교부하여야 한다.
⑥ 난민신청자는 난민인정 여부에 관한 결정이 확정될 때까지(난민불인정결정에 대한 행정심판이나 행정소송이 진행 중인 경우에는 그 절차가 종결될 때까지) 대한민국에 체류할 수 있다.
⑦ 제1항부터 제6항까지 정한 사항 외에 난민인정 신청의 구체적인 방법과 절차 등 필요한 사항은 법무부령으로 정한다.

▶제25조(난민위원화의 설치 및 구성)

① 제21조에 따른 이의신청에 대한 심의를 하기 위하여 법무부에 난민위원회(이하 "위원회"라 한다)를 둔다.
② 위원회는 위원장 1명을 포함한 15명 이하의 위원으로 구성한다.
③ 위원회에 분과위원회를 둘 수 있다.

▶제30조(난민인정자의 처우)

① 대한민국에 체류하는 난민인정자는 다른 법률에도 불구하고 난민협약에 따른 처우를 받는다.
② 국가와 지방자치단체는 난민의 처우에 관한 정책의 수립·시행, 관계 법령의 정비, 관계 부처 등에 대한 지원, 그 밖에 필요한 조치를 하여야 한다.

(2) 쟁점 및 과제

우리나라 정부는 1992년 「난민의 지위에 관한 협약」과 「난민의 지위에 관한 의정서」에 가입하였고, 1994년부터 「출입국관리법」에서 난민인정 등을 신설 규정한 이후 2000년까지 난민으로 인정받은 자가 한 명도 없었으나, 2005년 9월이 돼서야 에티오피아출신 난민신청자가 최초로 난민지위를 인정받았다. 이후 2010년 3월 19일에는 난민인정자 가운데에 최초로 한국 국적을 취득하였다.

1994년 이후 2024년 7월 말까지 난민신청자는 115,041명이며, 심사완료자는 54,858명이다. 이 중에서 1,497명이 난민인정을 받았고, 2,671명이 인도적 체류허가를 받아 총 4,168명이 난민인정(보호)을 받고 있다.

난민 문제는 우리 사회의 문제만이 아닌 국제적 문제이며, 특히 난민수용은 그 해당 국가의 재량이지만, 국제법과의 조화를 기하여 고려해야 한다. 최근 대한변호사협회는 유엔난민기구(UNHCR) 한국대표부와 함께 「난민법」 개정방향에 관한 심포지엄을 개최하면서 법무부가 추진하는 「난민법」 개정안에 대하여 "「난민법」상 강제송환금지 원칙의 예외사유와 난민 불인정 사유를 확대하고 있다"라는 의견을 개진하였다. 따라서 좀 더 적극적인 사회적 토론과 대책이 필요한 시점이다.

5) 「북한이탈주민의 보호 및 정착지원에 관한 법률」

국내로 입국하는 북한이탈주민이 증가하면서 효율적 관리의 필요성이 제기되자 정부는 1997년 「북한이탈주민의 보호 및 정착지원에 관한 법률」을 제정하고, 여러 차례의 법률 개정을 거치면서 수혜적 보호 차원의 일방적 지원 방식에서 자립 · 자활 중심의 정착 지원의 방식으로의 전환을 시도하였다. 이 법률에 근거해 정부는 북한이탈주민의 한국 사회 정착을 지원하기 위해 다양한 경제적 · 교육적 · 의료적 · 심리적 지원을 제공하는 등 정책적 지원을 추진하고 있다.

이 법은 군사분계선 이북지역에서 벗어나 대한민국의 보호를 받으려는 군사분계선 이북지역의 주민이 정치, 경제, 사회, 문화 등 모든 생활 영역에서 신속히 적응 · 정착하는 데 필요한 보호 및 지원에 관한 사항을 규정함을 목적으로 하며, 2024년 2월 6일 일부개정 및 당해 8월 7일부터 시행되고 있다.

「북한이탈주민의 보호 및 정착지원에 관한 법률」(약칭: 북한이탈주민법)은 총 34개 조문으로 구성되어 있으며, 주요 내용은 다음과 같다.

▶ 제2조(정의)

1. "북한이탈주민"이란 군사분계선 이북지역(이하 "북한"이라 한다)에 주소, 직계가족, 배우자, 직장 등을 두고 있는 사람으로서 북한을 벗어난 후 외국 국적을 취득하지 아니한 사람을 말한다.
2. "보호대상자"란 이 법에 따라 보호 및 지원을 받는 북한이탈주민을 말한다.
3. "정착지원시설"이란 보호대상자의 보호 및 정착지원을 위하여 제10조제1항에 따라 설치·운영하는 시설을 말한다.
4. "보호금품"이란 이 법에 따라 보호대상자에게 지급하거나 빌려주는 금전 또는 물품을 말한다.

[전문개정 2010. 3. 26.]

▶ 제4조의2(국가 및 지방자치단체의 책무)

① 국가 및 지방자치단체는 보호대상자의 성공적인 정착을 위하여 보호대상자의 보호·교육·취업·주거·의료 및 생활보호 등의 지원을 지속적으로 추진하고 이에 필요한 재원을 안정적으로 확보하기 위하여 노력하여야 한다. 〈개정 2017. 3. 21., 2021. 1. 5.〉

② 국가 및 지방자치단체는 제1항에 따라 보호대상자에 대한 지원시책을 마련하는 경우 아동·청소년·청년·여성·노인·장애인 등에 대하여 특별히 배려·지원하도록 노력하여야 한다. 〈신설 2017. 3. 21., 2021. 1. 5., 2023. 3. 28.〉

[본조신설 2013. 8. 13.]

[제목개정 2021. 1. 5.]

▶ 제16조(직업훈련)

① 통일부장관은 직업훈련을 희망하는 보호대상자 또는 보호대상자이었던 사람(이하 "보호대상자등"이라 한다)에 대하여 직업훈련을 실시할 수 있다. 〈개정 2021. 4. 20.〉

② 제1항에 따른 직업훈련을 받으려는 보호대상자등은 직업훈련신청서를 통일부장관에게 제출하여야 한다. 〈신설 2021. 4. 20.〉

③ 통일부장관은 제2항에 따른 신청서를 제출한 보호대상자등에 대하여 정착지원시설 내 교육훈련시설에서 직업훈련을 실시하거나 고용노동부장관, 중소벤처기업부장관, 지방자치단체의 장(이하 "고용노동부장관등"이라 한다)에게 보호대상자등이 「근로자직업능력 개발법」에 따른 직업능력개발훈련을 실시하는 기관(「중소기업진흥에 관한 법률」 제57조제1항에 따른 연수실시기관을 포함한다. 이하 같다)에서 직업훈련을 받을 수 있도록 협조를 요청할 수 있다. 이 경우 협조요청을 받은 고용노동부장관등은 특별한 사유가 없으면 이에 따라야 한다. 〈신설 2021. 4. 20.〉

④ 제3항에 따라 고용노동부장관등이 보호대상자등에 대한 직업훈련을 실시한 경우에는 그 결과를 통일부장관에게 통보하여야 한다. 〈신설 2021. 4. 20.〉

⑤ 제1항에 따른 직업훈련의 실시기간은 대상자의 직무능력 등을 고려하여 3개월 이상이 되도록 노력하여야 한다. 〈개정 2021. 4. 20.〉

⑥ 그 밖에 직업훈련에 필요한 사항은 대통령령으로 정한다. 〈신설 2021. 4. 20.〉

[전문개정 2010. 3. 26.]

▶ 제24조(교육지원)

① 통일부장관은 대통령령으로 정하는 바에 따라 보호대상자의 나이, 수학능력(修學能力), 그 밖의 교육 여건 등을 고려하여 보호대상자가 교육을 받을 수 있도록 필요한 지원을 할 수 있다.

② 통일부장관은 예산의 범위에서 대통령령으로 정하는 바에 따라 북한이탈주민을 대상으로 초·중등교육을 실시하는 학교의 운영에 필요한 경비를 지원할 수 있다.
③ 통일부장관은 교육부장관과 협의하여 보호대상자의 교육을 위한 전문인력을 확보하고, 보호대상자의 학력 진단·평가, 교육정보관리, 교육, 연수 및 학습활동의 지원 등 보호대상자의 교육지원과 지도를 위하여 노력하여야 한다. 〈신설 2013. 8. 13.〉
[전문개정 2010. 3. 26.]

▶제25조(의료급여 등)
① 통일부장관은 보호대상자와 그 가족에게 「의료급여법」에서 정하는 바에 따라 의료급여를 실시할 수 있다. 〈개정 2013. 8. 13.〉
② 통일부장관은 「국민건강보험법」의 적용대상인 보호대상자의 경제적 능력 등을 고려하여 「국민건강보험법」 제69조에 따라 부담하여야 하는 보험료의 일부를 지원할 수 있다. 〈신설 2013. 8. 13.〉
③ 제2항에 따른 보호대상자의 범위와 보험료의 지원범위에 관해서는 대통령령으로 정한다. 〈신설 2013. 8. 13.〉
[전문개정 2010. 3. 26.]
[제목개정 2013. 8. 13.]

02 » 우리나라 다문화정책

우리나라는 1963년 「출입국관리법」이 제정되었고, 1993년부터 산업연수생 등 외국인 노동자의 유입이 본격적으로 시작되었다. 2000년대 결혼이민자 유입의 증가와 2002년 영주자격제도 도입, 2007년 「재한외국인 처우 기본법」 제정, 2008년 「다문화가족지원법」 제정과 더불어 '제1차 외국인정책 기본계획(2010~2012)'을 수립·시행하였다. 2013년부터 2017년까지 '제2차 외국인정책 기본계획', 2018년부터 2022년까지 '제3차 외국인정책 기본계획'을 수립·추진하였다. 현재는 '제4차 외국인정책 기본계획(2023~2027)'을 수립하여 추진하고 있다.

이와 더불어 「다문화가족지원법」 제3조의2(다문화가족 지원을 위한 기본계획의 수립)에 따라 5년마다 '다문화가족정책 기본계획'을 수립하여 추진하고 있는데, 2010년에 수립된 '제1차 다문화가족정책 기본계획'을 시작으로 현재는 '제4차 다문화가족정책 기본계획(2023~2027)'을 수립하여 추진하고 있다.

1) 제4차 외국인정책 기본계획(2023~2027)

외국인정책은 국경·출입국 및 체류 관리, 사회통합과 국적부여 정책을 포괄하는 개념으로 이민정책(immigration policy)을 의미한다. 즉 대한민국으로 이주하고자 하는 외국인에 대해 일시적 또는 영구적으로 사회구성원 자격을 부여하거나, 국내에서 살아가는 데 필요한 제반 환경조성에 관한 사항을 종합적인 관점에서 다루는 정책이라고 할 수 있다.

'외국인정책 기본계획'은 「재한외국인 처우 기본법」에 근거한 법정계획이며, '제4차 외국인정책 기본계획'은 2023년부터 2027년까지 5년으로, 기간 중 사업이 완료되거나 기간이 5년 이상인 과제를 포함한다. 수립 절차는 법무부장관이 관계 중앙행정기관장과 협의하여 기본계획을 수립하고 외국인정책위원회에서 심의를 거쳐 확정한다.

현재까지 수립 · 실시된 '외국인정책 기본계획'을 비교 · 정리하면 〈표 4-1〉과 같다.

표 4-1 '외국인정책 기본계획' 수립의 연혁 및 평가

	제1차	제2차	제3차	제4차
기간	2008~2012	2013~2017	2018~2022	2023~2027
비전	외국인과 함께하는 세계 일류국가	세계인과 더불어 성장하는 활기찬 대한민국	국민공감! 인권과 다양성이 존중되는 안전한 대한민국	국민과 이민자가 함께 도약하는 미래지향적 글로벌 선도국가
정책 목표	① 적극적인 이민 허용을 통한 국가경쟁력 강화	① [개방] 경제활성화 지원과 인재유치	① [개방] 국민이 공감하는 질서있는 개방	① [경제] 이민을 활용한 경제와 지역발전 촉진
	② 질 높은 사회통합	② [통합] 대한민국의 공동가치가 존중되는 사회통합	② [통합] 이민자의 자립과 참여로 통합되는 사회	② [안전] 안전하고 질서있는 이민사회 구현
	③ 질서있는 이민행정 구현	③ [인권] 차별방지와 문화다양성 존중	③ [안전] 국민과 이민자가 함께 만들어가는 안전한 사회	③ [통합] 국민과 이민자가 함께하는 사회통합
	④ 외국인 인권옹호	④ [안전] 국민과 외국인이 안전한 사회구현	④ [인권] 인권과 다양성이 존중되는 정의로운 사회	④ [인권] 이민자의 인권 가치를 존중하는 사회 실현
		⑤ [협력] 국제사회와의 공동발전	⑤ [협력] 협력에 바탕한 미래 지향적 거버넌스	⑤ [협력/인프라] 글로벌 스탠더드에 부합하는 이민행정 기반구축
*정책목표 영역별 연도별 시행계획 과제 수 비율				제1차~제3차 평균
목표별 분포	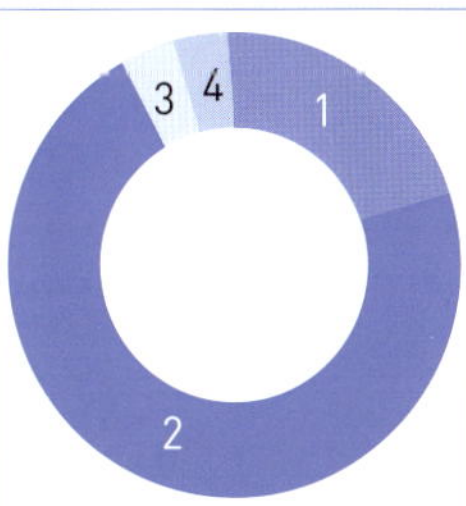	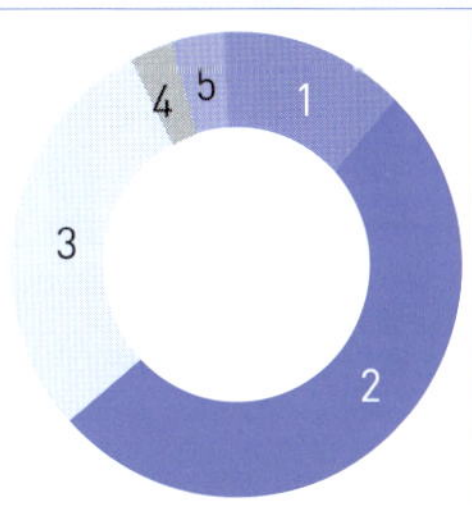	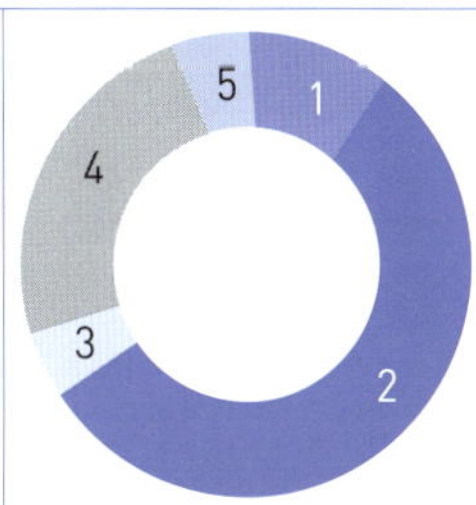	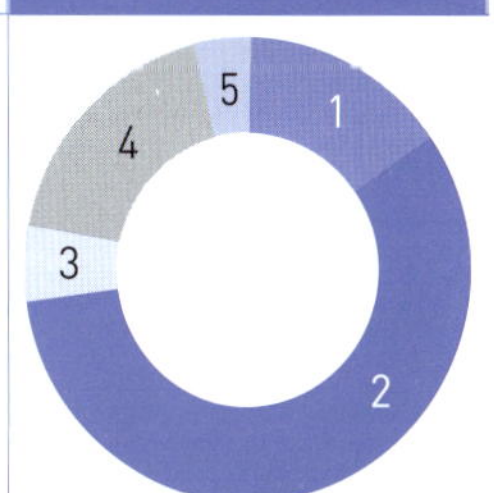
지표	기본계획 과제: 169개 시행계획 달성률: 83.0%	기본계획 과제: 147개 시행계획 달성률: 80.2%	기본계획 과제: 166개 시행계획 달성률: 72.7%	과제: 통합 분야에 집중 시행계획 달성률: 78.6%

표 4-1 '외국인정책 기본계획' 수립의 연혁 및 평가-계속

	제1차	제2차	제3차	제4차
특징	2012년 국내 체류외국인: 144만 5,103명	2017년 국내 체류외국인: 218만 498명	2022년 국내 체류외국인: 219만 9,460명	
	• [통합] 과제 중심으로 기본계획 수립(72%) • 난민법 제정 (2012.2., 2013.7.시행)	• 1차와 비교하여 시행 계획 과제 수가 (연간) 평균 306개 증가 • 정책목표에 [협력] 추가. (1차 4개 영역 ⋯› 2차 5개 영역) • [인권] 영역 과제 비중이 크게 증가(1차 4.1% ⋯› 2차 28.0%)	• 5개 정책목표체계 유지 • [안전]이 [인권] 영역 보다 우선순위를 차지 • 2018년 예멘 난민 2021년 아프가니스탄 특별기여자 입국 • 코로나19로 기본계획 달성률 하락	• 중심과제: [통합] 영역 • 예산집중: [개방] 영역 • 비집중: [안전] 영역에 과제/예산이 가장 적음 • 환경에 따라 정책목표별 우선순위가 변화 • 외국인정책위원회 실무 분과위원회 확대

※ 자료원: 법무부 출입국 · 외국인정책본부(2024). 제4차 외국인정책 기본계획(2023~2027).

(1) 제1차~제3차 외국인정책 기본계획의 주요 성과와 한계

가. 주요 성과

① 산업구조변화에 따른 인력부족 대응

2000년대 들어 우리나라는 생산가능인구의 감소, 서비스업 중심의 산업구조로 인해 심화된 중소기업 및 농어촌의 인력난 해소를 위한 제도를 도입하고 확대하기 시작하였다. '고용허가제'는

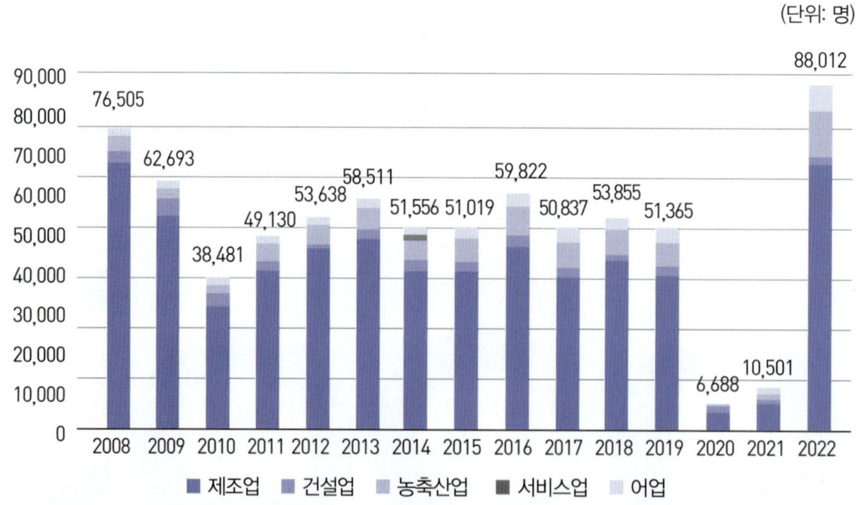

그림 4-1 고용허가제 외국인근로자 업종별 도입 현황(2008~2022)

*출처: KOSIS, 고용노동부, 고용허가제고용동향
※ 자료원: 법무부 출입국 · 외국인정책본부(2024). 제4차 외국인정책 기본계획(2023~2027).

내국인을 구하지 못한 중소기업이 정부로부터 고용허가서를 발급받아 합법적으로 비전문 외국인력을 고용할 수 있도록 하는 제도이며, 2004년 도입 후 꾸준히 도입규모 및 결정방식 등의 제도를 개선하였다. 또한 국민일자리 잠식 검증, 장기체류 억제 등 관리 강화를 동시에 추진하기도 하였다(〈그림 4-1〉).

또한 지방자치단체가 지역 농어가에 필요한 외국인력 수요를 직접 신청하고 배정받아 농어촌 구인난 해소에 기여하기 위해 '계절근로자'를 2017년부터 정식 도입하였다. 파종 · 수확기 등 계절성이 있는 농어업 분야에서 최대 8개월까지 단기 · 집중적으로 외국인을 고용하였는데, 2017년의 21개 지자체에서 2022년에는 104개의 지자체가 참여하였다.

② 국경관리 강화 및 출입국심사 편의 증진

2008년부터 시행된 '자동출입국심사제도'는 우리나라를 방문하는 승객에게 출입국 편의를 제공하였다. 이를 바탕으로 2012년부터는 미국, 홍콩, 마카오, 대만 및 독일과도 우리나라 국민이 입국하는 경우에 자동출입국심사서비스를 이용할 수 있도록 해당 정부와 협정을 체결하기도 하였다.

또한 2021년부터 시행된 '전자여행허가제도'는 무사증입국 대상국 국민이 우리나라 입국 전에 여행정보를 입력하여 사전여행 허가를 받는 제도로써, 입국절차의 편리성과 국경안전을 확보하였는데, 이는 허가를 받은 사람에게는 입국 시 '입국신고서' 제출을 생략하여 신속한 출입국 심사 서비스 혜택을 제공하는 것이다.

③ 이민자 사회적응 및 사회통합 강화

2009년부터 도입된 '사회통합 프로그램'은 한국어와 한국 문화 · 사회 이해 교육을 통해 이민자가 우리 사회 구성원으로서 적응 · 자립하는 데 필요한 기본소양 함양의 기회를 제공하였다(〈표 4-2〉). 그리고 2015년부터 시행된 '이민자 조기적응 프로그램'은 대한민국의 기초 법 · 제도, 사회적응 정보 제공(18개국 언어)을 통해 장기체류하려는 이민자의 조기 적응을 지원하였다.

표 4-2 사회통합 프로그램의 개요

구분 \ 교육명	한국어와 한국문화					한국사회이해	
단계	0단계	1단계	2단계	3단계	4단계	5단계	
과정	기초	초급1	초급2	중급1	중급2	기본	심화
총 교육시간	15시간	100시간	100시간	100시간	100시간	70시간	30시간

※ 자료원: 법무부 출입국 · 외국인정책본부(2024). 제4차 외국인정책 기본계획(2023~2027).

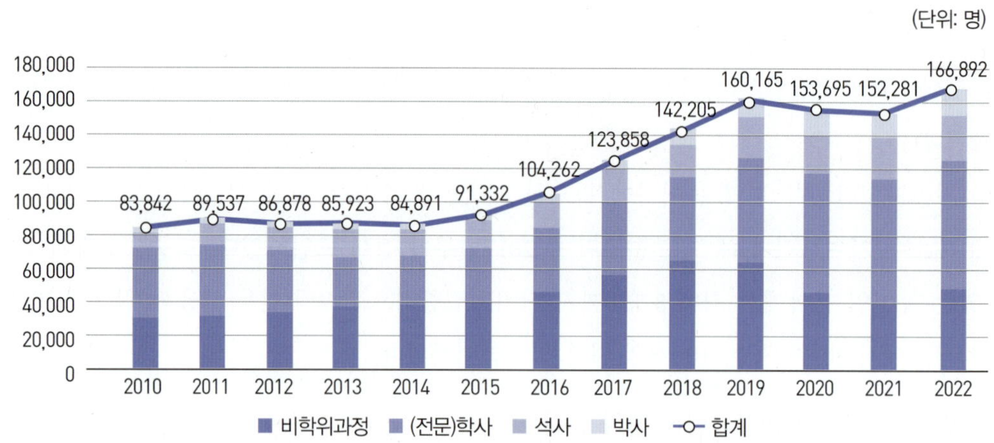

그림 4-2 유학생 수 증감 추이(2010~2022)

*출처: 교육부, 교육기본통계
※ 자료원: 법무부 출입국 · 외국인정책본부(2024). 제4차 외국인정책 기본계획(2023~2027).

④ 유학생 양적 확대

전문 · 학사학위 과정(비학위 제외) 유학생은 2010년 6만 명에서 2022년 12만 4천 명으로 10년 만에 2배 이상 증가하였고, 코로나19 기간에도 꾸준히 증가하여 지역경제 활성화, 대학의 글로벌 경쟁력 강화에 기여하였다(〈그림 4-2〉). 또한 일정 자격을 갖춘 유학생에게는 구직기간(학사 1년/석 · 박사 2년)을 부여하여 국내 취업을 장려하였는데, 이는 뿌리산업 기술과 기량이 검증된 졸업생이 기업에 취업하여 기업의 만성적 인력난을 해소하는 동시에 유학생의 안정적 정착을 지원하기 위함이다.

⑤ 난민위기 등에 대한 국제 공조 강화

2013년 아시아에서 최초로 단일법으로 「난민법」을 시행하였고, 이후 난민정책은 '외국인정책 기본계획'의 주요 과제로 자리잡았다. 또한 2016년 '제2차 외국인정책 기본계획' 기간에 난민심사만을 위한 조직을 신설하고 인력을 확충했고, 2018년 '제3차 외국인정책 기본계획'에서는 국가정황조사 · 연구, 담당자 교육을 확대하여 심사의 전문성 및 공정성을 강화했다.

⑥ 한국 계속체류 희망자 비율 증가

영주권자가 아닌 외국인이 체류기간 만료 이후에도 우리나라에 계속 체류하기를 희망하는 비율이 증가하였는데, 2022년 기준 희망하는 체류 방법은 체류기간 연장(52.3%), 영주자격 취득(17.3%), 한국 국적 취득(10.6%) 순이었다. 특히 2012년에는 계속체류를 원하는 전문인력과 유학생의비율이 타 체류자격에 비해 상대적으로 낮았으나, 점차 영주자격 취득 비율이 증가하는 등 계

표 4-3 전문인력 및 유학생의 계속체류 희망 구성비

(단위: %)

	연도	계속 체류 희망	체류 연장 방법					계속 체류 희망하지 않음
			체류기간 연장	체류자격 변경	영주자격 취득	한국국적 취득	기타	
전문인력	2012	68.3	59.0	2.1	5.9	1.1	0.2	31.7
	2017	79.0	57.9	7.0	11.7	2.1	0.3	21.3
	2022	85.9	63.5	7.4	13.7	1.0	–	14.1
유학생	2012	63.7	48.0	10.7	3.9	0.8	0.3	36.3
	2017	61.2	40.2	13.5	5.0	1.6	0.8	38.8
	2022	77.7	53.0	15.4	7.1	2.3	0.0	22.3

*출처: 이민자체류실태및고용조사(2022)(통계청 · 법무부)
※ 자료원: 법무부 출입국 · 외국인정책본부(2024). 제4차 외국인정책 기본계획(2023~2027).

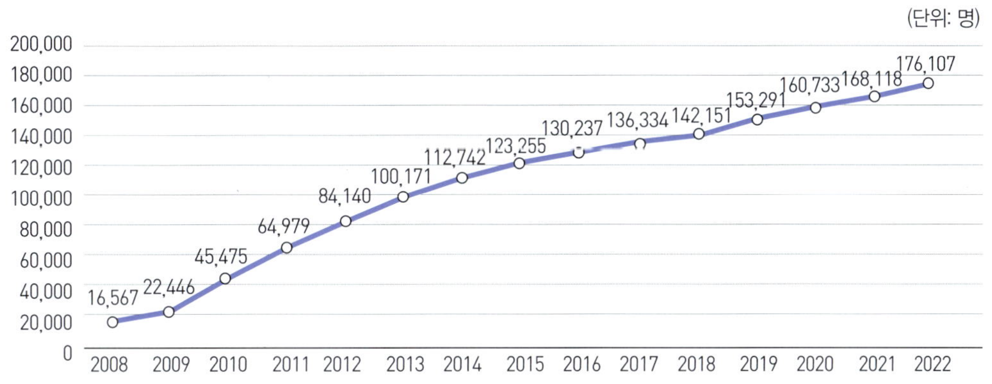

그림 4-3 영주자격자 수 추이(2008~2022)

*출처: 법무부 출입국 · 외국인정책본부
※ 자료원: 법무부 출입국 · 외국인정책본부(2024). 제4차 외국인정책 기본계획(2023~2027).

속체류를 희망하는 비율이 증가하고 있다(〈표 4-3〉).

또한 영주자격자 수는 계속 증가하고 있으며, '제1차 외국인정책 기본계획' 수립 당시인 2008년 16,567명에 불과하던 영주자격 소지자는 2022년 176,107명으로 15년 간 10배 이상 증가하였다(〈그림 4-3〉).

나. 한계 및 개선필요 사항

① 숙련·전문 이민자 정주 유도 필요

우리나라 취업 이민은 단기 · 비숙련 인력 도입을 중심으로 정책이 운용되고 있으며, 전문인력

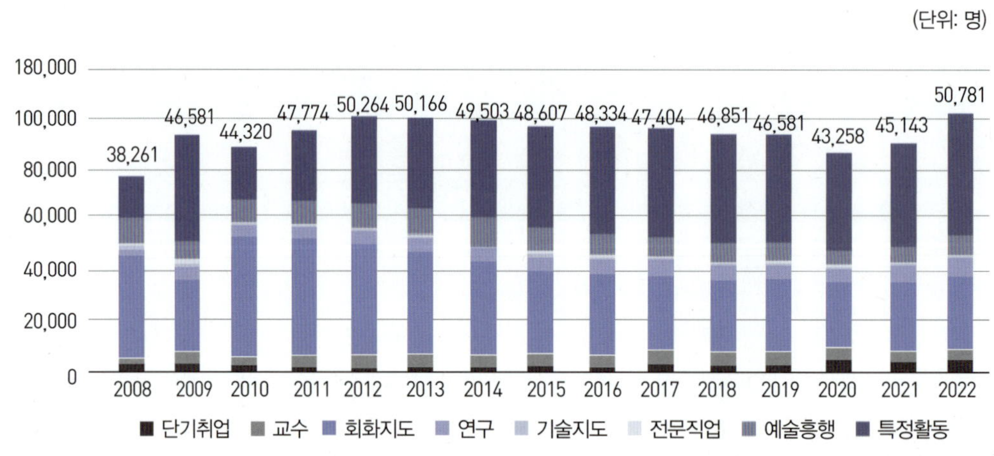

그림 4-4 전문인력 수 변화(2008~2022)

※ 자료원: 법무부 출입국 · 외국인정책본부(2024). 제4차 외국인정책 기본계획(2023~2027).

수의 증가는 정체 중이다(〈그림 4-4〉). 따라서 현재 계속체류 희망 비율이 가장 낮은 외국인 유학생의 본국 귀국 비율을 낮추고 전문인력으로의 편입을 유도해야 한다. 또한 비숙련인력에서 숙련인력으로 성장한 사람이 국내에 정주할 수 있는 경로를 확대해야 한다.

그리고 2021년 전체 영주자격자 중 56%가 동포 경로로 영주자격을 취득하였고, 경제이민 유형인 투자, 우수인재, 취업 등의 경로로 영주자격을 취득한 이민자는 4%에 불과하듯이, 경제이민 경로를 통한 영주 이민자의 수가 매우 적다. 따라서 유학생 및 전문인력이 영주자격으로 편입할 수 있도록 체류자격 변경 및 영주자격 경로의 개편이 필요하다.

② 상호문화 이해도 향상 필요

여전히 이민자 사회통합 교육을 강조하는 통합과제가 주로 이루어지고 있으며 국민과 이민자 간 상호 소통과제는 소수에 불과하다. 또한 '외국인정책 기본계획'이 '통합'을 중심으로 추진되었음에도 불구하고 외국인정책에 대한 국민의 이해나 다문화 수용성은 미진하다고 평가된다. 그리고 우리 사회는 외국인의 인종이나 국적에 따라 다르게 대한다는 의견이 67.4%로, 이러한 편견이 동포, 외국인근로자, 난민 등 체류자격에 따른 수용성에도 영향을 미치는 것으로 보인다(〈그림 4-5〉, 〈그림 4-6〉).

이에 이민자가 한국사회에 적응하거나 통합하는 일방향적 정책보다는 국민과 이민자가 상호 교류하고 접촉면을 넓히는 정책을 도입해야 하며, 인터넷과 대중매체를 활용하여 국민들의 관심을 일으킬 수 있는 콘텐츠를 개발하고 이민자를 부정적으로 묘사하거나 편견을 조장하는 내용에 대해 적극적인 모니터링 및 개선 조치가 이루어져야 할 것이다.

그림 4-5 외국인에 대한 의견(2019, 2022)

*출처: 문화체육관광부, 한국인의 의식가치관 조사, 2022
※ 자료원: 법무부 출입국 · 외국인정책본부(2024). 제4차 외국인정책 기본계획(2023~2027).

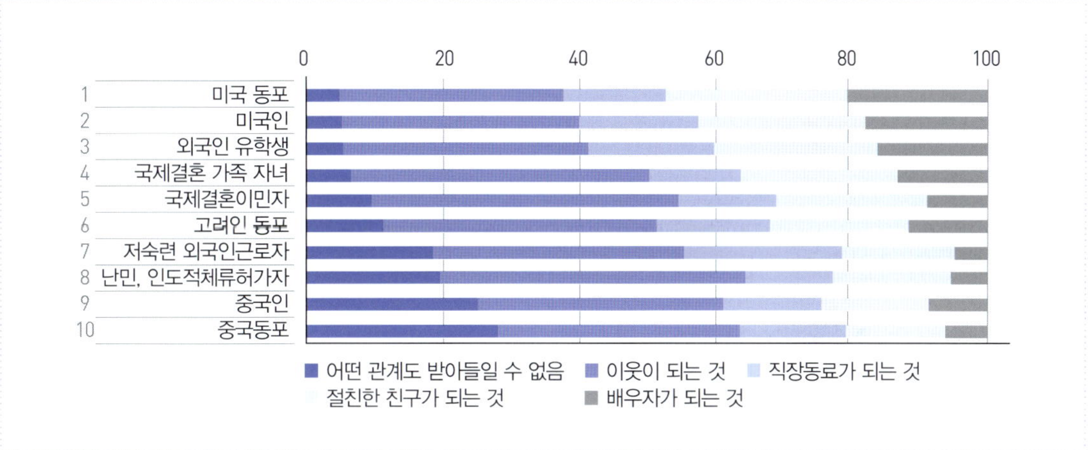

그림 4-6 국적 및 체류자격별 사회적 거리(2021)

*출처: 법무부 출입국 · 외국인정책본부, 외국인 · 이민정책에 대한 국민인식 조사, 2021
※ 자료원: 법무부 출입국 · 외국인정책본부(2024). 제4차 외국인정책 기본계획(2023~2027).

③ 중앙 및 지자체 간 협력 강화 필요

중앙부처 중도의 이민정책 추진으로 지역의 차별화된 이민수요를 반영하기에 한계가 있으며, 지자체 역시 지역 단위의 이민정책 수립을 위한 전담조직, 관련 연구 등의 인프라가 미흡하다. 따라서 지역의 이민수요를 적시에 정확히 파악하고 정책에 반영할 수 있도록 중앙-지방 간 협력 채널 마련 및 지자체 단위의 이민정책 전담기구의 설치가 필요하다.

또한 범정부 이민정책을 조정하는 외국인정책위원회가 형식적으로 운영되며 다수 부처 정책 조율의 역할을 다하지 못하고 있으므로, 국가백년대계 차원에서 빠르게 변화하는 환경에 대응하고, 책임있게 이민정책의 방향을 제시하는 전담기구 필요성에 대한 요구가 증대되고 있다(〈그림 4-7〉).

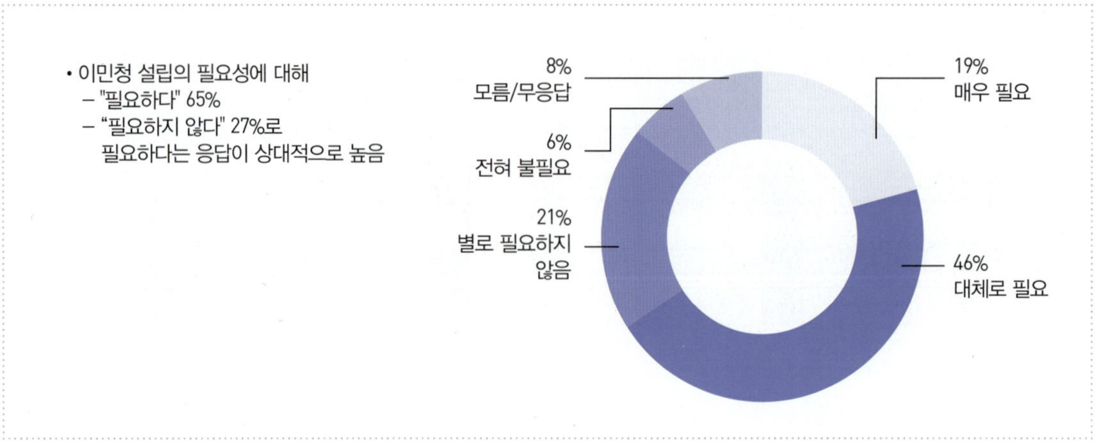

그림 4-7 이민청 설립 필요도

*출처: 전국지표조사(NBS), 2022.12.
※ 자료원: 법무부 출입국 · 외국인정책본부(2024), 제4차 외국인정책 기본계획(2023~2027).

(2) 제4차 외국인정책 기본계획 비전 및 정책목표

'제4차 외국인정책 기본계획'의 비전은 "국민과 이민자가 함께 도약하는 미래지향적 글로벌 선도국가"이다. 이를 위하여 5개의 정책목표와 18개의 중점과제를 설정하였다(〈그림 4-8〉).

(3) 제4차 외국인정책 기본계획 추진과제별 주요 내용

가. 이민을 활용한 경제와 지역발전 촉진

① 국익에 도움이 되는 이민관리 시스템 체계화

- 이민자 유입 및 관리 시스템 선진화: 취업비자 총량 사전 공표제 도입, 수요자 중심의 비자체계 정비, 외국인 행정정보 종합플랫폼 구축(〈그림 4-9〉), 범정부 외국인 기본인적정보 표준화 추진
- 이민자 역량 검증 및 관리 강화: 비자신청센터 확대를 통한 재외공관 사증심사 전문성 강화, 취업이민자 역량향상을 위한 송출국 현지 훈련 및 관리 강화
- 고급 · 숙련 비자체계(트랙) 구축: 해외기술인재 트랙 구축, 국내유학인재 트랙 구축, 숙련기능 인재 트랙 구축

② 우리 경제에 필요한 이민자 유치와 육성

- 우수 · 전문인력 유치 확대 및 육성: [국내체류] 우수인재 영주 · 귀화 패스트트랙 활성활, [해외체류] 우수 외국인 연구자 유치, [글로벌 최상위 인재] 첨단산업 글로벌 인재 확보, [글로벌 인재] 첨단기술 분야 비자제도 개선, 국내 스타트업과 해외 SW 전문인력 취업 연계

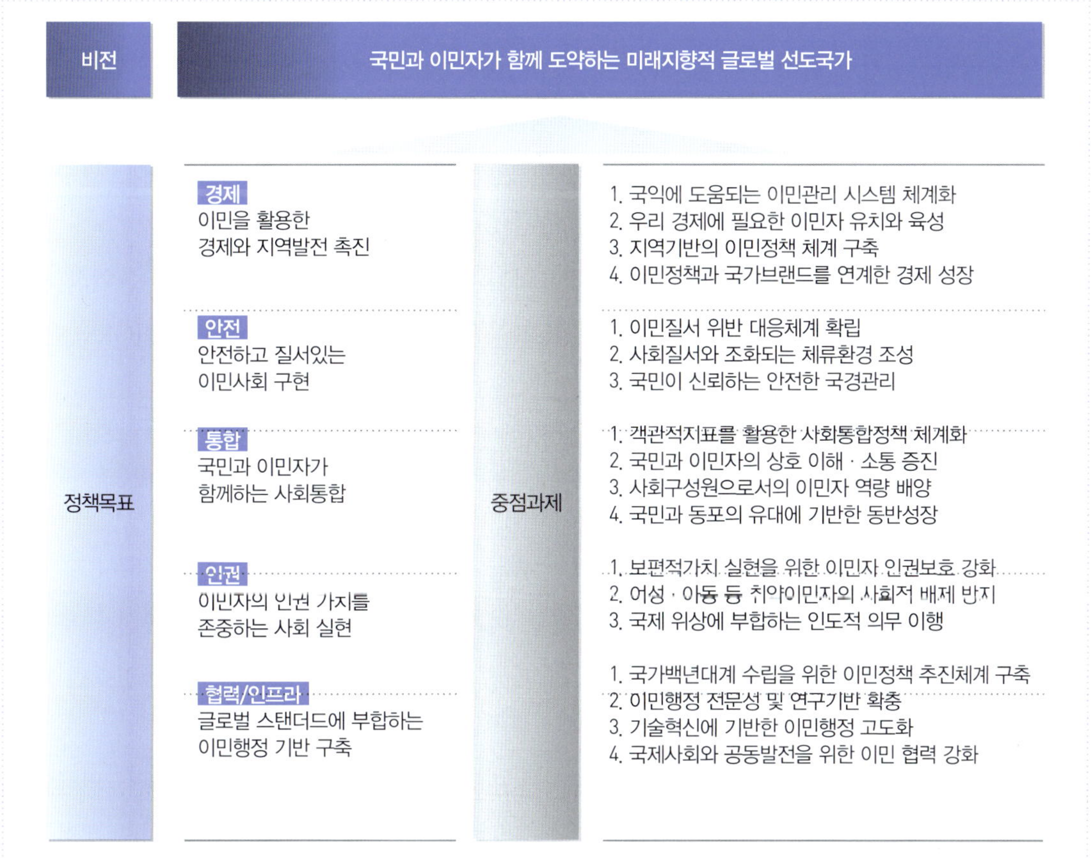

그림 4-8 '제4차 외국인정책 기본계획' 비전 및 정책목표

※ 자료원: 법무부 출입국 · 외국인정책본부(2024). 제4차 외국인정책 기본계획(2023~2027).

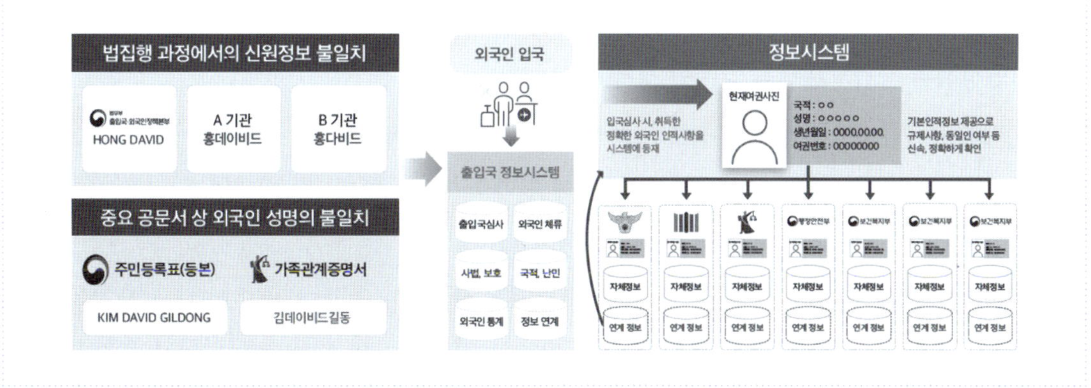

그림 4-9 외국인 행정정보 종합 플랫폼

※ 자료원: 법무부 출입국 · 외국인정책본부(2024). 제4차 외국인정책 기본계획(2023~2027).

- 숙련기능인력 공급 확대로 산업계 구인난 해소: 숙련기능인력 혁신적 확대 및 제도 개선, 숙련된 외국인근로자 공급체계 개선, 유학 후 취업연계 강화, 뿌리산업 양성대학 유치 확대
- 분야별 외국인력의 안정적인 공급을 통한 경제성장 기여: 돌봄분야 외국인력 도입 추진, 농 · 어업 분야 외국인근로자의 장기체류 경로 마련, 단순노무 분야 외국인력 허용 확대, 필수산업 분야 외국인력 도입체계 개편, 산업현장 인력 수요에 신속 · 탄력 대응
- 유학생 유치 다변화 및 성장 지원: 해외 한국유학 홍보 플랫폼 구축, 유학생 취업을 위한 기업 정보교류 지원, 외국인 유학생 유치 확대 및 교육의 질 관리, 국제장학프로그램(GKS) 운영, 외국인 유학생 학습 · 적응지원 강화
- 창업 · 투자이민 확대를 통한 경제성장 촉진: 인바운드 창업 · 취업 지원, 외국인 투자이민 정책의 합리적 조정

③ 지역기반의 이민정책 체계 구축

- 지역 수요를 반영한 이민정책 추진: 지역특화형 비자 정규사업화, 지역기반 이민정책 추진을 위한 지자체 지원 전담기관 설치, 공공형 계절근로 확대, 행정기구 설치 시 외국인주민 현황 반영
- 지방자치단체의 이민정책 참여기반 조성: 지자체 이민정책 전담부서 설치근거 마련, 외국인정책위원회 지자체 참여 활성화, 중앙-지방 외국인정책 담당자 교류 강화, 중앙-지방 계절근로 통합인력관리플랫폼 구축
- 지역사회 중심의 이민자 정책참여 및 인프라 강화: 외국인주민의 지역사회 정책참여 기회 확대, 지자체 맞춤형 외국인 행정데이터 분석 및 제공, 지방출입국관서 이민통합지원센터 기능 확대, 지자체 공무원 역량 강화

④ 이민정책과 국가브랜드를 연계한 경제 성장

- 관광매력도 업그레이드를 위한 정책 지원 확대: K-컬처 융합형 관광프로그램 발굴, 크루즈 관광 활성화, 전자여행허가제(K-ETA) 개선, 단체 전자비자제도 확대, 방한 관광객 유치 지원을 위한 전담부서 신설 및 운영
- 관광수요 창출을 통한 경제활성화: '(가칭) K-컬처 비자' 신설 추진, 워케이션(일과 휴가의 합성어로 관광지에서 휴식과 동시에 원격으로 근무하는 형태) 비자 신설, 외국인환자 유치 활성화

나. 안전하고 질서있는 이민사회 구현

① 이민질서 위반 대응체계 확립

- 불법체류 관리체계 고도화: '목표지향적 불법체류 감축 계획' 추진, 단계별 불법체류 대응체계 구축

- 다부처 분야별 차별화된 책임 강화: 불법체류 다발국가에 대한 대응 강화, 근로감독 강화 및 고용주 계도, 불법고용업체에 대한 세무 감독 및 정보 공유, 외국인 밀집지역 관리 강화, 건설현장 불법체류 감축 지원, 민생침해 및 국민안전 위협 분야 단속 강화
- 불법체류 단속 역량 강화 및 제도 정비: 외국인의 불법취업 정보수집 체계화, 브로커 적발을 위한 이민특수조사 역량 강화, 사업장 출입 조사권 신설, 출입국사범 사후관리 강화를 위한 인프라 확충

② 사회질서와 조화된 체류환경 조성

- 질서있는 체류환경 구현: 글로벌 스탠더드에 부합하는 영주제도 개편, 상설협의체 구성 등 외국인 세금체납 방지시스템 마련, 외국인 건강보험 피부양자 자격 요건 강화, 귀화 면접심사 개선, 국적법령 정비 및 제도 홍보 강화
- 체류질서 위반 예방조치: 외국인 부동상 투기 조사, 준법교육 등 외사치안활동 전개

③ 국민이 신뢰하는 안전한 국경관리

- 국경안전 대응체계 구축: 엄정한 국경관리 체계 확립을 위한 심사 강화, 안전한 국경관리 체계 구축을 위한 전자여행허가제(K-ETA) 시스템 고도화, 안전 위해(危害) 외국인 입국규제 강화, 입국심사와 검역절차 협조 강화
- 항만 국경관리 내실화: 실질적 승선검색 확대로 항만 보안 강화, 항만국경 관리 선진화

다. 국민과 이민자가 함께하는 사회통합

① 객관적 지표를 활용한 사회통합정책 체계화

- 이민자 사회통합지표 개발 및 환류시스템 구축: 사회통합정책의 중장기적 효과성 측정, 이민자 사회통합지수를 활용한 정책컨설팅
- 유입과 통합을 연계한 사회통합교육 체계화: 사회통합프로그램 이수 의무화 및 혜택 확대, 사회통합프로그램 학습의 책임성 확보, 사회통합프로그램 접근성 강화 및 국민 인식 제고, 조기적응프로그램 확대 운영

② 국민과 이민자의 상호 이해·소통 증진

- 상호 소통기회 확대 및 다양화: 상호문화 이해 교육 강화(〈표 4-4〉), 국민과 이민자가 함께하는 어울림의 장 확대, 이민자 사회참여 활성화
- 문화다양성 이해 확산을 위한 환경 조성: 문화다양성 실태조사를 통한 문화다양성 확산 정책 기반 마련, 문화 포용성 제고를 위한 문화다양성 주간 운영, 대상별 문화다양성 교육과정 개발, 학교 구성원의 다문화 수용도 제고

표 4-4 상호문화 이해 교육 기준(유럽연합 진햅위원회)

영역	주요 내용
언어적 지원	① 언어능력평가, ② 언어교육, ③ 지속적인 언어지원 ④ 체류국 언어를 제2언어로 가르치게 하는 교사 연수, ⑤ 모국어에 가치 부여
학업적 지원	① 포괄적인 수용 체제, ② 학생 발달 점검과 평가, ③ 예방 프로그램, ④ 재통합 프로그램
학부모 및 공동체의 참여	① 이민 학부모 지원, ② 이민 학부모에 정보 제공, ③ 이민 학부모의 봉사와 권한 부여, ④ 이민공동체 자원 활용, ⑤ 협의와 경험 공유
상호문화교육	① 우호적 학습 환경조성, ② 교사 대상 다양성 연수 실시, ③ 이주배경 교사 채용

※ 자료원: 법무부 출입국 · 외국인정책본부(2024). 제4차 외국인정책 기본계획(2023~2027).

③ 사회 구성원으로서의 이민자 역량 배양

- **이민자 자립을 위한 성장기반 확충:** 이민자 직업훈련 강화, 결혼이민자 정착지원 강화, 국내 체류 목적별 한국어교육 체계 수립
- **이민자 기초생활 적응 지원:** 이민자 직장생활 상담 창구 강화, 외국인을 위한 방송통신서비스 이용환경 개선, 거주 및 방한 외국인을 위한 라디오 방송 제작, 체류유형별 복지 기준 마련
- **이주배경 아동 및 청소년 성장 지원:** 이주배경 유아 맞춤형 교육 지원, 중도입국 자녀 등 대상 학교생활 적응 지원 강화, 학업 · 진로 · 이중언어 역량 강화 및 대학생 멘토링 지원

④ 국민과 동포의 유대에 기반한 동반 성장

- **경제적 자립과 기여를 위한 동포 체류제도 개선:** 동포의 체류자격 단계적 통합, 동포 취업활동 범위의 합리적 확대, 국가균형발전을 위한 지역사회 연계형 동포 체류제도 확대
- **동포의 사회적응 및 국민과의 유대감 증진:** 동포체류지원센터 확대 및 커뮤니티 지원, 재외동포 대상 통합형 국내 체류 안내 강화, 국내 체류 동포에 대한 인식 및 이해 개선
- **미래 인재 확보를 위한 차세대 동포 육성:** 4세대 동포를 위한 한국어능력 강화, 차세대 동포의 국내 체류지원 강화, 동포 청소년 민족성 제고 프로그램 확대

라. 이민자의 인권 가치를 존중하는 사회 실현

① 보편적 가치 실현을 위한 이민자 인권보호 강화

- **이민자의 기본권 권리 보장:** 이민자 근로저건 점검, 차별 없는 임금과 퇴직근 보장, 재난 · 재해 등에 대한 보편적 지원, 편견 · 차별방지를 위한 방송심의 기능 강화
- **인도적 차원의 법 집행 인프라 확대:** 출입국항 밖의 출국대기소 신설 추진, 인권친화적 보호를 위한 외국인 보호시설 개선, 적법절차 준수를 위한 법령 정비

② 여성·아동 등 취약 이민자의 사회적 배제 방지

- 이주배경 아동의 안정적 체류 · 교육권 보장: 보편적 출생등록제 도입, 학교폭력 예방 및 지원 강화, 세계시민교육 제고
- 폭력 · 인신매매 등 이민자 인권 사각지대 예방: 폭력피해 이주여성 보호 및 지원, 인신매매 식별지표 활용 강화

③ 국제 위상에 부합란 인도적 의무 이행

- 균형 잡힌 난민정책 추진: 난민인정 심사의 공정성 및 전문성 강화, 출입국항 난민심사 절차 개선 및 인프로 확충, 난민 이의신청 절차의 공정성 · 전문성 보장, 국가정황정보 수집 · 관리 체계 고도화
- 난민의 사회통합을 위한 기반 구축: 실태조사를 통한 증거기반의 난민정책 추진, 난민의 처우 개선
- 글로벌 난민문제 해결을 위한 교류 · 협력 강화: 난민 보호 방식의 다변화, 난민 관련 국제협력 체계 참여

마. 글로벌 스탠더드에 부합하는 이민행정 기반 구축

① 국가백년대계 수립을 위한 이민정책 추진체계 구축

- 이민정책 추진체계 개편: 출입국 · 이민정책 전담기구 신설(〈그림 4-10〉), 컨트롤타워 기능 수행을 위한 법제 등 정비

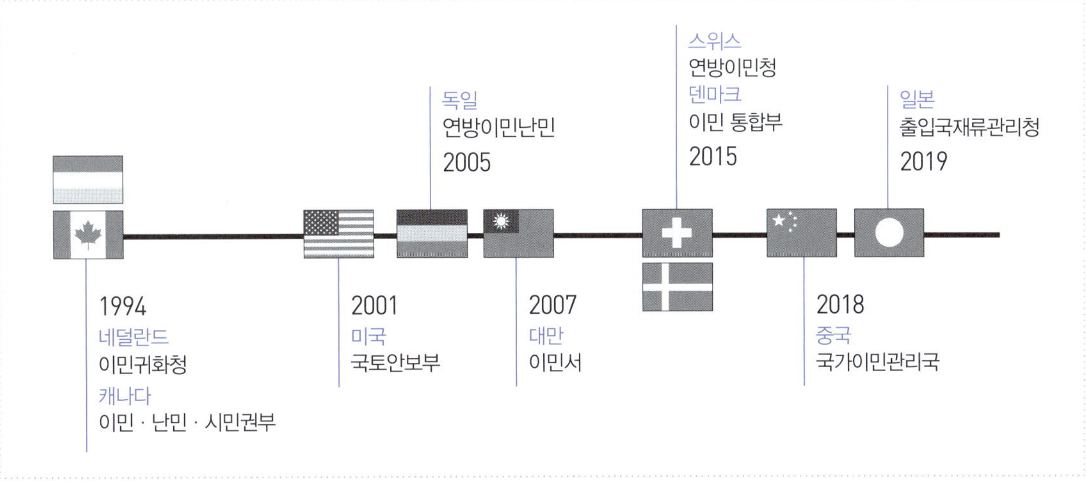

그림 4-10 해외 이민정책 전담조직

※ 자료원: 법무부 출입국 · 외국인정책본부(2024). 제4차 외국인정책 기본계획(2023~2027).

- 부처 간 이민행정 협력 강화: 외국인정책위원회 및 실무(분과)위원회 운영 활성화, 계절근로 제도 개선 부천 간 협력 강화

② 이민행정 전문성 및 연구기반 확충

- 이민행정 전문가 양성: 사회통합 전문인력 역량 내실화, 소수언어 통역인 양성, 공무원(출입국관리직) 시험과목 개편
- 이민정책 분야 민간 협력 강화: 광역 이민협력 거버넌스 구축, 민-관-학 합동 연구 기반 마련(〈그림 4-11〉), 이민정책연구원 기능 강화, 이민정책위원회 운영 활성화

③ 기술혁신에 기반한 이민행정 고도화

최첨단 기술을 활용한 외국인 편의 제공: 이민행정 온라인 민원 시스템 구축, 사회통합교육 종합플랫폼 구축, 모바일 외국인등록증 발급, 외국인등록증 진위확인 서비스 시행(〈그림 4-12〉)

디지털 · 데이터 기반 이민행정 추진: 지역별 외국인 방문객 현황 분석, 이민정책 통계의 정확성 및 활용도 제고

④ 국제사회와 공동발전을 위한 이민 협력 강화

- 이민 관련 국제협력 확대: GCM(Global Compact for Safe, Orderly and Regular Migration, 세계

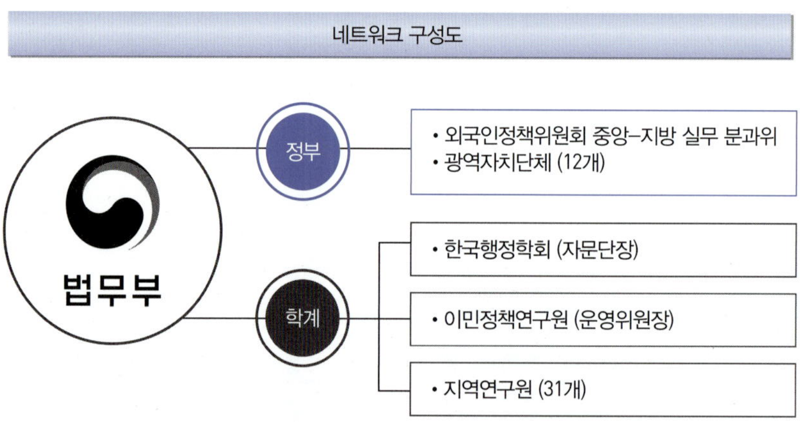

목적	지역 이민정책 연구기반 확충 및 중앙–지방 협력체계 강화
구성	법무부, 12개 광역지자체, 한국행정학회(이민정책학회, 이민행정학회 포괄), 이민정책연구원, 31개 지역연구원 등 총 46개 기관 참여

그림 4-11 지역이민정책 연구 네트워크 구성

※ 자료원: 법무부 출입국 · 외국인정책본부(2024). 제4차 외국인정책 기본계획(2023~2027).

각국이 이주를 효과적으로 관리하고 이주자를 보호하기 위해 만든 국제사회의 첫 합의문으로 법적 구속력이 없는 국제협력체계) 자발적 이행 점검 강화, OECD 이주작업반 참여 확대, 유엔대테러실(UNOCT) 업무 공조, 다자간 국제협력 체계 유지

- **이민정책 분야에서의 국제개발 협력 활용:** 이민과 개발(Migration & Development)의 정책화(〈그림 4-13〉), 출입국 분야 우수행정을 활용한 ODA 협력 강화

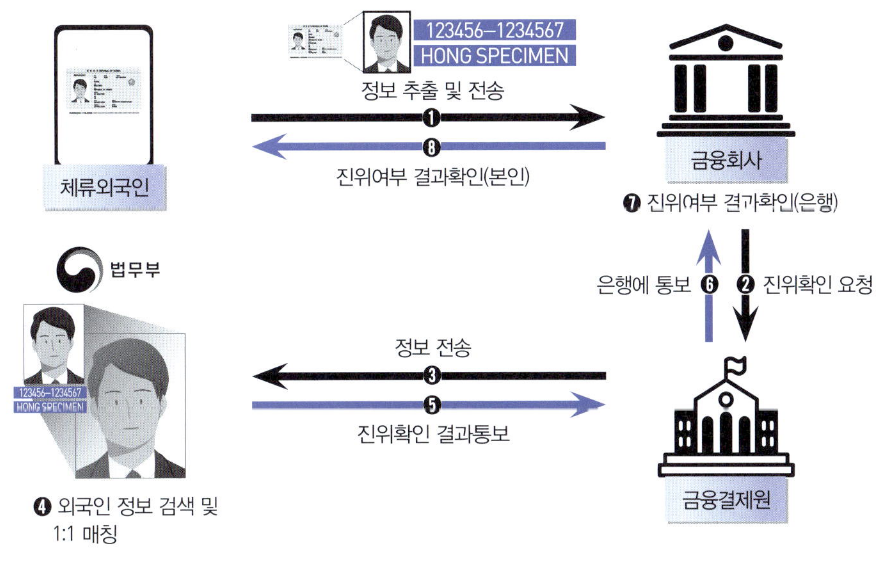

그림 4-12 외국인등록증 진위확인 서비스 업무 흐름도

※ 자료원: 법무부 출입국 · 외국인정책본부(2024). 제4차 외국인정책 기본계획(2023~2027).

구분	수원국(송출국)		한국(유입국)
	이주당사자	정부	
순환이주 (Circular migration)	인재양성 →	귀환	이주(고용연계)
삼중이득 (Triple Win)	1. 개인 역량개발 2. 직업 선택 기회 증대 3. 임금 증대	1. 송금액 증가 2. 숙련 인력 증대	1. 노동 부족 문제 해결 2. 지방불균형 문제 해결 3. 인재 유입

그림 4-13 이민과 개발(Migration & Development) 프로그램 개념도

※ 자료원: 법무부 출입국 · 외국인정책본부(2024). 제4차 외국인정책 기본계획(2023~2027).

2) 제4차 다문화가족정책 기본계획(2023~2027)

우리나라 다문화 가구원의 수는 2018년 1백만 명을 넘어 2021년에는 112만 명으로 증가하였다. 이 중에는 다문화 아동 · 청소년도 증가하고 있으나, 학령기 자녀의 학교생활 부적응 및 동일 연령대 전체 국민 대비 학력격차 등도 발생하여 다문화가족의 어려움도 심화되고 있다. 또한 장기거주 결혼이민자가 증가하고 다문화 한부모가족 및 본국 귀환 다문화가족 등 다문화가족의 가구유형에도 많은 변화가 일어나고 있다. 특히 결혼이민자의 차별 경험은 2018년 30.9%에서 2021년 16.3%로 감소하고 있으나, 국민의 다문화 수용성은 여전히 낮은 수준을 보이고 있다.

우리나라 정부는 「다문화가족지원법」 제3조의2에 근거하여 5년마다 '다문화가족정책 기본계획'을 수립하여 추진하고 있는데, 지난 '제3차 다문화가족정책 기본계획'을 통해 종합적인 정착 지원이 이루어지며 결혼이민자의 한국생활에 대한 어려움은 2018년 70.1%에서 2021년 62.1%로 다소 감소하였다. 이는 전국 230개 가족센터에서 한국어 교육, 통 · 번역 등 결혼이민자의 한국생활 적응을 지원했으며, 언어발달 및 생활지도 등 영유아기 자녀의 건강한 성장 · 발달을 지원했기 때문이다. 특히 다문화 이해교육 및 다문화가족과 지역 주민 간의 교류 확대 등 다문화 수용성 제고 노력이 중요했던 것으로 나타났다.

그럼에도 불구하고 다변화되는 다문화가족의 수요를 반영하고 증가하는 다문화 아동 · 청소년의 학교생활 부적응 및 학력격차 해소방은 마련이 여전히 중요한 문제이다. 이를 위해 영유아기 성장발달부터 후기청소년 실태파악까지 다문화 아동 · 청소년의 성장단계별 맞춤형 지원 방안 마련이 추진되어야 하며, 다문화 한부모 및 본국 귀환가족 등 다문화가족의 다변화된 수요를 반영한 정착주기별 · 가구유형별 지원서비스의 확대가 필요하다. 또한 다문화 이해교육 확산 등 일반 국민의 다문화 수용성을 제고하기 위한 방안의 강화과 필요하다.

(1) 제4차 다문화가족정책 기본계획 추진방향

'제4차 다문화가족정책 기본계획'의 추진방향은 결혼이민자의 정착과 자녀 양육 지원을 넘어 현 정부의 국정과제인 '누구 하나 소외되지 않는 가족, 모두가 함께하는 사회 구현'을 반영하여 다문화가족 자녀의 성장단계별 맞춤형 지원 강화에 중점을 두고 있다. 즉 다문화 아동 · 청소년이 동등한 출발선 위에서 우리 사회의 미래 인재로 성장할 수 있도록 취학전후 · 청소년기 등 성장단계별 지원서비스를 체계화하고자 한다. 또한 결혼이민자의 다변화된 수요를 반영하여 정착주기별 · 가구유형별로 지원서비스를 강화하고, 다문화가족이 우리 사회의 구성원으로 자리매김하여 조화롭게 살아갈 수 있도록 우리 사회의 다문화 이해 증진 및 차별적 인식을 해소하고자 한다. 그리고 범부처 · 지자체 협력 강화를 통해 효율적인 다문화가족 정책을 추진하고자 한다.

이에 따른 '제4차 다문화가족정책 기본계획'의 비전 및 목표는 〈그림 4-14〉와 같다.

(2) 제4차 다문화가족정책 기본계획 과제별 주요 내용

가. 다문화 아동·청소년 성장단계별 맞춤형 지원

① 영유아 자녀양육 지원

결혼이민자가 자녀 양육에 어려움을 겪지 않도록 단계별로 부모교육을 제공하고, 지역사회 내 돌봄품앗이 활동 지원 및 공동육아나눔터를 확대하는 등의 자녀돌봄을 지원한다. 또한 가족센터에서 자녀의 생활지도 서비스 및 언어발달 상태에 맞춘 언어교육을 제공한다.

② 학령기 다문화 아동 학습역량 제고

초등학교 입학 전 · 후 기초학습에 대한 지원을 확대하고 서비스 접근성을 제고시킨다. 또한 학교 내 한국어학급과 가족센터 간의 한국어교육의 연계 · 협력을 강화한다. 그리고 학제 · 학교생활에 대한 정보 안내 및 교육정보 나눔을 위한 품앗이 자조모임을 운영하며, 학교공지 · 가정통신문

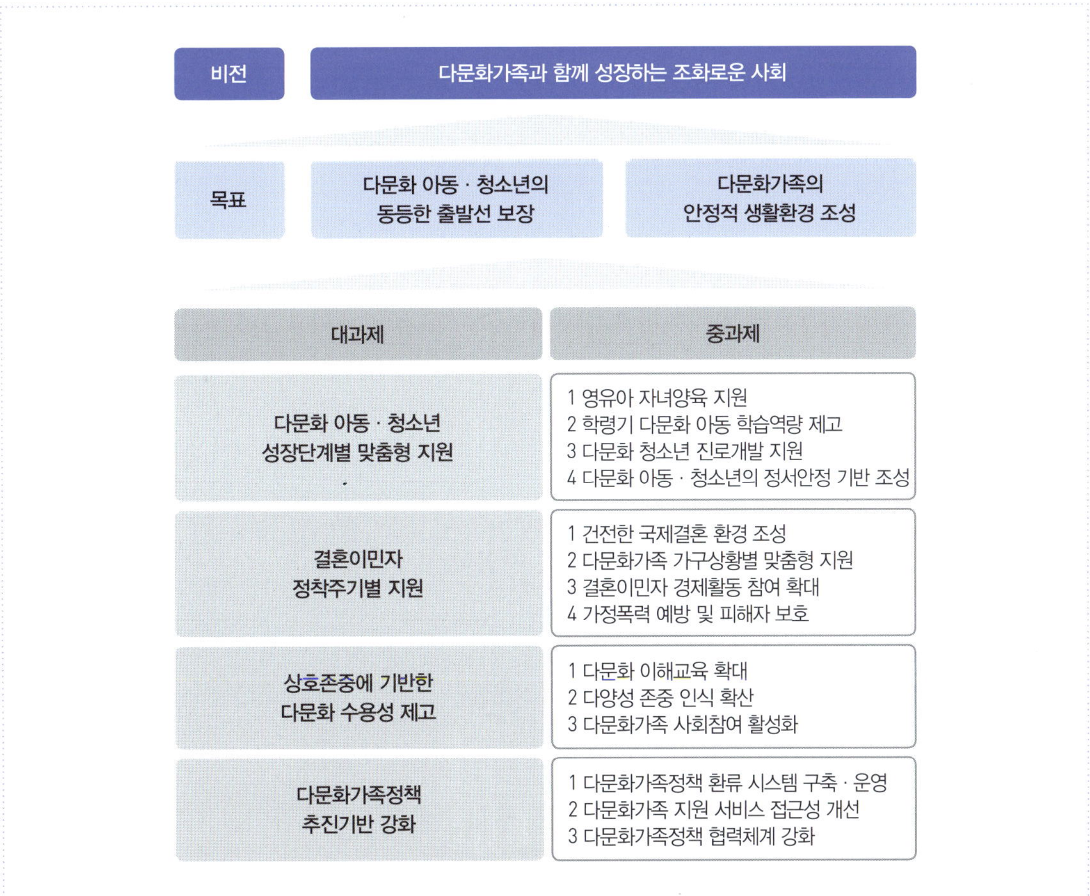

그림 4-14 '제4차 다문화가족정책 기본계획' 비전 및 목표

※ 자료원: 관계기관 합동(2024). 제4차 다문화가족정책 기본계획(2023~2027).

에 대한 통 · 번역 서비스를 제공한다.

③ 다문화 청소년 진로개발 지원

가족센터 내 청소년 상담사를 통한 진로컨설팅을 확대하고, 대학생 멘토링 연계 등 다문화 청소년 진로프로그램을 다양화한다. 또한 다문화 청소년의 강점 개발을 위해 가족센터에서 이중언어교실을 운영하고 우수학습자를 인재DB에 등재하여 적재적소에 활용한다. 그리고 다문화 후기 청소년 실태 파악 및 직업훈련 등 맞춤형 서비스와 연계시킨다.

④ 다문화 아동·청소년의 정서안정 기반 조성

다문화 또래상담 프로그램의 보급과 학교 안팎의 심리상담 지원을 강화한다. 또한 교원의 다문화 교육 역량을 강화하고 학교폭력 대응 시 통역사 · 상담사 참여 및 다문화 감수성 제고 등 차별 없는 학교환경을 조성한다.

나. 결혼이민자 정착주기별 지원

① 건전한 국제결혼 환경 조성

국제결혼중개업체의 온라인상 인권침해성 표시와 광고를 점검하는 법적 근거를 마련하고 상시 점검체계를 강화한다. 또한 국제결혼중개업체 종사자에 대한 다문화 이해 증진 · 인권교육을 확대한다(〈표 4-5〉).

② 다문화가족 가구상황별 맞춤형 지원

결혼이민자의 초기 적응부터 장기정착까지 정착주기별 맞춤형 지원을 강화한다. 그리고 다문화 한부모의 자녀 양육 및 본국귀환 가족의 현지 생활을 지원하는 등 취약가족을 지원한다.

③ 결혼이민자 경제활동 참여 확대

새일센터 · 평생교육지원체계 등을 통한 직업훈련 및 직업역량을 강화시키고, 통번역 · 이중언어 등 결혼이민자 맞춤형 일자리를 발굴 · 연계 및 창업을 지원한다.

표 4-5 국제결혼(예정)자 대상 교육 내용

현지사전교육	• (대상) 현지 결혼이민예정자/ 베트남(하이퐁, 호치민, 껀터), 필리핀, 태국 • (내용) 사전정보제공 프로그램 및 상담서비스 제공
피해예방교육	• (대상) 국제결혼중개업 이용자 • (내용) 피해예방 교육, 국제결혼 제도 이해 및 가족상담 등
국제결혼 안내 프로그램	• (대상) 베트남 등 국가의 국민을 결혼동거 목적으로 초청하려는 사람 * 중국, 베트남, 필리핀, 캄보디아, 몽골, 우즈베키스탄, 태국 • (내용) 현지 국가의 제도 · 문화 · 예술 등 소개, 결혼사증 발급절차 및 기준, 인권교육, 상담 · 피해사례 공유 등

※ 자료원: 관계기관 합동(2024). 제4차 다문화가족정책 기본계획(2023~2027).

④ 가정폭력 예방 및 피해자 보호

다문화가족 내 가정폭력 실태 파악을 위한 연구 조사를 추진하며, 다기관(다누리콜센터-경찰-상담소-보호시설)의 협업을 통한 긴급지원 및 폭력피해 이주여성 보호시설을 통한 보호 · 법률 · 의료 · 자립 지원을 강화한다.

다. 상호존중에 기반한 다문화 수용성 제고

① 다문화 이해교육 확대

온라인 다문화 이해교육을 운영하는 다누리배움터의 접근성을 제고하고, 기업 · 학교 등 찾아가는 교육을 통한 일반 국민 대상의 다문화 이해교육을 확대한다. 또한 고령층 · 학부모 · 보육교직원 등 연령별 · 대상별 맞춤형 교육과정을 개발하여 운영한다. 그리고 유관부처, 교육 · 연수기관 간 전문강사, 콘텐츠 연계를 통한 교육 저변을 확산시킨다.

② 다양성 존중 인식 확산

정부의 주요 정책, 간행물 등에 대한 다문화가족 차별 요소를 점검 · 컨설팅을 실시하고 점검의 제도화를 위한 정책추진의 기반을 마련한다. 또한 가족다양성 모니터링단을 운영하여 간행물 · 대중매체 등에 대한 모니터링과 인식개선 활동을 실시한다. 그리고 방송심의규정에 의거하여 인종 · 문화 차별적 방송내용에 대한 심의를 강화한다.

③ 다문화가족 사회참여 활성화

가족센터 내 다문화가족과 지역주민 간 교류 · 소통공간을 확대하고 상호교류 프로그램을 운영한다. 다문화가족이 직접 정책을 제안하는 참여회의 운영 및 유관기관 협의체에 결혼이민자의 참여 확대를 추진한다. 그리고 결혼이민자가 직접 다문화 이해교육의 강사로 활동하며, 지역기관 등으로 찾아가는 다문화 친화 활동을 활성화시킨다.

라. 다문화가족정책 추진기반 강화

① 다문화가족정책 환류 시스템 구축·운영

3년 주기 다문화가족 실태조사를 통해 다문화가족의 현황, 어려움, 지원수요 등을 파악하여 기본계획 및 각종 대책 수립 시 활용한다. 국민 다문화 수용성 조사를 통해 다문화 수용성의 변화 추이를 분석하며, 가족센터 등 다문화가족지원 현장간담회 등을 통한 의견수렴을 강화한다.

② 다문화가족 지원 서비스 접근성 제고

서비스 대상자 발굴과 안내를 위한 기관 간 입국자 정보의 연계를 강화하며, 행정복지센터 찾동이(찾아가는 동주민센터)와 연계하여 지역주민에게 '찾아가는 가족센터'를 운영한다. 그리고 정부

24, 복지로 등 플랫폼을 통해 온라인으로 편리하게 다문화가족 지원 서비스를 신청할 수 있도록 시스템 연계를 추진한다.

③ 다문화가족정책 협력체계 강화

다문화가족정책위원회 등 정부위원회를 통한 정책조정 · 협력을 강화한다. 시 · 도 과장 회의 및 지자체 간담회 중앙-지방 간 소통을 강화하고, 지역자원을 활용한 지역 특화 서비스 등 우수사례를 발굴 및 공유한다. 그리고 베트남 국제결혼이민관을 지속적으로 파견하여 결혼이민자의 인권 침해 예방을 위한 국제협력 강화 및 결혼이민자 다수 국가 대상의 파견 확대를 추진한다.

3) 제4차 북한이탈주민 정착지원 기본계획(2024~2026)

'북한이탈주민 정착지원 기본계획'은 우리나라 정부의 탈북민 정책에 관한 중앙-지방 범정부 차원의 종합 계획이다. 이 계획에 근거하여 중앙정부와 지방자치단체 및 민간은 유기적 협력을 통해 탈북민들이 안정적으로 대한민국에서 정착할 수 있는 기반을 마련하고자 한다. 2014년 「북한이탈주민의 보호 및 정착지원에 관한 법률」을 개정하면서 기본계획의 수립 근거를 마련하였고, 매 3년마다 기본계획을 수립 · 시행하며, 기본계획에 따른 연도별 시행계획을 수립 · 시행하고 있다.

이 기본계획에는 북한이탈주민의 교육, 직업훈련 및 고용, 정착지원 시설 및 주거지원, 의료 및 생활보호, 사회통합 · 인식개선 등을 포함한다. 기존에 2015년부터 제1차 기본계획을 수립 · 시행해오고 있으며, 이번 제4차 기본계획에서는 제1차~제3차 기본계획을 종합적으로 평가하여 현 정부의 정책 비전에 따라 정착지원 정책 방향 및 체계를 새롭게 정비하고자 한다.

제3차 기본계획(2021년~2023년)에서는 '사회통합형 정착지원'을 지향하고, 6개 분야 24개 정책과제를 추진하였다. 이를 통해 위기가구 지원 등 두터운 보호시스템을 구축하였고, 정서 · 심리지원을 강화하였으며, 지자체의 역할을 강화하는 등의 성과를 보였다. 하지만 탈북민 가족 대상의 지원 부재, 고용의 질적 측면 고려 미흡, 탈북민에 대한 인식 개선 부족 등의 한계도 드러났다.

(1) 제4차 기본계획의 개요 및 특징

'제4차 북한이탈주민 정착지원 기본계획'은 '북한이탈주민과 함께하는 통일 한반도 구현'을 정책 비전으로 제시하며, 통일 · 통합지향형 정착지원 정책을 추구한다. 정책목표로서 '실질적 포용 · 융합을 위한 사회적 기반 마련', '우리 사회 건설적 기여자로 성장 촉진', '자유평화통일을 위한 선도적 역할 제고' 등을 제시하였고, 이를 이행하기 위해 6개 전략 및 25개 정책과제를 도출하였다(〈그림 4-15〉).

비전	북한이탈주민과 함께하는 통일 한반도 구현		
목표	실질적 포용 · 융합을 위한 사회적 기반 마련	우리사회 건설적 기여자로 성장 촉진	자유평화통일을 위한 선도적 역할 제고

6대 전략 25개 정책 과제	전략	정책 과제
	1. 탈북민을 포용, 통일의 동반자로 인식 전환	1–1 탈북민 인식 개선 및 성공사례 확산 1–2 멘토링을 통한 성공정착 견인 1–3 지역사회 교류 및 사회공헌 활동 확산 1–4 자유평화통일을 위한 선도적 역할 제고
	2. 전원수용 원칙 아래 보호 및 초기정착지원 강화	2–1 탈북민 보호원칙 강화 2–2 해외체류 탈북민 보호체계 강화 2–3 정착기본금 현실화 등 초기지원 강화 2–4 초기 사회적응교육 운영 내실화
	3. 미래세대 (제3국 출생 등) 교육 및 건강가정 형성 지원	3–1 제3국 출생 등 탈북민 자녀 교육 지원 3–2 모성 보호 및 건강가정 형성 지원 3–3 정규학교 적응 지원 3–4 특성화 · 대안학교 교육 지원/환경 개선 3–5 미래세대 잠재 역량 강화 3–6 무연고 청소년 보호 강화
	4. 질 좋은 일자리 공급 및 자립 · 자활 촉진	4–1 전문직 진출 확대 4–2 개인 맞춤형 일자리 지원 4–3 채용 유인체계 마련 4–4 장기근속 유도 환경 조성
	5. 사각지대 없는 촘촘한 안전망 구축	5–1 위기가구 지원 기반 확충 5–2 탈북민 새 출발 지원 5–3 마음건강 지원체계 구축 · 운영
	6. 북한이탈주민 정책 거버넌스 강화	6–1 범정부 협업을 통한 정착지원 체계 강화 6–2 지자체 탈북민 정착지원 책무 및 역할 강화 6–3 지역적응센터 서비스 품질 및 역량 강화 6–4 북한이탈주민 지원 정보관리시스템 고도화

그림 4-15 '제4차 북한이탈주민 정착지원 기본계획' 비전 및 목표

※ 자료원: 관계부처 합동(2024). 제4차 북한이탈주민 정착지원 기본계획(2024~2026).

이번 계획의 주요 특징은 다음과 같다.

- 국가의 보호책임 및 완전한 포용을 위한 정책 · 제도적 기반 마련
- 탈북민 개인의 보호를 넘어 탈북민 '가족'까지 고려한 정책 강화
- 경제적 격차를 줄이기 위한 일자리의 질적 개선 추진
- 국가발전과 자유 · 평화 · 번영 등 '통일 · 통합'의 '기여자'로 역할 제고

(2) 제4차 기본계획의 세부 정책과제

가. 탈북민을 포용, 통일의 동반자로 인식 전환

① 탈북민 관련 인식 개선 및 성공사례 확산

'북한이탈주민의 날'을 통하여 탈북민들의 자긍심 고취와 권익향상, 통합문화 확산의 계기로 활용한다. 또한 탈북민 정착 및 사회통합의 우수사례를 발굴하고, 정착사례 콘텐츠를 확산하여 남북주민간 상호인식 개선 및 사회적 공감대를 확대한다. 그리고 남북통합문화 체험 프로그램 운영 및 계기별 문화행사를 개최한다.

② 멘토링을 통한 성공정착 견인

민주평통 자문위원회의 경험과 식견을 기반으로 맞춤형 멘토링을 추진하고, 이북도민(실향민)과의 가족 결연, 이북도민 경영기업 연수 및 취업 기회 확대 등 '이북5도위원회' 차원의 융합 노력을 지속한다.

③ 지역사회 교류 및 사회공헌 활동 확산

탈북민 봉사단체 활동 지원 및 자발적 확산을 도모하며, 지자체 주관으로 지역사회 특성에 맞게 북한이탈주민과 지역 주민과의 접점을 넓힐 수 있는 다양한 교류 사업을 추진한다. 또한 탈북민 단체가 정착지원, 남북주민간 소통 · 교류 등에서 참여와 역할을 확대할 수 있도록 지원 및 역량 강화를 실시하고, 탈북민 정착지원 단체간 협력 네트워크 구축 및 비영리단체 운영의 실무역량 강화를 지원한다.

④ 자유평화통일을 위한 선도적 역할 제고

남북한을 모두 경험한 탈북민들이 북한에 대한 정확한 이해를 바탕으로 북한 · 통일에 대한 올바른 인식 확산에 기여하도록 역할을 강화한다. 또한 통일교육 강사, 탈북민 정착지원 정책, 통일 및 남북관계 등 정부정책 과정 전반에 참여를 확대하고 역할을 제고한다.

나. 전원수용 원칙 아래 보호 및 초기 정착지원 강화

① 탈북민 보호원칙 강화

국내 입국 희망 북한이탈주민의 전원 수용원칙을 제도화하며, 보호기간의 탄력운영을 위한 체계 마련 및 중요 탈북민 신변보호 수요 고려 등의 정책 환경 변화에 따른 효율적 신변보호 체계를 구축한다. 또한 탈북민 인권보호관 제도의 내실화를 위해 노력하며, 정착지원 업무 담당자 대상 북한이탈주민의 개인정보 보호 역량 제고를 위한 교육 프로그램을 운영한다.

② 해외체류 탈북민 보호체계 강화

해외체류 탈북민의 안전한 보호 및 이송 방안을 제고하며, 탈북민 강제북송 방지를 위한 외교적 노력을 강화한다.

③ 정착기본금 현실화 등 초기지원 강화

현재 북한이탈주민의 정착기본금은 1천만원으로 이는 2005년 수준이며, 그간 우리나라 최저임금은 3배 이상 상승하였다. 이같은 국내의 변화된 상황을 고려하여 정착기본금을 현실에 맞게 조정하고자 한다.

④ 초기 사회적응교육 운영 내실화

선배 탈북민 정착사례 특강 등 실제 사례 및 현장 체험 강화, 눈높이에 맞는 교육을 실시하며, 남북 사회의 차이를 고려하여 자유민주주의 및 법치주의 등에 대한 인식 제고를 위한 법률 교육을 운영한다.

다. 미래세대 교육 및 건강가정 형성 지원

① 제3국 출생 등 탈북민 자녀 교육 지원

탈북민 가정의 안정과 보호를 위해 법률상 교육지원 대상에 '제3국 출생자녀'를 포함하여 체계적인 교육지원의 근거를 마련한다. 또한 실태조사를 통해 탈북민 가정의 가족구성 및 자녀 현황 파악과 지원정책에 대한 수요를 발굴한다.

② 모성 보호 및 건강가정 형성 지원

탈북민 여성의 자녀에 대한 아이돌봄 서비스 이용 확대를 지원하며, 탈북민 가정의 안정적 정착을 위해 가족단위의 심리상담 지원 및 지자체 차원의 가족지원 프로그램을 적극 홍보하고 확산을 독려한다.

③ 정규학교 적응 지원

하나둘학교에 파견되는 초 · 중등교사의 전문성 제고 노력을 지속하며, 학부모 상담 md 탈북청소년 교육지원 범위를 가족 중심으로 확대하고 탈북학생의 학교적응 지원을 강화한다. 또한 대학교육 지원사업의 운영 내실화를 위해 맞춤형 진로 · 학업설계 컨설팅 지원 프로그램을 운영하며, 기존 성장 멘토링 운영을 비롯해 찾아가는 진로상담, 담당교원 연수 등 멘토링 역량 강화 노력을 병행한다.

④ 특성화·대안학교 교육 지원/환경 개선

특성화학교인 한겨레중 · 고 지원으로 수준별 한국어 교육 및 진로 탐색 기회 제공, 취업 지원을 위한 자격취득 직업교육 운영 등 진로 · 직업교육을 지속한다. 또한 대안교육기관 운영 지원과 환경개선을 강화하고, 대안학교 운영 내실화를 위한 점검 및 감독을 실시한다.

⑤ 미래세대 잠재 역량 강화

청소년 잠재역량 강화 지원을 위해 다양한 분야에서 잠재력과 발전가능성을 가진 탈북학생의 발굴 및 지원을 위한 잠재역량강화 프로그램(HOPE)을 지속적으로 운영한다. 또한 한미대학생연수 프로그램(WEST) 선발시 탈북민 우대, 인턴십 등 다양한 해외연구 기회를 제공하며 글로벌 리더로 양성한다. 그리고 호주 어학연수 프로그램, 해외 학위과정 등 다양한 해외 경력 · 진로 설계를 지원한다.

⑥ 무연고 청소년 보호 강화

무연고 청소년의 생활 및 주거 안정지원 강화 노력을 지속하며, 무연고 청소년의 소통 강화 및 정서적 지지 등을 위한 생활밀착형 통합지원체계를 지속적으로 운영한다. 또한 심리 · 정서회복, 진로 · 진학 등 탈북학생의 학교 적응과 성장 지원을 위한 밀착형 멘토링을 운영한다.

라. 질 좋은 일자리 공급 및 자립·자활 촉진

① 전문직 진출 확대

공공부문 진출 및 전문직 양성 확대를 위해 「북한이탈주민법」 상 공무원 특별임용 제도 활용을 확대하며, 국가기관, 지자체, 공공기관의 북한이탈주민 채용 확대를 위한 유인체계 반영을 추진한다. 또한 로스쿨 등 전문직종 분야의 자격취득 및 진출 확대를 지원한다.

② 개인 맞춤형 일자리 지원

북한이탈주민의 재북 경력 · 자격 인정범위 확대를 위한 유관 부처간 협력을 강화하며, 기관간 연계 · 협력 활성화를 통한 취업 지원을 강화한다. 또한 소상공인 · 자영업자 등을 위한 창업 생태환경 조성을 위해 노력하며, 북한이탈주민 영농정착 지원을 위한 관계기관 간 협력을 강화한다. 그리고 다양한 직종에 있어 체험 강화 등 현장감 있는 기초교육을 실시한다.

③ 채용 유인체계 마련

탈북민 채용문화 확신 및 채용기업에 대한 인센티브를 마련하며, 북한이탈주민 전용 '온라인 체험관을 개설하고, 대기업 · 공공기관 등 양질의 일자리와 연계한다.

④ 장기근속 유도 환경 조성

탈북민 일자리 적응력 제고를 위해 전문직 분야 직장연수 기회 제공, 직업 훈련과정 통합 운영 등 취업률 제고를 위한 단기연수지원 사업을 확대한다. 또한 기존 미수혜자 대상의 자산형성 기회 부여 검토 등 자산형성(미래행복통장) 사업의 수혜 대상을 확대한다.

마. 사각지대 없는 촘촘한 안전망 구축

① 위기가구 지원 기반 확충

위기 탈북민 신속 발굴 및 종합 · 원스톱 지원을 실시한다. 공공 및 민간 의료자원 등 다양한 지원 네트워크를 활용하여 탈북민의 의료접근성 제고 및 서비스 다각화를 수행한다. 또한 취약계층에 대한 생계지원금 강화, 고령 · 독서 등 취약계층 안부확인 등의 북한이탈주민의 신속한 생계 · 안정 지원을 지속하며, 위기 탈북민 대상 법률지원 서비스를 활성화하고, 법률지원 전문인력 확보를 위한 최소한의 보상체계 마련을 검토한다. 그리고 재소자 · 출소자의 재정착 지원을 강화한다.

② 탈북민 새 출발 지원

거주지 보호기간이 경과한 북한이탈주민의 자립 · 자활을 지원하기 위한 '새출발장려금' 사업을 안착시키고 실효성을 제고한다. 또한 국내 거주 탈북민의 수도권 편중 현상 해소와 성공적인 자립 · 자활 제고 차원에서 지방거주를 적극 장려한다.

③ 마음건강 지원체계 구축·운영

북한이탈주민 마음건강 및 심리정서지원 서비스 제공의 역량 강화와 트라우마 치료를 위해 의료기관과의 협업을 통한 접근성을 강화한다.

바. 북한이탈주민 정책 거버넌스 강화

① 범정부 협업을 통한 정착지원 체계 강화

정책 사각지대 해소 및 부처간 실무조율 강화를 위해 정착지원 실무협의회 운영을 활성화하고 '중앙-지방 협력 소위원회'를 상시 가동한다. 또한 기관별 전담인력 확충 등 북한이탈주민 정착지원에 전문성 있는 인력을 확충하기 위해 노력한다.

② 지자체 정착지원 책무 및 역할 강화

다양한 복지자원과 전문성 등을 보유한 자치단체의 자율성을 높이고, 지역 특성을 감안한 북한이탈주민 지원사업을 적극적으로 장려한다. 또한 통일부(남북하나재단)-지자체-하나센터 간 협력 강화로 지역사회 보편적 복지 · 생활 서비스망과의 연계를 강화한다.

③ 지역적응센터 서비스 품질 및 역량 강화

북한이탈주민 대상의 효과적인 정착지원 서비스 전달을 위해 하나센터 운영체계의 효율화를 추진하며, 지역적응센터의 서비스 역량 강화와 병행하여 센터 종사자의 처우개선 및 역량 강화를 속도감 있게 추진한다.

④ 북한이탈주민 지원 정보관리시스템 고도화

행정기관 간 연계를 개선하고, 기초정보 공유 등 정착지원 전산체계의 합리적 재구축 및 신규수요 반영 대책을 마련한다. 또한 '하나넷'을 활용한 중앙정부-지자체의 원스톱서비스 체계를 구축한다.

03 » 우리나라 사회통합정책

1) 사회통합 프로그램

이민자가 우리 사회의 구성원으로 적응 · 자립하는데 필수적인 기본소양을 체계적으로 함양할 수 있도록 지원하기 위하여 2009년 4월부터 한국어와 한국문화 및 한국사회이해 교육과정으로 구성된 사회통합 프로그램을 도입 · 운영하고 있다. 도입 첫해인 2009년에는 사회통합프로그램 운영기관이 20개에 불과하였으나 2023년 12월 기준으로 339개가 운영 중이며, 참여자 수도 2009년 1,331명에서 2019년 56,535명까지 매년 큰 폭으로 증가하였다. 2020년부터 2022년까지는 코로나 19 발생으로 인해 교육 참여자가 감소하였으나, 2023년에는 2009년 교육 시행 이후 역대 최다 인원인 58,028명이 교육에 참여하였다(〈표 4-6〉).

2023년 전체참여자 58,028명 중 비전문취업(E-9) 체류자격은 16,549명(28.5%), 결혼이민자는 13,807명(23.8%)이 사회통합프로그램에 참여하여 전년 대비 결혼이민자의 비율은 줄고 비전문취업(E-9) 체류자격 소지자의 참여는 증가하였다. 2009년 사회통합 프로그램 시행 이후 그간 결혼이민자의 참여 비중이 가장 컸으나, 외국인 근로자의 입국이 증가하고 전문인력으로의 전환 제도 도입으로 인하여 2023년은 처음으로 비전문취업(E-9) 자격 참여자가 가장 큰 비중을 차지한 것으로 분석된다. 기타 체류자격 소지 재한 외국인 등은 27,672명으로 전체 교육 참여자 중 47.7%를 차지하고 있으며, 지역별로는 서울, 인천, 경기 등 수도권이 53.4%, 그 외 지역인 비수도권은 46.6%

표 4-6 연도별 사회통합 프로그램 운영기관 및 참여자 현황

(단위: 개, 명)

연도별	2018년	2019년	2020년	2021년	2022년	2023년
운영기관수(개)	309	308	348	347	339	339
교육참여자(명)	50,639	56,535	36,620	43,552	42,163	58,028
전년대비	22.0%	11.6%	-35.2%	18.9%	-3.2%	37.6%

※ 자료원: 법무부 출입국 · 외국인정책본부(2024). 2023 출입국 · 외국인정책 통계연보.

표 4-7 지역별 · 이민자별 사회통합 프로그램 참여 현황

(단위: 명)

구분	총참여자		결혼이민자		일반이민자	
	합계	구성비율	인원	구성비율	인원	구성비율
계	58,028	100%	13,807	100%	44,221	100%
수도권	29,786	51.3%	6,731	48.8%	23,055	52.1%
비수도권	28,242	48.7%	7,076	51.2%	21,166	47.9%

※ 자료원: 법무부 출입국 · 외국인정책본부(2024). 2023 출입국 · 외국인정책 통계연보.

가 참여하였다(〈표 4-7〉).

2) 이민자 조기적응 프로그램

2009년 7월 결혼이민자의 초기정착과정에서 국내 생활방식 등 문화적 차이로 겪는 어려움을 해소하고, 체류연장, 영주권 내지 국적취득절차, 기초생활지식 등 한국사회 정착에 필요한 각종 정보를 제공하는 '행복드림-해피스타트 프로그램'을 도입하였다.

또한 2014년 5월부터 중도입국자녀, 외국인유학생, 방문취업 외국국적동포, 외국인 연예인 등 장기체류 외국인으로 대상을 확대한 '이민자 조기적응 프로그램'으로 통합하여 실시하고 있다. 이민자 조기적응 프로그램은 2023년 기준 법무부장관이 지정한 대학, 외국인지원단체 등 전국 143개 기관(교육유형별 283개 기관)에서 운영하고 있으며, 이민자 및 가족 등의 참여를 적극적으로 유도하여 안정적인 국내 정착을 지원하고 있습니다.

대면교육으로 진행되는 프로그램 특성상 2022년에도 코로나19로 인하여 정상적인 운영이 어려울 것으로 예상되어, 2022년 1월 25일부터 유학생을 대상으로 비대면 온라인 교육을 병행 실시했다. 2023년에는 정부의 방역 정책 완화 이후 신규 입국자 증가라는 정책 환경 변화와 계절근로자를 신규 교육 대상으로 추가하는 등 교육 확대 노력을 통해 전년 대비 43.5% 증가한 42,374명이 프로그램에 참여하였다(〈표 4-8〉).

표 4-8 이민자 조기적응 프로그램 이수 현황

(단위: 명)

연도별	2018년	2019년	2020년	2021년	2022년	2023년
교육참여자	79,656	51,354	6,620	7,237	29,521	42,374
전년대비	−13.4%	−35.5%	−87.1%	9.32%	307.9%	43.5%

※ 자료원: 법무부 출입국 · 외국인정책본부(2024). 2023 출입국 · 외국인정책 통계연보.

2023년 조기적응 프로그램 전체 참여자 42,374명 중 이수 의무화 대상인 방문취업 외국국적동포, 외국인 연예인(E-6-2)은 각각 20,681명(48.8%), 673명(1.6%)이 참여하였고, 결혼이민자, 중도입국청소년, 외국인 유학생, 계절근로자 등 기타 유형은 21,020명(49.6%)이 참여하였다.

3) 국제결혼 안내프로그램

국제결혼에 대한 올바른 인식을 제고하고 국제결혼과정에서 발생하는 피해를 최소화하기 위하여 2010년 10월부터 국제결혼 안내프로그램을 운영하고 있으며, 이에 따라 중국, 베트남, 필리핀, 캄보디아, 몽골, 우즈베키스탄, 태국 등 법무부장관이 지정고시하는 7개 국가 국민과 결혼을 하려고 하는 한국인 배우자는 국제결혼 안내프로그램을 이수해야만 배우자를 초청할 수 있다.

국제결혼 안내프로그램 이수 의무화 조치로 인해 2011년에는 교육참여자가 16,701명으로 급증하였으나, 국제결혼의 감소추세 및 2014년 4월 국제결혼 건전화를 위한 결혼이민(F-6) 사증발급 심사 강화로 인하여 2012~2015년 기간 동안은 교육참가자가 다소 감소하였다. 이후, 꾸준한 증가세를 보이던 교육참가자는 코로나19로 인해 2020년에는 전년 대비 56.3%가 감소하였고, 2021년에는 다시 전년 대비 48.5%가 감소한 2,182명이 교육을 이수하였다. 국가간 이동제한이 완화된 2022년에는 대면 또는 비대면 교육을 선택하여 실시할 수 있도록 관련 규정을 정비하여 전년 대비 158.6%가 급증한 5,643명이 교육을 이수하였고, 코로나19 관련 방역조치가 모두 해제되어 완전한 일상을 회복한 2023년에는 전년 대비 26.5%가 증가한 7,138명이 교육을 이수하였습니다(〈표 4-9〉).

지역별로는 수도권 3,127(43.8%), 비수도권 4,011명(56.2%)이며, 연령대별로는 40대가 3,246명(45.4%)으로 가장 많고, 50대 1,780명(24.9%), 30대 1,400명(19.6%)순이었다(〈표 4-10〉).

표 4-9 국제결혼 안내프로그램 이수 현황

(단위: 명)

연도별	2019년	2020년	2021년	2022년	2023년
교육참여자	9,667	4,226	2,182	5,643	7,138
전년대비	9.6%	−56.3%	−48.5%	158.6%	26.5%

※ 자료원: 법무부 출입국 · 외국인정책본부(2024). 2023 출입국 · 외국인정책 통계연보.

표 4-10 연령별 국제결혼 안내프로그램 이수 현황

(단위: 명)

계	20대이하	30대	40대	50대	60대	70대이상
7,138	153	1,400	3,246	1,780	514	45
	2.1%	19.6%	45.4%	24.9%	7.2%	0.6%

※ 자료원: 법무부 출입국 · 외국인정책본부(2024). 2023 출입국 · 외국인정책 통계연보.

>> CHAPTER

05

외국의 다문화 정책

학습목표

1. 미국의 다문화 정책을 이해할 수 있다.
2. 캐나다의 다문화 정책을 이해할 수 있다.
3. 호주의 다문화 정책을 이해할 수 있다.
4. 영국의 다문화 정책을 이해할 수 있다.
5. 프랑스의 다문화 정책을 이해할 수 있다.
6. 독일의 다문화 정책을 이해할 수 있다.
7. 일본의 다문화 정책을 이해할 수 있다.

01 » 미국

미국은 식민지 시대부터 인종적 · 문화적 · 민족적으로 다양한 사회로 이루어졌다. 소수자의 구성에 있어서 아메리칸 인디언 등과 같은 원주민, 푸에로토리코를 위시하여 미국령으로 자치권을 갖는 준국가-국민집단, 앵글로색슨계의 개척자 세대 이후 서유럽과 북유럽에서 이주해 온 옛 이민자 집단, 노예 노동력을 위해 강제로 아프리카 등지에서 이주해 온 흑인 집단, 그리고 20세기 중반 이후 남미, 아시아, 동유럽 등에서 이주해 온 새 이민자 집단 등, 그야말로 다양한 인종과 문화가 복합되어 있다(최종렬, 2008)

1) 역사적 전개 과정

미국은 20세기까지 국적과 지역출신에 따라 이민자 유입을 규제해왔다. 1921년「쿼터법 Quota Law」과 1924년「이민법 Immigration Act」에 의해 매년 이민자의 수는 15만 명으로 배정하였는데, 북유럽과 서유럽 국가들의 이민자는 환영하였으나, 동유럽 및 남유럽의 입국은 물론 일본, 중국, 남아시아와 다수의 아프리카 국적 출신에 대해서는 규제를 하였다. 또한 미국 시민권자와 그의 직계가족의 재결합에 대해서는 법적 혜택을 제공했으고, 이를 시작으로 가족초청이민은 현재까지도 미국 이민의 가장 큰 부분을 차지할만큼 차별적인 성격이 강하다.

미국은 1952년「이민국적법 Immigration and Nationality Act」을 제정하며 여전히 출신국가에 따라 입국의 차별화가 존재하였으며, 숙련노동자에 대한 우선순위를 마련하여 미국에서 요구하는 외국인 전문인력의 입국을 허용하는 선별이민제도를 시작하였다. 하지만 1962년에는「이민 및 귀화법」을 제정하여 출신국가에 의한 입국 차별화가 폐지되었고, 1986년에는 레이건 행정부의 불법체류자에 대한 사면이 이루어졌다. 당시 미국 사회의 소득불평등, 임금 침체, 만연한 실업의 원인을 '불법체류자의 침투(invasion of illegal immigrants)'로 규정하고, 1986년「이민개혁 및 관리법 Immigration Reform and Control Act」에서 4개의 단서조항(멕시코와 미국 간의 국경관리 강화, 불법이민자 고용주 처벌, 장기불법이민자에 대한 사명, 농업분야 고용을 위한 특별 입법)을 제시하였다.

1990년「합법이민법 Legal Immigration Act」을 제정하면서 숙련기술인력에 대한 도입을 확대하였다. 이는 1990년대부터 숙련노동자에 대한 수요가 늘명서 1995년부터 연간 675,000명의 이민을 허가하였고, 1998년 및 2000년에는 비영주 취업비자(H-1B) 제도를 확대하였다. 반면에 불법체류 이민자에 대해서는 사회복지제공에 대해 거절조항을 마련하기도 하였다.

그리고 2001년 9 · 11 테러 이후「국토안보법 Homeland Security Act」의 통과로 2002년 11월에 국토안보부(Department of Homeland Security, DHS)가 이민귀화국(Immigration and Naturalization

Service)으로 대체되었는데, 이들 기관의 주요 업무는 외국여행객에 대한 심사, 데이터 축적 및 특정 국적의 국민에 대한 추가 심사와 인터뷰, 다른 국가와의 정보 교류를 포함하는 것이다. 또한 9 · 11 테러 이후 난민에 대한 심사가 강화되어 약 2년 정도의 시간이 걸리고 안보와 관련해서 난민들의 생체(biometric) 정보가 조사된다고 알려졌다.

유럽과 중동국가들에게 난민들의 문제를 떠넘긴다는 비판을 받고 있는 상황에서 오바마 대통령은 2016년 미국 재정착 난민의 수를 연간 8.5만 명(시리아인 1만 명 할당)으로 할당했으며 2017년에는 11만 명으로 설정하였다. 이후 트럼프 대통령은 2018년에는 4.5만 명의 재정착 난민을 받아들인다는 계획을 발표했는데, 이는 1980년 이후 가장 낮은 수치이며, 1986년 레이건 행정부가 6.7만 명 수용을 계획한 이래 처음으로 이보다 적은 수에 해당하는 것이었다.

그리고 동성결혼에 대한 인정과 비자심사를 시작하였는데, 대법원의 '윈저 대 미국(Windsor vs. United States)' 결정으로 미국 대사관과 영사관은 동성결혼에 기반을 둔 비자신청을 이성 결혼과 동일하게 심사하기 시작하였고, 취업비자, 학생비자, 이민자 등의 비자신청자의 배우자뿐만 아니라 동성결혼 자녀의 수반비자 자격도 인정하였다.

2) 이민정책

미국은 「이민국적법」에 의거하여 다음의 네 가지 원칙을 바탕으로 이민자 유입정책을 시행하고 있다.

- 미국 시민권자와 영주권자의 가족에 대한 임니 허용을 통해 가족결합 도모
- 특정 기술을 가지고 있거나 인력수요가 있는 분야의 근로자 유입
- 미국으로의 이민 비율이 낮은 국가의 이민자 유입을 통한 이민자 출신국의 다양성 확대
- 본국에서 인종적 · 종교적 · 정치적 박해의 위험에 처한 사람에 대한 보호

외국인의 체류관리를 살펴보면, 미국의 비자는 영주비자와 단기비자로 분류된다. 영주비자는 영주권 취득을 목적으로 받는 비자이며, 단기비자는 미국내 영주목적이 아닌 단기 방문, 취업, 학업 등을 목적으로 입국하는 외국인을 대상으로 발급된다. 특히 영주 이민비자는 가족초정이민, 취업이민, 난민/망명, 다양싱이민비사 능으로 구분되고, 각각의 이민유형은 다시 세분화하여 규정되고 있다(〈표 5-1〉).

미국에서 난민(refugees)은 망명자(asylees)와 구별되는데 난민은 일반적으로 지원 당시 미국에 입국한 상태이거나 출입국 항에 있는 경우를 의미하며, 망명자는 재정착을 위해 심사받을 때 미국 밖에 있는 경우를 의미한다. 특히 난민은 '미국 난민수용 프로그램(U.S. Refugee Admission Program, USRAP)'의 추천, 지원서 작성 및 제출, 시민권 및 이민 서비스 공무원과의 인터뷰 등의 과

정을 거쳐 인정 여부를 결정한다. 난민으로 수용되면 반드시 미국에 입국한 지 1년 후 영주권을 신청해야 하며, 난민이 배우자와 21세 이하인 자녀와 결합하기 위해서는 신청서를 입국 2년 안에 제출해야 한다.

미국으로 귀화(시민권 취득)를 하려면 아래의 조건을 충족해야 한다.

- 18세 이상으로 5년 동안 합법적인 영주권자로 거주해야 함
- 귀화신청 직전 5년 간의 절반 이상을 미국 내에 거주해야 하며, 귀화 신청 당시 최소 3개월은 해당 지역구에 거주해야 함
- 영어를 읽고, 쓰고, 말하고 이해할 수 있는 능력
- 미국 시민권 시험 합격
- 선량한 도덕심(good moral character)의 소유자

또한 평상 시기에는 미국 군인으로 1년 동안 복무한 영주권자에게 귀화신청 자격을 주는 특별절차가 적용되며, 전쟁 시기에는 영주권이 없어도 미국 내에서 군입대를 하면 시민권 신청 자격이 주어진다.

미국 「이민국적법」은 외국인의 추방에 관한 내용을 규정하고 있는데, 불법으로 입국하거나 입국조건을 어긴 자, 또는 일정한 범죄(서류조작 및 사기, 테러리즘 행위, 마약밀수, 자금세탁, 도덕적으로 타락한 범죄, 종교적 자유를 심각히 침해하는 범죄 등)에 대한 유죄판결을 받거나 어떤 범죄든지 2건 이상에 대한 유죄판결을 받고 총 5년 이상의 금고형을 받은 외국인은 추방대상이 된다. 또한 「이민국적법」은 법무장관에게 외국인에 대한 영장발부와 체포, 그리고 추방결정을 기다리고 있는 동안의 감금을 시행할 수 있는 권한을 주고 있다. 추방여부는 법무부 산하의 이민법원에서 결정되며, 판결에 대한 심사는 법무부 관할인 이민심사국에서 실행한다.

3) 다문화 정책

미국은 건국 초창기에는 소위 "여럿으로부터 하나(e pluribus unum)"라고 하는 벤저민 프랭클린(Benjamin Franklin, 1706~1790)의 표현에서 나타나듯이, 다양성과 단일성의 조화를 지향했다. 초기 이주민들은 자신들의 독특한 공동체를 유지할 자유를 누렸다. 그러나 19세기 후반 이후 서유럽과 북유럽으로부터 연속적인 대규모 이주가 이루어지면서, 미국은 '단일문화주의'를 정책 목표로 삼게 된다. 소위 '미국화(Americanization)'라는 이름 하에, 1차 세계대전을 전후로 매우 공격적인 동화 정책이 연방 정부 차원에서 나타나게 되었다.

미국화 정책은 20세기 중반으로 들어서면서 소위 '용광로(melting pot) 모델'에 의해 대체된다. '용광로 모델' 패러다임 하에서, 모든 이주자들은 새로운 미국인으로 다시 태어나게 되며, 그 과정

표 5-1 미국의 영주비자 종류

분류	비고	수적제한[185]
가족 초청	– 가족초청이민은 크게 두 종류로 구분됨: 가. 미국 시민의 직계가족(배우자, 21세 이하의 자녀, 21세 이상의 미국 시민의 부모)을 위한 이민비자 (수적 제한 없음) 나. 4가지 우선순위로 분리된 이민비자 (수적 제한 있음) – 모든 가족 초청 이민자들은 자신들이 공적 부담이 되지 않을 것이라는 증거로 초청인으로부터 부양서약서를 얻어야 함. 신청인은 연방빈곤가이드 라인의 최소 125%에 해당되는 소득을 증명해야 함	연 22만 6천 명
취업	– 취업이민은 다섯가지 우선순위로 분류됨: 가. 제1순위 (최우수인력): 과학, 예술, 교육, 사업 및 체육 등에 특출한 능력을 가진 자, 뛰어난 교수 또는 연구원: 다국적 기업의 대표 또는 임원 나. 제2순위: 고등교육학위(advanced degree)를 가진 전문가 또는 과학, 예술, 사업에 우수한 능력을 가진 자 다. 제3순위: 공급이 부족한 숙련 노동자, 학사학위 소지 전문가, 기타 공급이 부족한 노동자 라. 제4순위: 일부 특별 이민자: 종교적 성직자, 일부 미국 재외공관 직원, 등 마. 제5순위 (고용창출 투자자): 최소 US100만 달러 투자로 인해 10 명 이상의 고용창출 (정부가 지정한 고실업률지역 또는 농촌지역에 투자할 경우는 US 50만 달러) – 제2,3순위 취업이민은 일반적으로 고용주의 신청서와 함께 노동부가 발급하는 노동 인증서가 필요함	연 14만 명
난민 및 망명자	난민 – 연간 허용되는 난민의 수는 미국 대통령 결정문 (Presidential Determination)에 의해 결정됨. 2017년의 한도는 110,000명[186] – 난민으로 인정된 자는 입국 1년 이후 영주권신청을 하도록 함. 난민의 영주권취득에 대한 수적 제한은 없음 – 난민은 배우자와 21세 이하인 자녀와의 결합을 위해 신청서를 입국 2년 안에 제출할 수 있음 망명자 – 망명자로 인정을 받은 외국인은 최소 1년 후 영주권 신청을 할 수 있음	영주권 취득에 대한 수적제한 없음
다양성 비자	– 미국으로의 이민이 비교적 낮은 출신국(low–admission country)의 국민 신청가능. – 신청자는 최소 고등학교교육을 이수하였거나 지난 5년 내에 2년 이상의 직업(적어도 2년 이상의 훈련을 요하는 직업) 경험이 필요	연 5만 명

※ 자료원: 강동관, 김원숙, 민지원, 박성일, 양윤희, 이상지, 현채민(2017). 주요국가의 이민정책 추진체계 및 이민법. 이민정책연구원, 이민정책 연구총서6.

에서 민주주의, 자유, 그리고 시민의 책무로 특징 지워지는 미국의 독특한 문화가 탄생된다. 그리고 이렇게 탄생한 새로운 미국 문화는 유럽의 좋은 전통들만을 혼합한 것이지만, 이들과는 구분되는 독특하고 역동적인 것으로서 이해된다.

여기서 한 가지 강조할 점은 이러한 '용광로 모델'이 표현상의 그럴 듯한 비유에도 불구하고, 실제로는 과거 동화 정책의 틀을 그대로 유지하고 있다는 사실이다. 특히 이 모델이 상대적으로 문화가 상이한 흑인, 히스패닉, 아시아계 등의 비유럽인에게 적용될 경우에는 더욱 동화의 성격이 강하게 나타나고 있다는 비판은 상당한 설득력을 갖는다.

1970년대 들면서 미국화 정책과 '용광로 모델'이 전제하고 있던 동화라는 정책 목표 대신 문화적 다원주의를 추구하는 다문화 정책이 등장하게 된다. 이러한 새로운 정책 목표에 따라, 정책의 방향도 여러 차이들을 녹여서(melting) 하나의 단일된 미국 문화를 만드는 대신에, 개인과 집단 수준에서 소수자의 문화적 다양성과 차이를 인정하는 쪽으로 전환되었다.

이러한 다문화 정책의 등장에는 여러 요인들이 작용한 것으로 알려지고 있는데, 이에는 1960년대 흑인들의 인권운동, 1965년 「이민법」 개정에 따른 상대적으로 개방된 이민정책의 도입, 1960년대 여성 해방 운동과 같은 정체성 정치의 등장, 그리고 소수집단우대조치(affirmative action) 등이 포함된다. 이처럼 다양성과 차이를 강조하는 다양한 사회적 운동들은 '용광로 모델'이 상정했던 동질적인 미국의 이미지를 심각하게 훼손하였을 뿐만 아니라, 동시에 전통적인 권위에 대한 도전을 의미하기도 했다.

물론 미국의 다문화주의 정책은 공식적인 입장이 아니다. 실제로 공식적으로 다문화주의를 천명하고 있는 국가는 캐나다와 호주밖에 없다. 그럼에도 불구하고, 미국이 현재 실시하고 있는 다양한 정책 수단은 실질적인 다문화주의 원칙에 바탕하고 있다고 할 수 있다. 일반적으로 미국의 다문화 정책은 정체성, 다양성, 인종간 관계, 정치 참여, 그리고 인종 불평등과 같은 다양한 이슈들을 다루고 있다.

공식적인 다문화주의를 채택하지 않고 있는 미국 다문화 정책의 특징은 여러 가지 다양한 다문화 모델들이 혼재되어 부분적으로 나타나고 있다는 것이다. 이에는 자유방임 다문화주의, 기념 다문화주의, 공동체 다문화주의, 비판적 다문화주의 등이 포함된다.

자유방임(laissez-faire) 다문화주의는 미국의 이민정책에서 가장 잘 나타나고 있다. 미국 이민정책은 이민 허용에 대한 규제, 그리고 불법 입국에 대한 감시 등에 거의 전념하고 있으며, 이민자들의 통합과 정착 등에 관해서는 연방 차원의 노력도 이루어지지 않고 있다. 따라서 미국내 소수 이민자들은 스스로 적응해 나가야 하며, 이들의 다문화 관습을 유지하기 위한 프로그램들은 지역이나 주 차원에서 이루어진다.

기념(celebratory) 다문화주의는 주로 교육 영역에서 다문화주의를 강조하는 교육의 형태로 발견된다. 그리고 이는 초등학교에서 대학교까지 모든 수준의 교육에서 번성하고 있다. 기념 다문화주의적 교육 체계 아래에서, 학생들은 다양한 문화를 접할 기회를 갖게 되고, 이를 통해 문화적 다양성의 중요성에 대한 이해를 높이고자 한다. 학생들의 관용 정신을 배양하고, 인종적 정체성에 대한 보다 긍정적인 느낌을 확산하고, 보다 조화로운 문화간 관계를 조성하기 위해 다양한 프로그램이 다양한 교육 수준에서 실시되고 있다.

이러한 기념 다문화주의는 매우 폭넓게 수용되고 있는데, 그 이유는 바로 그것이 비위협적이기 때문이다. 그러나 이러한 무독성이 비판을 받는 이유가 되기도 한다. 즉 기념 다문화주의는 차이

보다 다양성에 초점을 맞춤으로써, 여러 문화의 이국적 요소를 가볍게 소개할 뿐, 문화간의 권력 관계에서 존재하는 불평등과 같은 실질적인 문제에는 큰 관심을 보이지 않는다는 것이다. 따라서 기념 다문화주의는 사회 내에 존재하는 구조적 불평등을 해소하는 데는 큰 도움이 되지 못한다.

공동체적(communitarian) 다문화주의는 동화주의와 극단적인 다원주의(분리주의) 양자 간의 타협에 해당한다. 차이와 다양성을 인정하되, 동시에 단결과 질서를 보존해야 한다는 것이다. 소위 "단결 안에서의 다양성(Diversity Within Unity)"이라는 공동체적 다문화주의의 주장에 이러한 타협과 균형의 정신이 잘 드러나고 있다.

마지막으로 비판적(critical) 다문화주의는 미국내 백인 우월주의의 권위와 정당성에 도전하며, 미국의 문화생활의 핵심에 존재하는 유럽중심주의에 반기를 든다. 이러한 비판적 다문화주의는 네 가지의 주요 주제에 기반하고 있는데, 이에는 탈근대주의, 문화적 상대주의, 정체성 정치, 그리고 집단의 권리이다.

02 » 캐나다

캐나다 다문화사회의 배경이 되는 이민의 역사는 미국과 유사한 면이 많다. 미국과 마찬가지로 캐나다 역시 다양한 민족과 인종이 이주해서 이루어진 이주 국가이며, 다민족 · 다인종이 초기부터 존재했다. 초기에는 영국계와 프랑스계가 주류를 이루다가, 산업사회로 발전하면서 유럽과 아시아 등지로부터 노동력의 유입이 이루어진 점도 미국과 같다. 또한 이들 중 유럽계 백인 이민자 집단은 영국계와 프랑스계 중심의 주류 집단에 용이하게 적응하고 편입될 수 있었던 반면, 그 외 소수민족, 유색인종 이민자에게는 그것이 쉽지 않았다는 점도 미국과 유사하다(최종렬, 2008)

그러나 미국과 캐나다의 이민 역사는 중요한 점에서 차이가 있다. 미국의 경우 영국계 백인이 유일한 주류집단이었음에 반해, 캐나다의 경우는 영국계와 프랑스계가 나뉘어 경쟁과 갈등의 관계를 유지하면서, 각각의 공동체를 중심으로 주류세력이 만들어졌다. 따라서 캐나다는 처음부터 민족적 · 인종적 융합을 추구하는 미국식 '용광로 모델'보다는 오히려 서로 나누어져 각자의 특성을 유시하면서 조화가 되는 '모자이크 모델'을 선호하게 된 것이다. 이러한 기본 관점의 차이로 인해 캐나다의 다문화 정책은 미국과는 상당히 다른 방향으로 발전하게 된다.

1) 역사적 전개 과정

캐나다는 1869년에 최초로 「이민법 Immigration Act」을 제정하면서 대규모 이민자 도입 프로그램을 실시하였다. 1867년에 연방국가를 설립하고 2년 후에 제정된 이 법의 목적은 미국으로의 이민을 제한하고 인구가 적은 캐나다 서부지역에 적극적으로 이민자를 유치하는 데 있었다. 캐나다의 서부에 거주하도록 설계된 대규모 이민 프로그램은 농부와 농장 노동자를 유치하기 위한 것으로 영국, 미국, 독일 및 기타 북유럽 국가에 적극적인 모집 캠페인을 실시하였다. 하지만 성과가 부진하자 유럽, 특히 우크라이나, 독일, 이탈리아, 러시아 등으로 캠페인 방향을 선회함으로써 첫 번째 대규모 이미자 유입을 초래하게 되었고, 그 결과 문화적 · 민족적 · 이데올로기적 문제가 발생하자, 이를 최소화하기 위해 입국을 제한하였으며, 이러한 정책은 2차 세계대전 이후까지 유지되었다.

이후 1952년부터 캐나다는 자국의 환경에 적합하고 사회에 쉽게 동화될 수 없는 국적, 민족 집단, 계급, 출신 지역, 직업, 생활방식을 가진 자에 대한 입국 제한을 강화했다. 하지만 1962년부터 인종차별적인 이민정책을 포기하고, 1967년에는 '포인트 제도'를 도입하였다. 즉 1960년대 캐나다 이민정책의 초점은 급속하게 성장하는 경제에서 필요한 숙련공을 채용하는 데 있었으며, 1962년 인종차별적인 이민정책을 포기함으로써 피부색, 인종 또는 국적에 상관없이 필요한 교육, 기술 또는 기타 자격을 갖춘 이민자가 입국할 수 있도록 하는 규정을 발효시켰다. 특히 1967년에 도입된 '포인트 제도'는 이후 포인트의 구성과 점수는 부분적으로 바뀌었지만 여전히 캐나다 이민정책의 중요 시스템으로 남아 있다.

그리고 1971년에 인종, 민족, 문화적 유산, 종교, 조상 및 출신지에 관계없이 '모든 캐나다인의 존엄성'을 확인하는 것을 목표로 다문화주의를 공식적인 정책으로 수용한다. 1976년에 「이민법」 개정을 통해 모든 국가의 이민자에게 공식적으로 문호를 개방하면서 경제적 이해보다는 가족재결합과 인도주의적 고려를 강조하였고, 캐나다 정부는 이민자 유입에 대한 연간 목표를 세우고 이민계획 수립 및 관리에 관한 지방 자문을 요구하는 내용을 포함시켰다. 이후 1988년 「다문화주의법」이 통과되었다.

캐나다는 연방과 주/지역 협약을 기반으로 이민 절차 관리를 실시하고 있는데, 가장 포괄적인 첫 번째 협약은 1991년에 퀘벡(Québec)과의 체결이다. 주정부 추천 이민 프로그램(Provincial Nominee Program, PNP)을 구성하는 이 협약의 가장 중요한 특징은 지역 또는 지방의 경제 필요에 따라 잠재적 이민자 수에 대한 제한 권한을 부여한 것으로 주/지역은 자체 기준 및 절차에 따라 이민자를 유치할 수 있게 되었다.

그리고 2001년에는 「이민법」을 대체하는 「이민난민보호법 Immigration and Refugee Protection Act(IRPA)」을 제정하고 2002년부터 시행하였다. 이 법에 따라 영주이민자는 다음의 3개 계급으로 분류되었다.

- 경제적 계층: 숙련 노동자, 사업 이민자 및 직계 가족
- 가족 계층: 캐나다 시민권자나 영주권자의 배우자, 배우자, 자녀, 부모와 조부모 및 후원에 동의 한 사람
- 보호 대상자/난민 계층: 정부 후원 피난민, 개인 후원을 받는 난민 및 기타 보호 대상자

이 외에도 캐나다 시민권이민부(Citizenship and Immigration Canada, CIC) 장관의 재량에 따라 인도주의적 측면에서 영주권을 부여할 수 있는 조항이 포함되어 있으며, 2004년 미국과 캐나다는 '안전한 제3국 협정'을 통해 난민신청자가 도착한 첫 번째 안전한 국가에서 난민보호를 요청할 수 있도록 하였다.

캐나다는 2000년대 중반 이후부터 경제이민과 단기노동이민에 중점을 두는 이민정책으로 전환하였고, 2008년부터 이민정책을 강화해 경제이민비자와 단기노동시장의 필요에 집중하게 되었다. 하지만 캐나다는 폭넓고 관대한 이민정책을 가진 것으로 알려져 왔으나 2006년 정부는 경제적 번영을 위한 이민 시스템에 초점을 두고 자국 경제에 필요한 기술과 경험을 가진 사람들에게 우선순위를 두는 방향으로 개편되었다.

2012년 12월 「이민난민법」의 개정과 변화로 비자신청 요건으로 생체 신원확인 시스템을 운영하고 있으며, 2015년 11월 저스틴 트루도(Justin Trudeau) 내각이 출범하면서 가족과 함께 있을 때 사회적 통합과 경제적 성공이 용이하다는 논리를 바탕으로 가족재결합을 우선순위로 강조하고 있다. 2014년부터 캐나다에 사는 부모와 재결합할 수 있는 자녀의 연령 제한을 22세에서 19세로 낮추었던 것을 2017년 10월부터 이 연령을 다시 21세로 상향 조정하였으며, 2015년 11월부터 2만 5천 명의 시리아 난민을 받아들이기 시작하여 2017년 1월까지 약 4만 명이 재정착하였다.

2) 이민정책

캐나다는 과거 영연방국가(common wealth countries)의 국민에게 출입국 또는 이민에 대한 혜택을 부여하는 제도를 시행했으나 지금은 폐지되었다. 따라서 유럽연합(EU) 시민 또는 북미 시민 등에 대한 특혜는 없으며, 이민정책 대상은 비국민인 단기비자소지자와 영주권자로 구별된다.

캐나다의 비자체계는 다음과 같다.

- 취업비자(Work Permit): 일반취업비자를 발급받기 위해서는 외국인 채용이 국내노동시장에 부정적인 영향을 미치지 않는다는 인적자원기술개발부(Human Resources and Skills Development Canada)의 노동시장 확인서(Positive or Neutral Labor Market Opinion)가 필요함.
- 유학비자(Study Permit): 6개월 이하의 수학인 경우엔 학생비자가 필요 없음.
- 방문비자(temporary Resident Visa): 한국 등 비자면제국은 관광 등 단순 방문의 경우 비자가

필요 없음.

- 가족초정 영주이민비자(Family Class): 배우자 또는 자녀 초청의 경우, 영주이민비자를 취득할 수 있음.
- 경제이민비자(Economic Class): 전문인력이민(Skilled Worker Class), 캐나다 경험이민(Canadian Experience Class), 비즈니스이민(Business Class), 도우미 프로그램(Care-giver Program), 주정부이민(Provincial Nominee Program) 등의 경우에 필요함.

캐나다에서 제3국 재정착 프로그램을 통한 난민요청은 유엔난민기구, 지정추전기관, 사적후원단체(privately sponsored group)에 의해 추천을 받은 후 가능하다. 캐나다 내에서의 난민요청은 국경 횡단시에나 공항 및 항구 그리고 이민센터나 국경관리국 사무실에서 가능하며, 이민공무원이 난민신청자를 인터뷰하고 부적격자가 아닌 한 이민난민위원회의 난민보호부서에 회부한다. 난민보호부서에서는 난민결정청문회를 열러 난민신청의 적격 여부를 심사하게 된다.

캐나다에서 나이를 불문하고 시민권을 신청하는 경우에 필요로 하는 조건은 다음과 같다.

- 캐나다 영주권을 소지한 자로 이민 또는 사기 이유로 심리중이지 않아야 하며, 영주권 유지를 위한 충분한 조건을 유지해야 하며, 캐나다 정부로부터 퇴거 명령을 받지 않아야 함
- 시민권을 신청하기 전 5년 동안 1095일을 거주한 사실을 입증해야 함
- 시민권을 신청하기 전 5년 동안 3년간의 개인 소득세를 전부 또는 부분적으로 신고한 경우
- 캐나다에는 영어와 프랑스어라는 두 가지 공식 언어가 있는데, 시민권자가 되기 위해서는 이러한 언어 중 하나를 사용하여 말하고 들을 수 있는 능력(공통 주제에 관한 짧고 일상적인 대화 가능, 간단한 질문 및 지시 사항 이해, 시제를 포함한 기본 문법 사용, 질문에 답하고 자신을 표현할 수 있는 일반적인 단어와 구의 능력)을 보여주어야 함
- 시민권 테스트를 통과한 자
- 캐나다 내 · 외에서 범죄를 범한 경우, 일정 기간 동안 캐나다 시민이 될 자격이 없음

3) 다문화 정책

캐나다의 다문화 정책은 전세계에서 가장 모범적인 것으로 칭송받는다. 캐나다는 공식적으로 다문화주의를 천명하고 있을 뿐만 아니라, 현실에서도 “차이를 가지고 함께 사는(living together with differences)” 다문화사회의 모델 케이스로 알려져 있다.

그러나 다문화주의에 대한 캐나다의 역사는 그리 존경받을 만하지 못하다. 캐나다는 미국과 마찬가지로 원주민과 그들의 영토에 대한 약탈로 시작되었으며, 건국 과정에서도 소수 인종을 차별하고 배제하는 정책과 관습을 견지해 왔다. 2차 세계대전 당시에는 일본계 캐나다인을 박해하였

으며, 1950년대까지 흑인들에 대한 노예화 및 분리 정책이 지속되었고, 특히 유대인에 대한 차별이 매우 심했다. 한마디로 20세기 중반까지는 백인 우월주의(white supremacy) 이데올로기가 지배해 왔다고 할 수 있다.

캐나다가 공식적으로 다문화주의를 천명한 것은 1971년 자유당 정부 때이다. 이때부터 캐나다는 다문화주의 성격을 달리하면서 세 단계로 발전해오는데, 그것은 각각 1970년대의 인종 다문화주의, 1980년대부터 1990년대 초반까지의 평등 다문화주의, 그리고 1995년 이후부터의 시민 다문화주의이다(〈표 5-2〉).

인종(ethnicity) 다문화주의가 문화적 차원을 강조하는 반면, 평등(equity) 다문화주의와 시민(civic) 다문화주의는 각각 구조적 차원과 사회적 차원을 강조한다. 인종 다문화주의에서 핵심 문제는 편견이며, 이의 해결방안은 문화적 세심함(문화적 차이에 대한 관용과 배려)이다. 평등 다문화주의에서 핵심 문제는 인종차별주의이며, 이의 해결방안은 제도적 장벽들의 제거이다. 시민 다문화주의에서 핵심 문제는 소외와 배제이며, 이를 해결하기 위해 포함과 참여를 강조한다.

여기서 강조할 점은 이러한 세 단계 다문화주의에 있어서의 목표는 동일하다는 사실이다. 그것은 바로 "차이를 가지고 같이 살아가는" 가능성을 추구하는 것이다. 다만 시대적 · 정치적 환경의 변화에 따라, 단계별로 이러한 목표를 달성하는 수단이 달라졌을 뿐이다.

캐나다 다문화 정책의 특징은 자유주의 모델에 기반하고 있으면서, 포괄적인(inclusionary) 성격을 갖고 있다는 것이다. 먼저 캐나다 다문화주의의 철학적 기반은 앞에서 살펴본 자유주의 다문화주의 모델과 가장 가깝다. 따라서 다양한 문화의 존재를 인정하되, 이러한 문화적 차이가 완전

표 5-2 캐나다의 3단계 다문화주의 발달 과정

	인종 다문화주의(1970년대)	평등 다문화주의(1980–1990년대초)	시민 다문화주의(1995–2000년대)
차원	문화적	구조적	사회적
초점	차이에 대한 존중	평등 부양	함께 살기
위임권한 (mandate)	인종	인종 관계	시민권
범위 (magnitude)	개인적 조정	제도적 수용	완전한 참여
문제	편견	인종차별주의	배제
해결책	문화적 세심함	장애물 제거	포함(포괄)
결과	문화 자본	인적 자본	사회 자본
주요 비유	모자이크	동등한 조건	소속감

자료: Fleras (2009, 69)
※ 자료원: 한국다문화가족정책연구원(2011). 주요 선진국가의 다문화정책 방향 비교 분석: 한국에 주는 정책적 시사점을 중심으로.

한 시민권 및 평등한 참여에 방해가 되어서는 안 된다는 입장이다. 그리고 자유주의 모델에 내재된 보편주의 원칙에 따라, 모든 사람이 동등하게 대우받아야 함을 강조한다. 그러나 상황에 따라서는 통치에 있어서 문화간 차이를 고려할 필요성도 인정하는데, 다만 이러한 차이의 고려는 영구적인 것이 아니라 한시적인 성격을 갖는다는 것이다.

캐나다의 다문화 정책은 포괄적인(inclusive) 사회 건설이라는 의제를 중심으로 발전해 왔다. 사회 정의, 정체성, 시민적 참여를 장려함으로써 포괄성의 실현을 위한 강한 의지를 표현하고 있다. 이를 위해 차이에 대한 관용 정신을 배양하고, 편견을 줄이고, 차별적 제도적 장치를 제거하고, 서비스에 대한 접근성에 있어서 인종간 문화간 평등을 보장하고, 제도적 포괄성을 확장하고, 창조적인 집단간 만남을 향상시키고, 시민권을 강조한다. 이러한 공식적 다문화주의에 따라, 캐나다의 모든 시민들은 자신들의 인종과는 상관없이 "법 앞에서의 평등"과 "평등한 기회"를 보장받는다.

물론 이러한 자유주의적 모델에 기반한 포괄적 다문화주의가 갖는 한계와 약점도 분명 존재한다. 포괄성과 통합에 대한 지나친 강조는 사회적 변화보다는 기존 질서의 유지를 선호함을 의미한다. 따라서 문화적 차이들을 인정은 하되, 이러한 차이들이 정치화되는 것을 경계한다. 즉 모든 차이들이 탈정치화되면서, 근본적인 권력 관계의 변화를 초래하는 대신에 지배적 이데올로기를 강화해 주는 결과를 초래한다는 것이다.

03 » 호주

호주 역시 미국과 캐나다와 마찬가지로 이주민에 의해서 이루어진 국가이다. 초기에는 영국계 이주자가 주류를 이루었고, 1940년대 후반까지는 비영어권 국가로부터의 이민을 막으려고 노력했다. 영국계와 아일랜드인들을 가장 적극적으로 수용했으며, 차츰 독일과 북유럽 국가로부터의 이주도 예외적으로 허용해 왔지만, 그 외 지역에서의 이주는 영어 테스트를 이민자격 기준에 포함시키는 방법 등을 통해 실질적으로 규제해 왔다. 1973년까지 이처럼 인종에 근거하여 이민을 규제했던 소위 '백호주의(White Australia)' 정책은 지속되었다.

1970년대 들어서는 이민정책의 틀이 보다 개방적으로 변화하는데, 주된 이유는 경제적인 것으로서, 국내 노동 시장의 수요를 만족하고 지구촌 경제에서 호주의 경쟁력을 강화시키기 위한 것이었다. 이러한 정책 변화의 결과 비영어권 지역, 특히 아시아 국가들로부터의 이주가 증가하고 있다. 그리고 이것이 호주 다문화 정책의 변화에 커다란 영향을 미쳤다.

1) 역사적 전개 과정

잠깐 호주의 역사를 살펴보자면, 미국독립전쟁으로 식민지를 상실한 영국은 새로운 식민지 개척을 위해 함대를 파견하고 과거 발견했던 호주에 뉴사우스웨일스(New South Wales)라는 이름을 붙이고 1788년 자국의 영토임을 공포하였다. 호주의 유입 인구가 급격하게 증가한 것은 1850년 초반 금광이 발견된 이후이며, 약 20년 후인 1871년의 통계를 보면, 호주의 인구는 조사가 가능한 인구만 무려 170만 명이 넘었다. 이러한 증가는 백인뿐만 아니라 중국을 비롯한 세계 각국의 사람들이 이주해온 결과이다.

18세기 후반까지 영국의 식민지였던 호주는 1901년 독립한 주들 간 연방을 구성함으로써 독립국가가 되었다. 당시의 「이민제한법 Immigration Restriction Act」은 유색인종의 이민을 제한하는 차별적 백호주의 정책을 내세움으로써 유럽계와 비유럽계의 갈등을 일으켰으며, 이후 국제적으로도 비난을 받았다.

하지만 2차 세계대전 이후 군사적 · 경제적 측면에서 많은 인구가 필요하다는 것을 깨달은 호주정부는 적극적인 이민정책을 펼침으로써 인구 증가를 꾀했다. 그리고 백호주의 정책을 완전히 포기하는 1973년에 이르면 아시아 지역 출신의 이민자들도 많이 받아들였다. 즉 1945년 이후 약 7백5십만 명이 호주로 이민을 왔으며, 80만 명 이상이 인도적 보호프로그램(Humanitarian Programme)을 통해 입국하였다. 인도적 보호프로그램은 난민의 지위에 관한 유엔협약의 의무사항을 준수하고 해상으로 유입되는 난민의 보호 및 정착을 목적으로 하는 것이다.

2) 이민정책

호주의 비자는 크게 방문(Visitor visas), 취업(Working and skilled visas), 학생(Studying visas), 가족(Family and spousal visas), 기타 등으로 나뉜다. 1973년부터 뉴질랜드 시민에게 호주 방문, 취업, 거주의 권리가 주어졌으며, 1994년부터 모든 비시민은 유효한 비자 없이 호주에 체류할 수 없게 되어 뉴질랜드 시민에게는 특별비자(Special Category Visa)가 발급되었다. 모든 호주 거주자는 문화적 다양성을 도모하는 동시에 사회결속(social cohesion)을 다지기 위한 정부 정책의 대상이 된다.

호주의 단기비자는 체류 목직에 따라 외국 국직자의 활동 범위 및 체류기한 등을 제한하고 있으며, 주로 여행이나 사업 목적, 가족 방문, 학업, 단기취업 등에 관한 것이다. 특히 단순기능인력 활용을 위해 워킹홀리데이 프로그램(Working Holiday Maker Program)이나 계절근로자제도(Seasonal Worker Program, subclass 416)를 운영 중이다(〈표 5-3〉).

영주비자는 정부 주도로 예산을 고려하여 매년 이민 대상과 규모를 설정하는 이민 프로그램(Migration Programme)을 운영하고 있다. 영주비자는 크게 가족이민, 기술이민, 특별자격으로 나눌 수 있으며, 이외에 뉴질랜드 국적자 및 인도적 보호프로그램 대상으로 하는 비자가 있다. 가족비자는 배우자, 자녀(입양 포함), 부모, 가족 구성원, 친인척, 양육자 등으로 구분되며, 기여제 노부모비자(Contributory aged parent visa)와 같이 일부 비자의 경우 임시 비자를 발급했다가 영주 자격을 취득할 수 있는 별도의 절차가 존재한다. 또한 기술 이민 비자는 일부 비자의 경우 과거보다 연령 상한선이 낮아지고 지원 가능한 직업군의 제한을 두는 등의 변화가 있었다.

호주에서 난민과 인도주의적 보호 비자는 호주 이민법과 국제 조약에 근거하여 인도주의적 보호가 필요한 이들을 대상으로 호주에서 거주, 취업, 학업 등을 할 수 있도록 하며, 직계가족인 경우 결합 신청을 통해 영주권 신청을 할 수 있다.

호주에서 18~60세 외국인은 유효한 비자를 가지고 4년간 호주에 거주하고, 4년 중에서 최근 12개월은 영주권자로 거주하였을 때, 시민권 신청자격이 주어진다. 단, 신청일을 기준으로 최근 4년간 1년 이상 해외에 거주하지 않아야 하고, 최근 1년간 해외 거주기간이 90일 이하여야 한다. 또한 16세 미만의 자녀는 부모의 지원서에 포함될 수 있다.

표 5-3 호주 단기 취업비자

비자종류	지원자격	비자기간	후원자/추천자	조건
subclass 476	해외 우수 (recognised) 공대 졸업 자(2년내) 연령제한: 31세 이하	18개월	–	
subclass 489	MLTSSL[1]에 포함된 직업종사자, 60점 이상(점수제) 연령제한: 45세 미만	4년	주/지방정부, 친인척	기존의 subclass 475, 487, 495, 496 소지자
subclass 408	연예, 스포츠, 종교 부문 이벤트 참여등 호주정부 초청이나 연구과제 참여 등 단기간 활동 일체	기관초청 : 3개월 호주정부활동: 4년 기타활동: 2년		
subclass 485	호주 학위 취득자 MLTSSL 관련 취업예정자, 관련자격을 갖춘자 연령제한: 50세미만	Graduate work: 18개월 Post study: 2~4년		
subclass 403	상호 협정 국가 호주내 외국어 강의 면책특권소지자 태평양군도(계절근로자)	정부협정: 2년 해외정부기관: 4년 계절근로자: 4~7개월		subclass 995 소지자
subclass 400	호주에 없는 전문기술, 지식 소유자	3개월(제한적으로 6개월)		
subclass 457[2]	정부가 지정한 STSOL[3] 직업 종사 (예정)자	–	–	–
subclass 407	직업훈련 예정자, 호주연방기관 이상에서 추천한자 연령제한: 18세이상	2년		

주: 1) Medium and Long Term Strategic Skills List의 약어
2) '18년 3월부터 새로운 Temporary Skill Shortage(TSS) 비자로 대체될 예정
3) Short-term Skilled Occupation List의 약어

※ 자료원: 강동관, 김원숙, 민지원, 박성일, 양윤희, 이상지, 현채민(2017). 주요국가의 이민정책 추진체계 및 이민법. 이민정책연구원, 이민정책 연구총서6.

3) 다문화 정책

호주의 다문화 정책은 여러 가지 측면에서 캐나다의 다문화 정책과 유사하다. 두 국가 모두 이민국가로 출발했으며, 오랫동안 백인 우월주의를 유지해 오다가, 1970년대 들어 자유주의적 모델에 입각한 다문화주의를 채택했다. 양국 정부 모두 공식적으로 다문화주의를 천명하고 있다는 점도 공통된다. 실제로 호주가 다문화주의를 채택하게 된 데에는 캐나다의 입장 변화가 큰 영향을 미쳤다고 할 수 있다.

그러나 양국 간에는 분명한 차이점도 존재한다. 캐나다의 다문화 정책이 지속적으로 발전해 오면서 점차 성공적으로 공고화되어 가고 있는 반면, 호주의 다문화 정책은 캐나다만큼 공고하지 못하다. 앞에서 언급한 바와 같이, 호주 다문화주의는 정권의 교체에 따라 다소 변화가 있어 왔다. 그리고 여전히 상당수의 호주민들은 원칙적으로는 다문화주의 개념을 수용하면서도, 이것이 특히 호주 내 무슬림 집단의 정치세력화처럼 사회적 단합과 국가 정체성을 약화시킬 수도 있다는 우려를 동시에 표현하고 있다.

호주 내에서도 다문화주의에 대해서는 여러 가지 다양한 견해가 존재하고 있다. 예를 들어, 호주 원주민들은 다문화주의의 영역 밖에 존재하고 있으며, 이것이 자신들과는 전혀 상관없는 것이라고 생각한다. 물론 다문화주의를 적극 지지하는 의견도 존재하지만, 반대로 다문화주의에 대한 다양한 비판의 목소리도 그에 못지 않다. 결국 호주의 다문화 정책은 아직도 진화 가정에 있으며, 다문화주의를 둘러싼 정치적 논의가 여전히 남아 있다고 할 수 있다.

04 » 영국

영국으로 대규모 이주가 발생한 것은 20세기 중반 이후부터였다. 1950년대 부족한 국내 노동력을 보충하기 위하여 주로 영연방 국가들로부터 남성 노동자들이 유입되기 시작하였다. 1970년대에는 이들 노동자들의 가족 재결합을 위한 이민, 그리고 1980년대에는 전문직 노동력과 난민의 대거 유입이 이루어졌다.

1) 역사적 전개 과정

19세기 중반 영국은 산업화로 인해 첫 대규모의 노동이민을 경험하였다. 인구의 자연증가는 산업화로 인한 노동수요를 충족시키지 못하였고, 이에 새롭게 형성된 공장 도시로 농촌의 과잉인구가 흡수되기 시작하였다. 이때는 인접해있던 아일랜드의 농민들이 주된 외부노동력의 공급원이었으며, 1851년 당시 약 70만 명이 영국으로 이주하였다. 주로 섬유업 및 건설업이 성행한 산업도시에 정착하였다.

19세기에서 20세기 초 동유럽 유대인들에 의한 두 번째 대규모 이민물결이 일어났다. 19세기에서 20세기 초에 걸쳐 러시아에서 대규모의 유대인들을 학살하는 사건(pogrom)이 발생했고, 이를 피해 약 12만 명의 동유럽 유대인이 영국으로 유입되었다. 이로 인해 영국 내 반(反) 이민적 성향이 고조되었다. 동유럽 유대인 이민자들의 대규모 유입에 대응하기 위하여 영국 정부는 1905년 「외국인법 Alien Act」과 1914년 「외국인 규제법 Alien Restriction Act」을 제정하고 처음으로 이민 규제를 실시하였다.

2차 세계대전 이후에 영제국의 해체와 노동력 부족으로 인한 이주민 유입이 증가하였다. 영국 정부는 2차 세계대전 이후 경제회복에 필요한 노동력을 확보하기 위해 동유럽 이민자들을 적극적으로 유치하기 시작하였다. 정부는 '외국인 노동력 확보를 위한 위원회(Foreign Labour Committee, FLC)'를 설치하여 노동 공급을 지원하기 시작하였으며, 폴란드인을 첫 고려대상으로 삼았다. 그리고 1947년 정부가 제정한 「폴란드인 정착법 Polish Resettlement Act」은 폴란드인의 유입을 촉진하였고, 이로 인해 폴란드 출생 이민자의 수는 1931년 44,462명에서 1951년 162,339명으로 크게 증가하였다. 그리고 영국 정부는 폴란드 출신 이민자 이외에도 '발트 백조 모집 계획(Balt Cygnet scheme)'과 '서쪽으로 가세!(Westward Ho!)'라는 계획을 수립해 다른 동유럽 국가 출신의 이민자들을 수용하고 이들의 영국 정착을 위해 노력하였다. 동유럽 출신 이민자들은 서인도제도 및 인도 출신 이민자들에 비해 상대적으로 영국사회에 동화되는데 보다 적합한 대상으로 인식되었다.

영국은 1950년 이후 다인종 · 다문화 국가로의 변화와 이민법 제정하였는데, 1948년 6월 자메이카인 492명의 영국 입국을 시작으로 대규모 신(新) 영연방 이민이 시작되었다. 이후 영국은 인종 · 종교 · 문화적으로 흑인과 아시아인, 무슬림, 힌두교도, 시크교도 등이 공존하는 다인종 · 다문화 국가로 변모하기 시작한다. 1950년대 및 1960년대에 파키스탄, 방글라데시, 인도 등지에서 온 무슬림들은 대도시 근교의 식당과 공장, 그리고 미드랜드, 요크셔, 랭커스터와 같은 직물산업이 발달한 산업도시에 정착하여 터전을 잡았고 이후 가족구성원을 초청하기 시작하였다. 특히 1962년 제정한 「영연방이민법 Commonwealth Immigration Act」은 노동이민자들을 규제하기 위해 제정되었으나, 가족이민을 촉진시키는 계기가 되었다. 이에 영국은 증가하는 유색 이주민의 증가를 우려하여 1960년대 말부터 강력한 이민법의 실시로 제3세계로부터의 이민을 엄격히 제한하였다. 이후 1968년, 1971년, 1981년 총 세 차례에 걸쳐 개정된 「영연방이민법」은 '백인종' 내지는 '영국인종(British Stocks)'을 선호하는 영국의 인종주의에 기초한 정책의 방향성을 내제하고 있다고 평가된다.

1968년 영국은 케냐의 아시아인들이 영국으로 대거 이주하기 시작하자 이들의 입국을 제한하기 위해 「영연방이민법」을 개정한다. 영국여권을 소지했거나 부모 또는 조부모 중에 한 명이 영국 출생 또는 귀화, 입양된 경우, 즉 영국과 '적절한 관계'를 가진 자들에 한해서만 이민통제의 대상에서 제외될 수 있었다. 1978년에는 대처(Margaret Thatcher, 1925~2013) 총리가 이민에 대한 부정적인 입장을 취함으로써 1990년대까지 아일랜드인을 제외한 외국인의 취업 및 가족재결합 등을 엄격히 제한하고 통제적인 이민정책으로 선회하였다. 그리고 1981~1985년에 런던의 블릭스턴, 핸드워스, 토트넘 등에서 발생한 흑백 인종갈등을 계기로 다문화주의를 정책적 대응책으로 추진하게 된다.

이후 글로벌화 및 전 지구적 이주가 증가함에 따라 1997~2010년 사이 이민통제가 완화되면서 1990년대 후반에는 이주인구가 전례 없는 수준으로 증가하게 된다. 1997년 집권당인 노동당 정부가 개방적 이민정책을 추진함에 따라 제3국 출신 외국인의 취업기회가 확대되었고, 2002년 '전문인력 도입제도(Highly Skilled Migrants Program)'를 통해 취업허가 건수가 1996년 4,075건에서 2005년 91,500건으로 대폭 증대된다.

그러나 2005년 영국 런던에서 발생한 테러사건을 계기로 반이민정서가 급증하자 개방적 이민정책에 반대하는 보수당이 이민 상한선을 정할 것을 공약으로 내세우고, 이민통제에 강경한 입장을 고수하게 된다. 영국은 이민통제를 강화하고 효율적인 이민관리를 위해 2007년 「영국국경법 UK Borders Act」, 2009년 「국경 · 이민 및 난민법 Borders Immigration and Asylum」을 제성하였으며, 이후 영국국경청(UK Border Agency, UKBA)을 설립하였다. 영국은 EU 내 이민을 장려하는 한편, EU 외 국가로부터의 이민은 상한선을 정해 엄격히 통제하는 방향으로 이루어지고 있는 추세였다가 2016년 영국이 유럽연합에서 탈퇴를 선언(브렉시트, Brexit)하면서 이민정책에 대한 이슈가 다시금 중요한 사회적 논쟁거리로 부상중이다. 브렉시트에 찬성하는 측은 급증하는 이주민으로 인한 이민통제의 어려움과 예산부담 및 내국인의 임금하락 등을 찬성의 이유로 들고 있으며, 이 과정에서 이민에 대한 부정적인 정서가 더욱 급증하고 있다.

2) 이민정책

영국의 이민정책 대상은 영국의 시민권과 거주권이 주어지는 영연방국 시민, EU 및 EEA(European Economic Area, 유럽경제지역) 해당 국가의 시민, 그리고 위 사항을 제외한 제3국출신 외국인으로 나누어 볼 수 있다. 영국은 폴란드인 정착, 대량의 아일랜드인 유입, 식민지 국가에서 대량 이민자 유입 등으로 인해 시민권 및 거주권 문제로 인해 정책의 대상이 다소 복잡하나.

영국 국적은 영국 시민권(Commonwealth Citizenship)을 포함하여 영국영사시민(British Overseas Territories Citizen), 영국재외시민(British Overseas Citizen), 영국신민(British Subject), 영국령 시민권(British National, overseas), 영국피보호자(British Protected Person)와 같이 총 6가지로 구분되며, 영

연방은 영국을 포함한 53개의 국가를 포함하고 이들 중 다수는 과거 영국 영토였던 국가들이고 이외에 최근 자발적으로 가입한 국가들도 있다. 영연방 시민권을 가지고 있을 경우 귀화가 아닌 등록의 방법으로 영국 시민권을 취득할 수 있다.

유럽연합시민은 EEA와 스위스 국적자에 해당하는 경우, 5년 이상 영국에서 체류했을 경우 영주권(permanent residence document)을 부여받을 수 있으며 5년 미만으로 체류했을 경우에는 거주등록증(registration certificate)을 부여받아 영국에서 거주할 수 있는 자격을 부여받을 수 있다. 만일 본인이 이에 해당한다면, EEA 또는 스위스 출신의 배우자, 자녀 또는 가족구성원 역시 동일한 적용을 받는다. 또한 크로아티아 국민이 영국에서 취업을 원하는 경우 영국의 노동허가를 받아 고용되었거나, 자영업을 하거나 학업 또는 영국에서 3개월 이상 체류하면서 스스로 지원 가능한 경우에 있어 거주등록증을 부여받을 수 있다.

영국의 비자체계 중 가족비자(Family life as a partner or a parent, FLR Visa)는 영국에 들어와 6개월 이상 영국에 체류하기를 원하는 경우 가족비자를 신청할 수 있다. 영국에 체류하고 있지 않은 경우에는 배우자 또는 약혼자 동거자, 법률상 배우자(civil partner), 자녀, 부모, 장기간 보살핌을 제공할 수 있는 친척 등과 함께 살게 될 경우 가족비자를 신청할 수 있고, 이미 영국에 체류하고 있는 경우에는 배우자 또는 파트너, 자녀, 부모에 한해 가족비자를 신청할 수 있다. 만일 배우자 또는 파트너로 가족비자를 신청할 경우, 양쪽 모두 18세 이상이어야 하며, 영국시민이거나 영국에 영주권자, 난민 또는 인도적 보호 체류지위를 가지고 있어야 한다. 또한 배우자와의 관계를 증명할 수 있는 서류를 제출해야 하는 등 가족비자 신청 요건이 점차 까다로워지고 있는데, 2012년 7월부로 가족비자 신청을 위해서는 배우자와 본인의 총 연 소득이 최소 £18,600이 되어야 하며 언어시험(영어능력)에 반드시 통과하여야만 한다. 이 외에 혼인을 목적으로 영국에 체류하기 위한 비자로서 혼인방문비자(Marriage Visitor visa)가 있는데, 이는 혼인 등을 목적으로 최대 6개월까지 체류할 수 있는 비자로서 입국 3개월 전부터 신청 가능하며 기간연장이나 다른 비자로의 전환이 불가하고 허용된 활동 이외의 노동이나 30일 이상의 학업 등에 종사할 수 없다.

단기 방문비자는 레저, 비즈니스, 또는 기타 이유로 영국을 방문하고자 할 경우 최대 6개월까지 체류할 수 있으며, 비자 연장을 원하는 경우에는 최대 6개월까지 연장 가능하다.

'점수제(Points-Based System)'는 호주 이민제도를 모델로써 하여 2008년 3월부터 이민신청자의 선택적 수용원칙에 의거한 점수제를 도입했다. 기존의 노동허가 및 유학 비자를 관리 가능한 5개 그룹으로 구분하여 효율성을 높였는데, 비자신청자들은 각 그룹별로 배정된 기본 점수를 획득하여야 체류 자격을 받을 수 있다(〈표 5-4〉).

영주비자는 아무런 시간적 제약 없이 영국에 체류(indefinite leave to remain)할 수 있는 비자이다. 영주권 신청자는 영국 전통 및 관습과 관련한 24개의 문항으로 구성된 '영국에서의 생활'이라는

표 5-4 영국의 점수제(Points-Based System)

분류	비고
고급 기술 이민 (high skill/ hish value migrants) : Tier 1	• 사업가, 투자자, 학위취득 후 사업(graduate entrepreneurs), 및 과학, 인문학, 엔지니어링, 의학, 디지털기술, 예술분야에 있어 특출한 재능을 가진 이민자가 이에 해당됨
기술이민 (sponsored skilled workers) : Tier 2	• 일반 기술노동자(general skilled workers) 및 종교지도자(Ministers of of religion), 운동선수(sports people), 상사주재원(intra-company transfers)이 이에 해당함
저숙련 노동자 (low skilled workers): Tier 3	• 아직 시행된 적 없음 • 영국이나 유럽의 노동력만으로 충당이 어렵다는 명확한 노동력부족이 인정되었을 경우에만 실시할 예정이기 때문
유학생(Students): Tier 4	• 아동: 4-17세 학생 • 일반: 16세 이상 성인학생으로 구분
단기 노동자 (temporary workers): Tier 5	• 제한된 기간 동안 영국에서 거주 및 일할 수 있는 청소년(Youth mobility) • 취업허가를 받은 단기 노동자

※ 자료원: 강동관, 김원숙, 민지원, 박성일, 양윤희, 이상지, 현채민(2017). 주요국가의 이민정책 추진체계 및 이민법. 이민정책연구원, 이민정책 연구총서6.

시험(Life in the UK Test)에 통과해야 하며, 영어능력을 증명해야 한다. 또한 난민지위를 가지고 있거나 인도적 보호 지위를 가지고 있는 자들 중 영국에서 5년 이상 거주한 경우에도 영주자격 신청이 가능하다. 그리고 강제적으로 본국을 떠나 가속과 떨어져 살고 있거나 망명 또는 인도적 보호 지위가 부여된 지 5년이 경과하였으나, 아직 영국시민권을 가지고 있지 않은 경우 가족재결합 신청이 가능하다.

영국에서는 인종, 종교, 국적, 정치적 견해 또는 기타 사회 · 문화 · 종교 · 정치적 상황으로 인해 박해의 위험에 처해 고국으로 돌아갈 수 없는 경우 난민신청이 가능하다. 난민신청자의 배우자나 19세 이하의 자녀가 영국 내에 있는 경우 가족구성원을 포함해 난민신청 가능하며, 난민지위를 부여받은 경우, 주거 및 보조금을 지원받을 수 있고, 자녀는 무상 주립학교에 다닐 수 있으며, 국가의료서비스(National Health Service)를 무상으로 제공받을 수 있다. 난민 또는 인도적 보호 지위를 가지고 5년 이상 영국에 체류한 경우, 영주권신청도 가능하다.

영국으로의 귀화는 법적 요구조건을 충족시키거나 내무장관이 판단하기에 귀화가 적합하다고 여겨지는 경우 인정되는데, 일반적으로 아래와 같은 요건을 갖추면 귀화신청이 가능하다.

- 18세 이상
- 범죄기록이 없고 지난 10년 간 내무부관련 또는 이민관련 위법행위를 한 적이 없는 자
- 영국에서 지속적으로 살아가고자 하는 자
- 영어능력 및 영국에서의 생활 요구조건을 충족시킨 자

- 거주요건을 충족시킨 자
- 최소 5년간 영국에서 거주한 자
- 5년 간 영국 밖에서 450일 이상 체류하지 않은 경우
- 지난 12개월 안에 영국 밖에서 90일 이상 체류하지 않은 경우
- EEA 역외 출신인 경우 지난 12개월 동안 거주한 자(indefinite leave to remain)
- EEA 시민인 경우 지난 12개월 동안 영주지위를 가진 자
- 영국에 체류하는 동안 이민법을 준수한 자

3) 다문화 정책

영국의 초기 다문화 정책의 초점은 이주민들에 대한 인종차별주의의 극복이었다. 이는 복지국가로서 영국은 차별을 없애고 평등을 실현할 책임이 있다는 논리에 입각한 것으로서, 특히 노동당 정권 하에서 이러한 정책이 강화되는 경향이 있었으며, 반대로 보수당 집권 시기에는 다문화주의와 인종차별 극복에 대한 강조가 약해졌다.

1990년대까지 영국의 다문화 정책은 소수 이주민 집단들로 하여금 자신들의 문화적 정체성을 유지할 수 있도록 허용하는 다원주의적(pluralist) 다문화주의 모델에 가까웠다. 이에 소수집단들은 영국 주류사회에 동화, 또는 통합되기보다는 분리되어 자신들의 공동체를 유지하기를 선호하였다. 그 결과 서로 다른 문화에 대한 이해를 증진하기보다는 서로에 대한 무관심이 증가하였고, 이는 결과적으로 통합적인 비전이나 이데올로기 없이 여러 개의 사회가 평행적으로 존재하는 결과(parallel societies)를 초래하였다.

2000년대 들어, 이러한 분리에 입각한 다원주의적 다문화주의에 대한 불만이 급증하였다. 물론 2001년 여름 무슬림 청년들에 의해 발생한 폭동은 그 기폭제가 되었다. 특히 보수 정당과 정치인들은 모든 문제의 원인으로서 다문화주의를 지적하였으며, 노동당 정부도 기존의 다원주의적 모델에서 영국의 정체성과 통합을 강조하는 방향으로 다문화 정책을 수정하게 된다.

영국의 다문화 정책은 급증하는 유색 이주민에 대한 반응으로 시작되었다. 1990년대까지는 다원주의적 다문화주의를 지향했으나, 실제로는 다원주의적 단일문화주의(pluralist mono-culturalism)에 가까웠다. 소수 이민자 집단이 분리된 공동체 안에서 자신들의 문화적 다양성을 유지했다는 면에서 다원주의적이지만, 이들의 문화는 주변부에 머문 채 백인계 영국 문화가 뚜렷한 주류를 형성했다는 면에서 진정한 다문화주의라기보다는 단일문화주의에 가깝다고 평가할 수 있다.

2000년대 들어 이러한 분리주의에 입각한 다원주의적 모델에 대한 불만이 급증하면서, 영국의 정체성과 통합을 강조하는 새로운 다문화 정책이 강화되고 있다. 이러한 최근의 변화가 한편으로는 분명 다문화주의의 일시적 후퇴를 의미한다고 할 수 있다. 그러나 이는 과거의 일방적인 동화

주의와는 다르다. 과거의 동화주의가 소수집단 문화의 주류 문화로의 일방적인 흡수를 의미한다면, 영국의 새로운 정책 방향은 소수집단 문화를 인정하는 가운데 새로운 영국의 정체성을 건설하는 통합(integration)을 목표를 한 것이다. 다문화주의는 이미 영국의 정치적 현실에 어느 정도 뿌리내리고 있다.

05 » 프랑스

프랑스는 다른 유럽국가들에 비해 오랜 이민의 역사를 가지고 있는 나라이다. 이미 18세기와 19세기에 출산율 저하로 인한 노동력 부족 현상을 겪었으며, 국가의 주도 아래 외국인 노동자들을 받아들이기 시작했다. 대규모의 이민노동자를 받아들이기 시작한 것은 1차 세계대전 이후였다. 당시 심각한 노동력 부족에 허덕이던 프랑스는 인근 후발 유럽국가들인 벨기에, 스페인, 폴란드 등으로부터 많은 수의 이민자를 받아들였다. 이들 유럽계 이민자들은 비교적 유사한 인종적 배경과 문화적 전통을 가지고 있었기 때문에 프랑스 사회로 동화되는 데 상대적으로 큰 어려움을 겪지 않았다.

1) 역사적 전개 과정

프랑스는 1945년 이후 노동력을 관리하기 시작하였다. 이때 '초청노동자제도(guest-workers scheme)'에 의한 이주자가 급증한다. 즉 1945년 이민정책 관련 법안들을 만들고 법안에 따라 국가이민사무소(Office National d'Immigration, ONI)를 설립하여 프랑스로 유입되는 노동력을 관리했다. 1950년대부터 프랑스는 초청노동자제도를 통해 노동이민에 문호를 개방하였으며, 이 시기 이민자가 급증하는 현상을 보인다. 또한 2차 세계대전 이후 인력부족 문제를 해소하기 위해 프랑스의 식민지인 알제리를 비롯하여 무슬림들을 대거 유입하였다.

1970년대 초 석유파동으로 인한 경기침체 현상이 나타나자 1974년 이후 선별적 이민 통제정책을 추진하기 시작한다. 1980년대 사회당 정부가 들어서면서 프랑스에 남아 있는 불법 체류자를 포함한 이민자에게 거주할 권리를 부여하는 한편, 귀화자에 대해서는 프랑스인과 동등한 사회적 혜택을 제공하는 프랑스 공화주의적 모델을 채택하였다. 1981년에 당선된 미테랑 대통령의 연임에도 불구하고, 1986년과 1993년 총선에서 우파가 정권을 잡으면서 이민자에 대한 규제가 강화되기 시작하였으며, 1995년 우파 시라크가 대통령으로 당선되면서 이민자에 대한 강경한 정책은 계속되었다.

2005년 니콜라 사르코지(Nicolas Sarkozy)가 내무부 장관에 취임하면서 이민통제 정책이 보다 강화되는데, 프랑스 정부는 2005년 이민자 소요사태 이후 그간의 소극적인 이민정책에 대한 반성과 더불어 국가의 미래를 고려한 이민자통합정책을 추진하기 위하여 이민정책의 패러다임 전환 및 이민정책 기구의 전면개편을 단행하게 된다. 2006년 4월에 「이민통합법」을 개정하여 '받아들이는' 이민에서 '선택하는' 이민으로 이민정책 패러다임이 전환되고, 2006년 7월 개정된 이민법에 의해 비숙련 노동자 및 프랑스 공화국의 사회적 비용에 대한 부담이 큰 이민자들에 대해서는 제한적인 이민정책을 펼쳤다. 이에 최근에는 혼인을 통한 국적 취득은 더욱 어려워지고 있으며, 장기체류를 원하는 자에게는 프랑스어 능력시험 및 공화국 가치에 대한 존중을 요구하기 시작하였다. 이처럼 점차 체류요건이 까다로워지면서 폐쇄적이고 통제적인 방향으로 변화하고 있다.

2011년에는 외국인 고급인력 및 그 가족이 EU회원국에 장기 체류할 수 있도록 하는 블루카드제(la carte bleu européenne)를 도입하였다. 또한 외국인이 국적을 취득할 시 프랑스 공화국 시민의 권리 및 의무헌장에 서명하도록 의무화하였다.

2) 이민정책

프랑스 비자의 종류는 단기체류와 장기체류의 두 가지 종류로 구분된다. 90일 미만 체류자는 단기비자, 90일 이상 체류를 원하는 경우에는 장기비자가 발급되며, 장기비자 소지자의 경우에는 비자를 소지하였다 할지라도 입국 후 거주지의 경시청(préfecture)에 가서 다시 체류증(carte de séjour)을 발급되는 2단계 절차를 거쳐야 장기거주가 가능하다. 솅겐 지역(Schengen Area, 1985년 서명된 솅겐조약이 적용되는 유럽의 26개 국가의 영역) 국민, 프랑스 해외영토 주민과 일부 무비자 협정 국가의 경우에는 90일 미만 체류할 시 무비자로 입국을 허용한다.

프랑스의 이민정책에는 프랑스 국적이 아닌 외국인이 정책대상에 포함되며, 솅겐 지역 국민, 무비자협정 체결국가의 국민, 기타지역 출신 외국인에 서로 다른 비자제도가 적용된다. 신규 이민자들에 대한 정책은 캐나다 퀘벡 모델을 차용하여 이민자 전담기구를 설치하여 운영하며, 이민자의 자녀는 지원과 제재라는 양면적인 이민정책을 추진하는데, 즉 차별에 대해서는 제재하고, 경제적 · 사회적 기준에 미달하는 경우에는 지원하는 정책을 운영한다.

프랑스에는 따로 영주권 제도가 존재하지 않으며, 거주증(Carte de résident)이 사실상 영주권이라고 보아도 무방하다. 10년 동안 유효한 체류증으로 갱신이 가능하며, 기존에는 1년간 유효한 임시 체류증을 5년간 연장신청 한 후 거주자 체류증 신청이 가능했으나, 2016년 3월에 개정된 법안에 따르면 임시 체류증이 만료되어 갱신신청을 할 경우 체류 목적과 발급여건에 따라 2 · 3 · 4년간 유효한 다년체류증이 발급된다. 다년 체류증 역시 만료되어 갱신할 경우 거주증 신청이 가능하다. 거주증의 발급대상은 다음과 같다.

- 프랑스 시민의 배우자로서 최소 3년간 동거사실이 입증된 자
- 가족재결합을 통해 프랑스로 이주하여 거주증을 소지하고 있는 외국인의 배우자 혹은 그 자녀
- 프랑스 국민의 자녀 혹은 부모, 그리고 시부모/처부모
- 난민지위를 부여받았거나 또는 그 난민지위를 받은 자의 가족구성원
- 무국적자 지위를 부여받아 3년간 거주 가능한 임시 거주증을 받은 자 또는 무국적자의 가족(배우자 및 19세 이하의 자녀)
- 프랑스 내 직장에서 발생한 산업재해 혹은 직업병으로 인해 수혜를 받는 자 및 그의 가족
- 프랑스 군 전투부대원으로 복무한 자
- 프랑스 외인부대원으로 최소 3년 이상 복무한 자로 행실이 바른 자
- 인신매매 등의 피해자
- 배우자, 파트너 또는 내연관계에 있는 자에게 폭력 등의 이유로 보호명령을 받은 외국인
- 프랑스에서 태어나고 거주하는 국적취득 요건을 갖춘 젊은이(11세부터 최소 5년간 프랑스에 주로 거주한 자)

프랑스의 난민법은 국제법 및 EU법에 기초하고 있으나 국가적으로「외국인 입국과 체류 및 망명에 관한 법률 le Code d'entree et du Séjour des étrangers et du droit d'asile, CESEDA」로 성문화하고 있다. 프랑스의 난민보호는 크게 두 가지로 구분되는데, 하나는 난민보호이고 다른 하나는 보완적 보호(subsidiary protection)이다. 망명신청자는 난민 및 무국적자 보호 사무소(Office français de protection des réfugiés et apatrides, OFPRA)에 신청서를 제출하고 난민 및 무국적자 보호 사무소는 6개월 이내에 난민 또는 보호신분(subsidiary protection status)을 부여할 것인지에 대해 결정을 내려야 한다. 난민 및 보호신분 자격을 가진 자들은 프랑스 거주권을 가지며 배우자 및 자녀를 동반할 수 있고, 난민지위를 부여받은 자들은 프랑스 시민으로 귀화신청이 즉각적으로 가능하다.

외국인이 프랑스 국적을 취득할 시 프랑스 공화국 시민의 권리 및 의무헌장에 서명하도록 의무화하고 있으며, 2011년 이후 귀화신청자들은 높은 수준의 프랑스어 수준인 B1이상의 언어실력을 증명하거나, 언어테스트 또는 과정을 통과해야 하며, 또한 프랑스 역사, 문화, 사회와 관련한 시민권 테스트를 통과해야 한다.

3) 다문화 정책

초기 유럽계 이민자들을 위한 프랑스 정부의 공식 정책은 별도로 존재하지 않았다. 당시에는 자국인과 외국인을 차별하는 여러 정책이 존재했기 때문에, 이 시기의 프랑스의 다문화 정책은 '차별'이라고 할 수 있다. 물론 이러한 외국인에 대한 차별은 이들이 프랑스 사회에 통합하는 데 적지

않은 어려움을 초래했지만, 이들은 상대적으로 동질적인 인종적 · 문화적 배경을 갖고 있었기에 무슬림계 이민자 집단에 비해서는 문제가 심각하지 않았다.

2차 세계대전 이후 마그레브(Maghreb, 북아프리카 지역) 출신 무슬림계 이민자가 급증하게 되었고, 이는 1970년대 초반 정점에 달하게 된다. 1974년 선출된 데스탱 대통령은 1970년 새로운 정책방향을 모색하게 된다. 이민의 유입은 엄격히 규제하는 대신, 합법 이민자들에게는 그들의 사회적 지위를 개선시켜줌으로써 프랑스 사회에 적극적으로 통합시키는 정책을 취하였다. 그러나 여전히 무슬림 이민자들에 대한 차별적인 규정은 남아 있었다.

1980년대 집권한 좌파연합 정부는 '사회통합'과 '반차별'을 기치로 내세우며, 이민자에게 보다 유리한 조치들을 시행하였다. 그 이후 좌파와 우파 정권에 따라 다소의 변화는 있었지만, 이러한 반차별, 사회통합을 목표로 하는 정책 기조는 2000년대까지 유지되었다. 그런데 프랑스의 정책은 비록 사회통합을 목표로 내세웠지만, 실제 내용은 동화주의적 성격을 강하게 갖는 것이었다. 외국인이 프랑스에 살면서 프랑스의 사회 관습과 프랑스 국가의 기본원칙을 습득해서 적응하고 동화될 수 있도록 지원해 주는 프로그램이 정책의 주요 내용이다.

즉 프랑스의 다문화 정책은 동화주의적 성격이 강하다. 새로 유입된 이민자들에게 프랑스 공화국의 가치를 받아들이도록 하는 '공화국 통합모델'에 근거하여 이들의 사회통합을 지원하기 위한 각종 사회통합 프로그램을 실시해 오고 있다. 이민자들에게 프랑스의 언어와 역사 및 법제도에 대한 이해, 평등과 권리 등 인권 교육, 시민으로서의 참여 및 시민적 역량 강화, 직업 및 사회교육, 문화 이해 등 다양한 프로그램을 실시하고 있다.

그러나 2005년 파리에서 발생한 무슬림 소요 사태는 이러한 동화주의적 정책의 한계를 여실히 보여주었다. 전혀 다른 문화적 전통을 가진 무슬림이 프랑스 사회에 동화되는 것이 실질적으로 어려우며, 표면적으로 동화되었다고 하더라도 현실적으로는 사회적 분리와 배제로 인해 사회적 이질감이 증대될 수 있다는 한계를 안고 있다는 것이다. 따라서 최근에는 이러한 동화주의 정책의 한계를 극복하기 위해서는, 소수의 정체성을 인정하고, '다를 권리'를 존중하는 다문화주의가 필요하다는 주장이 점차 힘을 얻고 있다. 다시 말하면 프랑스의 정책은 동화주의에서 다문화주의로 이동 중에 있다고 할 수 있다.

06 » 독일

독일은 혈통을 매우 중시하는 전통을 갖고 있었으며, 따라서 과거에는 외국인 이민자의 수가 그리 많지 않았다. 독일에 외국인이 대량 유입되기 시작한 것은 2차 세계대전 이후 1950년대였다. 당시 부족한 노동력을 충당하기 위해 외국 노동자를 유입하였으나, 이들 대부분의 외국인 노동자들에게 시한부 체류허가만을 내주는 '선택과 배제' 정책을 시행한다. 이러한 정책에도 불구하고, 가족재결합이라는 새로운 형태의 이민이 증가하면서 독일내 외국인의 비중은 지속적으로 증가하게 된다.

1) 역사적 전개 과정

독일은 1955년부터 '외국인 근로자 초청제도'를 실시하였고 이로 인해 이민자가 증가하였다. '외국인 근로자 초청제도'는 1955년부터 이탈리아와의 협정을 통해 초청노동자(Gastarbeiter)라는 이름을 붙여 해외 노동자를 유입하기 시작한 것인데, 기본적으로 '순환교체의 원칙(Rotationsprinzip)'을 적용함으로써 필요한 노동인력의 확보와 경제성장을 도모하는 한편, 외국인 근로자의 장기체류 방지를 도모하기 위함이다. 이에 따라 외국인 비율이 1960년 1.2%에서 1970년 4.9%로 증가하였는데 이는 1 · 2차 세계대전 전후 피해복구 및 개발을 위해 특정분야의 산업인력 부족을 메꾸기 위한 단기이민정책을 추진한 결과이다.

이후 1970년대와 1980년대에 독일에 유입된 외국인 근로자의 배우자와 자녀의 체류 또는 가족이민을 허가함으로써 이민자가 증대하였다. 1973년의 오일쇼크를 계기로 외국인 노동자 모집을 중지하였으나, 기존의 외국인 근로자 가족이민이 지속적으로 증대하였으며, 그 결과 이때의 이민 취업자들과 그 가족들은 현재 독일에 거주하는 이주배경 이민자의 가장 큰 그룹으로 남게 된다. 1982년 기민당(CDU)으로 정권이 교체된 후 연방수상이었던 헬무트 콜(Helmut Kohl)에 의해 외국인 근로자 모집중단조치(단, 기간을 정한 외국인력 모집은 허용), 가족이민의 제한, 자발적 의사에 의한 고국 귀환을 지원하는 이민정책으로 선회하였다.

1990년 당시 연방내무부장관이었던 볼프강 쇼이블레(Wolfgang Schäuble)의 주도 하에 개정된 「외국인법 Ausländergesetz」에는 독일 내에서 성장한 청소년 및 장기체류한 이민자의 귀화 완화 내용이 추가되었고, 이와 동시에 범죄 이민자에 대한 추방 권한이 강화되었으며, 체류허가 발급 재량권이 확대되었다. 1990년대는 독일계 귀환재외동포, 계약직, 계절 근로자 또는 우수한 외국인과 같은 특정한 이민자 집단의 일시적인 이주가 특징인데, 독일의 통일(1990년 10월 3일)과 동구권의 몰락으로 독일계 귀환재외동포(Aussiedler)의 이민자 유입이 증대하였다. 더불어 아시아 또는 아프리카 출신의 망명 신청 피난민이 비교적 증가한 시기이었고, 이후 유고슬라비아 내전 피난민 유입도 증가하였다.

2000년 당시 연방 내무부장관이었던 오토 실리(Otto Schilly)가 제출한 「국적법Staatsangehörigkeitsgesetz」 개정안이 통과되면서, 2000년 1월 1일 이후 독일 출생 외국인 부모의 자녀는 그 부모가 독일에서 최소 8년간 체류하거나 영주권을 가지고 있을 경우, 독일 국적 취득을 허용하였는데, 이는 전통적인 혈통주의에서 부분적 출생주의로 이민정책이 변화하였음을 보여주는 것이다. 2000년 당시 연방수상이었던 게하르트 슈뢰더(Gerhard Schröder)는 외국인력 중에서 컴퓨터 전문가에 대한 취업허가를 공표하였는데, 이것이 2001년 도입된 '그린카드(Green Card) 제도'의 효시가 된다.

2004년 7월 30일 새로운 「이민법 Zuwanderungsgesetz」(유럽연합시민과 외국인의 유입 통제, 경제 설정과 체류관리 및 통합에 관한 법률)이 제정되면서 외국인노동자 정책, 재이주민 정책, 난민 및 망명정책이 하나로 체계화된다. 전문적 능력을 갖춘 외국인 근로자의 장기체류 및 유학생 취업 완화는 물론 비유럽연합 국민도 합법적으로 이민이 가능해졌다. 2005년 이후 연방통계청은 독일에서 출생하였거나 또는 이민 이후 독일 국적으로 귀화한 이민배경(Migrationshintergrund)을 가진 자도 이민자로 파악하기 위해 새로운 작업을 실시했다. 2005년 총인구 중에 17.5%가 이주배경을 갖고 있으며 그중 외국인이 8.0%, 독일 국적자(귀환동포 및 귀화자 등)가 9.5%이였으나, 점차 증가하여 2015년에는 총인구 중에 21.0%가 이민배경을 갖고 있었으며, 그중 외국인이 9.5%, 독일 국적자(귀환동포 및 귀화자 등)가 11.5%였다.

또한 연방이민난민청이 이민자의 노동시장정책과 사회통합정책, 안보와 치안문제를 유기적으로 연결하기 위하여 업무를 통합하고 주관하기 시작하였다. 하지만 2010년 10월 16일 포츠담에서 열린 CDU 청년당원 대상 연설에서는 메르켈 수상이 "다문화 사회를 건설해 함께 어울려 공존하자는 접근법은 완전히 실패했다"고 언급해 일대 논란이 일었다. 연방이민난민청 자료에 따르면, 난민신청은 발칸분쟁이 있었던 1992년에 43만 8천여 명으로 정점을 이룬 후 점차 감소하여 2007년 1만 9천여 명으로 저점을 찍었고, 이후 다시 증가하여 2011년 4만 5천여 명에 이르렀으며, 2014년과 2015년에는 인도적 이유로 난민의 수가 빠르게 증가하였다.

2) 이민정책

독일 이민정책의 대상은 재외동포와 유럽시민, 망명 및 난민을 포함한 제3국출신으로 나눌 수 있으며, 비EU 시민의 경우, 2004년 이민법에 따른 체류 자격은 크게 한시적 체류 허가와 영구적 정착 허가로 나뉠 수 있다. 취업 목적, 교육 또는 훈련 목적, 가족 결합, 국제법, 인도주의적 또는 정치적 근거에 따라 구분하며, 독일 내에 취업허가 대상을 크게 ① 전문인력(highly qualified persons) ② 자영업자 ③ 유학생 등으로 구분하고 각기 차별화된 정책 및 행정절차를 적용한다. 재외동포정책의 주된 대상은 추방자들(Vertriebene)로서 2차 세계대전의 패배 후 동구와 구소련지역의 거주지에서 재산박탈과 함께 추방당하거나 탈출한 독일인들이다.

독일은 복잡한 역사적 배경으로 인해 영토의 확장과 축소가 반복되었고, 그 과정에서 이주정책을 통해 유럽과 중앙아시아, 아메리카 대륙 등에 재외독일인 집단이 형성되었다. 독일로의 귀환 시기에 따라 종전 직후의 국외추방자(Heimatvertriebene), 이후 법적으로 전후시대가 종료(1992년 12월 31일)되기까지의 귀환자(Aussiedler), 그리고 그 후의 후기귀환자(Spätaussiedler)로 분류할 수 있다. 「독일기본법」에서는 재외동포를 독일인으로 폭넓게 인정하며, 1988년 이래로 동구권에서 80만 명, 구소련에서 220만 명의 해외동포가 독일로 귀환하였다. 독일로 이주하려는 재외동포를 수용하여 학교, 직업교육 등의 사회통합을 지원하였지만, 점차 재정압박과 거주독일인과의 갈등으로 문호가 축소되었으며, 독일인으로서의 정체성 확인을 위해 언어시험(재응시 불가)이 실시되었다. 따라서 독일은 재외동포에 대해 원칙적으로 국적을 인정하지만, 초기의 귀국 장려 정책에서 재외거주국 소수민족 지원으로 전환하였다.

유럽연합지침(2004/38/EG)에 따라 제정된 「자유이전법 Freizügigkeitsgesetz」은 유럽연합(EU) 회원국 국민이 독일에서 갖는 지위를 규정하고 있다. 원칙적으로 연방노동청의 허가 없이 취업할 수 있지만 루마니아와 불가리아의 경우에는 예외적으로 2013년까지 취업에 연방노동청의 허가가 필요했다. 또한 신분증이나 여권만으로 3개월간 독일에 체류할 수 있으며, 근로사나 자영업자, 구직자 또는 경제활동을 하지 않더라도 의료보험 등과 관련하여 기타 독일재정에 부담을 주지 않을 충분한 경제적 능력이 있으면 독일 내에서 거주이전의 자유가 있다.

독일의 비자체계를 간략히 살펴보면 아래와 같다.

- 일반영주비자: 제3국의 국민에 대한 영주허가는 독일 외국인체류법에 의한 영주허가(Niederlassungserlaubnis) 외에 유럽연합지침(Richtlinie 2003/109/EG)에 따른 영주허가(Daueraufenthalt-EG)가 있는데, 그로 인한 법적 지위는 특별규정이 없는 한 동일함.
- 교육 및 어학연수 비자: 유학생을 어학연수생, 입학준비생, 정규학생 등으로 구분하여 각각 최고 체류연장기한을 규정함. 국립 또는 국가에서 인정하는 고등교육기관이나 이와 유사한 교육시설에서의 학업과 입학신청 및 학업준비를 위한 외국인에게 체류자격이 교부되며, 체류허가의 최초 교부에 있어 학업준비를 위한 체류허가는 2년을 초과할 수 없으며, 대학 학업의 경우 2년이 교부되고 체류의 목적(졸업)이 아직 완성되지 않았고 적절한 기간 내에 완성되지 않았을 경우 2년씩 연장 교부됨.
- 고용비자: 외국 취업이민자의 허가는 실업률을 효과적으로 줄일 필요성과 노동시장과의 연계성을 고려한 독일 경제상황에 따라 발급함. 취업이 전문지식을 전제로 하지 않는 경우, 국가 간의 상호협정으로 규정되어 있거나 또는 이민법에 의한 명령을 근거로 동 영업행위에 대

한 체류허가 동의 교부가 허가된 경우에만 노동체류허가가 교부됨. 취업이 전문지식을 전제로 하는 경우, 이민법에 의한 명령에 따라 허가된 직종의 영업행위를 위해서만 노동체류허가가 교부됨.

- 고급 전문인력비자: 2012년 8월 1일 이후로 독일 또는 다른 국가에서 인정 된 대학 학위를 소지한 외국 졸업자 또는 독일 학위와 비교할 수 있는 외국 학위를 취득한 자는 구직비자가 신청가능함. 고급 전문인력은 특별한 전문지식을 가진 학자, 상급직에 있는 교육가나 대학교수/연구원/강사, 전문가나 법정보험료 산정기준이 되는 최고 호봉의 최소 2배 이상의 봉급을 받는 간부급의 특별사원 등으로 정의됨.
- 자영업 비자: 고도의 경제적 이해관계 또는 특별한 지역적 요구가 존재할 경우, 경제에 있어 긍정적인 영향이 예상될 경우, 자기 자본이나 신용대부를 통한 자금의 조달이 보장되어 있는 경우에는 외국인에게 자영업의 행사를 위한 노동체류허가 교부가 가능함. 그 밖의 경우에는 기본적인 사업구상과 외국인의 사업경험 및 투자자본의 액수, 고용 및 직업교육 현황에 미치는 영향 그리고 연구와 개발 기여도에 중점을 둠.
- 가족 결합 비자: 초청자는 정착, 거주 허가 또는 EU 블루카드를 소지한 자이어야 하며, 가족을 초청해 함께할 충분한 거주 공간 확보가 필요함. 「개정이민법 Amended Immigration Act」은 피초청인 배우자와 초청자 모두 18세 이상이어야 하고, 배우자는 적어도 독일인에 대한 기본지식을 가지고 있어야 한다는 규칙을 도입함. 피초청 자녀는 16세 이하여야 하며, 만 16~18세 사이인 경우 주거주지가 부모(보호자)와 동일해야 하고, 독일어 능력과 사회통합에 친화적이어야 함.

망명 난민은 독일 헌법에 의해 보호받는 권리이다. 연방이민난민국은 망명 절차의 단계, 망명에 대한 권리 및 다양한 형태의 보호에 관한 정보와 유럽국가의 망명 상황에 대한 정보를 제공한다. 도착 증명으로 독일에 거주할 수 있는 자격이 주어지며, 숙박, 치료, 음식과 같은 혜택을 받을 수 있다. 또한 독일에서의 귀화는 합법적으로 8년 이상 거주하고, 필요한 사항을 충족할 경우에 가능하다.

3) 다문화 정책

초기 독일은 원래 혈통을 중시하는 전통에 따라 이민을 억제하는 배제 정책을 추진하였으나, 외부적 환경 요인에 의해 다문화사회로 진입할 수밖에 없게 되었다. 다문화사회를 직면하게 된 독일은 처음에는 일방적인 동화정책을 통해 사회통합을 도모하였으나, 이러한 정책은 실패하게 되고 터키계 등 이민자 집단은 독일 주류 사회로부터 분리된다.

1980년대 후반부터는 적어도 표면적으로는 다문화주의적인 정책으로 변화를 시도한다. 다문화 사회를 위한 '문화권 상호간의 이해'라는 목표를 설정하고 이를 위해 다양한 교육 및 교류 프로그램을 시행하고 있다. 그러나 앞에서 언급한 바와 같이, 이러한 정책이 비록 표면적으로는 다문화주의를 지향하고 있지만 진정한 의미의 다문화주의 정책이라고 할 수는 없다. 왜냐하면 여전히 독일의 문화를 지배적 혹은 패권적 문화로 인식하고 있으며, 소수문화를 이러한 주류 문화에 동화시키려는 의도가 정책의 배경에 놓여있기 때문이다.

어떻게 보면 아주 오랫동안 순혈주의를 강조해 왔던 독일인의 입장에서 하루 아침에 다문화주의를 수용하기란 쉽지 않은 것이 당연하다고 할 수 있다. 따라서 독일의 다문화 정책은 다문화주의라는 전 세계적 현상에 대한 독일식 대응이라고 할 수 있으며, 이는 독일 사회의 특수성과 전통을 고려한 일종의 타협책이라고 할 수 있다. 아마도 진정한 의미의 다문화주의가 독일에 자리잡기 위해서는 보다 장기적인 차원에서 독일인의 의식 전환이 필요할 것이다. 그리고 이러한 독일의 사례는 혈통에 기반한 민족주의를 중시하는 우리 한국 사회에도 소중한 시사점을 제공하고 있다.

07 » 일본

일본은 1980년대 이후 경제의 글로벌화가 급속히 진전되면서 정주 외국인이 급속히 증대하는 현상 때문에 '다문화 공생' 개념이 등장했다. 다문화 공생이란 '서로 다른 문화적 배경을 가진 사람들이 서로의 차이를 인정하고 존중하며 대등한 관계를 형성하는 것'으로 정의할 수 있다. 최근 일본 정부는 '다문화 공생사회'의 실현을 정책 목표로 제시하고 있으며, 이에 따라 다문화 정책을 추진하고 있다.

그러나 서구 국가들이 주로 정부 주도의 적극적인 다문화 정책과 법적 지원을 특징으로 하는 데 비해 일본 정보의 경우에는 기본적으로 보수적인 관점을 취하고 있어 정부의 정책지원보다 시민사회의 운동이 훨씬 활발히 전개되고 있는 것이 특징이다. 특히 외국인이 많이 거주하는 지자체를 중심으로 자생적이고 효율적으로 외국인의 일본 사회 적용을 돕는 각종 의료 · 복지 · 교육 지원 프로그램이 실시되고 있다.

1) 역사적 전개 과정

일본은 1945년 패전 이후 미군정 체제하에서 1951년 「출입국관리법」, 1952년 「외국인등록법」을 제정하여 현재의 출입국 관리체계를 마련하였다. 1970년대 이전까지 재일외국인의 90% 이상은 재일한국 · 조선인과 대만인이 차지하였다. 과거 식민 지배로 인해 일본으로 이주한 조선인, 중국인, 대만인 등 올드 커머(old comers)는 일본 국적을 상실했다. 특히 대한민국 국적을 취득하지 않고 조선 국적을 유지한 재일조선인은 1965년 '한일법적지위협정'에 의해 '특별영주자' 자격이 신설되기 전까지 불안정한 법적지위에 머물러야 했다. 이후 1967년 일본은 '제1차 고용대책 기본계획'에서 외국인력을 받아들이지 않기로 결정했다.

1970년대까지 재일외국인의 90% 이상은 재일한국 · 조선인이었으나 1980년대에 들어서면서 아시아 지역으로부터 외국인노동자가 유입되었고, 유학생, 국제 업무 등 다양한 형태의 외국인이 증가하기 시작하였다. 1980년대를 전후로 일본 정부는 국제사회의 요청에 의해 베트남 전쟁 결과에 따른 인도차이나 난민이 유입되면서, 1981년 난민조약에 가입한다. 기존 「출입국관리법」을 「출입국관리 및 난민인정법(이하 입관법)」으로 개명하여 단기체류자 체류자격을 확대하고 기술연수생 체류자격을 신설하였다. 1982년에는 난민조약 및 의정서가 발효되었고, 1983년 나카소네 내각은 '유학생 10만 명 유치계획' 발표하였다. 1984년에는 「국적법」을 개정하여 부모양계주의를 채택하였고, 1985년 프라자 합의 이래 엔고현상이 두드러지면서 아시아 각국에서 결혼이민자, 외국인노동자, 유학생들이 대거 유입되었다. 1988년에는 '제6차 고용대책 기본계획'에서 외국인 노동자를 '전문 · 기술 분야 노동자'와 '단순노동자'로 구분하여, 전문인력은 가능한 한 유치하는 한편, 단순인력은 신중히 받아들인다는 방침을 표명했다. 1989년에는 「입관법」을 개정하면서 고도인재의 체류자격을 대폭 확대하고, 일본계 이민자(닛케이진, 日系人) 유입을 위한 체류자격을 신설하였으며, 어학연수생을 위한 '취학' 체류자격 신설, 불법취업 외국인 고용주 대상 처벌 강화 등의 외국인력 도입에 대한 체계를 재정비하였다.

1990년에 '정주자'와 '일본인 배우자'의 체류자격을 신설하면서 '일본인의 배우자', '영주자의 배우자' 등의 체류자격으로 입국하는 아시아계(중국, 한국, 필리핀 등) 여성의 결혼이민와 브라질, 페루 등 남미로부터 일본계 이민자인 닛케이진이 급격하게 증가하였다. 1993년 「입관법」 개정에 의해 '외국인기능실습제'를 도입함으로써 중국, 인도네시아, 필리핀 등 아시아 지역으로부터의 외국인 노동자가 일본 노동시장에 본격적으로 유입되기 시작하였고, 2004년 법무성 입국관리국에서는 '불법체류자 5년 반감계획'을 발표하였다.

2006년 총무성이 책정한 '지역의 다문화공생 추진플랜'에 의거하여, 각 지방자치단체를 대상으로 커뮤니케이션 지원, 생활지원, 다문화공생지역 만들기, 다문화공생시책의 추진체제 정비 등 외국인주민 시책 가이드라인을 제시하였다. 또한 법무성과 전국 각 지방자치단체의 외국인 관리 시스템 일원화를 통해 중 · 장기 체류외국인 대상의 행정서비스 향상을 도모하였고, 체류외국인의 행정적 부담을 경감하기 위한 체류자격 신청절차의 간소화를 추진하였다. 그리고 일본인 부(父)와 외국인 모(母) 사이에 태어난 혼외출생 아동에 대해 국적권을 부여하고, 일본인 실업자와 부양

가족을 위한 자발적 귀국 프로그램의 실시 및 일본 재류외국인을 위한 지원 대책을 마련하였다. 2008년에는 2020년까지 유학생 30만 명 유치계획을 발표하였으나, 소폭 증가에 그쳤다.

2010년에는 아시아 국가 중 최초로 '난민 재정착 제도' 시범사업을 실행하였는데, 이후 2010~2012년까지 총 45명의 미얀마(카렌족) 난민이 입국하였고, 향후 3년 간 연간 30명씩 태국 등 제3국에서 임시로 정주하고 있는 미얀마 난민 수용 및 재정착을 지원하였다. 더불어 저출산 · 고령화로 본격적인 인구감소 시대를 맞이하여, '고도인재 포인트제도' 도입과 더불어 영주권 취득 기간 단축, 일본의 대학 등을 졸업하고 복지사 국가 자격을 취득한 외국인 유학생의 체류 자격을 확충 및 취업을 인정하는 등 전문 · 기술 분야의 외국인을 적극적으로 받아들이기 위한 방안을 마련했다. 2014년 '일본재건전략'을 발표하며 2020년 개최될 도쿄올림픽 관련 시설정비에 따른 인력부족이 심각한 건설업을 시작으로 농업 · 임업, 가사노동자 분야를 중심으로 단순외국인력 도입 결정하였다. 2017년에는 '고도인제 포인트제도'를 개정하면서, 점수가 70점을 넘는 외국인의 경우 최단 취득 기간을 5년에서 3년으로 줄였고, 점수가 80점을 넘는 대상자는 1년 만에 영주 자격을 얻을 수 있도록 규제를 완화하였다.

2) 이민정책

일본 이민정책의 대상자는 올드 커머, 뉴 커머 그리고 일본계 이민자로 구분할 수 있으며, 이를 살펴보면 다음과 같다.

- 올드 커머(old comers): 1952년 4월 28일 샌프란시스코 강화조약의 발효와 동시에 일본에 거주하던 조선인과 대만인은 일본 국적을 상실하였다. 1965년 '재일한국인 법적지위에 관한 한일협정' 체결에 따라 한국 국적을 취득한 재일한국인 1세와 2세를 대상으로 '협정영주(協定永住)' 자격이 부여됨으로써 의무교육, 국민건강보험, 강제퇴거 사유적용 범위 축소 등의 혜택이 부여되었다.
- 뉴 커머(new comers): 일본기업 노동자로서 「입관법」을 개정하여 정책적으로 이주시킨 일본계 브라질인, 페루인 등이 대상이다. 유학생의 경우에는 최근 아시아계, 특히 중국인이 가장 높은 비율을 차지하고 있으며, 이들은 본국에서 중산층 이상에 속하며 일본의 대학 또는 대학원을 졸업한 후 귀국을 선택하지 않고, 일본에서 전문직 업종에 종사하는 경우가 많다. 1990년대부터 국제결혼이 증가하기 시작하면서 '일본인의 배우자', '영주자의 배우자' 등의 체류자격으로 입국하는 아시아계 여성의 결혼이민이 두드러지게 나타났다. 1990년대에는 브라질, 페루 등 남미로부터 입국한 닛케이진을 포함하여, 1993년부터 시행된 '기능실습제도'를 통해 중국, 인도네시아, 필리핀 등 아시아 지역으로부터의 외국인 노동자가 일본 노동시장에 본격

적으로 유입되기 시작하였다. 그리고 2010년 개정된 기능실습제도를 통해 입국한 외국인 노동자는 최대 3년 간 일본에서 실무연수(1년) 및 기능 · 실습(2년)을 할 수 있지만 체류기간이 만료되면 본국으로 귀환해야 한다.

- 일본계 이민자(닛케이진, 日系人): 제2차 세계대전 전후로 일본 정부는 인구과밀 현상을 해소하고 국가경제 재건을 위해 해외이주 정책을 적극적으로 실시하였다. 1990년대부터 브라질과 페루 등 남미지역으로부터 일본인 2세 · 3세(닛케이진, 日系人)의 U턴 현상이 본격화되면서 닛케이진이 일본 노동시장으로 유입되었다. 닛케이진은 1990년대부터 일본 사회에 본격적으로 유입되었다는 점에서 신규이민자의 범주에 속하지만, 재외동포 측면에서 외국인노동자 정책이나 지자체의 다문화공생정책 상 주요정책 대상으로 인식되었다. 1991년「입관법」개정에 따라 일본으로 입국하는 닛케이진은 취업과 가족동반에 제한이 없는 '정주자(定住者)' 자격이 부여되었다. 닛케이진은 안정적인 체류자격을 소지하고 있으나, 생활전선에서는 외국인노동자로서 파견, 하청 등 불안정한 고용형태로 취업하고 있다.

일본의 비자체계를 살펴보면, 취업활동을 할 수 있는 취업자격 비자 중 '전문직 · 기술직 분야'에 해당하는 체류자격은 '기술 · 인문지식 · 국제 업무', '기업 내 전근', '기능', '경영 · 관리', '법률 · 회계업무', '의료', '연구', '교육' 등이 있다. '정주자', '일본인의 배우자', '영주자의 배우자'는 취업이 인정되며 최대 3년의 체류기간이 만료될 경우 연장이 가능하다. 다른 단기비자에 비해 비교적 안정적인 체류자격이며, '정주자'는 5년 이상, '일본인의 배우자' 및 '영주자의 배우자'는 3년 이상 연속적으로 일본에 체류할 경우 '영주자' 신청자격이 부여된다. 또한 외국인노동자의 권익보호 및 작업장 이탈방지를 위해 2010년 개정된 '기능실습제도'를 통해 입국한 외국인노동자는 입국 1년째부터 노동법상 보호를 받으며 최장 3년 간 체류가 가능하다. 일본어교육 등 최장 2개월의 기초교육 이수 후 노동자로서 고용계약 체결, 최저임금 보장, 시간외 작업 및 휴일근무 수당이 인정되며, 기능실습 1호에서 기능실습 2호로의 체류자격 변경을 위해서는 연수성과, 연수 및 생활태도, 기능실습계획 등 3개 분야의 평가를 모두 통과해야 한다. 2015년 기능실습제도의 개정으로 건설업, 개호(간호 또는 돌봄), 가사노동자 등으로 입국하는 외국인은 '특정활동' 비자를 통해 입국하며, 기존의 재류자격에서 2년 연장이 가능하다. 또한 귀국 후 1년 이상 경과하여 재입국 시에는 최장 3년까지 일본에서 근로 활동이 가능하다.

비취업자격 비자는 취업이 인정되지 않는 체류자격이라도 '자격 외 활동'(유학생의 아르바이트 등)으로 본래의 체류자격 활동을 저해하지 않는 범위 내에서 근로시간이 1주일에 28시간 이내 또는 이에 상당하다고 인정되는 경우, 보수를 받는 활동이 허가된다.

영주허가는 체류자격이 있는 외국인이 '영주자'의 체류자격으로 변경을 희망하는 경우, 소정의 절차에 따르고, '소행이 선량할 것' 및 '독립 생계유지 능력이 있을 것' 등의 요건을 충족하고 '그 자의 영주가 일본국의 이익에 합치 된다'고 인정될 때에 한하여 법무대신이 허가한다. 영주허가를 받은 외국인은 체류기간 및 활동범위에 제약이 없다.

일본 법무대신이 승인하는 귀화 요건은 다음과 같다('일본인의 배우자', '일본국민의 자녀'로 일본에서 3년 이상 연속 거주하는 경우 이상의 귀화 요건이 면제됨).

- 5년 이상 연속해서 일본에 주소가 있는 자
- 20세 이상으로 일본법상 행위능력(민법상 법률행위를 할 수 있는 자격)이 있는 자
- 소행이 선량한 자
- 자신 또는 생계를 같이하는 배우자, 그 외 친족의 자산 또는 기능에 의하여 생계유지가 가능한 자
- 국적을 가지고 있지 아니하거나 일본 국적 취득으로 그 국적을 상실하여야 할 것
- 일본 헌법 시행일 이후에 일본 헌법 또는 그를 배경으로 설립된 정부를 폭력으로 파괴하는 것을 꾀하거나 주장하는 자 또는 이를 꾀하거나 주장하는 정당/기타 단체를 결성하거나 혹은 이에 가입한 적이 없는 자

3) 다문화 정책

일본의 다문화 정책은 지역사회에서 의사소통을 위한 다양한 언어자원을 제공하고 거주와 교육, 노동, 의료, 복지, 보건, 방재 등 기본적인 생활환경을 보장하면서 타문화에 대한 주민의 의식 개선과 주민 자립 및 사회참여를 촉진하는 등 상호교류의 활성화에 주안점을 두고 있다. 또한 다언어에 의한 정보 제공 서비스를 통해 구급 의료정보 네트워크를 운영하는 등의 의료 · 복지 서비스를 제공하고 있다. 각 지자체에서는 국제교류원 등에 전문인력을 배치하고, 의료통역, 재해통역 등 각 분야별 통역을 양성하는 사업을 추진하고 있다. 즉 다문화가족 지원사업으로 외국인을 국제교류원으로 채용하고, 공무원을 대상으로 외국문화와 사회구조에 대한 교육을 실시하고 있다. 특히 어학교육, 문화교육, 통역서비스 분야의 자원봉사를 활성화하여 일반인들의 관심과 참여를 통해 각종 프로그램과 서비스를 제공하고 있다(설동훈, 2005).

이외에도 일본의 경우 모든 도시에 외국인 학생 담당 전문 교원이 배치된 학교가 있으며, 이들 대부분이 통역이 가능하다는 점에서 외국인 학생들의 사회적응을 돕고 있다. 그리고 외국인 자녀가 희망하는 경우 공립학교 의무교육을 무상으로 허용하고 있다. 지자체에 따라 다소 차이가 있지만, 외국인 자녀가 의무교육을 받을 연령이 되면 자동적으로 취학 통지서가 발급되고 희망 여부에 따라 의무교육을 받을 수 있다. 그리고 이들의 일본사회 적응을 돕기 위해 일본어 지도 및 상담교원을 각 학교에 배치하고 이들 학생에 대한 이해를 도울 수 있는 교사용 참고도서와 지도서를 보

급하고 있다. 또한 이주민 지원을 위해 공민관이나 국제교류센터를 설치, 일본어 교육을 실시하고 지역 상황에 맞는 교육 프로그램을 추진하여 일본어 교육과 함께 각종 언어로 상담 가능한 외국인 전용창구를 개설하고 있다(한승미, 2003).

>> CHAPTER

06

우리나라의 다문화 구성원 현황

학습목표

1. 체류외국인의 현황을 파악할 수 있다.
2. 결혼이민자의 현황을 설명할 수 있다.
3. 북한이탈주민의 현황을 설명할 수 있다.
4. 난민의 현황을 설명할 수 있다.
5. 다문화가족의 현황을 설명할 수 있다.
6. 유학생의 현황을 설명할 수 있다.
7. 국내거주 동포의 현황을 설명할 수 있다.

01 » 체류외국인

'체류외국인'이란, 관광 등의 목적으로 90일 이내 단기 체류하는 외국인과 91일 이상 장기 거주하는 등록외국인 및 외국국적동포 거소신고자 등 대한민국의 국적을 갖지 아니하고 대한민국에 체류하는 모든 체류외국인을 말한다(체류만료일을 경과한 불법체류외국인도 포함).

2023년 말 기준 국내 체류외국인은 2,507,584명으로 2022년 대비 11.7%(261,672명) 증가하였고, 코로나19 발생 이전인 2019년(2,524,656명)과 비슷한 수준이다. 장기 체류외국인과 단기 체류외국인은 각각 1,881,921명과 625,663명으로 전년대비 각각 11.4%, 12.3% 증가하였다(〈표 6-1〉).

전체 인구 대비 체류외국인 비율은 코로나19 영향으로 2020년과 2021년에는 감소하였으나 2023년에는 4.89%로 다시 상승하였다(〈표 6-2〉).

체류외국인의 자격별 현황을 살펴보면, 2023년 12월 말 기준으로 계절근로(E-8) 자격이 체류기간 상한 확대 등 제도개선으로 전년 대비 196.7%의 가장 큰 증가폭을 보였다. 다음으로는 조선업

표 6-1 장 · 단기 체류외국인 현황

(단위: 명)

구분 \ 연도	2019년	2020년	2021년	2022년	2023년
계	2,524,656	2,036,075	1,956,781	2,245,912	2,507,584
(전년대비)	(106.6%)	(80.6%)	(96.1%)	(114.8%)	(111.7%)
장기	1,731,803	1,610,323	1,569,836	1,688,855	1,881,921
단기	792,853	425,752	386,945	557,057	625,663

※ 장기체류외국인 수: 등록외국인 수+ 외국국적동포 거소신고자 수
※ 자료원: 법무부 출입국 · 외국인정책본부(2024). 2023 출입국 · 외국인정책 통계연보.

표 6-2 인구 대비 체류외국인 현황

(단위: 명)

구분 \ 연도	2019년	2020년	2021년	2022년	2023년
체류외국인	2,524,656	2,036,075	1,956,781	2,245,912	2,507,584
인 구	51,849,861	51,829,023	51,638,809	51,439,038	51,325,329
인구대비 체류외국인비율	4.87%	3.93%	3.79%	4.37%	4.89%

※ 인구는 통계청(KOSIS)의 주민등록인구현황 자료를 인용하였음.
※ 자료원: 법무부 출입국 · 외국인정책본부(2024). 2023 출입국 · 외국인정책 통계연보.

외국인력 도입애로 해소방안 및 숙련기능인력 혁신적 확대방안 시행 등으로 특정활동(E-7) 자격이 86.8% 증가하였다(<표 6-3>).

표 6-3 체류외국인 자격별 · 연도별 현황

(단위: 명)

구분 \ 연도	2019년	2020년	2021년	2022년	2023년
계	2,524,656	2,036,075	1,956,781	2,245,912	2,507,584
사증면제(B-1)	248,753	179,332	165,869	224,817	223,851
관광통과(B-2)	204,541	51,977	43,673	100,793	137,116
단기방문(C-3)	256,696	114,261	97,225	137,642	176,235
단기취업(C-4)	1,645	2,356	1,691	1,985	2,196
유학(D-2)	118,254	101,810	111,178	134,062	152,094
기술연수(D-3)	1,964	1,634	1,654	1,719	1,828
일반연수(D-4)	63,691	52,952	53,870	65,204	76,644
종교(D-6)	1,561	1,254	1,378	1,471	1,530
주재(D-7)	1,400	1,057	1,028	1,148	1,128
기업투자(D-8)	5,909	5,587	5,955	6,822	7,565
무역경영(D-9)	2,352	2,136	2,053	2,148	2,512
교수(E-1)	2,187	2,053	2,017	2,012	1,897
회화지도(E-2)	13,910	12,621	13,403	14,251	14,005
연구(E-3)	3,132	3,110	3,638	4,009	3,916
예술흥행(E-6)	3,549	3,011	3,285	3,989	4,711
특정활동(E-7)	21,314	19,534	20,675	24,083	44,993
계절근로(E-8)	–	–	383	4,767	14,143
비전문취업(E-9)	276,755	236,950	217,729	268,413	310,825
선원취업(E-10)	17,603	17,552	17,921	19,874	21,476
방문동거(F-1)	122,886	105,382	96,015	105,293	112,260
거주(F-2)	43,671	43,666	42,367	44,561	53,325
동반(F-3)	22,890	20,050	21,237	24,917	30,613
재외동포(F-4)	464,152	466,682	478,442	502,451	536,374
영주(F-5)	153,291	160,947	168,118	176,107	185,441
기타(G-1)	36,507	33,196	30,158	36,446	46,961
방문취업(H-2)	226,322	154,537	125,493	105,567	103,981
기타	209,721	242,428	230,326	231,361	239,964

※ 자료원: 법무부 출입국 · 외국인정책본부(2024). 2023 출입국 · 외국인정책 통계연보.

표 6-4 취업자격 체류외국인 자격별 현황

(단위: 명)

구분		2022년 총체류자	2023년		
			총 체류	합법 체류	불법 체류
계		449,402	522,571	446,689	75,882
전문인력	소계	50,781	72,146	67,534	4,612
	단기취업(C-4)	1,985	2,196	1,728	468
	교수(E-1)	2,012	1,897	1,896	1
	회화지도(E-2)	14,251	14,005	13,970	35
	연구(E-3)	4,009	3,916	3,909	7
	기술지도(E-4)	214	205	204	1
	전문직업(E-5)	238	223	218	5
	예술흥행(E-6)	3,989	4,711	3,410	1,301
	특정활동(E-7)	24,083	44,993	42,199	2,794
단순기능인력	소계	398,621	450,425	379,155	71,270
	계절근로(E-8)	4,767	14,143	11,838	2,305
	비전문취업(E-9)	268,413	310,825	254,497	56,328
	선원취업(E-10)	19,874	21,476	11,919	9,557
	방문취업(H-2)	105,567	103,981	100,901	3,080

※ 자료원: 법무부 출입국 · 외국인정책본부(2024). 2023 출입국 · 외국인정책 통계연보.

취업자격에 따른 체류외국인 현황을 살펴보면, 전문인력과 단순기능인력이 전년도에 비해 각각 42.1%와 13.0% 증가하였고, 자격별로 보면, 계절근로(E-8), 특정활동(E-7) 자격이 전년도 대비 각각 196.7%와 86.8%의 큰 증가폭을 보였다(〈표 6-4〉).

국적별 체류외국인 현황을 살펴보면, 2023년 12월 말 기준으로 한국계 중국인을 포함한 중국이 37.6%(942,395명)를 차지하고 있으며, 이어 베트남 10.8%(271,712명), 태국 8.1%(202,121명), 미국 6.5%(161,895명), 우즈베키스탄 3.5%(87,698명), 필리핀 2.6%(64,055명) 순이었다(〈그림 6-1〉).

체류외국인을 연령대별로 살펴보면, 30대 26.4%, 20대 23.5%, 40대 15.9%, 50대 13.3% 순이었다(〈표 6-5〉).

거주지역별 체류외국인(장기) 현황을 살펴보면, 경기도 655,062명, 서울특별시 397,153명, 인천광역시 121,948명, 충청남도 117,778명, 경상남도 103,581명 순이었다(〈그림 6-2〉).

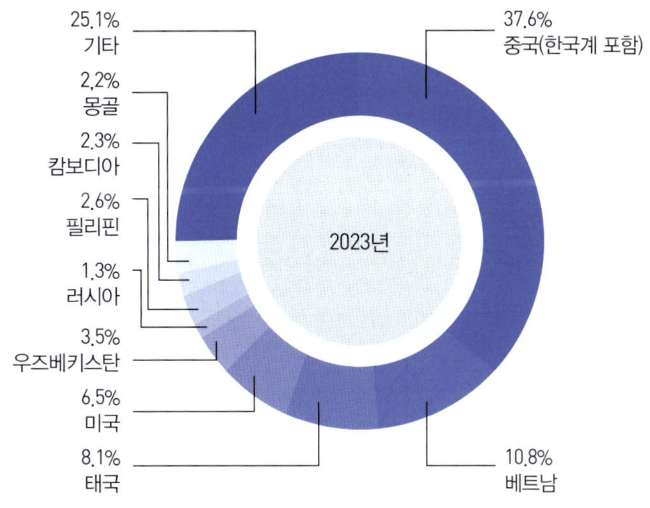

그림 6-1 체류외국인 국적별 구성 현황

※ 자료원: 법무부 출입국 · 외국인정책본부(2024). 2023 출입국 · 외국인정책 통계연보.

표 6-5 체류외국인 국적(지역)별 · 연령별 현황

(2023.12.31. 현재 단위: 명)

구분	계	0–9세	10–19세	20–29세	30–39세	40–49세	50–59세	60세이상
계	2,507,584	99,683	110,619	590,270	662,268	399,322	334,686	310,736
중국	942,395	36,137	30,191	112,349	177,708	160,468	203,842	221,700
한국계	(627,450)	(15,756)	(10,313)	(24,356)	(104,033)	(104,910)	(163,558)	(204,524)
베트남	202,121	3,802	15,430	110,615	76,986	32,361	22,890	9,628
태국	271,712	983	2,215	44,470	85,227	51,003	15,771	2,452
미국	161,895	15,015	11,782	33,361	32,579	22,173	19,811	27,174
우즈베키스탄	87,698	6,496	6,702	24,905	23,200	14,083	6,342	5,970
러시아(연방)	32,366	2,667	2,845	9,637	8,666	5,338	2,256	957
필리핀	64,055	1,079	1,653	10,513	28,602	14,545	5,523	2,140
캄보디아	57,018	373	910	25,796	24,269	3,605	1,363	702
몽골	54,846	4,068	5,353	15,010	15,804	8,414	4,544	1,653
네팔	63,369	507	595	29,518	26,960	4,842	785	162
인도네시아	63,226	1,041	2,088	27,807	22,721	7,280	1,473	816
카자흐스탄	45,764	3,764	5,629	12,473	10,769	7,478	3,627	2,024
일본	58,438	2,749	4,119	15,188	9,376	9,912	10,821	6,273
미얀마	42,438	224	718	19,852	18,155	2,704	596	189
캐나다	27,607	1,724	1,210	3,104	5,572	4,169	5,063	6,765

표 6-5 체류외국인 국적(지역)별 · 연령별 현황-계속

(2023.12.31. 현재 단위: 명)

구분	계	0-9세	10-19세	20-29세	30-39세	40-49세	50-59세	60세이상
스리랑카	30,370	410	120	8,891	15,230	4,850	708	161
타이완	33,225	1,246	1,632	7,461	7,919	5,380	3,694	5,893
방글라데시	26,636	1,222	343	9,687	9,316	2,335	2,934	799
파키스탄	16,295	1,103	440	4,512	5,216	2,683	1,769	572
인도	15,789	1,245	508	4,101	6,059	2,741	807	328
오스트레일리아	18,326	2,044	2,682	3,072	2,600	3,352	2,743	1,833
키르기즈	10,135	935	985	3,030	2,747	1,352	615	471
영국	8,499	432	427	2,465	2,162	1,471	914	628
기타	173,361	10,417	12,042	52,453	44,425	26,783	15,795	11,446

※ 자료원: 법무부 출입국 · 외국인정책본부(2024). 2023 출입국 · 외국인정책 통계연보.

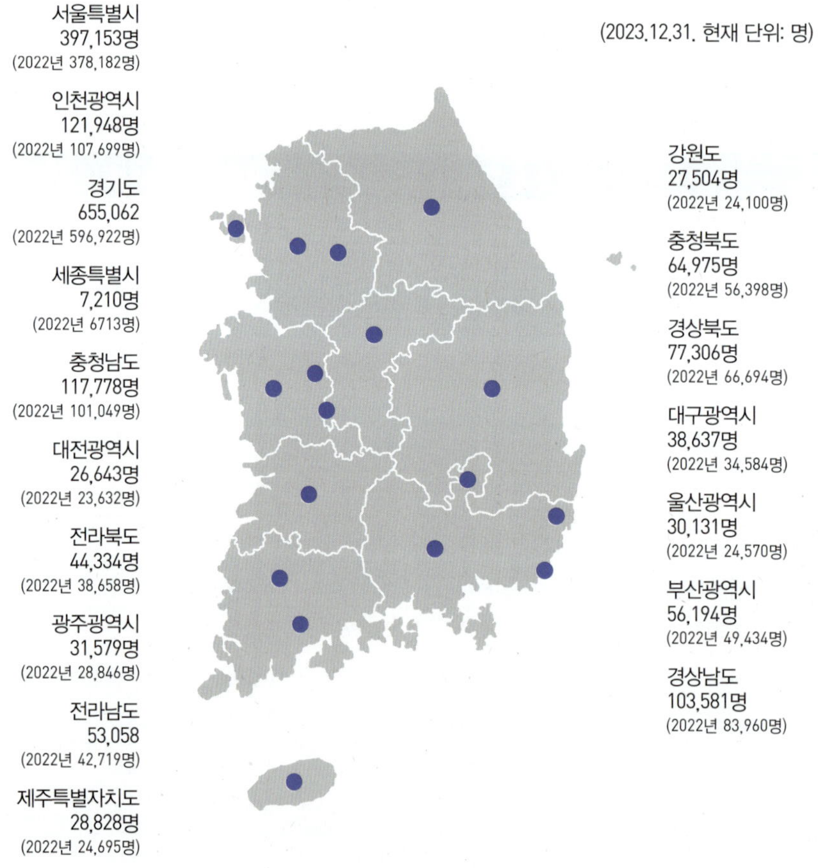

그림 6-2 거주지역별 장기 체류외국인(등록+거소) 현황

※ 자료원: 법무부 출입국 · 외국인정책본부(2024). 2023 출입국 · 외국인정책 통계연보.

02 » 결혼이민자

'결혼이민자'란, 우리나라 국민과의 혼인관계를 바탕으로 국내에 체류하고 있는 외국인으로서 국민의 배우자(구 체류자격, F-2-1), 결혼이민 영주자격(F-5-2), 국민의 배우자(F-6-1), 자녀양육(F-6-2), 혼인단절(F-6-3) 체류 자격 소지자를 포함한다. 만일 귀화 등으로 한국국적을 취득한 자(혼인귀화자)는 체류외국인에서 제외된다.

1990년대 이후 활성화된 한국인과 외국인의 국제결혼은 현재까지 꾸준한 증가추세를 보이고 있으며, 2014년 이후에는 초청인의 소득요건 및 주거요건 등 결혼이민(F-6) 사증발급 요건을 강화하여 건전한 국제결혼 문화가 지속적으로 안정화되었다.

2020년과 2021년에는 코로나19로 국가간 이동이 제한되어 신규로 입국하는 결혼이민자의 증가추세가 다소 정체되었으나, 감염병 관련 방역조치가 해제되어 완전하게 일상을 회복한 2023년에는 결혼이민자가 전년 대비 3% 이상 증가하였다(〈표 6-6〉).

2023년 결혼이민자를 국적별로 보면 중국이 34.3%로 가장 많고, 다음으로 베트남 22.8%, 일본 9.0%, 필리핀 7.2% 순으로 많다(〈표 6-7〉). 2023년 결혼이민자 중 국제결혼 안내프로그램 이수대상인 7개 국가(중국, 베트남, 필리핀, 캄보디아, 몽골, 우즈베키스탄, 태국) 출신 결혼이민자의 비율은 75.1%로 2019년에 비해 0.1% 감소하였으나, 2022년 대비 약 2.4%가 증가하여 전체 결혼이민자의 대다수를 차지하고 있다.

성별로는 여성 결혼이민자가 140,369명으로 전체 결혼이민자의 80.3%로 다수를 차지하고 있고, 남성 결혼이민자는 34,526명으로 19.7%였다(〈표 6-8〉).

결혼이민자를 지역별로 살펴보면 경기도(31.1%), 서울특별시(16.1%), 인천광역시(7.3%) 등 수도권 거주자가 54.5%로 과반수 이상을 차지하였고, 다음으로 결혼이민자가 많이 거주하는 지역은 경상남도(6.3%)와 충청남도(5.4%) 순이었다(〈표 6-9〉).

표 6-6 연도별 결혼이민자 현황

(단위: 명 %)

구분	2019년	2020년	2021년	2022년	2023년
현황	166,025	168,594	168,611	169,633	174,895
(전년대비)	(104.3%)	(101.5%)	(100.0%)	(100.6%)	(103.1%)

※ 자료원: 법무부 출입국 · 외국인정책본부(2024). 2023 출입국 · 외국인정책 통계연보.

표 6-7 국적(지역)별 · 연도별 결혼이민자 현황

(단위: 명)

구분	2019년	2020년	2021년	2022년	2023년
계	166,025	168,594	168,611	169,633	174,895
중국	60,324	60,072	59,770	59,499	60,048
베트남	44,172	44,058	41,447	39,136	39,956
일본	14,184	14,595	15,074	15,366	15,662
필리핀	12,030	12,002	12,041	12,253	12,557
태국	5,130	5,929	6,558	7,506	8,669
미국	3,883	4,312	4,538	4,801	5,093
캄보디아	4,641	4,638	4,565	4,641	4,794
우즈베키스탄	2,688	2,625	2,709	2,738	2,792
몽골	2,497	2,486	2,502	2,528	2,583
러시아	1,668	1,800	2,041	2,224	2,408
타이완	1,394	1,472	1,596	1,730	1,806
캐나다	1,334	1,397	1,426	1,470	1,491
네팔	884	841	834	852	871
기타	11,196	12,367	13,510	14,889	16,165

※ 자료원: 법무부 출입국 · 외국인정책본부(2024). 2023 출입국 · 외국인정책 통계연보.

표 6-8 국적(지역)별 · 성별 결혼이민자 현황

(2023.12.31. 현재, 단위: 명)

구분	계	구성비율	남자	남자비율	여자	여자비율
총합계	174,895	100%	34,526	19.7% 100%	140,369	80.3% 100%
중국	60,048	34.3%	14,039	40.7%	46,009	32.8%
베트남	39,956	22.8%	4,475	13.0%	35,481	25.3%
일본	15,662	9.0%	1,325	3.8%	14,337	10.2%
필리핀	12,557	7.2%	610	1.8%	11,947	8.5%
태국	8,669	5.0%	140	0.4%	8,529	6.1%
미국	5,093	2.9%	3,484	10.1%	1,609	1.1%
캄보디아	4,794	2.7%	788	2.3%	4,006	2.9%
우즈베키스탄	2,792	1.6%	238	0.7%	2,554	1.8%
몽골	2,583	1.5%	222	0.6%	2,361	1.7%
러시아(연방)	2,408	1.4%	167	0.5%	2,241	1.6%
타이완	1,806	1.0%	186	0.5%	1,620	1.2%
캐나다	1,491	0.9%	1,171	3.4%	320	0.2%

표 6-8 국적(지역)별 · 성별 결혼이민자 현황–계속

(2023.12.31. 현재, 단위: 명)

구분	계	구성비율	남자	남자비율	여자	여자비율
영국	1,344	0.8%	1,119	3.2%	225	0.2%
기타	15,692	9.0%	6,562	19.0%	9,130	6.5%

※ 자료원: 법무부 출입국 · 외국인정책본부(2024). 2023 출입국 · 외국인정책 통계연보.

표 6-9 지역별 · 연도별 결혼이민자 등록외국인 현황

(단위: 명)

구분	2019년	2020년	2021년	2022년	2023년
계	164,059	166,612	166,771	167,522	172,899
경기도	48,227	50,182	51,316	51,997	53,857
서울특별시	28,100	27,883	27,327	27,339	27,799
경상남도	10,670	10,865	10,705	11,939	10,895
인천광역시	10,977	11,286	11,568	10,586	12,565
충청남도	8,819	8,854	8,933	8,933	9,311
경상북도	8,094	8,057	7,958	7,881	8,052
부산광역시	7,455	7,409	7,321	7,293	7,515
전라남도	6,713	6,774	6,649	6,611	6,777
전라북도	6,019	6,085	5,988	5,921	5,992
대구광역시	5,628	5,546	5,457	5,475	5,790
충청북도	5,426	5,543	5,599	5,506	5,733
강원도	3,800	3,863	3,831	3,845	3,989
대전광역시	3,459	3,459	3,404	3,355	3,481
광주광역시	3,656	3,732	3,704	3,754	3,842
울산광역시	3,476	3,431	3,346	3,357	3,394
제주특별자치도	2,741	2,814	2,850	2,890	3,024
세종특별자치시	799	829	815	840	883

※ 자료원: 법무부 출입국 · 외국인정책본부(2024). 2023 출입국 · 외국인정책 통계연보.

여성가족부(2022)의 '2021년 전국다문화가족실태조사'에 따르면, 배우자와 만나게 된 경로로는 당사자들 스스로 만났다는 응답이 31.6%로 가장 많았으며, 친구 또는 동료의 소개(28.2%), 결혼중개업체(20.0%), 가족 또는 친척의 소개(16.9%) 순이었다. 이를 2018년과 비교해보면, 스스로 만났다는 응답이 7.0%p 증가한 반면에, 가족이나 친구의 소개, 결혼중개업체를 통해 소개를 받았다는 응답은 전반적으로 감소한 것으로 나타났다. 하지만 결혼중개업체를 통한 만남이 2015년 20.8%, 2018년 21.1%인 점을 본다면 2015~2021년 사이에 큰 변화가 없는 것을 알 수 있었다(<그

림 6-3〉).

배우자가 있는 결혼여성이민자 · 귀화자의 현재 배우자와의 혼인 지속 기간은 평균 11.14년이었으며, 이는 2018년의 9.59년에 비해 약 1.5년 정도 길어진 것으로 나타났다. 장기 거주하는 결혼이민자가 누적되면서 전반적으로 혼인지속 기간도 장기화되고 있는데, 〈그림 6-4〉에서 보듯이, 혼인 기간이 10년 미만인 비율은 2012년 71.4%에서 2021년 48.4%로 점차 감소하였으며, 반면에 10년 이상인 비율은 같은 기간 동안 28.5%에서 51.6%로 늘어났다. 즉 유배우 결혼이민자 · 귀화자의 절반 정도가 혼인을 10년 이상 지속해왔으며, 또한 이 가운데 절반(25.5%)은 15년 이상 배우자와 함께 살아가고 있다.

배우자가 있는 결혼이민자 · 귀화자들의 배우자와의 관계에 대한 만족도를 조사한 결과, 54.1%는 '매우 만족한다', 29.2%는 '약간 만족한다'라고 하였다. '전혀 만족하지 않는다(0.5%)'와

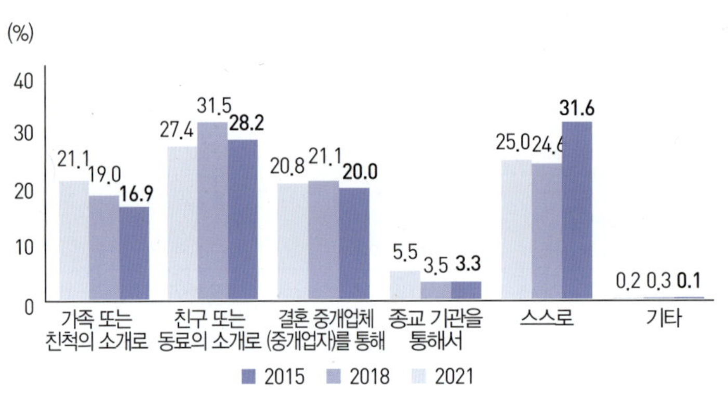

그림 6-3 유배우 결혼이민자 · 귀화자의 배우자 만남 경로(2015, 2018, 2021)

※ 자료원: 여성가족부(2022). 2021년 전국다문화가족실태조사.

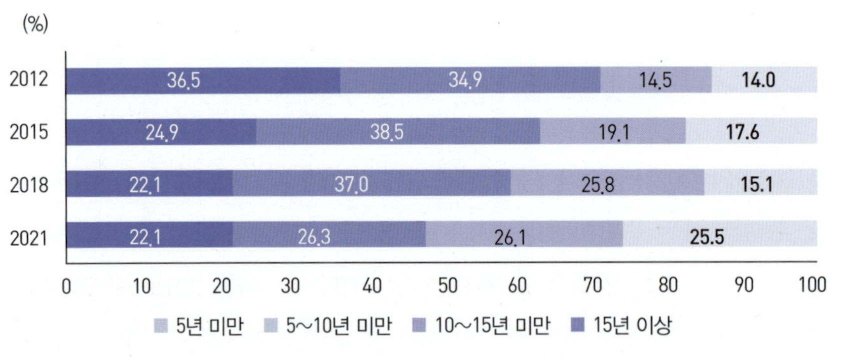

그림 6-4 유배우 결혼이민자 · 귀화자의 혼인 지속기간 추이(2015, 2018, 2021)

※ 자료원: 여성가족부(2022). 2021년 전국다문화가족실태조사.

'별로 만족하지 않는다(1.4%)'라는 부정적인 응답은 1.9%에 그쳤다. 5점 척도 기준으로 배우자 관계 만족도 평균은 4.35점이었으며, 2018년 4.31점에 비해 약간 높았다(<그림 6-5>). 특히 부부간 연령 차이에 따라서 배우자 관계 만족도가 달라지는데, 부부간 연령 차이가 5년 미만(4.44점)인 경우보다 15년 이상(4.25점)으로 연령 차이가 큰 경우에 만족도가 낮아지는 경향을 보였다. 그리고 고소득 가구(600만원 이상 4.61점)에 속한 응답자들의 배우자 관계 만족도는 대체로 높은 경향을 보였다.

다문화가족의 역할 분담에 대해서 부부를 중심으로 살펴보면, 네 가지 영역(가사노동, 자녀 돌봄, 자녀 외 다른 가족원 돌봄, 재산관리)에 대하여 가정 내 역할 분담은 성별에 따른 차이가 있었다. 대표적으로 집안일 등의 가사노동의 경우, 결혼이민자·귀화자 여성 중 13.6%는 '항상', 45.5%는 '대체로' 자신이 한다고 응답하였다. 이에 반해 부부가 똑같이 한다는 경우는 33.0%, 결

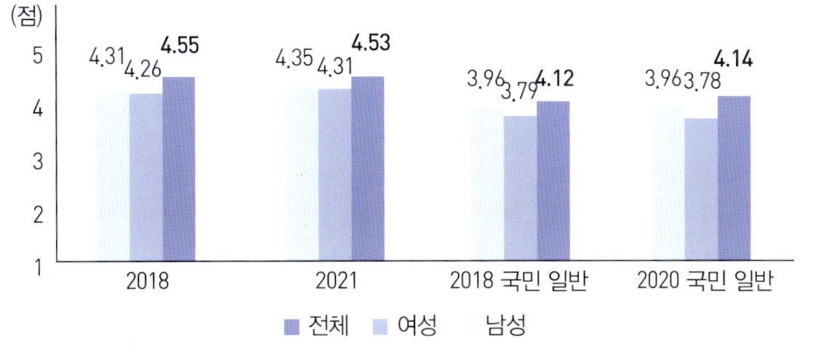

그림 6-5 결혼이민자 · 귀화자의 배우자 관계 만족도 비교(2018, 2021, 국민일반)

자료: 통계청, 2020 사회조사; 2018 사회조사(국민 일반 부분)
※ 자료원: 여성가족부(2022). 2021년 전국다문화가족실태조사.

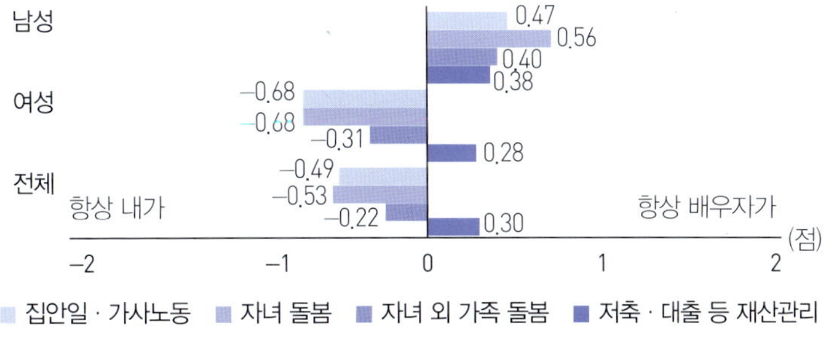

그림 6-6 다문화가구원 중 결혼이민자 · 귀화자의 역할 분담(2021)

※ 자료원: 여성가족부(2022). 2021년 전국다문화가족실태조사.

혼이민자 · 귀화자가 아닌 배우자나 다른 가족이 하는 경우는 7.9%에 불과하였다(〈그림 6-6〉). 그리고 남성 결혼이민자 · 귀화자의 경우에는 이와 대조적인데, 남성이 집안일을 주로 맡아서 하는 경우는 10.0%, 부부가 똑같이 한다는 40.7%, 배우자나 다른 가족이 한다는 응답은 49.4%로 나타났다. 특히 '부부가 똑같이' 하는 경우는, 연령별로는 젊은 층에서(29세 이하 36.3%, 60세 이상 27.8%), 그리고 교육수준이 높은 집단(초졸 이하 29.7%, 대졸 이상 42.7%)에서 평등하게 부부가 역할을 분담하는 경향이 나타났다.

결혼이민자 · 귀화자가 지난 1년간 부부 사이에 느낀 문화적 차이를 살펴보면, '전혀 느낀 적 없다'라는 응갑이 47.6%로 가장 많았으며, '가끔 느꼈다' 44.3%, '자주 느꼈다' 6.5%, '매우 자주 느꼈다' 1.7%였다. 4점 척도 평균 점수는 1.62점이었으며, 2018년 때의 1.70점에 비해 부부 간의 문화적 차이 경험은 약간 낮아졌다. 구체적으로 부부간 문화적 차이의 내용으로는 식습관(52.7%),

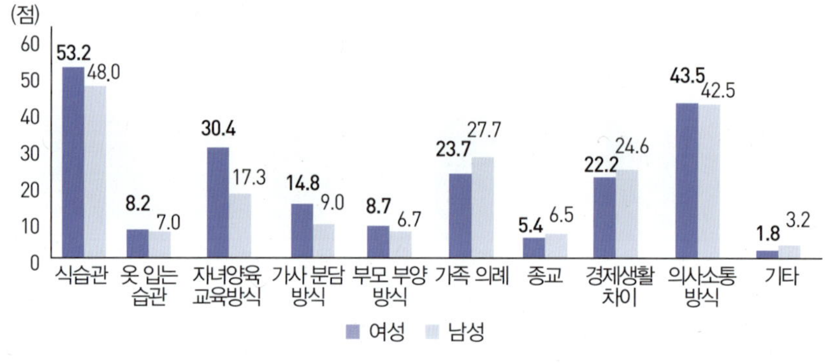

그림 6-7 결혼이민자 · 귀화자의 문화적 차이 유형(복수응답, 2021)

※ 자료원: 여성가족부(2022). 2021년 전국다문화가족실태조사.

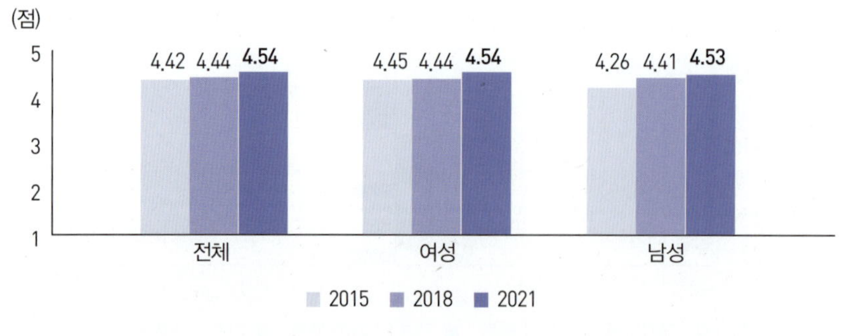

그림 6-8 결혼이민자 · 귀화자의 자녀와의 관계 만족도(2015, 2018, 2021)

주: 전혀 만족하지 않는다=1점, 별로 만족하지 않는다=2점, 보통이다 3점, 약간 만족한다=4점, 매우 만족한다=5점

※ 자료원: 여성가족부(2022). 2021년 전국다문화가족실태조사.

의사소통 방식(43.4%), 자녀 양육과 교육 방식(29.0%), 가족 행사와 가족 의례(24.1%) 순이었다(〈그림 6-7〉).

만 24세 이하의 자녀가 있는 결혼이민자 · 귀화자의 자녀와 관계 만족도의 경우, 결혼이민자 · 귀화자의 66.2%는 '매우 만족한다', 22.6%는 '만족한다'라고 하였다. 그리고 자녀와의 관계에 만족하지 않는다는 부정적인 응답은 0.8%에 불과했다. 5점 척도 평균 점수로 환산하면 4.54점이며, 2015년과 2018년에 비하여 2021년에는 자녀 관계 만족도가 높아지고 있었다(〈그림 6-8〉).

결혼이민자 · 귀화자가 평소에 가정에서 자신의 모국어를 사용하는 것에 대한 가족들의 태도를 살펴보면, 응답자 중 26.5%는 자신의 모국어 사용을 가족들이 격려한다고 응답한 반면에, 46.8%는 그렇지 않다, 26.8%는 보통이라고 응답하였다. 결혼이민자 · 귀화자들의 절반 정도는 여전히 가족 생활에서 모국어 사용에 부정적인 분위기가 있는 것으로 보이며, 2018년과 비교하면 결혼이민자 · 귀화자의 모국어 사용은 지지하는 비율은 다소 낮아졌는데, 5점 척도 평균 점수는 2.68점으로, 2018년의 2.87점에 비해 다소 낮아졌다(〈그림 6-9〉).

결혼이민자 · 귀화자가 한국생활에서 지난 1년간 겪은 어려움을 살펴보면, 언어문제가 22.9%, 경제적 어려움이 21.0%로 나타났다. 이어서 외로움(19.6%), 자녀양육 및 교육(16.5%) 순이었으며, 이 밖에 친구 · 이웃 사귀기(7.6%), 가족 간 갈등(6.5%), 은행 · 기관 이용(6.1%), 편견과 차별(4.5%) 등이었다. 2015년 이후 한국생활에 어려움이 없는 이민자가 눈에 띄게 증가하였고, 언어문제, 경제적 어려움, 생활방식 · 문화 차이, 자녀양육 및 교육, 편견과 차별 등 이민자들이 흔히 겪는 각종 어려움 또한 점차 감소하고 있는 추세이다(〈그림 6-10〉).

결혼이민자 · 귀화자의 경제활동 참여율은 64.5%, 비경제활동인구 비율은 35.5%로 나타났다. 이를 18세 이상 국민 일반과 비교하면 경제활동 참여율은 0.3%p 낮고, 비경제활동인구 비율은 높

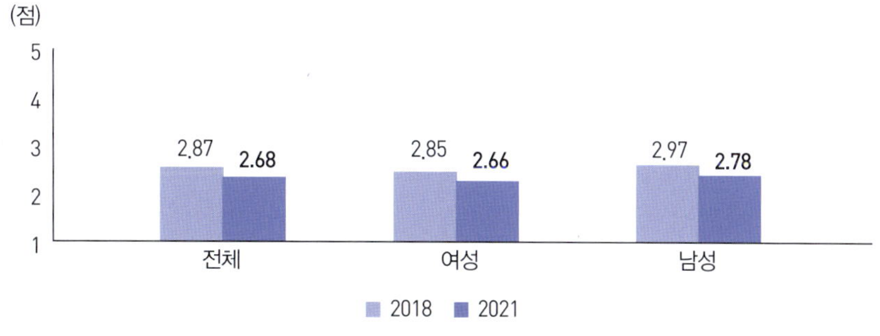

그림 6-9 결혼이민자 · 귀화자의 평소 가정 내 언어 사용에 대한 가족들의 격려 정도(2018, 2021)

주: 전혀 그렇지 않다=1점, 별로 그렇지 않다=2점, 보통이다=3점, 대체로 그렇다 4점, 매우 그렇다=5점
※ 자료원: 여성가족부(2022). 2021년 전국다문화가족실태조사.

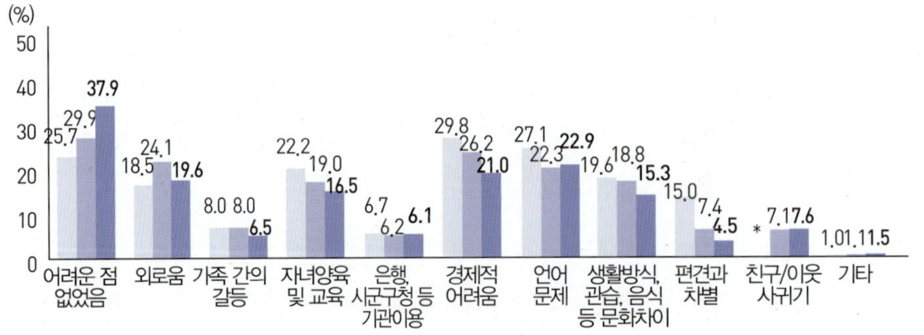

그림 6-10 결혼이민자 · 귀화자의 지난 1년간 한국생활의 어려움(복수응답, 2015, 2018, 2021)

주: *는 2015년 조사의 응답 항목에 포함되지 않음.
※ 자료원: 여성가족부(2022). 2021년 전국다문화가족실태조사.

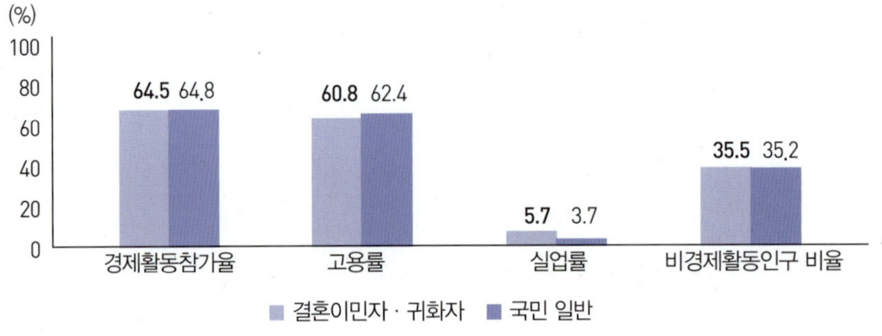

그림 6-11 결혼이민자 · 귀화자의 경제활동 현황(국민 일반 비교)

자료: 통계청(2021). 경제활동인구조사 원자료 분석(18세 이상)(국민 일반 부분)
※ 자료원: 여성가족부(2022). 2021년 전국다문화가족실태조사.

다. 결혼이민자 · 귀화자의 고용률은 60.8%로 국민 일반보다 1.6%p 낮은 수준이며, 2018년에 고용률이 66.4%로 18세 이상 국민 일반의 63.1%보다 3.3%p 높았던 것과는 대조적인 결과였다. 이는 2021년 기준으로 이전 3년간 결혼이민자 · 귀화자와 18세 이상 국민 모두 고용률이 하락한 가운데, 결혼이민자 · 귀화자의 고용률 하락 폭이 더 컸기 때문인 것으로 보인다(〈그림 6-11〉).

03 » 북한이탈주민

‘북한이탈주민’이란 군사분계선 이북지역(북한)에 주소, 직계가족, 배우자, 직장 등을 두고 있는 사람으로서 북한을 벗어난 후 외국 국적을 취득하지 아니한 사람을 말한다(「북한이탈주민의 보호 및 정착지원에 관한 법률」 제2조). 2005년 통일부는 기존의 ‘탈북자’라는 용어 대신에 국민 의견을 수렴하여 ‘새터민’는 용어를 함께 사용하기도 하였으나, 새터민이라는 용어가 모든 탈북민을 온전히 포괄하지 못한다는 비판에 따라 2008년부터 ‘북한이탈주민’을 공식적인 용어로 사용하였다.

통일부의 통계 자료에 따르면, 2023년 12월까지 대한민국에 정착한 북한이탈주민의 수는 총 34,078명이다. 2023년에 입국한 북한이탈주민은 총 196명이며, 2021년 63명과 2022년 67명에 비하여 약 3배 정도가 증가하였다(〈그림 6-12〉, 〈그림 6-13〉). 이는 코로나19 종료 등으로 국가 간 이동제한이 완화되었기 때문으로 풀이된다.

2023년까지 전체 입국한 북한이탈주민의 약 72%가 여성인데, 코로나19 이후 입국자 수가 급감한 2021년과 2022년에는 남성 비율이 예외적으로 높았으나, 2023년 다시 여성 비율이 83.7%로 증가하였다(〈표 6-10〉).

직업별로 보면, 무직 · 부양이 44.7%, 노동자 39.6%, 봉사 분야 4.6% 등으로 직업능력이 취약한 자가 전체의 84.3%를 차지하고 있다(〈표 6-11〉). 또한 학력을 보면, 중학교(고등중) 69.3%, 전문대 10.5%, 대학 이상이 6.9%로 대부분 저학력 상태이다(〈표 6-12〉). 입국 당시 기준 연령을 보면,

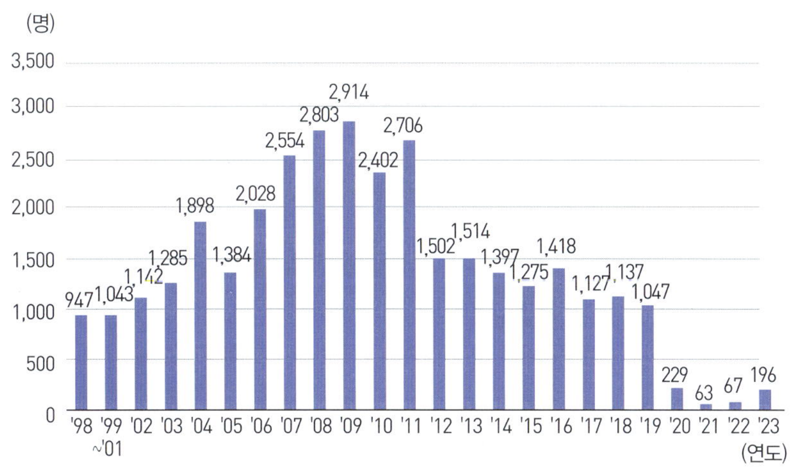

그림 6-12 북한이탈주민 연도별 입국 현황

※ 자료원: 통일부(2024). 2024 통일백서.

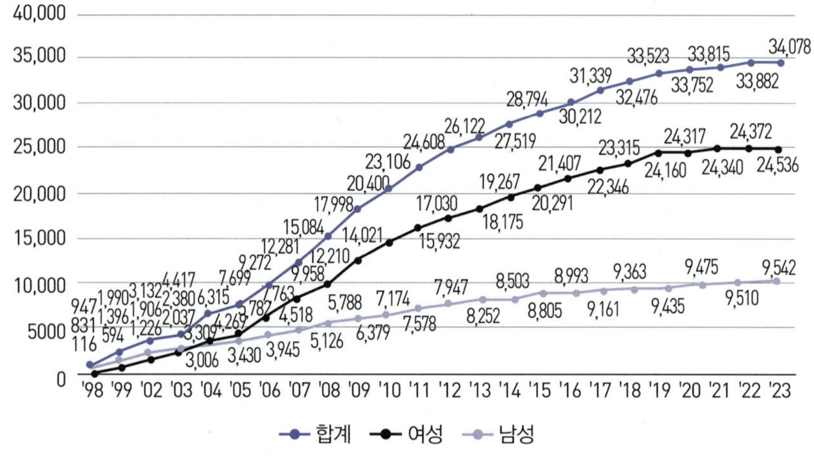

그림 6-13 북한이탈주민 입국 인원 누계

※ 자료원: 통일부(2024). 2024 통일백서.

표 6-10 북한이탈주민 연도별 · 성별 입국 현황

(단위: 명)

구분 \ 연도	~'98	'99 ~'01	'02	'03	'04	'05	'06	'07	'08
남성	831	565	510	474	626	424	515	573	608
여성	116	478	632	811	1,272	960	1,513	1,981	2,195
합계	**947**	**1,043**	**1,142**	**1,285**	**1,898**	**1,384**	**2,028**	**2,554**	**2,803**
여성 비율	12%	46%	55%	63%	67%	69%	75%	78%	78%

구분 \ 연도	'09	'10	'11	'12	'13	'14	'15	'16	'17
남성	662	591	795	404	369	305	251	302	188
여성	2,252	1,811	1,911	1,098	1,145	1,092	1,024	1,116	939
합계	**2,914**	**2,402**	**2,706**	**1,502**	**1,514**	**1,397**	**1,275**	**1,418**	**1,127**
여성 비율	77%	75%	71%	73%	76%	78%	80%	79%	83%

구분 \ 연도	'18	'19	'20	'21	'22	'23	합계
남성	168	202	72	40	35	32	9,542
여성	969	845	157	23	32	164	24,536
합계	**1,137**	**1,047**	**229**	**63**	**67**	**196**	**34,078**
여성 비율	85%	81%	69%	37%	48%	84%	72%

※ 북한이탈주민 입국인원은 보호센터 입소 기준으로 집계

※ 자료원: 통일부(2024). 2024 통일백서.

10대 11.2%, 20대 28.3%, 30대 28.7%, 40대 17.8%, 50세 이상 10.1%로 상대적으로 적응력이 높은 20대와 30대의 비중이 크다(〈표 6-13〉).

표 6-11 북한이탈주민 직업별 입국자 현황

(2023.12월 말 기준)

구분	관리직	군인	노동자	무직부양	봉사분야	예술체육	전문직	아동·학생 등	합계
남	413	724	4,199	3,218	94	84	241	554	9,527
여	141	165	9,273	11,982	1,469	223	531	678	24,462
합계	**554**	**889**	**13,472**	**15,200**	**1,563**	**307**	**772**	**1,232**	**33,989**
비율	1.6%	2.6%	39.6%	44.7%	4.6%	0.9%	2.3%	3.6%	100.0%

※ 최근 입국하여 보호시설에 있는 인원은 제외
※ 자료원: 통일부(2024). 2024 통일백서.

표 6-12 북한이탈주민 학력별 입국자 현황

(2023.12월 말 기준)

구분	취학전 아동	유치원	소학교 (인민학교)	중학교 (초급, 고급)	전문대	대학 이상	무학 (북)	기타 (불상 등)	합계
남	419	135	806	5,765	862	1,139	360	41	9,527
여	404	216	1,511	17,793	2,703	1,224	515	96	24,462
합계	**823**	**351**	**2,317**	**23,558**	**3,565**	**2,363**	**875**	**137**	**33,989**
비율	2.4%	1.0%	6.8%	69.3%	10.5%	6.9%	2.6%	0.4%	100%

※ 최근 입국하여 보호시설에 있는 인원은 제외, 해당 학력별 재학중퇴자는 포함
※ 자료원: 통일부(2024). 2024 통일백서.

표 6-13 북한이탈주민 입국 당시 연령

(2023.12월 말 기준)

구분	0~9세	10~19세	20~29세	30~39세	40~49세	50~59세	60세 이상	합계
남	652	1,707	2,636	2,173	1,406	595	358	9,527
여	646	2,111	6,990	7,598	4,646	1,469	1,002	24,462
합계	**1,298**	**3,818**	**9,626**	**9,771**	**6,052**	**2,064**	**1,360**	**33,989**
비율	3.8%	11.2%	28.3%	28.7%	17.8%	6.1%	4.0%	100.0%

※ 최근 입국하여 보호시설에 있는 인원은 제외
※ 자료원: 통일부(2024). 2024 통일백서.

04 » 난민

'난민'이란 인종, 종교, 국적, 특정 사회집단의 구성원인 신분 또는 정치적 견해를 이유로 박해를 받을 수 있다고 인정할 충분한 근거가 있는 공포로 인하여 국적국의 보호를 받을 수 없거나 보호받기를 원하지 아니하는 외국인 또는 그러한 공포로 인하여 대한민국에 입국하기 전에 거주한 국가로 돌아갈 수 없거나 돌아가기를 원하지 아니하는 무국적자인 외국인을 말한다(「난민법」 제2조).

우리나라가 난민업무를 시작한 1994년부터 2023년까지 누적 난민인정신천 건수는 103,759건이며, 난민인정심사(1차 심사)를 완료한 58,482건 중 인정은 1,048건, 인도적 체류허가는 2,132건, 불인정은 55,302건이다. 2023년 한 해 동안의 난민인정신청 건수는 18,837건이며, 난민인정심사를 완료한 7,089건 중 인정은 768건, 인도적 체류허가는 141건, 불인정은 6,872건이다(〈표 6-14〉).

2013년 7월 「난민법」 시행 이후 난민인정신청 건수는 매년 큰 폭으로 증가하였으나, 코로나19 이후 감소하였다다 코로나19 상황이 진정되며 다시 증가하고 있다. 또한 이의신청 건수도 전년대비 증가하였다(〈표 6-15〉).

1994년부터 2023년까지 누적 난민인정신청 건수 기준 상위 5개국의 난민업무 현황은 〈표 6-16〉과 같다.

2023년 기준 누적 난민인정신청 중 「난민법」상 난민인정사유 외의 신청이 42,370건(40.8%)으로 가장 많은 비중을 차지한 가운데, 종교 사유 신청이 21,117건(20.4%)으로 가장 많았고, 다음으로 정치적 의견 20,347건(19.6%), 특정사회집단의 구성원 신분 9,836건(9.5%), 인종 4,998건(4.8%),

표 6-14 난민업무 현황 – 난민인정 1차 심사

(단위: 건)

구분	신청	심사 완료				철회	대기
		소계	인정	인도적 체류허가	불인정		
전체 누적 (1994–2023)	103,759	58,482	1,048	2,132	55,302	8,374	20,247
2023년	18,837	7,089	76	141	6,872	1,136	

※ 인도적 체류허가: 난민법상 난민인정사 유에 해당하지 않으나, 고문 등의 비인도적인 처우나 처벌 또는 그 밖의 상황으로 인하여 생명이나 신체의 자유 등을 현저히 침해당할 수 있다고 인정할 만한 합리적인 근거가 있는 경우 (난민법 제2조 제3호)
※ 자료원: 법무부 출입국 · 외국인정책본부(2024). 2023 출입국 · 외국인정책 통계연보.

표 6-15 연도별 난민업무 현황

(단위: 건)

연도 \ 구분	난민인정심사			이의신청		
	신청	심사완료	직권종료, 철회	신청	심의완료	직권종료, 철회
전체 누적	103,759	58,482	25,030	43,413	34,943	1,978
'94 ~ '15	15,250	10,131	1,807	7,566	5,225	197
2016	7,541	6,326	735	5,277	4,276	80
2017	9,942	5,219	1,197	3,723	4,415	48
2018	16,173	4,295	2,305	3,110	2,584	107
2019	15,452	5,875	4,138	4,067	3,431	126
2020	6,684	8,102	5,929	5,954	3,792	301
2021	2,341	5,982	3,693	4,718	4,997	310
2022	11,539	5,463	2,659	3,749	3,080	307
2023	18,837	7,089	2,567	5,249	3,143	502

※ 북한이탈주민 입국인원은 보호센터 입소 기준으로 집계
※ 자료원: 법무부 출입국 · 외국인정책본부(2024). 2023 출입국 · 외국인정책 통계연보.

표 6-16 국적별 난민업무 현황

(단위: 건)

연도 \ 구분	난민인성심사			이의신청		
	신청	심사완료	직권종료, 철회	신청	심의완료	직권종료, 철회
전체 누적	103,759	58,482	25,030	43,413	34,943	1,978
러시아	13,711	4,548	3,613	2,793	2,184	225
카자흐스탄	11,731	5,335	4,072	3,401	2,688	181
중국	9,506	4,922	3,316	3,394	2,770	351
파키스탄	7,438	5,489	1,389	4,767	4,189	175
인도	6,391	3,888	907	3,570	2,395	116
기타	54,982	34,300	11,733	25,488	20,717	930

※ 자료원: 법무부 출입국 · 외국인정책본부(2024). 2023 출입국 · 외국인정책 통계연보.

가족결합 4,258건(4.1%), 국적 833건(0.8%) 등의 순으로 많았다.

또한 2023년 한 해 동안의 난민인정신청의 경우에도 「난민법」상 난민인정사유 외의 신청이 8,452건(44.9%)으로 가장 많았으며, 정치적 의견 4,580건(24.3%), 종교 2,665건(14.1%), 특정 사회집단의 구성원 신분 1,205건(6.4%), 가족결합 887건(4.7%), 인종 719건(3.8%), 국적 329건(1.7%) 등의 순으로 많았다(〈표 6-17〉).

표 6-17 사유별 난민인정신청 현황

(단위: 건)

기간 \ 사유	계	종교	정치	특정집단	인종	국적	가족결합	기타
전체 누적	103,759	21,117	20,347	9,836	4,998	833	4,258	42,370
2023년	18,837	2,665	4,580	1,205	719	329	887	8,452

※ 자료원: 법무부 출입국 · 외국인정책본부(2024). 2023 출입국 · 외국인정책 통계연보.

표 6-18 성별 · 연령별 난민인정신청 현황

(단위: 건)

기간 \ 연령	계		0~4세		5~17세		18~59 ll		60세 이상	
성	남	여	남	여	남	여	남	여	남	여
전체 누적	78,460	25,299	1,154	1,143	1,393	953	75,662	23,055	251	148
2023년	13,605	5,232	202	213	401	242	12,931	4,732	71	45

※ 난민신청 당시 기준/ 만 나이
※ 자료원: 법무부 출입국 · 외국인정책본부(2024). 2023 출입국 · 외국인정책 통계연보.

2023년 2023년 기준 누적 난민인정신청 총 103,759건 중 남성이 신청한 건은 78,460건(75.6%), 여성이 신청한 건은 25,299건(24.4%)이었다. 또한 2023년 한 해 동안의 난민인정신청 18,837건 중 남성이 신청한 건은 13,605건(72.2%), 여성이 신청한 건은 5,232건(27.8%)이었다.

2023년 기준 누적 난민인정신청 중 18세~59세의 신청 건은 98,717건(95.1%), 18세 미만은 4,643건(4.5%), 60세 이상은 399건(0.4%)었으며, 2023년 한 해 동안의 난민인정신청 중 신청 당시 연령 18세~59세인 신청 건은 17,663건(93.8%), 18세 미만은 1,058건(5.6%), 60세 이상은 116건(0.6%)이었다(〈표 6-18〉).

05 » 다문화가족

우리나라 다문화 가구원 수는 2018년 1,008,520명에서 2022년 1,151,004명으로 증가하였다. 이는 누적 결혼이민자와 귀화자 규모가 2018년 343,797명에서 2022년 399,581명으로 지속적 증가 추세이며, 15년 이상 장기 거주자와 고령층 비율이 증가하기 때문이다(〈그림 6-14〉, 〈그림 6-15〉).

2020~2021년 코로나19 확산기에 연간 다문화 혼인 건수는 감소하였으나, 2022년부터 다시 다

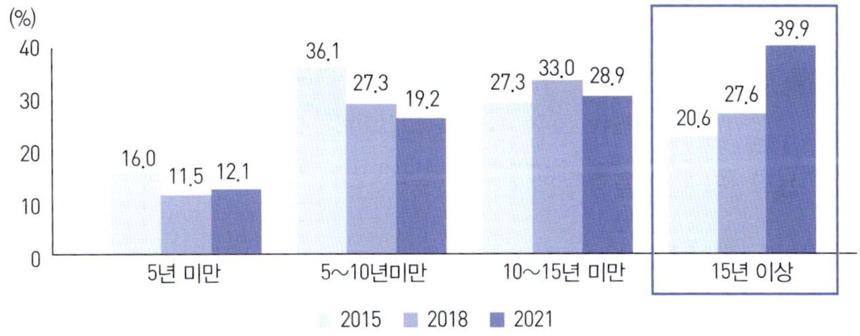

그림 6-14 결혼이민자 · 귀화자의 한국 거주 기간

※ 자료원: 관계기관 합동(2024). 제4차 다문화가족정책 기본계획(2023~2027). 2024년도 시행계획.

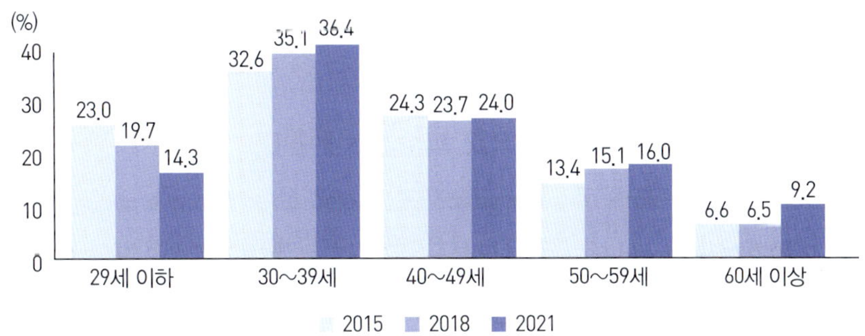

그림 6-15 결혼이민자 · 귀화자의 연령대

※ 자료원: 관계기관 합동(2024). 제4차 다문화가족정책 기본계획(2023~2027). 2024년도 시행계획.

문화 혼인 건수가 증가 추세로 접어들었다(〈그림 6-16〉). 혼인 유형은 외국인 아내(66.8%), 외국인 남편(20.0%), 귀화자(13.2%) 순이며, 아내의 출신 국적 비중은 베트남이 가장 많았다(〈그림 6-17〉).

다문화가족의 자녀 수는 29만 9천여 명에 이르며, 특히 7~18세의 학령기 자녀가 2018년 12만 3천여 명에서 2022년 19만여 명으로 빠르게 증가하고 있는 추세이다. 이에 전체 미성년 자녀 중 7~18세의 비율 또한 2018년 51.9%에서 2022년 63.6%로 증가하였다(〈표 6-19〉).

특히 다문화가족 자녀는 학습지원, 진로상담 등의 지원 수요가 높으며, 동일연령대 대비 고등교육기관 취학률의 격차가 2018년 18%p에서 2021년 31%p로 심화되고 있는 추세이며, 2021년 기준 국민 전체의 고등교육기관 취학률이 71.5%인데 비해 다문화가족의 자녀는 40.5% 수준에 머무르고 있다.

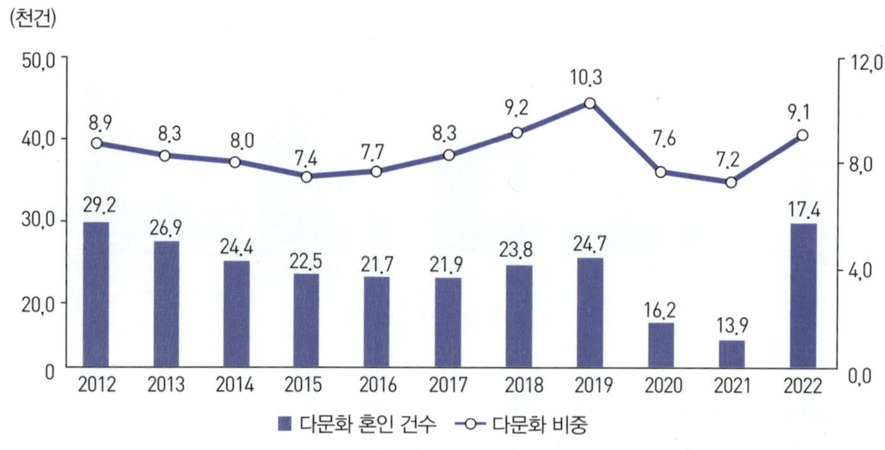

그림 6-16 다문화 혼인 추이

※ 자료원: 관계기관 합동(2024). 제4차 다문화가족정책 기본계획(2023~2027). 2024년도 시행계획.

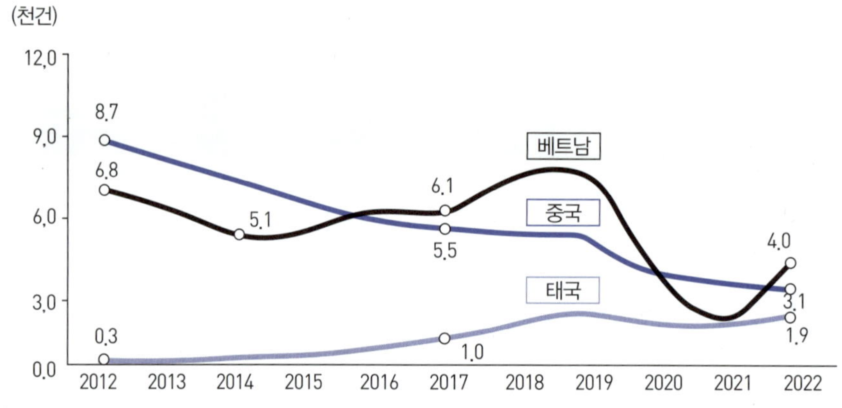

그림 6-17 아내의 국적별 혼인 건수 추이

※ 자료원: 관계기관 합동(2024). 제4차 다문화가족정책 기본계획(2023~2027). 2024년도 시행계획.

표 6-19 다문화가족 자녀 수와 구성비

(단위: 건)

연령별	합계		국내 출생		귀화 및 외국 국적	
	인원	구성비	인원	구성비	인원	구성비
계	299,440		282,077		17,363	
미취학아동 (0~6세)	109,081	36.4%	105,451	37.4%	3,630	20.9%
초등학생 (7~12세)	109,519	36.6%	102,897	36.5%	6,622	38.1%
중고생 (13~18세)	80,840	27.0%	73,729	26.1%	7,111	41.0%

※ 자료원: 관계기관 합동(2024). 제4차 다문화가족정책 기본계획(2023~2027). 2024년도 시행계획.

여성가족부(2022)의 '2021년 전국다문화가족실태조사'에 근거하여 다문화가족이 거주하는 주택 현황을 살펴보면, 아파트 비율이 43.6%로 가장 높았으며, 단독주택이 33.5%였다. 이 외에 다세대주택 9.9%, 연립주택 7.2%, 기타 5.8% 순이었다. 이를 2015년, 2018년과 비교하면, 아파트 거주 비율이 확연히 높아진 반면에 다세대주택 거주 비율은 점차 낮아지고 있는 것으로 나타났다(〈그림 6-18〉).

다문화가구의 월평균 가구소득을 살펴보면, 200~300만원 미만이 24.8%로 가장 많고, 300~400만원 미만이 22.7%, 400~500만원 미만이 15.3%, 100~200만원 미만이 14.3% 순이었다. 전체 다문화가구의 절반에 가까운 47.5%가 200~400만원 미만 구간에 있었다. 2015년과 2018년 조사와

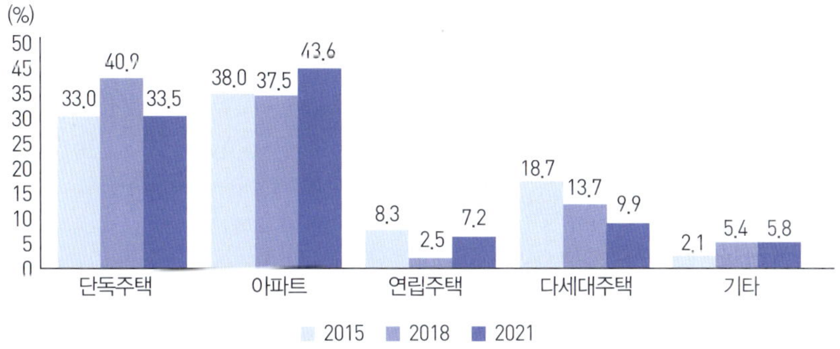

그림 6-18 다문화가구의 주택 종류(2015, 2018, 2021)

※ 자료원: 여성가족부(2022). 2021년 전국다문화가족실태조사.

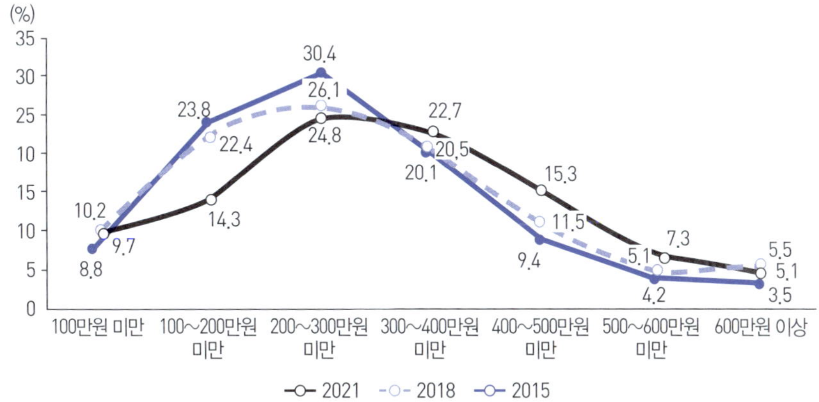

그림 6-19 다문화가구의 월평균 가구소득(2015, 2018, 2021)

※ 자료원: 여성가족부(2022). 2021년 전국다문화가족실태조사.

표 6-20 다문화가구의 국민기초생활보장제도 지원 대상 여부

(단위: %, 가구)

		수급	비수급	합계
전체 (2015)		5.1	94.9	100.0
전체 (2018)		5.7	94.3	100.0
전체 (2021)		6.4 (22,096)	93.6 (323,921)	100.0 (346,017)
다문화가구 유형	결혼이민자	6.3	93.7	100.0
	기타귀화자	6.9	93.1	100.0
거주지역	동부	7.1	92.9	100.0
	읍면부	4.1	95.9	100.0

※ 자료원: 여성가족부(2022). 2021년 전국다문화가족실태조사.

비교하면, 300만원 미만 구간의 비율은 줄어들고, 300만 이상 구간의 비율은 증가하는 경향을 보였다(〈그림 6-19〉).

다문화가구 중 국민기초생활보장 지원을 받는 가구 비율은 6.4%였으며, 2015년 5.1%, 2018년 5.7%와 비교하면 점차 증가하는 추세였다(〈표 6-20〉).

06 » 유학생

우리나라에 거주하는 외국인 유학생의 규모는 2020년 10만 명을 넘어서며 정점을 찍었으나 코로나19의 영향으로 2021년 다소 감소하였다가 곧 회복하여 2023년에는 12만 6,421명으로 2014년의 52,450명에 비하여 두 배 이상 증가하였다. 2014년 이후 전년 대비 증가율을 살펴보면 전문학사와 학사유학은 2018년이 가장 높은 것으로 나타났으며, 석사유학과 박사유학은 2023년이 전년 대비 증가율이 가장 높은 것으로 나타났다. 학위과정별 비율을 살펴보면 학사유학의 비율이 가장 높고, 석사유학, 박사유학, 전문학사의 순이다(〈그림 6-20〉).

교육부의 '교육기본통계'를 통한 외국국적 학생의 지역별 비율을 살펴보면, 전문대학은 비수도권의 비율이 높고, 일반대학(학사)과 석사는 수도권의 비율이 높은 것으로 나타났다. 전문대학은 2014년부터 2020년까지 비수도권 외국국적 학생의 비율이 70%를 넘었으나, 2021년 이후로 60% 대로 떨어지면서 수도권 외국국적 학생의 비율이 높아지고 있다. 이는 경기도 소재 전문대학에 등록한 외국국적 학생 수가 증가했기 때문으로 보인다. 경기도 소재 전문대학에 등록한 외국국적 학

그림 6-20 학위과정별 유학생 추이(2014~2023)

자료: 법무부 출입국 · 외국인정책본부 「등록외국인 지역별 현황」각 연도
주 1. 매년 3월 말 기준
2. 전체 전문학사(D-2-1)+ 학사유학(D-2-2)+ 석사유학(D-2-3) + 박사유학(D-2-4)
※ 자료원: 현채민, 최서리, 이창원(2024), 국내 외국국적 학생과 유학생(D-2) 규모 추이(2014~2023). 육아정책연구원.

생의 수가 2020년부터 2023년까지 연 평균 52%의 증가율을 보인 것으로 나타났다.

2014~2023년 기간 동안 일반대학(학사)과 석사과정의 경우 외국국적 학생의 수도권 비율이 약간 높지만, 박사과정은 비수도권 비율이 약간 높은 상태를 유지하고 있다. 대학원에서 차이를 보이는 이유는 전공 계열에 따른 외국국적 학생 수의 비율이 다르기 때문으로 보인다. 교육부의 '교육기본통계'에 따르면 석사과정의 경우 공학 · 자연 계열의 학생 비율이 10~20% 대로 나타났으나 박사과정의 경우에는 25~50% 대의 비율인 것으로 나타났다. 이는 비수도권 지역 이공계열 대학원의 외국국적 학생 의존도가 높기 때문으로 볼 수 있다. 이미 계열과 상관없이 대학원 과정도 내국인 학생의 수도권 쏠림현상이 심화됨에 따라 비수도권 지역의 이공계열 대학원은 외국국적 학생을 통해 연구자원을 확보하고 있는 상황이다(〈그림 6-21〉).

교육부 통계에 따르면 전문대학 및 일반대학(학사)의 경우 재적학생 수는 전반적으로 감소추세를 보이며, 재적학생 중 외국국적 학생 수의 비율은 커지고 있다. 구체적으로 살펴보면, 전문대학의 경우 전체 학생 중 외국인 비율은 2005년 0.3%에서 2009년 0.6%로 증가하였고, 2014년에는 0.2%로 감소하였다가, 2019년 0.8%, 2023년에는 2.0%로 증가추세를 보이고 있다. 일반대학의 경우 외국국적 학생 비율은 2005년 0.4%이었다가, 2009년 1.5%로 증가하였으나, 2014년에는 1.4%로 최저점을 찍고 다시 반등하여 2019년 3.0%, 2023년에는 3.8%를 기록하였다(〈그림 6-22〉).

대학원의 경우 외국국적 학생 수의 비율이 전문대학 및 일반대학보다 상대적으로 높다. 전문대학의 외국국적 학생 수의 비율은 평균 0.7%, 일반대학은 평균 2.0%였다면 석사의 경우 평균

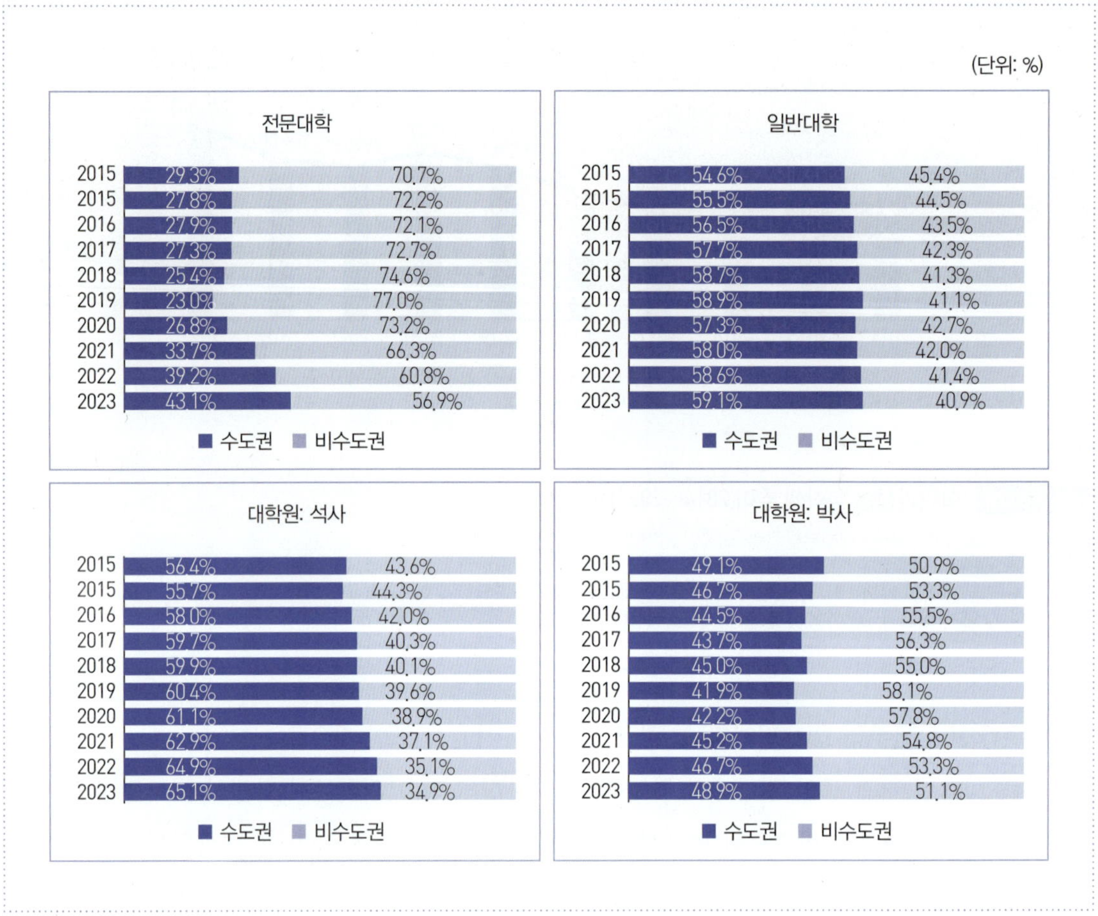

그림 6-21 외국국적 학생의 지역별(수도권 vs. 비수도권) 분포(2014~2023)

자료: 한국교육개발원 · 교육통계서비스(https://kess.kedi.re.kr)
주: 매년 4월 1일 기준
※ 자료원: 현채민, 최서리, 이창원(2024). 국내 외국국적 학생과 유학생(D-2) 규모 추이(2014~2023). 이민정책연구원.

6.6%, 박사는 평균 10.2%였다. 석사과정에 재학 중인 외국국적 학생 비율은 2005년에는 1.7%에서 지속적으로 증가하여 2023년 12.0%가 되었다. 박사과정의 외국국적 학생 비율은 2005년 4.0%에서, 2015년에는 8.8%, 2023년에는 21.1%로 증가 추세를 보인다(〈그림 6-23〉).

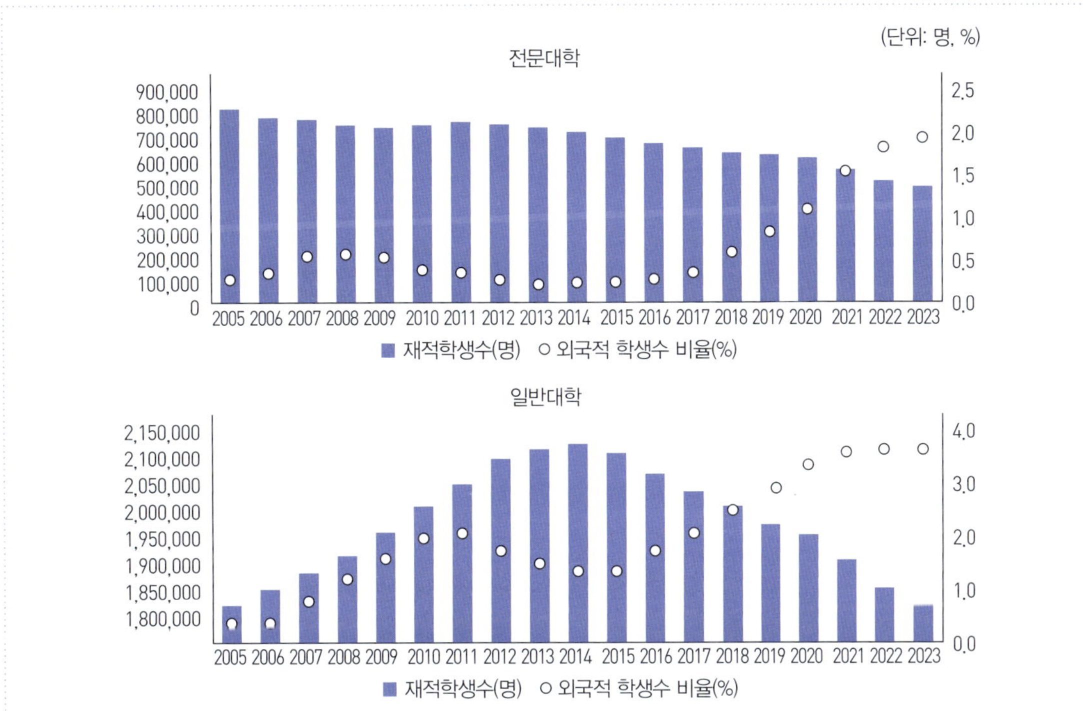

그림 6-22 학위과정별(전문대학 · 일반대학) 재적학생 규모와 외국국적 학생 비율(2005~2023)

※ 자료원: 현채민, 최서리, 이창원(2024). 국내 외국국적 학생과 유학생(D-2) 규모 추이(2014~2023). 이민정책연구원

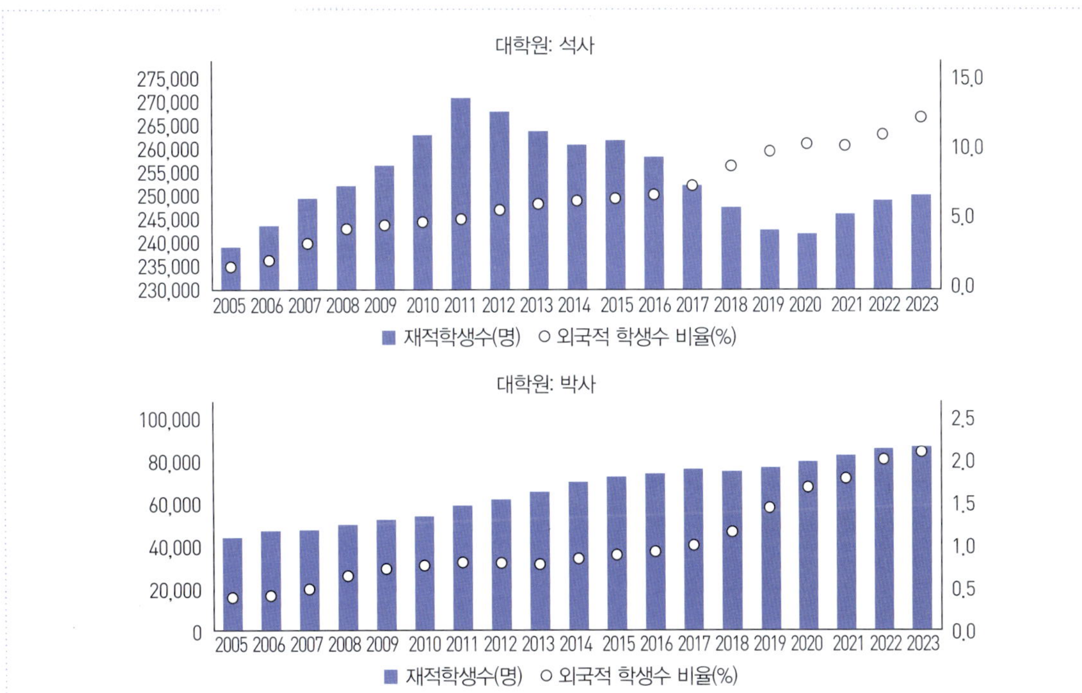

그림 6-23 학위과정별(대학원 석사 · 박사) 재적학생 규모와 외국국적 학생 비율(2005~2023)

자료: 한국교육개발원 교육통계서비스(https://kess.kedi.re.kr) 각 연도
주: 매년 4월 1일 기준
※ 자료원: 현채민, 최서리, 이창원(2024). 국내 외국국적 학생과 유학생(D-2) 규모 추이(2014~2023). 이민정책연구원.

07 » 국내거주 동포

이민 관련 행정통계에서는 국적이 주요 변수이지만, 각국의 센서스 등에서는 자신이 인식하는 종족(ethnicity)이나 조상(ancestry)을 기입하도록 되어 있다. 우리나라의 경우 외국인 행정통계에서도 법적으로 한국인을 조상으로 두고 있는지, 즉 한국계인지 여부가 중요한 분류기준이 되고 있다.

다문화사회의 구성원 현황을 살펴볼 때, 국내거주 동포를 언급하는 이유는 외국국적의 동포의 경우에는 가족 초청이 가능하고, 가족 단위로 한국으로 이주하여 생활하는 경우가 많기 때문이다. 외국국적의 동포는 대부분 한국사회의 문화가 친숙하거나 적응이 쉽지만, 그들의 가족들에게 한국사회는 낯선 환경일 가능성이 높다. 따라서 국내에 거주하고 있는 외국국적의 동포 규모 추이를 살펴보는 것은 이민정책을 수립하는 데 많은 도움을 줄 수 있다.

체류자격 중 일부는 동포에게만 부여되는 자격이기 때문에 체류자격만으로 동포를 구분해 낼 수 있기 때문에 5개의 체류자격을 중심으로 2010~2023년까지의 국내거주 외국국적동포의 자격별 분포와 추이를 살펴보고자 한다. 먼저 전반적으로 방문취업자(H-2)의 급격한 감소와 재외동포(F-4) 자격자의 급격한 증가가 특징적으로 나타났다. 2010년에는 전체 외국국적동포 중 방문취업자의 비율이 72.7%인데 반해 재외동포 자격자의 비율이 21.8%밖에 되지 않았지만, 2023년에는 그 비율이 각각 13.5%, 71.2%로 역전되었다. 재외동포는 2010년 이래 지속적으로 증가하였는데, 코로나19를 기점으로 증가세가 둔화되었고 2023년 전년 대비 증가율은 6.3%로 코로나19 이전인 2018년 증가율 6.7% 수준을 회복하였다. 동포 중 영주자격을 취득한 사람의 비중은 증가 추세에 있다고 볼 수 있으나 증가세가 두드러지지는 않는다. 예를 들어, 2010년에는 그 비율이 5% 정도였는데, 2023년에는 그 비율이 15% 정도였다.

국내에서 영주자격을 신청할 수 있는 방식은 여러 가지인데, 동포 중 영주자격을 취득한 경우에는 주로 한국국적 신청요건을 갖춘 동포에게 영주자격을 신청할 수 있도록 하는 경로(F-5-7)를 통한 것으로 파악된다. 「국적법」에 따르면 대한민국 국민이었던 외국인은 국적회복에 따라 한국국적을 취득할 수 있다. 2023년 말 기준 72,849명의 동포가 과거 대한민국 국민이었던 이유로 영주자격을 소지하고 있다. 재외동포 자격으로 2년간 체류한 동포 역시 영주자격(F-5-6) 신청이 가능한데, 2019~2020년에는 이 경로로 영주자격을 취득한 동포가 크게 증가하였지만, 국적요건 영주자격자의 절반 수준이었다. 반면 방문취업자로 국내에서 4년 동안 체류한 동포 중 영주자격을 취득한 사람은 3천 명대 수준으로 미미하다(〈그림 6-24〉).

2010년부터 2023년까지의 국내 거주 재외동포(F-4)의 연령별 구성 추이를 분석한 결과, 15세~64세의 생산연령인구의 절대적 수치는 가장 높게 나타나고 있지만 재외동포의 연령별 구성비를

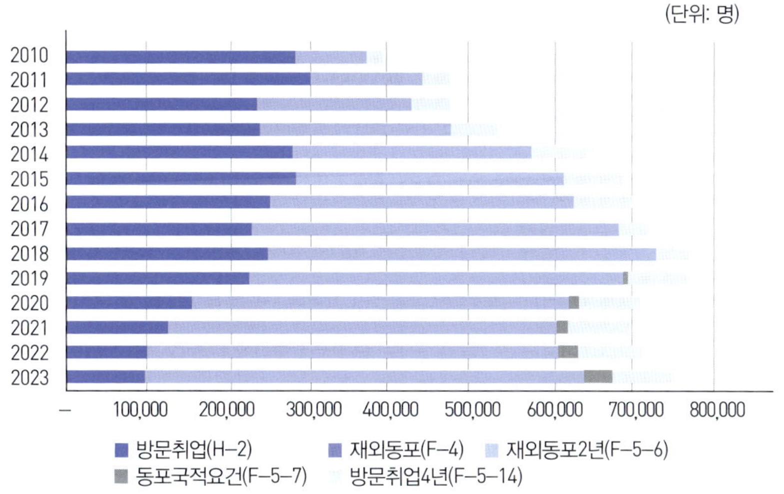

그림 6-24 체류자격별 국내거주 외국국적동포 추이(2000~2022)

사료: 법무부 「등록외국인 지역별 현황」, 「출입국 · 외국인정책 통계월보」
주: 등록외국인 수를 기준으로 통계를 수집하였고, 재외동포(F-4)의 경우 체류외국인 수로 대체함
※ 자료원: 박미화, 최서리(2024). 국내거주 동포(한국계)의 체류자격, 연령 및 지역 분포. 이민정책연구원.

보면 생산연령인구는 감소세를 보이고 있다. 반면에 65세 이상의 노년 인구는 꾸준한 증가세를 보이고 있다. 2010년에는 15세~64세의 생산연령인구 비율이 86.7%, 65세 이상의 노년 인구 비율이 11.2%였지만, 2023년에는 그 비율이 각각 74.5%, 23.3%로 반대의 변화 양상을 보였다. 이는 2007년 이후 방문취업제로 노동 이주를 왔던 생산연령인구가 노년 인구에 도달했거나, 2013년 이후 만 60세 이상 외국국적동포에게 재외동포 자격을 부여함에 따라 노년 인구가 증가된 것으로 보인다. 노년 인구는 2010년 이래로 꾸준한 증가세를 보이다가 코로나19로 인하여 2021년 20.3%로 감소하였고, 2022년부터 다시 증가하고 있다.

재외동포의 유소년 인구(1~14세)는 2010년 이래로 2020년까지 지속적인 감소세를 보이다가, 2021년에는 전년 대비 16.2%가 증가하였고, 2022년에는 전년 대비 258.5%, 2023년에 전년 대비 28.9%의 증가율을 보였다. 이는 2022년 1월부터 법무부가 국내 초 · 중 · 고교를 다니고 있는 한국계 중국인 및 러시아인의 미성년 자녀들에게 재외동포 자격을 부여하여 이들의 교육받을 권리를 보장하도록 한 정책을 추진한 결과라고 추측할 수 있다. 2021년 말 당시 법무부는 적용대상 인원이 약 2만 명 정도 될 것이라고 추정하였다(<그림 6-25>).

재외동포와 방문취업자는 현재 배우자와 미성년 자녀를 초청하여 한국에서 생활할 수 있는데, 이들의 가족이 받을 수 있는 자격은 방문동거(F-1)이다. 재외동포나 방문취업자의 자녀는 재외동포 자격을 부여받을 수 있기 때문에 방문동거 자격을 받는 대부분은 한국계가 아닌 배우자로 추정

할 수 있다. 방문취업자 가족(F-1-11)의 수는 2012년에는 자녀, 2015년부터 배우자를 초청할 수 있게 됨에 따라서 그 수가 매년 크게 증가하였으며, 2018년 정점을 찍은 이후 그 수가 다시 줄어드는 모습을 보이고 있다. 이는 방문취업자의 재외동포 자격 전환이 영향을 미쳤을 것으로 보인다. 한편 재외동포 가족(F-1-9)은 2015년부터 그 수가 계속 증가하여 2023년에는 4만 5천여 명까지 증가하는 모습을 보인다(〈그림 6-26〉).

하지만 실제 가족 단위로 국내 생활하고 있는 동포의 수는 훨씬 많을 것으로 보인다. 예를 들어, 방문동거가 아닌 다른 체류자격으로 동포의 가족이 국내 머무는 경우도 있을 것이고, 배우자나 자

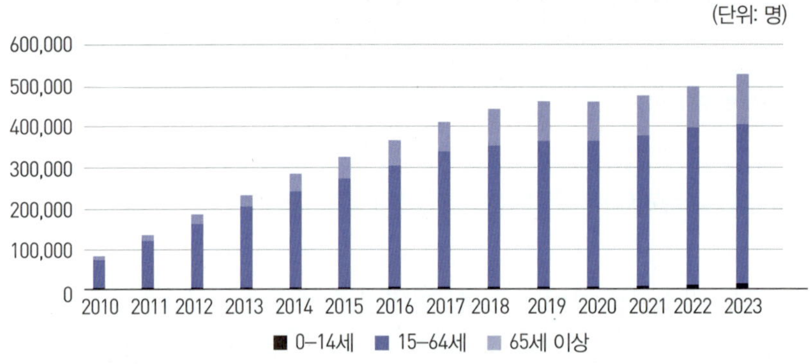

그림 6-25 재외동포(F–4) 연령대별 인구구조 추이(2010~2023)

자료: 법무부 「외국국적동포 거소신고 현황」
※ 자료원: 박미화, 최서리(2024). 국내거주 동포(한국계)의 체류자격, 연령 및 지역 분포. 이민정책연구원.

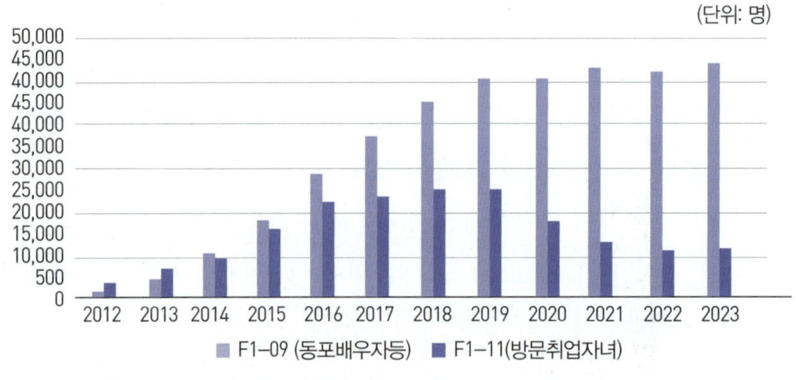

그림 6-26 국내 재외동포(F–4) 및 방문취업자(H–2) 가족 (2010~2023)

자료: 법무부 「등록외국인 지역별 현황」
※ 자료원: 박미화, 최서리(2024). 국내거주 동포(한국계)의 체류자격, 연령 및 지역 분포. 이민정책연구원.

녀가 아닌 직계존속(부모, 조부모)이 국내에 머무는 경우도 있을 것이다. 따라서 행정기관 내부적으로는 다양한 가족관계가 파악이 가능하도록 정보시스템이 구축될 필요가 있을 것이다.

>> CHAPTER

07

다문화사회와 건강

학습목표

1. 이민과 건강의 관련성을 이해할 수 있다.
2. 다문화사회의 건강관리를 설명할 수 있다.
3. 결혼이민자와 가족의 건강관리를 이해할 수 있다.
4. 이주노동자의 건강관리를 이해할 수 있다.
5. 북한이탈주민의 건강관리를 이해할 수 있다.

01 » 이민과 건강

이민과 건강 사이에는 역동적이면서도 복잡한 관계가 있다. 이민은 불안정한 고용 조건에서 일하는 외국인 노동자들이 불충분한 건강관리를 받을 수 밖에 없는 상황에 놓이는 것처럼 건강 위험을 불러일으킬 수 있다. 반면에 이민은 건강이 개선되는 기회가 되기도 하는데, 예를 들어 박해와 폭력으로부터 안전한 환경으로 이동할 수도 있기 때문이다. 국제이주기구(IOM)는 이민과 건강이라는 측면을 다음의 네 가지로 구분하여 설명하고 있다.

- 개별 이민자의 건강(the health of individual migrants)
- 이민이 인구의 건강에 영향을 미칠 수 있는 방식(the ways in which migration can affect the health of populations)
- 의료 시스템 대응(healthcare systems responses)
- 이민과 건강의 글로벌 거버넌스(the global governance of migration and health)

이민자의 건강은 이민자와 기존 인구집단 사이의 건강 격차로 확인할 수 있다. 또한 이민자의 건강상태가 개선되었는지 악화되었는지는 부분적으로 이민 여정 전, 이민 중, 이민 후에 건강을 결정하는 여러 요인과의 상호작용에 따라 달라질 수 있다. 이러한 요인은 건강의 사회적 결정요인(the social determinants of health)으로 알려져 있으며, 안전한 교통이나 양질의 주택, 의료에 대한 접근성 등이 포함된다.

그리고 공중보건(public health)은 이러한 이민이 개인의 건강에 어떤 영향을 미칠 수 있는지에 초점을 맞춘다. 여기에는 건강한 이민자는 사회적 · 경제적 개발을 촉진하고 '보편적 건강보장(universal health coverage, UHC)'이라는 세계적 목표를 향해 나아갈 수 있는 방법이 포함된다. 이는 모든 사람이 저렴하고 양질의 의료에 접근할 수 있도록 하는 것을 목표로 한다.

하지만 이민이라는 상황이 제대로 관리되지 않으면 이민자의 건강에 부정적인 영향을 미치는 것은 당연하다. 예를 들어, 불법체류자 부모가 체포, 구금 또는 추방에 대한 두려움이 있으면 자녀에게 예방접종과 같은 적절한 건강관리 서비스에 접근할 수 없다. 만일 이를 통해 감염병이 확산된다면 전체 인구집단의 건강에 부정적인 영향을 미칠 수 있다.

따라서 이민과 건강에 대한 사회 시스템의 대응이 중요하다. 이민자에게 친화적인 의료 대응 체계의 개발과 이민자 건강 모니터링은 모든 정책에서 이민과 건강에 대한 시스템을 통해 이민자의 건강 요구를 해결할 수 있다. 관리가 부족하거나 부적절하거나 차별적인 이민 및 건강 시스템은 이민자의 건강과 이민자와 상호작용하는 지역사회에 여러 가지 부정적인 결과를 초래할 수 있다.

1) 이민자와 건강

이민과 건강의 관련성에 대한 연구는 이민자와 기존 인구집단 사이에서 발견되는 건강에 대한 양상(pattern)과 기존 인구집단이 자신의 정신적 · 사회적 · 신체적 웰빙(well-being) 요구를 충족하기 위해 노력하는 상황을 포함하여, 다양한 이민자 집단에서 발견되는 건강 양상을 탐구한다. 이러한 양상을 탐구하는 것은 여러 가지 이유에서 중요하다.

첫째, 수십 년에 걸쳐서 수행한 공중보건 전략을 개발하면서 포용성(inclusiveness)의 필요성을 인식하게 되었다. 즉 면역 프로그램을 통해 감염병 통제를 다룰 때에는 전체 사회를 통합해야 할 필요성이 크기 때문인데, 이민자 집단과 같은 하위 인구집단을 배제하는 것은 위험하다. 이민자들은 결핵, HIV, B형 간염, C형 감염 및 백신으로 예방할 수 있는 질병에 부담을 느낀다. 따라서 감시(surveillance), 선별(screening) 및 치료 연계(linkage to care)에서 이민자 집단을 다루는 것은 국가 및 지역사회의 공중보건 목표를 충족시키는 데 아주 중요하다.

둘째, 이민자 집단과 같은 특정 하위 집단을 위해 개발된 일부의 건강 관련 중재(intervention)는 전체 인구집에게 건강 상의 이점을 제공하거나 가져올 수 있다.

셋째, 이민 여정 전, 이민 중, 이민 후에 이민자에게 최상의 건강상태를 보장하면 그들에 대한 기존사회의 포용성을 보여줌과 동시에 기존사회에 대한 기여를 극대화할 수 있다. 이는 이민자가 자신의 가족에게 지원을 용이하게 할 수 있도록 해주며, 기존사회와 이민자가 부담해야 하는 잠재적인 건강 관련 비용을 최소화할 수 있도록 한다.

따라서 대규모의 난민이 발생하는 상황에서 음식과 쉼터와 같은 즉각적인 건강 문제는 가장 중요한 관심사이기 때문에, 개인과 지역사회 및 더 광범위한 사회의 이익을 위해서는 이러한 중요한 요구 사항을 충족시키기 위한 전담 기관 등이 필요하다.

그리고 건강 취약성(health vulnerability)과 회복력(resilience)을 이해하는 것은 이민자와 건강 분야의 핵심이다. 이민자는 동질적인 집단이 아니며, 그들의 요구 사항, 건강 취약성과 회복력 요인 또한 동질적이지 않을 수 있다. 특히 성별은 고려해야 할 핵심적인 차원이다. 여기서 건강 취약성은 '개인이 질병이나 감염병의 영향을 예상, 대처, 저항 및 회복할 수 없는 정도'로 정의할 수 있는데, 건강 취약성은 대부분 낮은 사회경제적 위치와 관련이 있지만, 사람들이 고립되고, 불안하며, 무방비 상태일 때에도 발생할 수 있다. 예를 들어, 이민 중이나 후에 이민자들은 위험이나 충격 또는 스트레스 상황에 자주 직면한다. 반면에 건강 회복력은 개인이 건강에 대한 위협에 대처하거나 건강 위험의 영향에 저항하는 데 필요한 자원에 접근할 수 있을 때 발생한다. 이러한 자원은 물리적이거나 물질적일 수 있고, 더불어 개인의 기술이나 성향과 사회적 네트워크에서 찾을 수도 있다.

일부의 이민자들은 떠나온 지역이나 도착하는 지역의 인구집단보다 건강하며, 발생한 건강 문제에 대해 높은 회복력을 보여주기도 한다. 하지만 이러한 건강상의 이점은 빠르게 사라질 수 있으며, 건강의 긍정적인 결정요인에 접근하는 데 어려움을 겪을 수도 있다. 그 결과 기존의 지역사회 주민보다 다양한 건강 취약성이 발생한다. 예를 들어, 산전 및 산후 합병증은 종종 여성 이민자에게 더 심각하다. 이는 임신 관련 건강관리 경험이 낮을 가능성이 있으며, 이로 인해 정신건강 장애, 산모 사망률 및 조산 위험이 증가한다. 망명 신청자와 난민의 산후 건강 결과 및 관리에 대한 체계적 연구에 따르면, 산후 우울증과 같은 산후 정신건강 장애가 이민 여성에게 더욱 많이 발생한다고 한다. 또한 여성 이민자의 자간전증(preeclampsia)/자간증(eclampsia) 및 혈전증(thrombosis)과 관련된 사망률의 상대적 위험은 2배라고 하였다(Heslehurst 등, 2018).

표 7-1 취약한 상황에 처한 이민자 집단의 주요 건강문제

구분	주요 건강문제
불법 이민자	• 의료서비스에 대한 접근이 제한적이거나 불가능함 • 예방 및 일차보건의료에 대한 지불 능력이 더욱 제한적임 • 안전하고 합법적인 일자리에 대한 접근이 제한적이거나 불가능함 • 추방에 대한 두려움은 정서적 안녕과 정신건강에 여러 가지 영향을 미치며, 의료서비스를 찾으려는 의지에 영향을 미침
구금 이민자	• 구금 조건은 종종 처벌적이고 감옥과 같은 조건이어서 의료서비스에 대한 접근성이 제한적임 • 무기한 구금은 극심한 고통과 인지적 · 신체적 · 정서적 악화에 기여함 • 우울증과 자살 생각의 비율이 극적으로 증가함 • 이민 아동은 부모와 함께 구금되거나 가족과 분리되어 교육이나 놀이 기회가 부족할 수 있음
이민 아동과 무보호 미성년자	• 예방접종과 같은 예방적 건강 중재가 중단될 수 있음 • 사회적 고립과 가족 구성원과의 분리는 필요할 때 의료서비스를 받을 수 있는 능력을 심각하게 제한함 • 정착 후에도 정신건강 장애가 지속됨 • 이민 신청 해결에 사용되는 연령 결정 절차는 논란이 많고 부정확성과 윤리적 문제가 많음
"남겨진(left behind)" 아동들	• 식량을 구매하고 교육적 혜택을 위해 돈을 쓸 수 있는 송금(remittances)의 잠재적 이점이 발생함 • 불안, 우울증, 자살 생각, 약물 남용 및 성장 장애의 위험이 증가함
"남겨진(left behind)" 성인 보호자	• 노인 보호자는 남겨진 아이들을 돌보는 부담을 불균형하게 떠안으며, 부정적인 심리사회적 · 신체적 건강 결과를 초래함 • 노인 보호자는 더 높은 수준의 우울증, 외로움, 인지장애 및 불안을 경험하며, 이주 자녀가 없는 노령 부모에 비해 심리적 건강점수가 낮았음
LGBTI 이민자	• 폭력, 차별 또는 박해를 피하기 위해 이주를 할 수 있음 • 망명 신청을 위해 지속적으로 성별 및 성적 정체성을 증명해야 하는 것과 관련된 트라우마 • 높은 수준의 우울증, 외상 후 스트레스 장애(PTSD), 자살성(suicidality) 및 약물 남용
인신매매 생존자	• 높은 수준의 신체적 · 성적 폭력, 직장 부상 • 높은 비율의 우울증, 불안 및 외상 후 스트레스 장애, 자살 시도 • 만성적 위협, 과도한 근무 시간, 열악한 생활 환경 및 심각한 자유 제한

※ 자료원: IOM(2020). World Migration Report 2020.

건강 취약성이 가장 큰 이민자는 변화와 도전을 예상하고, 대처하고, 저항하고, 회복하는 능력이 감소하는 상황에 처한 사람들이다. 일부 이민자들은 위험한 이주 과정 중에 트라우마, 착취 및 학대에 노출될 수 있다. 그들은 심리사회적 스트레스, 영양결핍, 탈수, 감염병 노출, 의료 서비스 부족 등을 경험할 수 있으며, 이민 수용 시설이나 불법적인 작업 환경 등과 같은 건강에 해로운 환경에 노출될 수 있다(〈표 7-1〉).

2) 이민과 공중보건

이민자는 정신적 · 사회적 · 신체적 웰빙 요구를 해결하는 데 어려움을 겪을 수 있다. 건강에 긍정적인 결정요인에 접근할 수 있는 능력이 제한적이거나 전혀 없는 이민자는 건강 결과가 좋지 않을 수 있으며, 이는 공중보건에 다양한 영향을 미친다. 이것은 안정적인 소득을 얻는 데 어려움을 겪기 때문일 수도 있다. 만일 이민자가 적절한 시기에 검사와 치료를 받을 수 없다면, 지역사회 내 다른 사람들에게 질병이 전파될 가능성이 높아지며, 결과적으로 기존사회의 의료 시스템에 불필요한 비용이 발생할 가능성이 높아진다. 따라서 이민과 건강에 대한 부정적인 일반적인 표현은 미디어에서 과장되는 경향이 있다는 것을 인식하는 것이 중요하다. 어떤 국가들에서는 반이민을 정치적으로 이용하여 이민자들을 공중보건에 대한 위협으로 인식하도록 하기도 한다.

기존의 의료 시스템과 관계없이 이민자가 매우 아플 때만 의료서비스를 이용한다면 추가 비용이 의료 시스템에 부담을 줄 것이다. 반면에 쉽게 이용할 수 있는 예방 및 치료 서비스는 이민자가 매우 아파지기 전에 건강상의 문제를 해결할 수 있어서 의료 시스템 전체 비용을 줄일 수 있다. 특히 감염병에 대한 치료가 지연되거나 결핵 및 HIV와 같은 만성적인 감염병에 대한 치료를 계속 받는 데 발생하는 어려움은 감염의 추가 전파 가능성을 증가시키므로 인구집단 전체에 부정적인 영향을 미칠 수 있다. 특히 국제적인 이동의 경우, 치료가 지연되는 경우에는 여러 요인과 관련이 있는데, 합법적인 처치가 아닌 경우에는 공공서비스를 이용하는 것에 대한 두려움이나 의료 제공자가 치료를 거부하는 것 등이 포함된다. 제한적인 이민 제도를 가진 국가에서 "보호소 도시(sanctuary cities)"가 등장한 것은 부분적으로 이민 상태와 관계없이 의료서비스를 이용할 수 있도록 해야한다는 필요성에서 비롯되었다. "보호소 도시" 운동은 인권 원칙과 건강 형평성(health equity) 접근 방식에 기반을 두고 있으며, 이는 불법 이민자의 건강관리에 대한 접근성을 강조한다. 예를 들어, 미국 내 2개의 이민 보호소에서 치료를 받는 멕시코 이민자 사이에서는 의사와의 의사소통이나 불법 이민자와 등록 이민자 간의 당뇨병 관리 정도에 유의미한 차이가 없었다. 이곳에서는 건강 서비스를 찾는 사람들에게 이민과 관련된 법적 지위에 대해 질문하지 않으며, 이민 당국에도 보고하지도 않지 않는다. 그래서 등록 이민자와 미국에서 태어난 멕시코인과 유사한 건강관리를 경험하였다고 한다(Iten 등, 2014).

특히 난민, 망명 신청자, 불법 이민자를 포함한 일부의 이민자 집단은 감염성 질환에 취약하고 기존사회 인구집단보다 건강이 더 나쁠 수 있으며, 특정 감염성 질환이 유행하는 지역에서 온 경우가 있다. 이런 집단은 표적 검진(targeted screening) 및 중재의 혜택을 볼 수 있다. 이민이라는 상황은 예방접종 일정의 중단으로 이어질 수 있으며, 이는 개별 이민자와 이민으로 영향을 받는 지역사회 모두에 부정적인 공중보건학적 영향을 미칠 수 있다.

따라서 이민은 감염병 통제에 있어서 중요한 고려사항이다. 대표적으로 2014년 서아프리카에서 발생한 에볼라(Ebola) 발병 사례가 있으며, 또 다른 예로 말라리아(malaria)를 해결하기 위한 중재가 있었다. 이를 위해서는 이민에 대한 신중한 고려가 필요하며, 이는 진단에 영향을 미치고 치료 접근성과 치료 연속성에 부정적인 영향을 미치는 것으로 나타났다. 그래서 감염병 통제에 있어서 이민의 중요성을 인식하는 것이 필요하여, 이민은 국제보건 규정과 글로벌 보건의 주요 질병 통제 프로그램에 포함되어 있다. 예를 들어, 세계보건기구(WHO)의 2015년 이후 글로벌 "결핵 종식 전략(End tuberculosis(TB) Strategy)" 프레임워크는 이민과 국경 간 문제를 결핵 발생률이 낮은 국가의 우선적 조치 영역으로 지정했다(Lönnroth 등, 2015).

3) 이민과 의료 시스템의 대응

의료 시스템(health-care system)은 그 자체가 건강의 결정요인이며, 각 국가의 정책과 법적 체계에 따라 이민자는 적절하고 공평하며 저렴한 의료서비스에 대한 접근이 허용되지 않을 수 있으며, 지역사회의 의료 시스템이 이민자의 건강 요구를 관리할 충분한 역량을 가지고 있지 못할 수도 있다. 예를 들어, 장기적인 위험(crisis)에 처한 국가에서 가족과 함께 망명을 신청한 이민 아동은 출신 국가의 의료서비스 제공 중단으로 인해 예방접종 목표를 달성하지 못할 가능성이 높다. 또한 의료서비스를 이용할 수 있는 경우, 특정 이민자 집단은 언어 장벽으로 인해 증상을 표현하고 치료 지침을 이해하기 어려울 수 있다. 정신건강과 관련된 것처럼 질병 원인의 다양한 문화적 요소는 효과적인 임상 관리에 장애물이 된다. 또한 익숙하지 않은 건강 및 복지 시스템을 찾는 데 어려움을 겪을 수도 있다. 이는 의료 시스템이 심각하게 훼손된 국가에서 이민을 온 경우에 더욱 그렇다.

고소득 국가에서 이민자와 난민에게 의료서비스를 제공하는 데 있어서 보고된 세 가지 주요 주제는 바로 의사소통(communication), 치료의 연속성(continuity of care) 및 신뢰(confidence)였다(Brandenberger 등, 2019). 의사소통은 명확한 진단 및 치료에 있어서 중요하다. 이민자 집단의 훈련된 통역사는 이민자에게 민감한 치료를 제공하는 데 중요하였다. 또한 의료 상담에 대한 윤리적이고 전문적인 접근 방식을 보장하기 위해 통역사의 교육도 강조되고 있다. 치료의 연속성은 이민자의 의료 시스템 이해, 통합 및 의료 시스템의 여러 부분에서 사례관리(case management)와 같은 요인과 관련이 있다. 신뢰는 가장 일반적인 주제였으며, 의료 제공자에 대한 신뢰, 치료 제공에 대한 문화적 민감성 보장 및 대리권 보유 능력(ability to have agency)과 관련이 있었다. 위 연구에 따르면, 신뢰할 수 있는 관계가 구축되지 않은 경우에 환자는 전통 의학(traditional medicine)을 사용하고 치료를 위해 "자체 자원(their own resources)"를 신뢰하였다.

또 다른 연구에서는 이민자를 위한 의료서비스 제공에 대한 의료 제공자의 인식, 태도 및 관행을 조사하였는데, 언어 및 문화적 장벽뿐만 아니라 직장 내 자원의 제약과 전문적 윤리와 이민자의 의료 권리를 제한하는 국내법 간의 불일치로 어려움을 겪고 있는 것을 발견하였다(Suphanchaimat 등, 2015). 의료 제공자는 시민사회 단체와 함께 이러한 임상 사례를 관리하면서 혁신적인 수단을 사용하여 치료를 제공하였다.

따라서 개선된 의료 시스템 대응의 핵심적인 구성요소는 이민자의 요구를 위한 의료서비스, 재원 마련, 정책, 계획, 실행 및 평가의 모든 측면을 통합하는 것을 목표로 하는 이민자 친화적 의료 시스템 및 프로그램의 개발이다. 여기에는 문화적으로 민감하고 언어적으로 다양한 의료서비스 제공의 보장, 일차보건의료(primary health care)에 대한 접근성 제공, 국가 재난 대비 및 대응 계획에 이민자 집단 포함, 이민자의 필요에 대비한 일상적인 건강정보 시스템 구축이 포함된다(Mladovsky, 2013).

4) 이민과 건강의 글로벌 거버넌스

거버넌스(governance)는 이민과 건강에 대한 모든 대응책을 개발하고 실행하는 데 핵심적인 요소이다. 이민 거버넌스는 주로 국가 주권의 중심점에 있으며, 긍정적인 건강 결과가 잘 관리된 이민을 필요로 한다는 것을 보장한다. 그러나 격리(quarantine)와 국경 건강관리(border-health management)를 포함하는 글로벌 건강 보안(health security)과 관련된 문제를 넘어 고위급(high-level) 이민 거버넌스 결정에 건강 부서가 참여하는 경우가 종종 제한적이며 이민이 건강 프로그램 개발에서 종종 잊혀지는 경우가 발생한다. 많은 국가가 국제인권기구에 이민자, 특히 불법 이민자에게 필수적인 건강관리 서비스 제공을 포함하여 건강 보호를 보장할 수 없거나 보장하고 싶지 않다고 명시적으로 밝혔다.

최근 몇 년 동안 이민과 건강 영역에 대한 다양한 거버넌스 의제가 개발되어 중재에 대한 정치적 지원을 얻을 수 있는 중요한 기회가 제공되었다. 이러한 의제는 이민 거버넌스, 개발 및 글로벌 건강 거버넌스 분야를 연결하여 다음과 같은 내용을 포함하였다.

- 안전하고 질서있고 정규적인 이민을 위한 글로벌 협약

- 난민에 대한 글로벌 협약
- 지속가능개발목표(Sustainable Development Goals, SDGs)
- 보편적 건강보장(universal health coverage, UHC)
- 세계보건총회(World Health Assembly) 절차
- 질병 예방 및 통제 프로그램(말라리아, HIV 및 결핵 포함)
- 글로벌 보건 안보 어젠다(Global Health Security Agenda)

그리고 효과적인 거버넌스에는 이민 관리 체계와 보건 분야 간의 동맹을 구축하기 위한 전략적 리더십과 투자가 필요하다.

지속가능개발목표(SDGs)는 이민, 개발 및 건강 분야를 하나로 모아 통합되고 조정된 대응을 개발하고 구현하라는 여러 가지 요구 사항을 제시하고 있다. 이 가운데 '보편적 건강보장(UHC)'은 이민과 건강에 대한 대응을 개선할 수 있는 전략적 기회를 제공하는 주요 지속가능개발목표이다. 이는 이주노동자의 건강과 관련된 송금(remittances) 흐름을 보장함으로써 사회적 · 경제적 개발에 간접적으로 이바지할 것이다.

그럼에도 불구하고 여러 전문가들은 이민자의 건강에 대한 권리를 실현하는 데 글로벌 협약(Global Compact)의 약점에 대해서도 언급했다. 여기에는 생식 건강과 안전한 산모 관리에 대한 접근성이 부족하여 신생아와 아동 건강에 직접적인 영향을 미치는 것이 포함되었다. 이러한 한계에도 이민을 위한 글로벌 협약은 이민 거버넌스에 대한 논의에서 이민자에게 민감한 건강 정책과 서비스를 발전시키는 도구로 사용할 수 있는 기회를 제공하고 있다.

02 » 다문화사회의 건강관리

다문화사회에서 건강관리의 초점은 소수자의 건강권을 보장하고 건강형평성을 달성하는 것이기 때문에 건강관리정책은 이민정책과 함께 수립하는 것이 중요하다. 일반적으로 이민 1세대는 대체로 건강하다고 보지만, 내국인보다는 열악한 근로환경과 새로운 환경의 적응에서 오는 스트레스 등의 건강 위협에 노출될 확률이 높다.

'이민자통합정책지수(Migrants Integration Policy Index, MIPEX)'는 국가별로 이민자들이 해당 국가에 얼마나 통합되었는지를 점수로 보여주는 지표로서 2004년부터 EU 회원국을 대상으로 평가가 이루어지고 있는데, 현재는 미국, 캐나다, 호주, 뉴질랜드, 한국, 일본 등 총 52개 국가에서 사용되고 있다. 이민자통합정책지수는 측정지표가 매우 구체적이고 세분화되어 있으며, 다른 지수

개발 사업에서 자주 참조될 정도로 국제적 공신력을 인증받고 있다. 또한 지수의 개발 역사는 짧지만, 지속적인 연구를 통해 측정지표를 꾸준히 확대하고 있다는 점이 두드러진다(고상두, 2021).

2014년 제4차 평가부터 건강영역을 추가하여 이민자의 건강이 사회통합에 중요한 요소임이 밝혀졌는데, 이민자통합정책지수에 밝힌 건강정책영역은 4개 관점에 23개 정책지표로 구성되어 있다. 4개의 건강정책영역은 다음과 같다.

- 보건의료서비스를 누릴 자격(Entitlement to Health Services)
- 보건의료서비스 접근성(Accessibility of Health Services)
- 이민자 욕구에 대응하는 서비스의 제공(Responsive Services)
- 이주민 의료서비스 체계 변화를 위한 기제(Policies to Promote Change)

제4차 평가에서 건강영역 4개 관점별로 우리나라는 '보건의료서비스를 누릴 자격'에서 22, '보건의료서비스 접근성'에서 68, '이민자 욕구에 대응하는 서비스의 제공'에서 17, '이주민 의료서비스 제계 변화를 위한 기제'에서 36점으로 27위를 차지하여, 뉴질랜드의 평균 75와는 두 배 이상의 차이를 보였다. 특히 가장 낮은 지표는 '이민자 욕구에 대응하는 서비스의 제공' 관점으로, 구체적으로는 문화다양성을 고려한 서비스와 서비스 제공자에 대한 훈련, 전달체계 구성에 있어서 체류자의 의견 반영, 그리고 서비스 제공자에 대한 다양성 제고 측면에서는 거의 점수를 받지 못했다. 즉 이민자들의 문화적 배경을 무시하고, 어떻게 전달할 것인지에 대한 의견도 반영하지 않았으며 서비스 제공자에 대한 교육도 이루어지지 않았다고 평가되었다(〈그림 7-1〉).

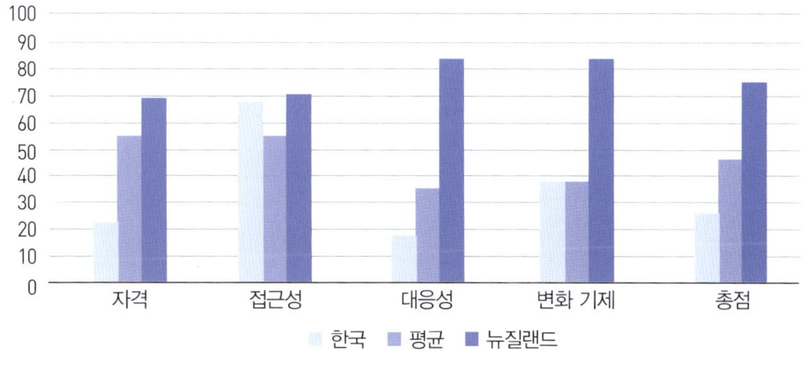

그림 7-1 제4차 MIPEX 건강지표 비교: 한국, 평균, 뉴질랜드(2014)

주: 80–100 호의적(favourable), 60–79 약간 호의적(slightly favourable), 41–59 중간(halfway favourable), 21–40 약간 비호의적(slightly unfavourable), 1–20 비호의적(unfavourable), 0 매우 비호의적 (critically unfavourable)

※ 자료원: 박민정, 장주영, 강동관, 김혜경, 신소희(2019). 보건소 근무인력의 이민 · 다문화정책 교육현황 분석 및 개선안. 이민정책연구원.

표 7-2 제5차 MIPEX 정책 영역과 하위차원(2019)

구분	정책 영역 (지표 수)	하위차원	내용 요약
1	노동시장 이동성 (9)	노동시장 접근성	합법적 이주노동자와 가족들이 노동시장에서 내국인과 동등한 직업에 접근하고 이동할 수 있음을 보장
		일반지원 접근성	합법적 이주노동자와 가족들에게 내국인과 동등한 자격과 기술향상의 기회 제공
		맞춤형 지원	해외에서 출생, 교육받은 합법적 이주노동자의 요구에 대한 맞춤형 대응
		노동자 권리	합법적 이주노동자에게 내국인과 동등한 근로권과 사회보장권 제공 여부
2	가족 재결합 (10)	적격성	자신의 배우자/파트너 또는 미성년 자녀를 후원하거나 그들과 재결합할 수 있는 자격
		(재결합) 요건	경제력, 언어, 통합의 측면에서 달성해야 하는 요구사항
		신분 보장	가족재결합이 다양한 이유로 거부되지 않도록 보장
		권리 관련	자율적인 거주 허가의 승인
3	교육 (9)	접근성	이주 아동이 법적 지위를 불문하고, 모든 교육 수준에 동등하게 접근할 수 있도록 보장
		맞춤형 수요	학교 이주 아동, 부모, 교사의 특정한 요구사항에 대한 응대
		새로운 기회와 상호문화 교육	모든 아동이 새롭고 다양한 언어, 문화, 기회를 접함 / 교사들도 상호문화 교육과 다양성을 훈련받음
4	건강 (12)	자격 부여	내국인과 동등한 의료서비스를 받을 자격
		보건서비스 접근가능성	이민자가 보건서비스에 접근할 수 있도록 돕는 정책 유무
		대응적 서비스	이민자의 요구에 대한 보건서비스의 맞춤형 대응 정도 정의 및 예시 ex) • 언어 지원 서비스 • 정신건강 서비스 연결 • 문화적 적합성 • 의료 서비스 접근 정책
		변화 촉진 정책	이민자에게 보건서비스를 제공하기 위한 자금 지원
5	정치참여 (5)	선거권	내국인과 동등한 선거권/피선거권 부여 여부
		정치적 자유	내국인과 동등한 정당 및 정치협회의 설립, 참여 권리
		자문 제도	이민자 대표나 협회로 구성된 강력하고 독립적인 자문기구의 유무
		이행 정책	캠페인 및 재정지원에 있어 이민자 협회의 정치적 참여 장려
6	장기거주 (7)	적격성	임지 거주하는 이민자들이 5년 후 영주권을 취득할 수 있도록 지원
		(거주) 요건	경제력, 언어 등 달성해야 하는 자격 요건
		신분 보장	영주권 갱신 시점에 신분이 보장되도록 보장
		권리 관련	영구거주자들에게는 내국인과 동등하게 사회보장 및 부조, 사회적 권리를 주장하도록 함
7	국적 취득 접근성 (7)	적격성	이민자의 귀화에 필요한 기간 및 자손의 시민권 부여에 속지주의 적용 여부
		(국적 취득) 요건과 신분보장	경제력, 언어, 전과기록 등 귀화시 확인 요건
		이중 국적	귀화하는 이민자의 이중 국적 가능 여부
8	반차별 (9)	법의 적용 범위	국적, 인종, 민족, 종교에 따른 차별금지
		적용 분야	다양한 삶의 모든 영역에서 국적, 인종, 민족, 종교에 따른 차별금지 여부
		집행 메커니즘	국적, 인종, 민족, 종교에 따른 차별 피해자들의 문제 제기 가능성
		평등 정책	평등 정책 기구의 운영을 통한 정책 추진 지원

※ 자료원: 유민이, 박민정, 김도원, 이창원, 박형준, 이병하, 장봉진(2021). 이민통합정책 평가지표 개발 및 지수 측정. 법무부 출입국 · 외국인정책본부.

제5차 이민자통합정책지수 평가에서는 영역은 8개로 기존과 같이 유지되었으나 정책핵심지표는 167개에서 68개로 대폭 축소되었으며, 건강영역도 23개에서 12개로 줄었다(〈표 7-2〉). 건강영역 하위차원에서 '자격 부여'란 내국인과 동등한 의료서비스를 받을 자격이며, '보건서비스 접근가능성'은 이민자가 보건서비스에 접근할 수 있도록 돕는 정책의 유무이다. 또한 '대응적 서비스'는 이민자의 요구에 대한 보건서비스의 맞춤형 대응 정도를 말하며, '변화 촉진 정책'은 이민자에게 보건서비스를 제공하기 위한 자금의 지원 등을 의미한다.

실제로 제5차 평가에 적용된 건강영역 12개의 하부지표는 크게 의료보장시스템 포함 여건, 관련 정보 접근성, 그리고 시스템 체계 등으로 구분되며, 우리나라는 평균 40으로 제4차 때의 36보다는 높아졌지만, 전체 8개 영역 중 가장 낮았다(〈표 7-3〉). 이는 우리나라의 의료보장시스템에서 미등록 이민자를 포함시키지 않았고, 망명 신청자와 미등록 이민자에 대한 정책 및 제도적인 배려가 부족했다는 것을 증명한다. 구체적으로 보면, 합법적 이민자를 위한 행정서비스와 이민자를 위한 정보와 보건교육, 건강증진 관련 정보지표에는 모두 만점이었으나, 통역서비스 제공에는 절반 수준이었고, 보건서비스 및 정보제공과 서비스 평가, 운영 등에 대한 이주민 참여와 지난 5년간 이주민을 위한 의료 및 보건 관련 연구지원, 그리고 이주민을 위한 보건시스템 차원에서 접근하는 지표에서는 거의 점수를 받지 못했기 때문이다(〈표 7-4〉).

표 7-3 우리나라의 제4차, 제5차 이민자통합정책지수(2014, 2019)

정책영역 (Policy Area)	지수(Index)		순위(Ranking)	
	2014	2019	2014	2019
노동시장 이동성(Labor market mobility)	71	65	11	–
가족 재결합(Family reunion)	63	54	18	–
교육(Education)	57	72	11	8
건강(Health)	36	40	27	–
정치참여(Political participation)	54	65	15	8
영주(장기거주)(Permanent residence)	54	60	25	–
국적취득 접근성(Access to nationality)	36	44	25	–
차별금지(Anti–discrimination)	52	51	24	–
계	53	56	18/38	18/52

※ 자료원: 윤광일, 오혜진(2020). 한국 MIPEX 결과 및 주요 쟁점. 이민자 사회통합을 위한 정책세미나 자료집. 법무부, 이민정책연구원, 숙대 사회갈등 및 통합 연구센터.

표 7-4 제5차 MIPEX 건강정책영역의 12개 지표별 평가(2019)

정책 영역 지표	지수(Index)
합법적 이민자를 위한 보건의료서비스 지원 자격	50
2. 망명 신청자를 위한 보건의료서비스 지원 자격	50
3. 미등록 이민자를 위한 보건의료서비스 지원 자격	0
4. 합법적 이민자를 위한 행정 재량과 문서화	100
5. 망명 신청자를 위한 행정 재량과 문서화	0
6. 미등록 이민자를 위한 행정 재량과 문서화	0
7. 보건의료서비스의 지원 및 활용을 고려하는 이민자를 위한 정보	100
8. 건강교육 및 증진을 고려하는 이민자를 위한 정보	100
9. 양질의 통역서비스 이용 가능성	50
10. 정보제공, 사업 설계 및 제공 등에 이민자를 참여시키는 것	0
11. 이민자 보건의료연구 지원	0
12. 전 조직 차원의 접근	0

※ 자료원: 윤광일, 오혜진(2020). 한국 MIPEX 결과 및 주요 쟁점. 이민자 사회통합을 위한 정책세미나 자료집. 법무부, 이민정책연구원, 숙대 사회갈등 및 통합 연구센터.

1) 건강권적 접근

'건강권(right to health)' 개념은 이민자 건강지원에 대한 사회적 · 정치적 규범을 설정하며, 그 제도화를 위한 근거를 제공한다. 국제사회는 건강권과 국제인권기준 상 규정된 이민자들의 권리를 결합하여, 이민자의 건강권이라는 규범적 근거를 제시하고 있다. 건강권 개념은 1946년 61개국 대표가 서명한 세계보건기구(WHO) 헌장에서 처음 도입된 것으로 여겨진다.

WHO 헌장에서 제안된 건강권 개념은 그 이후 채택된 대부분의 국제법과 국제인권법에서 건강권에 대한 정의로 인용되고 있다. UN에 의해 1948년에 채택되어 최초의 국제인권기준이 된 '세계인권선언(Universal Declaration of Human Rights)'은 '건강할 권리'로서의 건강권에 대한 명확한 정의를 제시하지는 않지만, 제22조에서 '사회보장에 대한 권리', 제25조에서 '건강과 안녕에 적합한 생활 수준을 누릴 권리'를 규정하면서 그 권리들의 일부로서 건강의 측면을 강조한다.

건강권에 대한 이러한 선언적 규정들은 UN이 1976년 채택한 '경제적, 사회적 및 문화적 권리에 대한 국제규약(International Covenant on Economic, Social and Cultural Rights, CESCR)'을 통해 제도적 구속력을 갖게 된다. 이 규약의 제12조에 제시된 건강권의 정의에는 WHO 헌장에서의 건강권 개념이 반영되어 있다.

이렇게 건강권적 접근은 인간의 보편적 권리로서 건강권을 제시하면서 이민자들 역시 내국인과 마찬가지로 건강한 삶을 위한 사회보장의 대상이 되는 근거를 마련해준다. 물론 이민자들의 체류 자격 등에 따른 내국인과의 건강서비스 제공 정도의 차이를 인정하고는 있지만, 국제사회의 많은 논의들은 국가는 주권 지역 내 모든 사람들의 건강에 대해 법적 의무를 지고 있음을 강조하고 있으며, 특히 응급 상황 및 기본적 의료 접근성에 대한 권리는 인권적 의무로서 보호받아야 함을 명확히 하고 있다.

이민자 건강에 대한 인권적 접근은 실제 이민자들의 건강환경에 있어서 많은 효용성을 가지고 있다. 첫째, 이민자들의 건강문제를 다루고 이를 지원하는 것이 시혜적 차원의 배려가 아닌 국가적 사회적 의무임을 국제적 기본원칙으로 보여준다. 둘째, 위와 관련하여 건강권 확보를 위한 최소한의 기준이 마련됨으로써, 건강권 침해를 예방 또는 개선하여 열악한 건강 상태에 놓여 있는 이민자들에게 '최저선' 이상의 권리를 영위할 사회적 권리로서의 혜택을 제공해준다.

그러나 이러한 이민자 건강에 대한 인권적 접근이 갖는 효용성에도 불구하고 실제 이민자 건강을 위한 정책이나 프로그램 마련에서는 많은 한계들이 발견된다. 이는 대부분 건강이 갖는 매우 포괄적인 요인들이 종합된 결과물로서의 특성이 건강권에는 충실히 반영되지 않기 때문이라고 할 수 있다. 이러한 한계점들을 정리하면 다음과 같다.

첫째, 건강권에 대한 개념은 건강 정책 및 사회적 개입에서 중요한 근거로 작용하고 있지만, 현실 정책의 입안과 수행에서 그 명확한 범위나 구체적인 기준이나 지침을 제공해주지는 못하고 있다. 둘째, 건강권의 실현을 정부 정책의 공식 영역으로 그 책임을 명시함에 따라 일상 영역에서 나타나는 비공식 영역의 건강 결정요인에 대해서는 역설적으로 사회적 책임을 묻지 않는 결과를 초래할 수 있다. 예를 들어, 일상 영역에서의 사회적 소외나 스트레스 또는 개인적 건강 행동의 이상에 대한 개입 프로그램은 공식 부분의 정책 의무로 규정되기 매우 어렵다고 할 수 있다. 셋째, 인권적 측면의 접근 방식은 그 사회에서 설정한 일정 수준의 건강권 침해에 포함되지 않는 건강 상태에서 나타나는 건강불평등의 문제에 대해서는 침묵하는 경향을 보인다. 마지막으로 인권으로서의 건강권의 개념은 감염병의 퇴치 등 과학 발전에 따른 의학적 성취에 대한 낙관적 전망이 주류를 이룬 20세기 중반 이후의 시대적 사조를 반영하고 있는 것이다. 이러한 의학 발전에 대한 믿음은 의학이라는 도구에 의해 질병들이 해소될 것으로 믿어졌으며, 이에 따라 건강권의 개념은 개인들이 현대적 의학 처치를 받을 권리로 해석의 범위가 좁혀졌다는 비판을 받고 있다. 이로 인해 환경이나 건강 행동의 개선을 통한 질병의 예방이 상대적으로 덜 주목받는 경향이 나타나는데, 건강권에 대한 책임이 국가나 사회에 집중되면서 건강의 다른 주체들, 즉 환자, 지역 공동체, 일상생활 영역의 중요성이 적극적으로 반영되지는 않았던 것으로 판단된다(이상림, 2012).

2) 공중보건학적 접근

인권으로서의 이민자 건강에 대한 접근방식이 지니는 실천적 한계를 보완하기 위하여 최근에는 공중보건(public health) 영역에서 제안되고 발전된 건강증진 개념이 국제적으로 제안되고 있다. 이민자를 위한 건강증진의 접근은 간략히 말하자면 특정 질병을 가지고 있거나 또는 특정 질병에 대한 위험군만을 대상으로 한 것이 아니라, 전체 인구의 맥락에서 그들의 건강증진을 위한 건강환경의 개선에 초점을 두는 것이라고 할 수 있다. 이를 위해 일반적인 질병에 대한 예방적 조치로 이민자 당사자들과 지역사회가 그들이 처한 건강 위험 요인을 올바르게 인식하고 대처할 수 있도록 그들의 역량강화를 강조하는 제반 의료적 · 사회적 · 제도적 지원을 의미한다.

공중보건 또는 인구 건강(population health)의 관점에서는 인간의 건강상태를 결정하는 데, 진료나 치료 등과 같은 의료 관리나 또는 음주, 흡연, 운동 등과 같은 건강행동보다 사회경제적 특성들이 더 많은 결정력을 갖는다고 보고하고 있다. 이러한 맥락에서 개인이나 지역사회가 자신의 건강환경을 스스로 개선할 수 있도록 하는 자기 역량강화의 영역을 단순히 의료서비스에 대한 교육이나 보건교육을 통해서만 이루려는 것이 아니라, 사회참여 및 포괄적 건강 결정요인에 대한 개선이 가능할 수 있는 환경 마련을 위한 노력도 병행하고 있다. 이를 위해서는 의료 시설, 의료서비스 제공자, 대중 위생 및 공중보건 교육 등 기존의 전통적 보건 영역뿐만 아니라, 지역사회, 사회복지, 공공정책, 노동 분야 등 다양한 영역의 비의료 영역까지 협력하는 더 넓은 의미의 건강 정책으로 그 영역을 확대해야 한다(〈그림 7-2〉).

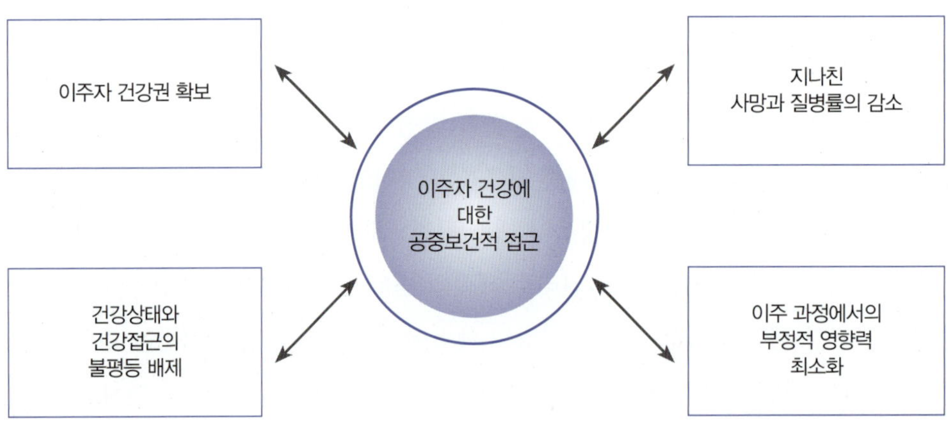

그림 7-2 이민자 건강에 대한 공중보건학적 접근

※ 자료원: 이상림(2012). 이주자 건강증진을 위한 정책 제안. 보건복지포럼, 187.

03 » 결혼이민자와 가족의 건강

결혼이민자가 한국사회에서 살아가면서 겪는 일반적인 건강문제들로는 사회적응과 가족생활에서 오는 스트레스, 가정폭력 등으로 인한 우울 등이 있으며(이인선 등, 2019), 우울에는 입국과 함께 이루어지는 임신 · 출산에 의한 산후우울증이 있다. 우울이나 스트레스 등은 생활만족도가 높고 배우자나 가족들로부터의 지지가 있으면 어느 정도는 완화될 수 있으나, 자녀양육 스트레스나 갈등이 심한 경우, 또는 폭력을 경험하고 경제활동을 하지 않는 경우에는 더 심해질 수도 있다(문소현 등, 2019). 특히 이민 초기 정착과정에서 발생하는 문화적응 스트레스가 우울로 이어지며, 차별적인 경험 역시 스트레스를 유발한다(박길순, 이은아, 2020).

1) 결혼이민자·귀화자의 건강상태

2021년 전국다문화가족실태조사(여성가족부, 2022)에 따르면, 결혼이민자 · 귀화자의 주관적 건강상태는 5점 기준에서 평균 3.89점으로 18세 이상 국민의 3.42점보다는 0.47점 높은 수준이었다. 성별로 구분하면, 여성 이민자의 건강상태는 3.89점으로 여성 일반의 3.33점보다 0.56점 높았으며, 남성 이민자는 3.93점으로 남성 일반의 3.51점보다 0.42점 높았다. 건강상태에 결정적인 영향을 미치는 연령대 분포를 고려해보면, 29세 이하 연령층에서는 결혼이민자 · 귀화자가 해당 연령대 국민 일반보다 0.36점 높았고, 30대에서는 집단 간 격차가 0.45점, 40대는 0.38점, 50대는 0.20점으로 30대를 기준으로 연령대가 높아질수록 결혼이민자 · 귀화자와 해당 연령대 국민 일반의 건

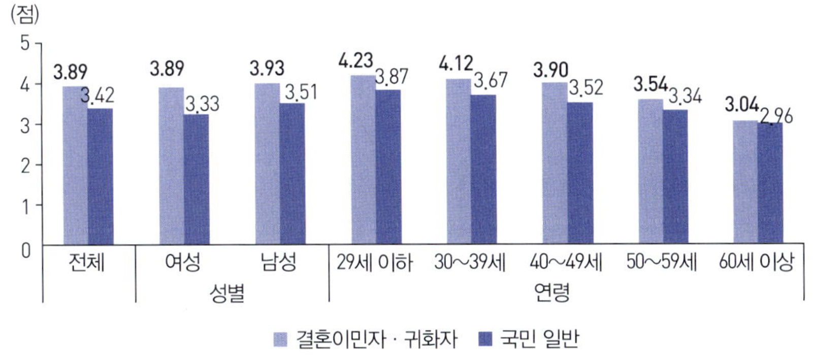

그림 7-3 결혼이민자 · 귀화자와 18세 이상 국민의 주관적 건강상태 비교

주: 평균 – 매우 나쁘다=1점 ~ 매우 좋다5점
자료: 통계청(2020), 사회조사 원자료 분석(18세 이상)(국민 일반 부분)
※ 자료원: 여성가족부(2022). 2021년 전국다문화가족실태조사.

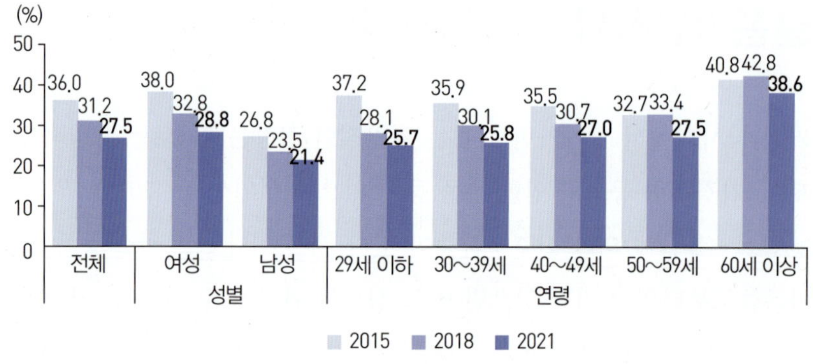

그림 7-4 결혼이민자 · 귀화자 성별, 연령대별 우울감 경험(가끔 있다+자주 있다+매우 자주 있다)(2015, 2018, 2021)

※ 자료원: 여성가족부(2022). 2021년 전국다문화가족실태조사.

강수준 격차가 줄어들었다(〈그림 7-3〉).

결혼이민자 · 귀화자의 우울감 경험을 살펴보면, 지난 1년간 지속적으로 2주 이상 일상생활이 어려울 정도로 슬프거나 절망감을 느낀 적이 있었는지를 질문하였는데, 결혼이민자 · 귀화자 중 27.5%가 우울감 경험이 있다고(가끔+자주+매우 자주) 응답했다. 우울감 경험은 2015~2018년 4.8%p 감소한 데 이어 2021년 조사에서도 2018년 대비 3.7%p 감소해 눈에 띄게 개선되고 있는 상황이었다. 특히 2015~2018년 우울감 경험이 증가했던 50대 이상 연령층의 경우에도 2021년 조사에서는 상당 수준 개선된 것으로 나타났다(〈그림 7-4〉).

결혼이민자 · 귀화자의 의료시설 이용 장애요인을 살펴보면, 결혼이민자 · 귀화자 중 지난 1년간 아파서 병원에 가고 싶을 때 가지 못한 적이 있었던 이들은 6.6%로 2015년 11.6%, 2018년 11.5%

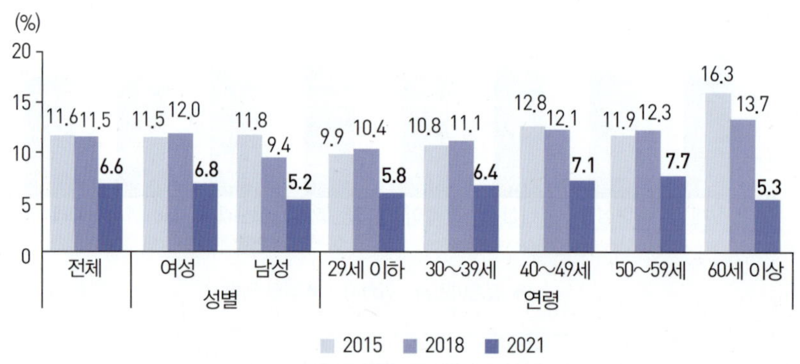

그림 7-5 결혼이민자 · 귀화자의 병원에 가지 못한 경험(2015, 2018, 2021)

※ 자료원: 여성가족부(2022). 2021년 전국다문화가족실태조사.

보다 크게 줄어들어 의료시설에 대한 접근성은 상당 부분 개선된 것으로 나타났다. 특히 60세 이상 연령층의 경우에는 2015년과 2018년 조사 결과에서는 병원에 가지 못한 경우가 가장 많았으나 이번 조사에서는 다른 연령대보다 오히려 적을 정도로 감소 폭이 컸다(〈그림 7-5〉).

지난 1년간 병원에 가지 못한 경험이 있는 이들에게 가장 큰 이유는 치료비 부담 문제가 29.9%로 가장 컸고, 직장 일이 바빠서 병원을 가지 못한 경우도 21.7%에 달했다. 한국어를 잘하지 못해서 또는 가까운 곳에 병원이 없어서 병원을 가지 못한 경우도 각각 12.0%, 10.3%였으며, 육아·가사부담을 이유로 지적한 비율도 9.4%로 적지 않았다. 이밖에도 어떤 종류의 병원을 가야할지 몰라서, 이용 절차가 복잡해서 병원을 가지 못한 경우도 각각 7.1%, 5.0%였다.

결혼이민자·귀화자의 생활 전반을 고려한 현재 삶에 대한 전반적인 만족도는 5점 기준에서 3.82점으로 18세 이상 국민 일반과 비교하면 0.68점 높은 수준이었다. 여성 결혼이민자·귀화자의 생활만족도는 3.82점으로 18세 이상 여성 일반보다 0.67점 높았고, 남성 결혼이민자·귀화자의 생활만족도는 3.85점으로 남성 일반보다 0.72점 높아 남성의 생활만족도 격차가 더 크게 나타났다. 연령대별로는 29세 이하 연령층에서는 결혼이민자·귀화자의 생활만족도가 해당 연령대 국민 일반보다 0.89점 높았고, 30대에서는 0.74점, 40대는 0.56점, 50대는 0.51점, 60대 이상 층에서는 0.40점 높아서 모든 연령층에서 결혼이민자·귀화자의 생활만족도가 해당 연령대 국민 일반보다 높았다. 하지만 연령대가 높아질수록 집단 간 격차는 줄어드는 것으로 나타났다(〈그림 7-6〉).

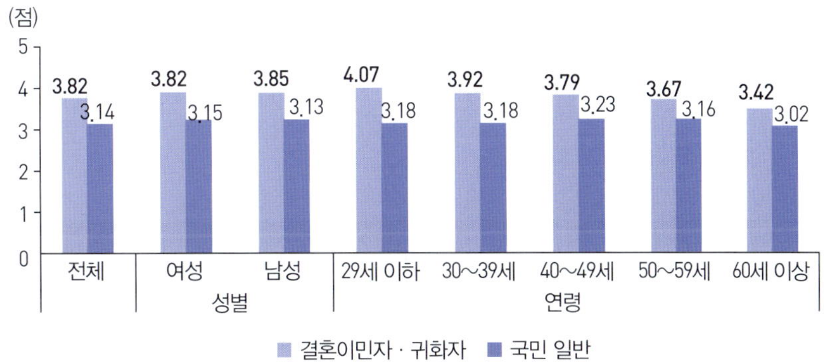

그림 7-6 결혼이민자·귀화자와 18세 이상 국민의 생활만족도 비교

주: 전혀 만족하지 않는다=1점, 별로 만족하지 않는다=2점, 보통이다3점, 약간 만족한다=4점, 매우 만족한다=5점 자료: 통계청(2021), 사회조사 원자료 분석(18세 이상)(국민 일반 부분)

※ 자료원: 여성가족부(2022). 2021년 전국다문화가족실태조사.

2) 다문화가족 자녀의 건강상태

2021년 전국다문화가족실태조사(여성가족부, 2022)에 따르면, 만 9~24세 자녀를 기준으로 그들이 경험하는 우울감을 파악하기 위하여 지난 1년 간 지속적으로 2주 이상 일상생활이 어려울 정도로 슬프거나 절망한 적이 있는지를 '그런 적 없다(1점)'부터 '매우 자주 느꼈다(4점)'까지 4점 척도 상에 표시하도록 하였다. 그 결과 4점 만점에 평균 1.22점으로 전체적으로는 우울감을 가끔 느끼는 수준으로 나타났다. 응답 분포를 보면, '그런 적 없다'고 응답한 비율이 80.9%로 대다수였고, '가끔 느꼈다'는 16.2%, '자주 느꼈다'는 2.6%, '매우 자주 느꼈다'는 0.4%였다. 이는 2015년과 2018년 조사와 비슷한 수준이었으며, 다만 연령대별로 비교했을 때 12~14세의 1.26점과 18세 이상의 1.37점은 2015년과 2018년에 비해 높게 나타났다(〈그림 7-7〉).

그리고 다문화가족 자녀의 자아존중감을 '나는 많은 장점을 가졌다', '나는 대부분의 다른 사람

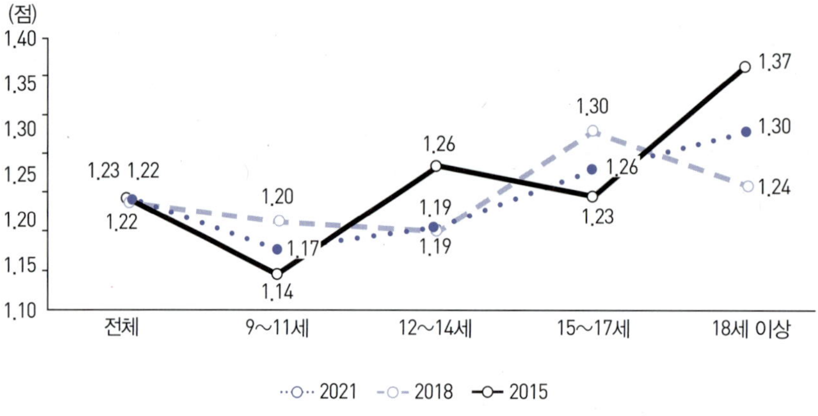

그림 7-7 다문화가족 자녀의 우울감(2015, 2018, 2021)

주: 그런 적 없다=1점, 가끔 느꼈다=2점, 자주 느꼈다=3점, 매우 자주 느꼈다=4점
※ 자료원: 여성가족부(2022). 2021년 전국다문화가족실태조사.

표 7-5 다문화가족 자녀의 자아존중감

(단위: %, 명)

구분	전혀 그렇지 않다	별로 그렇지 않다	보통이다	약간그렇다	매우그렇다	합계
나는 많은 장점을 가졌다	0.6(712)	9.4(11,993)	40.1(51,276)	33.5(42,831)	16.5(21,038)	100.0(127,849)
나는 대부분의 다른 사람들만큼 일을 잘 해낼 수 있다	0.4(510)	7.8(10,034)	40.7(52,085)	32.4(41,381)	18.6(23,839)	100.0(127,849)
전반적으로 내 자신에 대하여 만족한다	0.5(624)	7.9(10,061)	34.5(44,119)	34.2(43,690)	23.0(29,355)	100.0(127,849)

※ 자료원: 여성가족부(2022). 2021년 전국다문화가족실태조사.

들만큼 일을 잘 해낼 수 있다', '전반적으로 내 자신에 대하여 만족한다'의 총 3개 문항으로 조사하였는데, 5점 척도기준으로 '그렇다'와 '매우 그렇다'를 합산한 긍정 응답 비율을 살펴보면 '나는 많은 장점을 가졌다'가 50.0%, '나는 대부분의 다른 사람들만큼 일을 잘 해낼 수 있다'가 51.0%, '전반적으로 내 자신에 대하여 만족한다'가 57.2%로 전반적으로 자아존중감은 긍정적 경향성을 보였다(〈표 7-5〉).

04 이주노동자의 건강

이주노동자의 건강은 1990년대 초 산업연수생 제도와 이후 고용허가제로 외국 인력이 유입된 이래, 이주노동자들의 죽음과 이들에 대한 인권침해나 열악한 노동환경에 따른 질병과 사고 및 사망 등의 산업재해가 발생하면서 사람들의 관심을 끌게 되었다. 이주노동자의 근로환경은 내재로 건강권을 보장받기 어려운 경우가 많고, 세계적으로도 이주와 그에 따른 사회적 · 환경적 요인 등으로 인해 정신적 · 육체적 건강상태는 낮아지게 된다.

'2023년 이민자 체류실태 및 고용조사 결과'를 바탕으로 한 우리나라 외국인 취업자 수는 2023년 5월 기준 87만 3천 명으로 전년 대비 8만 명 증가하였고(통계청, 법무부, 2023), 여기에서 빠진 미등록 체류자와 단기 체류 외국인 취업자의 규모를 고려한다면 전체 이주노동자는 100만 명을 넘을 것으로 예상된다. 추가적으로 외국인과 귀화허가자의 주요 고용지표를 살펴보면 〈표 7-6〉과 같다.

표 7-6 외국인 · 귀화허가자의 주요 고용지표

(단위: 천명, %, %p)

		상주인구	경제활동인구	취업자	실업자	비경제활동인구	경제활동참가율	고용률	실업률
외국인	2022. 5.	1,302	880	843	37	422	67.6	64.8	4.2
	2023. 5.	**1,430**	**975**	**923**	**52**	**455**	**68.2**	**64.5**	**5.4**
	증감	129	95	80	16	33	0.6	−0.3	1.2
	증감률	9.9	10.8	9.5	42.1	7.8	–	–	–
귀화허가자	2022. 5.	52	36	34	1	17	68.2	65.3	3.9
	2023. 5.	**51**	**36**	**34**	**2**	**15**	**70.7**	**67.4**	**4.7**
	증감	−1	0	0	0	−2	2.5	2.1	0.8
	증감률	−2.5	1.1	0.6	21.4	−10.2	–	–	–

※ 자료원: 통계청, 법무부(2023). 2023년 이민자 체류실태 및 고용조사 결과.

이제 우리나라의 산업 현장에서 이주노동자가 중요한 축을 담당하고 있다는 것은 부정하기 힘든 사실이 되었으며(윤자호, 2021), 더욱이 3D 업종에 대한 내국인 노동자 기피 현상, 고령화로 인한 생산가능인구 감소 등에 따라 이주노동자에 대한 수요는 갈수록 증가할 것으로 보인다(정연, 이나경, 2022).

하지만 이들의 실질적 기여에 대한 평가는 상대적으로 인색한 가운데, 많은 이주노동자들은 내국인 노동자보다 더욱 위험한 작업 환경, 열악한 근로조건에서 일하는 것으로 알려져 있다. 더욱이 이주노동자들이 주로 일하는 곳이 소규모 영세 하청업체인 까닭에, 최근 우리 사회에 만연해 있는 위험의 외주화 현상이 곧 '위험의 외주화'로 연결되고 있다는 지적도 나온다. 실제로 우리나라 전체 업무상 사고 사망자 수는 2010년 1,114명에서 2023년 812명으로 꾸준히 감소한 데 반해 외국인 노동자 사고 사망자 수는 2023년 112명으로 100명대를 유지하고 있다(〈표 7-7〉).

이에 따라 정부에서는 이주노동자의 취업 전 안전보건교육을 실시하고 있으며, 취업 이후에도 민간위탁 기술지원, 외국인 고용사업장 적시 기술지원, 외국인 고용사업장 클린 및 융자지원 등을 통해 외국인 고용사업장의 안전보건 수준을 높일 수 있도록 지속적인 사업을 전개하고 있다. 또한 언어소통의 어려움을 위해 16개국 언어로 '위기탈출 다국적 회화 앱'을 제공하여 이주노동자

표 7-7 외국인 근로자 산업재해 현황

구분	재해자 수(명)		
	총계	부상자 및 질병이환자	사망자*
2012년	6,404	6,289	106
2013년	5,586	5,489	88
2014년	6,044	5,956	85
2015년	6,449	6,339	103
2016년	6,728	6,634	88
2017년	6,302	6,186	107
2018년	7,239	7,096	136
2019년	7,538	7,401	129
2020년	7,583	7,457	118
2021년	8,030	7,892	129
2022년	8,286	8,171	108
2023년	8,792	8,677	112

*사망자 수에는 사업장 외 교통사고, 체육행사, 폭력행위, 사고발생일로부터 1년 경과 사고사망자, 통상 출퇴근 사망자 제외(다만, 운수업, 음식 · 숙박업의 사업장 외 교통사고는 포함), 재해자에는 제외되는 사고사망자가 모두 포함되어 있어 부상자 및 질병이환자, 사망자와 합한 수치와 총계는 일치하지 않음

※ 자료원: 고용노동부(2024). 2024년판 고용노동백서.

의 활용도를 높이고 있다.

이와 더불어 이민자 중 외국인 국민연금 가입자는 2021년 기준으로 29.3%로 2년 전보다 약 7% 증가하였으나, 건강보험 가입자는 91.6%로 같은 기간 17% 이상 증가하였다. 국민연금 미가입자 비율이 60%대로 높은 이유는 현재 국민연금은 외국인도 가입하는 것이 원칙이나, 체류자격이나 국가에 따라 가입대상 적용이 아닌 경우도 있기 때문이다. 귀화허가자는 같은 해 국민연금 가입자가 외국인보다 높긴 하나 47.4%로 절반 수준이고, 건강보험 가입자는 96.6%로 2년 전과 거의 같다(〈표 7-8〉).

이민자 중 매달 월급을 받는 외국인 임금근로자의 고용보험 가입률은 2021년 기준 55.8%로 전년 대비 1.5%p 증가하였고, 산재보험 가입률은 67.9%로 0.2%p 감소하였다. 귀화허가자의 고용보험 가입률은 69.3%로 전년 대비 3.4%p 증가하였고, 산재보험도 67.8%로 2.4%p 증가하였다(〈표 7-9〉).

이주노동자를 위한 보험가입은 사업주가 주도적으로 서둘러야 하지만 그렇지 못한 경우도 많으

표 7-8 외국인 · 귀화허가자의 국민연금과 건강보험 가입 여부

(단위: 천명, %)

		전체	국민연금			건강보험		
			가입	미가입	모르겠음	가입	미가입	모르겠음
외국인	2019. 5.	1,332.6 (100.0)	(23.0)	(68.9)	(8.1)	(73.9)	(23.5)	(2.6)
	2021. 5.	**1,331.8 (100.0)**	**(29.8)**	**(64.5)**	**(5.7)**	**(91.6)**	**(6.7)**	**(1.7)**
귀화 허가자	2019. 5.	48.8 (100.0)	(44.9)	(52.3)	(2.9)	(96.3)	(3.1)	(0.6)
	2021. 5.	**49.4 (100.0)**	**(47.4)**	**(50.2)**	**(2.4)**	**(96.6)**	**(2.6)**	**(0.8)**

※ 자료원: 통계청, 법무부(2021). 2021년 이민자 체류실태 및 고용조사 결과.

표 7-9 외국인 · 귀화허가자의 고용보험 및 산재보험 가입 현황

(단위: 천명, %, %p)

		전체 임금근로자		국민연금			건강보험		
				가입	미가입	모르겠음	가입	미가입	모르겠음
외국인	2020. 5.	803.7	(100.0)	(54.3)	(37.2)	(8.5)	(68.1)	(23.1)	(8.8)
	2021. 5.	**811.3**	**(100.0)**	**(55.8)**	**(37.8)**	**(6.4)**	**(67.9)**	**(25.2)**	**(6.9)**
	전년대비증감	7.6	–	(1.5)	(0.6)	(–2.1)	(–0.2)	(2.1)	(–1.9)
귀화 허가자	2020. 5.	24.6	(100.0)	(65.9)	(30.1)	(4.1)	(65.4)	(28.9)	(5.7)
	2021. 5.	**26.7**	**(100.0)**	**(69.3)**	**(28.5)**	**(2.6)**	**(67.8)**	**(28.1)**	**(4.1)**
	전년대비증감	2.1	–	(3.4)	(–1.6)	(–1.5)	(2.4)	(–0.8)	(–1.6)

※ 자료원: 통계청, 법무부(2021). 2021년 이민자 체류실태 및 고용조사 결과.

며, 유해위험인자도 많고 작업환경이 열악한 30인 이하의 소규모 사업장이어서 낯설기도 하거니와, 언어소통장애 등으로 이주노동자가 재해예방에 대한 정보나 지식을 얻는 데 한계가 있다. 고용보험은 2021년 전까지는 당연적용대상이 아니었고, 본인이 원하면 가입할 수 있으나 60% 정도만이 이 사실을 알고 있으며, 실제로 이들 사업장의 산재보험가입률은 50%에도 못 미쳤다. 사업주 역시 보험료 지불에 부담을 느끼기도 하고, 미등록자인 경우에는 아예 가입할 방법도 없다. 미등록자일수록 건설현장 등 작업환경이 더 열악하여 노동자 재해율도 전체 평균보다 이주노동자에서 더 높고, 사업장을 옮길 경우에는 체납료 납부부담으로 가입이 더 어려워진다(곽윤정, 김기태, 2021).

여성 이주노동자의 경우에는 처음 입국 시 외에는 근로계약서를 체결하지 않는 경우도 많고, 미등록 상황인 경우에는 임금이나 근로조건, 보험가입 등에서 더욱 불리하다. 아파도 병원 이용이 어려울 뿐 아니라, 같은 외국여성이라고 해도 다문화가족지원센터 등을 통한 특별 지원을 받는 결혼이민자보다 훨씬 열악하다. 여성 이주노동자의 1/4 정도가 임금, 부서배치, 채용뿐만 아니라 외모나 단지 여성이라는 이유만으로 성차별을 겪는다(오경석 등, 2017).

이처럼 저숙련 이주노동자 및 미등록 이주노동자들이 고용되어 있는 사업장은 대부분이 소규모 영세사업장인 경우가 많아서 우리나라의 소규모 영세사업장이 안고 있는 작업 환경 문제에 고스란히 노출되어 있다. 실제로 이주노동자와 우리나라 전체 노동자의 산재 발생률을 비교한 결과, 이주노동자의 업무상 사고 발생 및 사망은 우리나라 전체 노동자보다 훨씬 높았으며, 전체 사망재해 중 이주노동자가 차지하는 비율은 우리나라 전체 취업자 중 이주노동자가 차지하는 비율의 증가 속도보다도 훨씬 가파르게 증가한 것으로 나타났다. 이는 이주노동자들이 내국인 노동자들에 비해 더욱 위험하고 취약한 환경에서 일하고 있다는 것을 나타낸다는 점에서 이들을 보호하기 위한 제도적 장치를 더욱 강화해야 할 필요성이 제기된다.

「근로기준법」, 「산업안전보건법」, 「산재보험법」 등의 우리나라 노동관계법은 적어도 명시적으로는 내 · 외국인 차별을 두지 않고 있다. 그러나 노동관계법의 '적용 제외'를 받는 업종 및 사업장들이 주로 이주노동자가 많이 일하는 곳이라는 점에서 이들은 실질적인 사각지대에 놓여 있다고 볼 수 있다. 또한 내국인과 차별적인 노동조건, 언어 및 문화 차이로 인한 의사소통 문제와 안전보건 정보 숙지의 어려움 등이 겹쳐 이주노동자들은 산업재해에 쉽게 노출되며, 이러한 상황은 법 · 제도에서 이주노동자를 배제하지 않는 소극적 차원의 정책을 넘어 이주노동자의 불리함을 파악하여 실질적으로 개선할 수 있는 적극적 조치가 필요함을 강조한다(강민주, 2019). 가령, 안전보건표지뿐만 아니라 안전보건교육이나 물질안전보건자료(MSDS) 및 대상 물질 경고 표시 등에도 모국어 제공 의무를 부여함으로써 이주노동자들이 안전보건 정보를 충분히 숙지할 수 있도록 지원과 규제를 할 필요가 있다. 또한 이주노동자들이 작업장의 위험과 본인의 건강상태를 정확히 인지할 수 있도록 작업 환경 측정 결과나 건강 진단 결과에서 모국어 제공 의무를 강화하는 것 역시 이러한 적극적 조치의 일환으로 고려할 필요가 있다(한정훈, 2019).

나아가 고용허가제는 국가가 나서서 외국 인력을 도입하고 관리하는 제도인 만큼, 이주노동자들이 우리나라 정부를 믿고 안전하게 일할 수 있도록 근로조건 및 안전보건 측면에서 사업장에 대한 사전 검증과 사후 평가를 강화하는 것이 매우 중요하다. 또한 사업장 변경 사유를 더욱 확대하여 중대한 산업재해가 발생한 경우뿐만 아니라 '사업장에 안전보건상 문제가 있는 경우'에도 사업장 변경이 가능하도록 함으로써 이주노동자가 안전하게 일할 권리를 보장해 주어야 할 것이다.

05 » 북한이탈주민의 건강

국내로 입국하는 다수의 북한이탈주민은 북한에 있을 때부터 적절한 의료서비스를 받지 못했고 탈북과정에서의 힘든 생활의 여파로 다양한 건강문제를 동반하고 있다. 북한이탈주민의 건강문제는 북한의 경제적 어려움이 가중되면서 국가 주도의 의료시스템이 정상적으로 작동하지 않아서 필요한 시기에 치료를 받지 못했고, 식량난으로 제대로 먹지 못한 것에서 비롯된 것으로 보인다. 또한 탈북과정에서 몸이 아파도 적기에 병원을 갈 수 없었던 사정에는 타지에서의 활동이 자유스럽지 못했고 억압된 생활과 의사소통 문제, 경제적 어려움, 신분의 불안으로 제때 치료를 받지 못해서 질병의 악화 또는 질병의 만성화 경향으로 보이고 있다(전정희, 2010).

북한이탈주민들의 건강상태를 살펴본 기존 연구들에 의하면, 입국시 북한이탈주민들에서 결핵, B형 간염, C형 간염 등 감염성 질환 유병이 높고, 치아 건강이 취약하며(강동완, 2018), 여성 입국자의 경우 성매개 질환 치료, 임산부 관리, 생리불순, 호르몬 불균형 문제, 부인암 관리 등의 건강관리가 필요한 것으로 보였다. 이외에도 여러 외상 및 심리적 스트레스로 인해 정신질환의 유병률이 높았으며, 주관적 건강상태 또한 남한 일반 국민에 비해 나쁜 것으로 나타났다.

북한이탈주민의 주요 건강문제를 요약하면 〈표 7-10〉과 같다.

이처럼 북한이탈주민은 탈북 이전부터 다양한 건강문제를 가지고 있어서 보건의료서비스에 대한 요구가 높다. '2023 북한이탈주민 정착실태조사'(남북하나재단, 2023)에 의하면, 북한이탈주민은 더 나은 남한생활을 위해 필요한 지원으로 취·창업지원(21.7%) 다음으로 의료지원(21.7%)을 선택할 만큼 북한이탈주민들은 의료 요구가 크다(〈그림 7-8〉).

북한이탈주민에게는 한국 사회에서의 적응 초기 의료급여 수급자로 혜택을 보는 기간이 지나면 개인적으로 의료비를 지불해야 하므로 경제적 부담을 느끼게 되고, 적기에 필요한 건강관리 부재

표 7-10 북한이탈주민의 건강 특성

구분	주요 건강 문제
신체적 건강	• 영양상태 결핍과 열악한 보건 · 의료환경으로 각종 감염성 질환에 노출 : 특히, 결핵, B형 간염 등 • 구강 건강 : 위생관리 미흡, 치아손실, 충치, 잇몸질환 등으로 영양문제 발생 재북 및 탈북과정에서 발생한 근골격계 장애 • 각종 스트레스 상황 등 심리적 문제로 인한 위장 장애(소화불량, 각종 복통 등) • 여성건강문제 : 각종 질염, 골반내 염증, 자궁경부암 등
정신적 건강	• 탈북과정에서 정신적 고통과 스트레스로 인한 정신건강의 문제: 외상 후 스트레스 장애, 우울증, 불안, 불면증 등
사회적 건강	• 구직의 어려움, 건강상 문제로 인한 직업생활 유지의 어려움(경제적 문제) • 단기간 남한 사회 적응의 어려움 등
기타	• 높은 흡연율 • 고위험 음주행위 • 신체적 · 정신적 건강관리의 어려움, 부적절한 구강위생 관리 등

※ 자료원: 보건복지부, 한국건강증진재단(2012). 함께하는 건강성공! 북한이주민 건강정보.

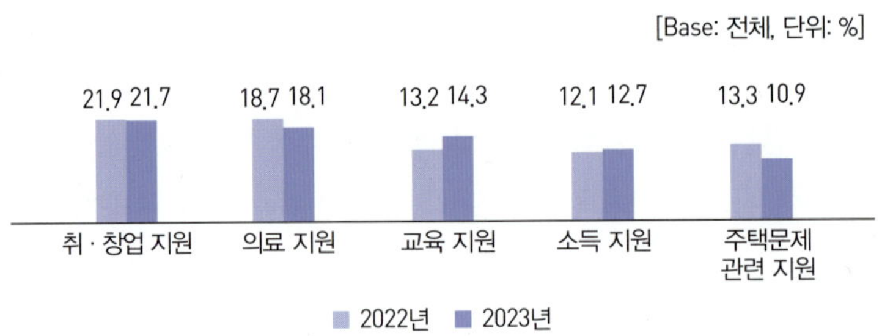

그림 7-8 북한이탈주민의 더 나은 남한생활을 위해 필요한 지원(상위 5순위)

※ 상위 5순위만 표시함
※ 자료원: 남북하나재단(2023). 2023 북한이탈주민 정착실태조사.

로 직장생활의 어려움이 수반되는 악순환의 문제가 발생한다. 즉 북한이탈주민은 건강문제가 생기면 직장을 그만두게 되는 경우가 발생하고 일을 하지 못하는 기간이 늘어나면 경제적 어려움이 뒤따르는 빈곤의 악순환 고리가 형성될 가능성이 높다(이수형 등, 2018).

실제 직장을 그만둔 지 1년 이내의 실업자 및 비경제활동 북한이탈주민의 과거 퇴직(이직)의 주된 이유는 '심신장애(건강문제)'가 27.5%로 가장 높았으며, 다음으로는 '개인 · 가족적 이유' 13.0%, '육아' 9.4% 순이었다(남북하나재단, 2023, 〈그림 7-9〉).

건강의 취약성을 지닌 북한이탈주민은 적응과정에서 병이 생기면 더 많은 어려움에 봉착할 수 있고, 경제적 능력이 없는 상황에서 중증질환으로 장기간 치료를 받게 되면 개인의 건강문제뿐만 아니라 가족의 생계 곤란, 간병, 치료비 등의 문제가 발생하여 이들의 일상생활을 돕는 복지차원

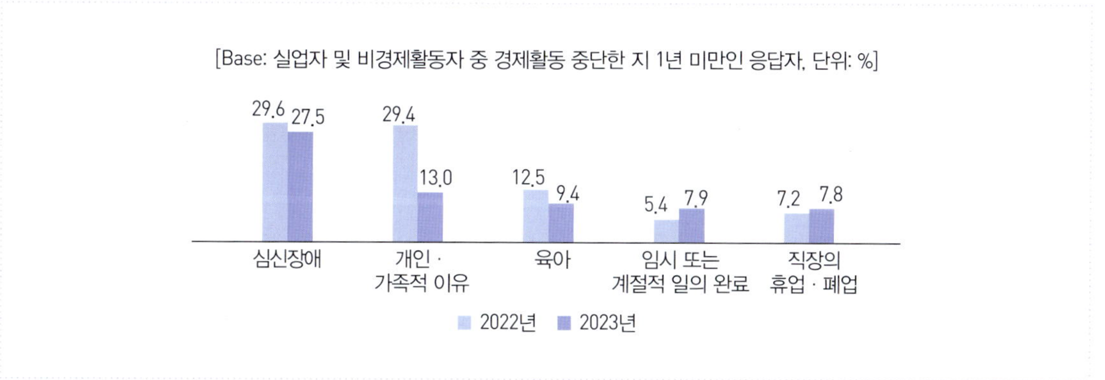

그림 7-9 북한이탈주민의 과거 퇴직(이직) 이유(상위 5순위)

※ 상위 5순위만 표시함
※ '심신장애' : 건강 문제
※ 자료원: 남북하나재단(2023). 2023 북한이탈주민 정착실태조사.

의 관리 또한 요구된다. 따라서 북한이탈주민의 안정적인 한국사회 정착을 위해서는 보건의료 차원에서의 지원서비스가 유기적으로 제공되어야 한다.

그동안 북한이탈주민이 의료서비스를 받을 때 어려웠던 것은 관련 사전 정보도 거의 없고 남한에서 사용하는 용어나 외래어가 낯설어 건강문해력이 낮은 탓도 있었다. 또한 언어지원도 거의 없고 교육을 받아도 실용성이 낮아서 구체적인 지도도 어려웠다. 북한이탈수민들은 증상을 상하세 호소하는 경향이 있으며, 환자 역할을 계속하려는 경향이 있어서 수동적인 측면이 많았다. 또한 약물의 복용을 주관적 증상 여부에 따라 스스로 결정하면서 항생제, 진통제, 수면제, 소화제 등을 과대 복용하는 경향이 강했으며, 안전성보다는 효과의 신속성이나 강력함을 중시하여 주사제제를 선호하였다(박상민, 2018).

이에 통일보건의료학회는 남북하나재단과 협력하여 국내 보건의료기관을 이용하는 북한이탈주민과 이들을 진료하는 보건의료인들을 위한 두 가지의 가이드라인을 개발하였다. 개발과정에서 의료인은 생의학적 지식 외에 역학, 심리학, 사회학, 인류학, 철학 및 윤리학 등의 탐구도 필요함을 강조하였고, 북한이탈주민의 질병관과 증상 표현방식, 고려의학(한의학), 질병 예방이나 만성질환관리, 그리고 스트레스나 정신장애 등도 검토할 것을 권고하였다.

우선 '보건의료기관을 이용하는 북한이탈주민을 위한 10대 가이드라인'(신현영, 2018)은 아래와 같으며, 본 가이드라인에서는 건강증진 차원의 일상생활을 권장하고 있다. 반드시 신체의 질병이 아니더라도 심리적 · 사회적 · 환경적 요인으로도 몸이 아플 수 있고, 증상이 없어도 와병상태라는 것을 이해해야 한다. 또한 스스로 진단해서 약을 바꾸거나 오용을 하지 않도록 제안하고 있다. 그리고 이리저리 병원을 옮기는 행위나 아무 약이나 챙기는 행태는 북한에서 장마당을 통해 자유롭게 약을 사고 의료정보를 나누던 경험에서 비롯되었다고 한다.

① 정기적으로 건강검진을 받읍시다. 증상이 없다고 질병이 없는 것이 아닙니다.
② 올바른 건강습관을 유지합시다. 단백질, 채소, 과일을 포함한 균형 있는 식사를 하시고 이틀에 한 번은 땀이 날 정도로 운동을 합시다. 과도한 술과 담배는 건강을 크게 해칩니다.
③ 몸이 아픈 것은 삶의 여건이나 주변 환경에 큰 영향을 받습니다. 몸이 아플 때 마음과 환경에 대해서 함께 생각하고 진료실에서도 이에 대해 이야기하여 주세요.
④ 마음이 아프면 몸에 병이 없어도 몸이 아플 수 있습니다. 마음을 잘 치료받으면 신체증상도 좋아질 수 있습니다.
⑤ 정확한 정보가 빠르고 확실한 치료를 이끌어 냅니다. 의료진에게 병과 증상에 대한 이야기를 할 때는 더도 말고, 덜도 말고 있는 그대로만 이야기하도록 합시다.
⑥ 신뢰할 수 있는 같은 의사에게 꾸준히 치료를 받는 것이 좋은 치료결과를 이끕니다. 여러 병원을 돌아다니는 것은 병을 악화시킬 수 있습니다.
⑦ 증상이 바로 없어지지 않는다고 치료 효과가 없는 것이 아닙니다. 치료 효과는 꾸준히 치료를 받은 후에 나타납니다. 조급해 하지 말고 의료진의 치료지시를 잘 따르는 것이 중요합니다.
⑧ 약이 효과를 나타내려면 시간이 필요합니다. 약을 먹고 바로 효과가 없다고 마음대로 약 용량을 늘리거나 약을 바꾸면 병이 더 나빠질 수 있습니다.
⑨ 보약도 많이 먹으면 독이 됩니다. 약은 의사가 지시한 처방 내용 그대로만 먹어야 합니다. 잘 모르는 약을 먹거나, 약을 무조건 많이 먹는 것은 위험합니다.
⑩ 의료 이용 정보에 대해서 확인해 보세요. 나에게 맞는 의료기관 이용 및 지원혜택에 대해 하나센터와 종합복지관에서 유용한 정보를 얻으실 수 있습니다.

그리고 '북한이탈주민을 진료하는 보건의료인을 위한 10대 가이드라인'(박상민, 2018)은 아래와 같으며, 본 가이드라인에서는 북한이탈주민은 주로 신체증상이 나타나야만 병으로 인정하는 경향이 있다는 것을 강조하고 있다. 또한 용어나 억양의 차이로 같은 한국말인데도 이해하기 어려우며, 심리적 · 사회적인 어려움을 신체증상으로 표현하기도 하기에, 무엇보다도 좋은 신뢰관계 속에서 경청할 것을 권장하고 있다.

① 북한이탈주민은 증상의 정도로 질환의 경중을 판단하곤 합니다. 증상이 없으면 병이 없다고 생각할 때가 많습니다. 지속 관리의 중요성과 합병증에 대해서 강조하여 주세요.
② 신체의 증상이 심리적 어려움과 관련 있는지 확인해 주세요. 내면의 아픔으로 인해 신체증상을 호소할 수도 있습니다.
③ 삶의 이야기를 들어주세요. 신체 증상 뒤에는 경제적 어려움, 가족 내 갈등, 사회문화적 고립감 등 다양한 환경적 · 심리적 요인들이 있을 수 있습니다.
④ 증상 호소 표현을 잘 이해해 주세요. 남북한의 용어나 억양 차이로 인해 다소 낯설거나 과장되게 들릴 수 있습니다. 이 경우에는 구체적인 설명을 요청하여 주십시오.
⑤ 꼼꼼한 문진과 신체검사(P/E)를 하여 주세요. 친절하고 천천히 문진을 하고 환자의 말에 경청하여 주십시오.

⑥ 의사-환자 사이의 신뢰관계가 치료과정에 큰 영향을 줍니다. 좋은 치료 결과를 위하여 환자와의 좋은 신뢰관계(rapport) 형성을 배려해 주세요.

⑦ 올바른 생활습관을 가질 수 있도록 구체적인 행동지침을 주세요. 건강에 대한 관심이 상대적으로 낮기 때문에 건강하지 않은 생활습관(지나친 음주나 흡연 등)을 지속할 가능성이 높습니다.

⑧ 약의 효능과 효과발현 시점 등을 환자의 눈높이에 맞춰 구체적으로 설명해 주세요. 복약 순응도를 높이기 위해, 특히 효과가 서서히 나타나는 약물인 경우 더 자세한 사전 설명이 꼭 필요합니다.

⑨ 약물 오남용 및 과용의 위험성을 설명해 주세요. 약의 효과와 용법에 대한 정확한 설명이 약물의 잘못된 사용을 예방할 수 있습니다.

⑩ 건강보험 자격을 확인해 주세요. 건강보험 자격과 의료비지원 혜택에 대해 환자분이 확인할 수 있도록 권유해 주세요.

>> CHAPTER

08

다문화 역량

학습목표

1. 문화적 역량의 개념을 이해할 수 있다.
2. 문화적 역량의 구성요소를 나열할 수 있다.
3. 문화적 역량의 모델을 이해할 수 있다.
4. 문화적 역량의 적용에 대해 이해할 수 있다.

01 » 문화적 역량의 개념

1) 문화적 역량의 정의

문화적 역량은 의학, 간호학, 교육학, 심리학 등 휴먼서비스 분야에서도 사용될 뿐 아니라 경영학, 마케팅, 국제관계 등 타 분야에서도 다문화 사회에서 중요한 개념으로 인식되고 있으며, 효과적으로 서비스를 제공하는 데 필수적인 요소로 지적되고 있다(김연희, 2007).

문화적 역량의 정의는 분야와 학자마다 다르지만, 그 중심적인 내용은 유사하다. 휴먼서비스 영역에서 문화적 역량에 관해 광범위한 연구를 한 크로스 등(T. Cross et al., 1989)는 문화적 역량을 "서비스 전달체계나 기관, 실천가 개인이 다문화적 상황에서 효과적으로 서비스를 전달할 수 있게 하는 일관된 행동이나 태도, 정책을 의미한다. 여기에서 '문화'란 언어, 사고, 의사소통기술, 행동, 습관, 신념, 가치, 인종, 민족, 종교, 사회적 집단과 같은 제도들을 다 포함하는 총체적인 인간의 행동 패턴을 의미한다. 그리고 '역량'이라 함은 개인 실천가나 서비스 조직이 서비스 이용자 개인이나 지역사회가 갖고 있는 문화적 신념, 행동과 욕구 등과 같은 맥락 안에서 효과적으로 기능할 수 있는 능력을 의미한다"고 하였다. 즉 다문화적 환경에서 서비스 이용자의 문화와 실제적인 삶의 경험이란 맥락 안에서 서비스를 효과적으로 제공할 수 있는 능력을 문화적 역량이라고 정의하였다. 또 문화적 역량은 개인 실천가의 개입과정에서만 필요한 것이 아니라 전문직 분야 전체, 기관 조직, 서비스 전달체계 전체 차원에서 모두 반영되어야 한다고 지적하였다.

또한 엡스타인과 헌더트(R. Epstein & E. Hundert, 2002)는 문화적 역량은 서비스 전달자의 전문적 역량 자체와 분리되어 평가될 수 없는 중요한 부분임을 지적하였다. 그들은 전문적 역량을 "서비스를 받는 개인이나 지역사회에 도움을 주기 위해서 의사소통 양식, 지식, 기술, 임상적 추론, 정서, 가치, 자기 성찰 능력을 일관되고 주의 깊게 사용하는 것"이라고 정의하였다. 그들은 전문적 역량에는 임상적 지식 및 기술과 더불어 개인의 문화가 영향을 주는 대인관계 기술이나 가치 등이 통합적으로 포함되어있다고 정의함으로 써 문화적 역량은 전문적 역량의 한 중요한 부분임을 강조하였다.

그리고 문화적 역량을 논의할 때 문화가 집단 간의 권력 관계를 규정한다는 것을 이해하는 것도 매우 중요하다. 인종, 민족, 사회적 지위 등에는 구조적 차별, 소수집단에 대한 부정적 고정관념, 주류 집단의 기득권과 같은 권력적 관계가 내포되어 있기 때문이다. 그러한 이유로 미국의 오레곤주 교육부에서는 문화적 역량을 사회적 정의 추구의 한 수단으로서의 역할을 강조하면서, 문화적 역량을 실천가 차원뿐만 아니라 정책 입안, 행정, 실천 등 서비스 전달의 전 과정에 제도화하고,

시행과정에 반영하여야 하며, 그 성과를 평가할 수 있어야 한다고 규정하였다(김연희, 2007).

2) 문화적 역량의 구성요소

문화적 역량의 구성요소도 문화적 역량의 개념처럼 여러 학자와 다양한 분야에 따라 복합적인 요소로 구성되어 있다.

우선 맥패터(A.R. McPatter, 1997)가 제시한 문화적 역량의 구성요소 첫 번째는 평등성에 기초하여 자신의 문화적 독특성을 탐색하고 세계관을 재구성하여 새로운 신념을 창조하는 개방적인 자세를 갖는 계몽된 의식이며, 두 번째는 강점과 회복탄력성(resilience) 관점으로 다문화집단에 대한 포괄적인 정보와 자원, 사회적 장애요소를 이해하는 확립된 지식기반이다. 그리고 세 번째는 지식을 축적되는 과정에서 만들어지는 숙련된 기술이라고 하였다. 이러한 맥패터의 구성요소는 현재까지도 문화적 역량의 하위개념으로 보편적으로 채택되고 있다.

그리고 위버(H.N. Weaver, 2004)는 문화적 역량은 문화적 지식, 기술, 가치와 태도로 구성된다고 하였으며, 이를 간단히 요약하면 아래와 같다.

- 문화적 지식: 편견 없이 문화의 다양성에 지식과 역사, 관습, 영성, 가족구조, 신념과 같은 민족의 특성을 포함하는 구체적인 문화적 지식
- 문화적 기술: 일반적 실천기술에서 문화적 실천을 통합하는 것
- 문화적 가치와 태도: 문화적 다양성을 존중하는 개방적인 태도와 자기인식

이러한 위버의 정의는 인문학적 지식까지 포괄하고 개인뿐만 아니라 지역사회의 개입 기술을 강조하며 문화적 인식을 서비스 제공과정에서의 적용까지로 확대하였다고 볼 수 있다.

그리고 럼(D. Lum, 2007)은 일반적 · 전문적 수준으로 구분하여 문화적 역량요소를 설명하였다. 첫째, 문화적 인식의 일반적 수준은 문화와 관련된 자신의 삶의 경험을 인식하고 다른 문화와 민족을 만나면서, 다른 문화의 긍정적 · 부정적 경험을 이해하며 자신의 인종적 편견과 차별에 대해 인식하는 것을 말한다. 또한 전문적 수준은 다문화 사람의 모든 삶의 단계에 대한 사정, 문화적 다양성 연구와 교과과정 및 실습의 통합, 다문화 대상자와 취업경험과 프로그램에 참여, 문화적 다양성에 대한 전문적 경험과 학문적 자료의 문화적 인식에 맞춘 학문적 · 업무에 대한 평가이다. 둘째, 문화적 지식 습득의 일반적 수준은 문화적 다양성과 관련된 용어 이해, 인구학적 지식, 비판적 사고, 억압의 역사, 강점과 가치의 지식 등이며, 전문적 수준은 다문화 실천에 체계이론 및 심리사회이론의 적용, 민족 · 문화 · 소수집단 정체성 · 사회계급 관련 지식, 숙련된 사회과학이론 등이다. 셋째, 문화적 기술 개발의 일반적 수준은 대상자의 회복탄력성, 배경, 민족성에 대한 지식, 자기노출, 긍정적 · 개방적 의사소통양식의 사용, 문제 확인, 문화적으로 수용 가능한 목

표설정, 다단계 개입전략 형성, 종결 등이며, 전문적 수준은 다문화 지역사회에서 수용 가능하고 긍정적이며 과정적인 서비스 기획, 아웃리치(outreach) 프로그램, 다문화직원 채용의 중요성, 다른 기관과의 연계, 문화적 기술관련 연구 활동 등이다.

그 외에도 다양한 학자와 기관들이 문화적 역량의 구성요소를 제시하였으며, 이를 정리하면 〈표 8-1〉과 같다. 이를 통해 다음의 네 가지 구성요소를 도출할 수 있다.

① 문화적 인식: 자신의 문화적 배경을 이해하고 다른 집단과의 문화적 차이를 이해하는 문화적 인식

② 문화적 지식: 강점 관점의 다문화집단에 대한 구체적인 정보와 지식, 문화적 강점과 유사성 확인, 문화적 다양성에 대한 지식

③ 문화적 기술: 다문화집단과 신뢰관계를 형성하는 기술, 언어적 · 비언어적 의사소통기술, 대상자에 대한 문화적 사정과 욕구에 맞는 서비스 개발과 같은 문화적 기술

④ 문화적 가치와 태도: 인간존중과 평등성의 가치와 수용적이며 겸손한 태도를 갖는 문화적 가치와 태도

(1) 문화적 인식

문화적 인식이란 사회 내에 존재하는 문화적 다양성에 대해 인식하고, 각 문화권에 속하는 개인들의 가치와 경험되는 현실을 인식하며, 그러한 인식을 원조 과정에서 적절히 활용할 수 있는 것

표 8-1 문화적 역량의 구성요소

연구자	문화적 역량의 구성요소
Grant & Haynes(1995)	1. 지식 2. 정서 3. 기술적 영역
McPatter(1997)	1. 계몽된 의식 2. 확립된 지식기반 3. 축적된 기술 숙련
NASW(2001)	1. 윤리와 가치 2. 자기인식 3. 다문화지식 4. 다문화기술 5. 서비스 전달 6. 임파워먼트와 옹호 7. 다양한 업무활동 8. 전문적 교육 9. 언어 다양성 10. 다문화적 리더십
Cunningham(2002)	1. 문화적 지식과 인식 2. 문화적 민감성 3. 치료자의 유연성 4. 클라이언트 존중 5. 자신의 편견에 대한 인식 6. 클라이언트 임파워먼트 7. 기본적 임상기술 8. 문화적으로 적절한 개입 9. 문제 해결
Weaver (2004)	1. 문화적 지식 2. 문화적 기술 3. 문화적 가치와 태도
Lum(2007)	일반적/전문적 차원의 1. 문화적 인식 2. 지식 습득 3. 기술개발 4. 귀납적 학습
Diller(2007)	1. 신념과 태도 2. 지식 3. 기술
Nayatanga (2008)	1. 문화적 인식 2. 문화적 지식 3. 문화적 태도 4. 문화적 기술
Kwonga(2009)	1. 정서적 지식 2. 문화적 지식 3. 지역사회네트워크 4. 실천과정

※ 자료원: 김은영(2012). 문화적 역량 증진 프로그램 개발: 다문화가족과 일하는 사회복지사를 중심으로. 이화여자대학교 박사학위 논문.

을 의미한다. 또한 자신의 가치와 신념도 문화의 소산임을 인식하고, 자신이 갖고 있는 가치와 신념이 다른 문화권에 속하는 개인과의 관계에 어떻게 영향을 미치는지에 대해서도 민감하게 인식할 필요가 있으며, 특히 문화집단 간에 존재하는 권력의 차이, 차별과 편견의 경험들이 원조 관계에 어떻게 영향을 줄 수 있는지를 민감하게 인식하여야 한다(김연희, 2007).

(2) 문화적 지식

문화적 지식이란 주요 서비스 대상자들의 행동을 그들 문화의 맥락 안에서 이해하기 위한 노력의 일환으로, 그들이 갖고 있는 역사, 전통, 가치체계, 세계관, 가족체계, 예술적 표현 등에 대해 심층적 이해를 갖도록 노력하는 것을 의미한다. 다양한 문화집단들의 출신국가의 사회적 · 경제적 · 정치적 상황이나, 이주를 촉발하게 한 상황, 이주 과정이나 이주 후의 경험에 대한 이해 또한 효과적인 원조관계를 돕는 중요한 지식적 기반이 된다(김연희, 2007).

그리고 이러한 문화적 지식은 다른 문화를 이해하기 위한 교육적 영역으로 문화에 대한 개념적 · 이론적 틀에 익숙해지는 것이다(Burchum, 2002). 문화적 지식은 자신의 입장에서 다른 사람의 문화적 유사성과 차이점을 이해할 수 있는 능력이며, 이러한 지식적 역량을 토대로 자신의 문화와 다른 문화적 배경을 가진 사람들에게 적절히 감정이입하고 의사소통할 수 있는 정서적 능력, 실천과정의 사정 및 개입에 적용할 수 있는 문화적 기술로 발달하게 된다. 따라서 문화적 인식 속에서 문화적 지식의 조화로운 발달은 문화적 역량을 성취하는 데 매우 중요하다(김은영, 2012).

(3) 문화적 기술

문화적 기술은 다문화 대상자의 삶의 본질에 참여하는 능력으로써 두 문화가 섞이는 연기(mixing smoke)처럼 전통적인 실천방법과 문화적 측면을 고려한 실천기술이 조화롭게 이루어가는 과정이다(Weaver, 2004). 즉 기존의 주요 서비스 모델이나 개입전략과 관련된 이론과 원칙들이 다문화 집단에 적용될 때 갖는 장점과 한계를 이해하고, 서비스를 효과적으로 전달하기 위해서 적절한 문화적 변용이 필요하다는 것을 의미한다(김연희,2007).

또한 문화적 기술에는 언어적 · 비언어적 메시지를 이해하고 적용할 수 있는 효과적인 의사소통 기술이 포함된다. 대상자를 진정한 협력자로 인정하고, 의사소통에 미치는 문화의 영향을 이해하면서 적절한 언어 사용과 비언어적 메시지를 해석할 수 있어야 한다. 대상자와 다문화적 의사소통을 통해 상호작용하는 것은 측정할 수 없을 정도로 매우 중요하다(Burchum, 2002). 럼(2007)은 대상자의 회복탄력성에 초점을 두고 긍정적인 의사소통 양식으로서 문화적으로 수용 가능한 목표를 설정하고, 여러 단계의 개입전략을 세우는 실천과정을 강조하였다. 이를 위해 대상자의 모국어에 대한 관심과 배우려는 노력이 포함되어야 한다.

그리고 다문화 집단을 위해 제도적 변화를 시도하는 환경적 개입 또한 중요하다. 문화적 편견, 인종차별, 성차별, 폭력, 불평등, 사회적 억압과 같은 거시적 수준의 권력, 특권, 불의에 민감하게 반응하며 제도적 변화에 적극적으로 힘써야 한다(김연희, 2007).

(4) 문화적 가치와 태도

문화적 가치와 태도는 다양한 집단의 문화에 대한 존중이다. 우리의 삶을 구성하는 개인적 · 사회적 · 정신적 · 물질적 · 문화적 정체성과 같은 모든 정체성은 존중받아야 한다(최명민 등, 2009). 개별 대상자의 신념과 가치관을 이해하고 존중하며 다양성을 가치 있게 생각하고, 다른 문화에 대해 이해하고 진실한 마음으로 관심을 가지면서, 자신의 문화적 배경이 전문적 실천에 어떤 영향을 미치는지를 깨닫는 것이다(Burchum, 2002). 즉 인종적 · 민족적 · 문화적 차이의 존재를 인정하고 그들의 문화를 존중하며, 문화적 차이에 대해 개방적인 마음과 비심판적 태도, 관심을 갖는 것이다(Obegi & Ritblatt, 2005).

또한 평등성에 기초하여 다문화 대상자들에 대한 진정한 수용, 민감성, 인식이 내재화될 때 가치와 태도는 개방적으로 변하게 된다. 위버(2004)는 서로 다른 문화적 차이에 개방적이고 존중하는 태도로 문화적 다양성과 전통의 가치를 인정하고, 상호 협력적인 동반자 입장을 강조하면서, 수용적이며 친절한 태도로 항상 배우고자 하는 마음으로 겸손하게 그들과 함께 일하면서 문화적 지혜(cultural wisdom)를 만들어갈 수 있다고 하였다. 즉 개방성은 문화적 차이를 존중하는 열린 마음, 수용, 존중, 비심판적, 객관적 태도를 갖는 것이다(Davis, 2009).

02 » 문화적 역량 모델

여러 학자들에 따라 복합적인 구성요소로 앞에서 문화적 역량을 설명했듯이 간호학, 심리학, 사회복지학 등 다양한 전문직 분야의 문화적 역량 모델도 학자들에 따라 다양하게 제시되고 있다.

보건서비스 분야에서 오랜 기간 동안 문화적 역량에 대해 연구하면서 문화적 역량 모델을 여러 차례 수정하고 있는 캄피냐-바코테(J. Campainha-Bacote, 1999)는 문화적 역량 모델(Culturally Competence Model)을 개발하였다. 그는 문화적 역량에 대해 "대상자의 문화적 맥락 속에서 효과적으로 일하는 능력을 성취하기 위해 지속적으로 노력하는 과정"으로 정의하고 있다. 이를 위해 실천가는 문화적 인식, 문화적 지식, 문화적 기술, 문화적 대면을 통합하기 위해 노력해야 한다고 하였다(Campainha-Bacote, 1991, 〈그림 8-1〉).

이후 캄피냐-바코테는 모델의 두 번째 수정판을 통해 문화적 욕망(cultural desire)이라는 다섯 번째 구성요소를 추가하고, 모델의 그림을 벤 다이어그램으로 수정하였다(〈그림 8-2〉). 여기에서 문화적 역량은 종점이 아니라 다양한 문화·민족 배경 출신의 개인이나 가족, 지역사회의 상황 안에서 효과적으로 협력하는 능력을 달성하기 위해 끊임없이 노력하는 과정으로 간주된다(Campainha-Bacote, 1998).

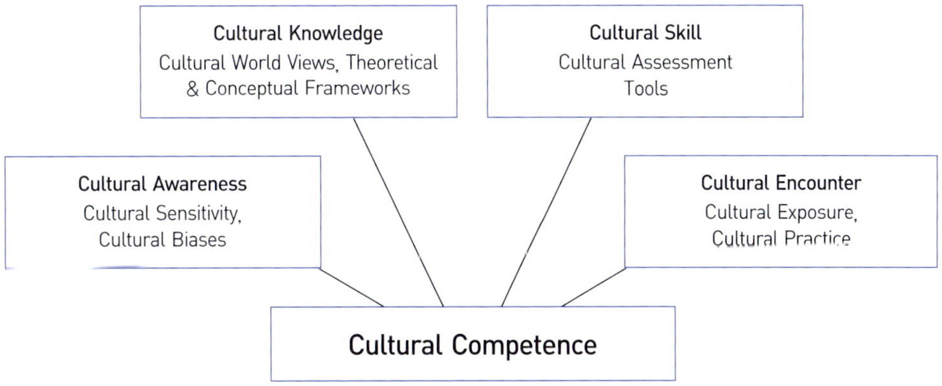

그림 8-1 캄피냐-바코테(Campainha-Bacote)의 문화적 역량 모델(1991)

※ 자료원: https://transculturalcare.net

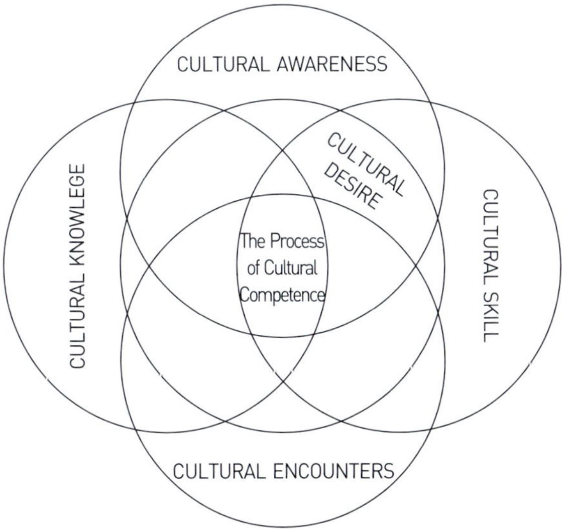

그림 8-2 캄피냐-바코테(Campainha-Bacote)의 문화적 역량 모델(1998)

※ 자료원: https://transculturalcare.net

간호학 분야에서 서은영(E.E. Suh, 2004)는 워커와 아반트(Walker & Avant, 1995)의 문화적 역량 개념과 로저스(M.E. Rogers)의 진화적 개념을 적용하여 문화적 역량 모델(The Model of Cultural Competence)을 개발하였다. 워커와 아반트는 문화적 역량의 속성으로 능력, 개방성, 유연성을 가지고, 문화적 역량의 4가지의 영역인 문화적 인식과 문화적 지식을 포함한 인지적 영역, 문화적 민감성과 문화적 다양성을 포함한 정서적 영역, 문화적 기술인 행동적 영역, 문화적 교류, 다문화 교육, 훈련과 같은 환경적 영역으로 구분하였다. 서은영은 두 가지 이론을 적용하여, 문화적 역량은 의미 있는 시간의 흐름에 따라 지속적으로 변하면서 대상자, 서비스 제공자, 성과의 세 가지 측면에서 문화적 역량의 긍정적인 영향들이 나타난다고 하였다. 먼저 대상자는 삶의 질, 서비스 만족도, 실천가에 대한 좋은 인식, 의료적 처방계획에 대해 충실하게 지키는 모습을 갖게 된다. 그리고 실천가는 가치, 의사소통, 실천적 기술 등 개인적 · 전문적 성장이 이루어지며, 실천가를 위한 장기간의 문화집중 교육은 국제적 관점을 키우고 개인적 발달을 증진시킨다고 하였다.서비스 성과적인 측면에서는 업무의 질이 향상되고, 중재의 효과성, 비용의 효율성을 높이며 다양한 집단 사이의 서비스 불균형을 감소시킬 수 있다고 하였다. 이 모델의 강점은 실천가의 문화적 역량이 대상자뿐만 아니라, 서비스를 제공하는 실천가 자신에게 미치는 긍정적인 효과를 제시한 것과 문화적으로 유능한 중재전략을 세울 수 있도록 실천적인 지침을 제공한 점이다(김은영, 2012).

심리학 분야에서 콜린스와 아더(S. Collins & N. Arthur, 2010)는 문화적 주입상담 모델(Culture-infused Counseling Model)을 개발하였다. 그들은 모든 개인의 문화적 정체성은 문화와 개인적 · 맥락적 · 보편적 요인을 통합하여 형성되기 때문에, 개인의 정체성과 문화의 영향을 이론과 실천 모두에서 고려하는 것이 중요하다고 하였다. 이 모델의 특징은 실천가 자신과 클라이언트의 세계관에 대한 문화적 인식을 핵심으로 하면서, 각자의 문화적 정체성을 상호교류할 수 있어야 하고, 신념, 지식, 기술, 태도가 서로 통합되어 실천영역에 작용한다는 것이다. 실천가는 클라이언트와 효과적인 작업 동맹을 세우기 위해 감독(supervision), 개인적 상담, 교육, 훈련, 자문과 같은 다양한 전문적 상호작용을 통해 실천가의 전문적 역량에 긍정적인 영향을 주어야 한다.

심리학자이자 사회복지학 교수인 슈(D.W. Sue, 2001)는 '문화적 역량의 다차원적 모델(Multidimensional Model of Cultural Competence, MDCC)'을 개발하였다. 그는 '문화적 역량은 달성하기를 열망하는 발전적이며 계속되는 과정'으로 4가지의 목표를 강조하였다. 첫째, 인간행동에 대한 자신의 가정과 가치 및 편견을 알아가기, 둘째, 문화적으로 다양한 대상자의 세계관 이해하기, 셋째, 적절한 중재 전략과 기술 개발하기, 넷째, 문화적 역량을 고취하거나 부정하는 조직적 · 제도적 힘을 이해하기이다. 이 모델은 효과적인 다문화적 서비스 제공과 관련 있는 다음의 세 가지의 중요한 특성을 다차원적으로 통합하였다.

① 인종, 민족, 종교, 성차별, 장애와 같은 다양한 범주

② 문화적 역량의 구성요소인 인식, 지식, 기술

③ 문화적 역량의 관점

먼저 차원 ①은 문화적 역량의 범주를 인종과 민족에 국한하지 않고, 인종, 성별, 성적 지향, 장애, 종교 등 문화적으로 다양한 집단과 다인종 집단까지 포함되도록 확장될 수 있다. 차원 ②는 문화적 역량의 요소로 문화적 인식, 문화적 지식, 문화적 기술을 설명하였다. 문화적 인식은 전문가가 자신의 문화 배경을 민감하게 인식하고, 평등한 관계에서 문화적 차이를 가치 있게 여기고 존중하는 것이다. 문화적 지식은 전문가가 만나는 특정 집단에 대한 구체적인 지식과 정보, 정책과 법, 일반적 실천지식, 제도적 장애물 등에 대해 이해하는 것이다. 그리고 문화적 기술은 언어적 · 비언어적 의사소통, 대상자 문화에 맞는 실천기술, 자신의 실천기술 방식에 대한 이해, 환경적 개입 등으로 전문가는 다문화 대상자가 반응할 만한 레퍼토리를 많이 가질수록 효과적인 서비스를 제공할 가능성이 더 크다는 것이다. 그리고 차원 ③은 문화적 역량의 관점으로, 전문가는 개인적인 관점에서 다문화 집단에 대한 자신의 선입견이나 편견을 다루어야 하고, 전문적 관점에서는 전문가의 윤리강령이 문화와 연관되어 있는지를 살펴보는 것이다. 또한 조직적 · 정책적 관점에서는 다문화 집단에 대한 불평등한 기회제공이나 제도적 차별에 대해 적극적으로 도전하는 것을 의미한다.

이처럼 슈의 모델은 복합적인 문화적 역량을 이해하고, 다양한 영역을 설명하는 데 효과적이기 때문에 실천현장과 연구자 모두에게 유익하다고 하였다(Suzuki et al., 2001). 이 모델의 그림은 다

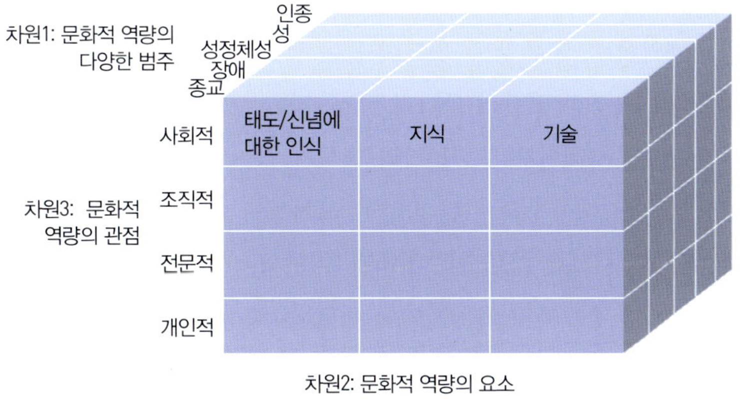

그림 8-3 슈(Sue)의 문화적 역량의 다차원적 모델(2006)

출처: Sue, D. W. 2006. "Multicultural Social work practice", p.31

※ 자료원: 김은영(2012). 문화적 역량 증진 프로그램 개발: 다문화가족과 일하는 사회복지사를 중심으로. 이화여자대학교 박사학위 논문.(재인용)

음과 같다(〈그림 8-3〉).

럼(Lum, 2005)이 개발한 '문화적 역량, 실천 단계, 대상자 체계와 사례연구 모델(Cultural Competence, Practice Stages, Client Intersectional System, and Case Studies Model)'은 체계이론(system theory)에 기반을 두고, 문화적 역량, 실천전략, 사례연구, 대상자의 교차적 체계를 설명하고 있다.

문화적 역량은 문화적 인식, 지식 습득, 기술 발달, 귀납적 학습으로 구성되며, 5단계의 연속적인 속성을 갖는다고 하며, 이는 다음과 같다.

① 자기 자신의 배경 이해하기
② 대상자의 다른 문화, 가치 체계, 신념과 행동을 인식하기
③ 문화적 차이가 문화적 열등이 아님을 인식하기
④ 대상자 문화에 대해 배우기
⑤ 문화적 틀에서의 적절한 서비스 전달에 적용하기

이러한 문화적 역량으로 적용된 실천전략은 접촉, 문제 확인, 사정, 개입, 종결의 5단계로 구분된다. 대상자의 교차적 체계는 다양성의 개념으로 일차원적인 것(예를 들어, 민족 등)을 넘어서 다(多)영역적(multi-dimensional) 정체성을 갖게 되는 "다양성 안에서의 다양성(diversity within diversity)"으로 설명한다. 즉 대상자 체계는 개인, 가족, 소집단 수준의 미시적 체계, 지역사회 공동체나 조직 수준의 중범위적 체계, 그리고 국가나 지리학적 수준의 거시적 체계와 개인적인 성별, 연령, 기능적 능력, 성 정체성, 이민 관련 지위 등과 두 바퀴의 교차적 체계에서 가족, 집단과 지역사회의 일원으로 어떻게 연결되어 있는지, 지방 · 지역, 국가적인 이슈와 프로그램, 대상자의 관심이 어떻게 관계되어 있는지를 살펴보는 것이다.

그러므로 전문가의 문화적 역량은 모든 실천전략 속에 스며들어서 대상자 체계의 다양한 영역에 영향을 주고 다양한 체계와 상호 교류할 수 있도록 돕는 것이다. 이때 전문가는 문화적 요소가 하나의 자원임을 인식하면서, 다양한 집단의 문화적 강점, 자원, 자산을 이해하고 알려는 강점관점을 갖는 것이 중요하다. 또한 사례연구는 전문가와 대상자 사이의 상호작용에 대한 성과이다. 대상자 위치와 맥락적 상호작용, 대상자가 지닌 다양한 정체성에 대한 이해는 독특한(unique) 개인이 어떻게 존재하는가에 대해 새로운 차원으로 이해될 수 있다. 따라서 사례연구는 문화적 역량과 실천과정에 있었던 투입에서 종결까지 총체적인 실체로서, 대상자의 삶에서 일어난 긍정적인 성과에 통합시키는 것이다. 이 모델의 그림은 다음과 같다(〈그림 8-4〉).

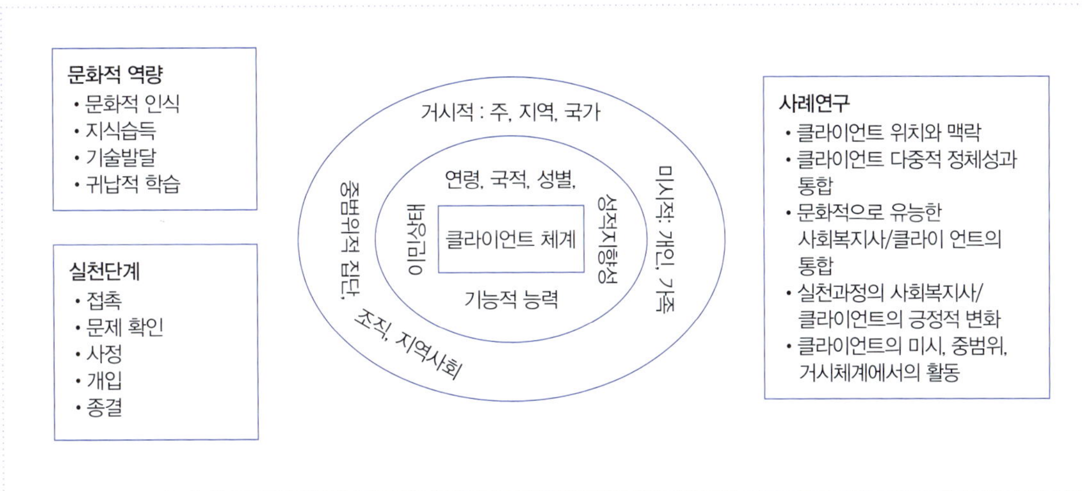

그림 8-4 럼(Lum)의 문화적 역량, 실천 단계, 대상자 체계와 사례연구 모델(2005)

출처: Lum, D, 2005. "Cultural competence, practical stages, and client systems: A case study approach". p.3
※ 자료원: 김은영(2012). 문화적 역량 증진 프로그램 개발: 다문화가족과 일하는 사회복지사를 중심으로. 이화여자대학교 박사학위 논문.(재인용)

03 » 문화적 역량의 적용

문화적 역량이 우리가 맞이한 다문화사회에서 사회적 · 경제적 정의 구현에 중요한 전략임을 인식할 때, 어떻게 문화적 역량을 개발하고 실천할 수 있을지를 알아보는 것은 중요하다. 기존 학자들은 문화적 역량은 개인 실천가 차원뿐만 아니라 전문직, 기관 조직, 서비스 체계의 네 가지 수준에서 모두 실천되어야 한다고 강조하였다. 또한 문화적 역량은 각 차원에서 문화적 인식, 다문화 지식, 문화적 중재 기술의 축적의 세 가지 구성요소를 갖출 때 성취된다고 하였다(Cross et al., 1989, Lum, 2007).

1) 실천가 차원

개인 실천가의 문화적 역량을 개발하는 과정은 다음과 같다(Cross et al., 1989, Lum, 2007).

(1) 인식

실천가에게 필요한 우선적인 역량은 문화의 다양성에 대한 인식과 수용(awareness & acceptance of difference)이다. 이는 개인 실천가 수준에서 대상자와 실천가 간의 문화의 이질성에 대한 인식과 존중을 의미한다. 또한 실천가는 자신의 문화가 자신의 삶의 많은 영역에 미치는 영향을 인식할 수 있어야 한다. 실천가가 갖고 있는 다양한 신념과 가치들이 자문화 중심적 사고와 협소한 사회화 경험으로 인해 형성되었을 수도 있음을 인식하고, 이를 수정하기 위해서 대대적인 사고와 관점의 재구조화가 필요할 수도 있다는 것은 인정하는 것이다.

그리고 문화와 언어적 차이가 대인관계의 역동(dynamics)에 미치는 영향을 이해해야 한다. 서비스 이용자와 제공자의 관계에 이미 내재하는 권력 관계가 있을뿐만 아니라, 문화 간의 불평등한 권력 관계(disparity in power)가 전문적 관계 형성에 영향을 준다는 것을 이해할 필요가 있다.

(2) 지식

실천가는 대상자가 속한 문화에 대한 충분한 지식을 갖고 있어야 한다. 대상자의 출신국가의 사회적 · 정치적 · 경제적 · 종교적 · 문화적 배경, 역사적 경험, 이주 전 · 후의 경험, 대상자의 세계관과 의사소통 방식 등에 대한 지식을 갖추어야 한다. 또한 기존의 고정관념을 강화시킬 수도 있는 피상적인 수준의 정보와 지식의 위험을 인식하는 것도 중요하다. 대상자의 행동이나 동기를 그들의 문화적 배경과 사회적 경험의 맥락과 관점 안에서 이해할 수 있을 때 오해나 불신 등을 최소화할 수 있다.

(3) 기술

실천가는 기존의 심리사회이론과 서비스 중재 전략들이 대상자의 문화적 경험에서 적절한지를 평가하고, 필요에 따라 유연하게 조정해야 한다. '문화적 조정(cultural adaptation)'은 중재의 목표, 중재 과정에서 상호작용의 스타일, 서비스가 제공되는 장소(setting), 중재에 포함시킬 참여자, 중재 기간 등 다양한 영역에서 다양한 형태로 이루어질 수 있다.

2) 전문직 차원

간호사협회나 사회복지사협회 등의 전문직 기구가 관련 분야 종사자의 문화적 역량을 보장하기 위해 활용할 수 있는 전략들로는 다음과 같은 것들이 있다(Sue, 2001).

(1) 인식

문화적 역량이 전문직의 사명과 가치를 실현하는 데 중요한 역량과 기술임을 인식하고 전문직 협회의 윤리강령과 전문 역량의 규정에 포함시킨다. 문화적 역량이 전문적 역량에 필수적인 지식 기반과 기술임을 인식하고 대학 및 대학원 교과과정과 보수교육에 포함시키는 것이 필요하다.

(2) 지식

전문 교육과정에서 다루어져야 할 내용에 관한 기준을 개발함으로써 고등교육과정과 보수 교육과정을 통해 일정 수준의 문화적 역량의 지식 기반과 기술을 개발할 수 있도록 하여야 한다. 다문화 집단들에 대한 중요한 정보로는 이주 과정, 이주 전의 삶의 경험, 정착지에서의 적응 정도, 성 역할의 학습, 양육방식, 상실에 대한 대처와 애도 방식, 자연과 인간 간의 관계, 세계관, 사회적 관계 양상, 가족 및 집단 내에서 상호 의존성과 독립성의 정도, 화법의 직접성 정도 등을 사정하고 의사소통 과정에 중요한 정보들을 포함한다. 이러한 지식과 정보가 실천가들에게 쉽게 활용될 수 있도록 교육자료를 개발하고 보급하는 기능을 할 뿐만 아니라 기존의 이론이나 모델들의 문화적 변용 가능성과 효과성을 평가하는 연구 또한 필요하다.

(3) 기술

문화적 역량을 갖춘 실천모델, 중재전략에 관한 정보를 축적하고 배포하는 역할을 한다. 특히 문화적 소수자들에 효과적임이 증명된 증거에 기반한 실천모델(evidence-based practice)을 소개하고, 문화적 배경이 다른 대상자와 일할 때 효과적인 문제 사정, 의사소통, 관계 형성, 중재 등 다양한 기술의 훈련을 제공하여 문화적 역량 개발에 기여한다.

3) 서비스 조직 차원

서비스 기관의 조직 차원에서 문화적 역량을 개발하고 보장하는 방법들로는 다음과 같은 것들이 있다(Miley et al., 1998, Lum, 2007).

(1) 인식

서비스 조직의 구성원들은 변화하는 지역사회 구성원들의 인구사회학적 특성에 따라 서비스의 내용과 전략에 변화가 필요하다는 것을 인식하고 공유하는 가치가 되도록 해야 한다. 지역사회 내에 있는 변화하는 서비스 대상자 집단의 욕구와 의견이 조직의 주요 결정 과정에 영향을 미칠 수 있도록 의사소통 채널을 마련한다. 예를 들어, 이사회와 같은 조직의 지배구조에 다문화 집단의 구성원이 참여할 수 있도록 한다거나, 조직의 정책과 주요 결정들에 정보제공자나 문화적 자문으로 참여하여 기관의 주요 결정에 영향을 미칠 수 있는 통로를 마련한다. 또한 직원 채용 등의 인력관리에서부터 임상 서비스 및 기타 행정 절차와 정책 등에도 문화적 역량이 반영되어야 함을 인식한다.

(2) 지식

기관이 제공하는 서비스가 문화적으로 적절한 모델과 전략에 기반하도록 다문화 집단을 위한 효과적인 서비스 모델에 대한 지식을 개발하고 훈련한다. 직원의 훈련과정에 문화적 민감성, 의식화와 관련된 주제뿐만 아니라 문화적으로 적절한 전략과 기술의 훈련을 정기적으로 제공한다. 문화적 역량을 갖춘 조직의 모범과 기준에 대한 지식을 갖고 객관적 방법으로 조직의 문화적 역량을 정기적으로 평가하는 방법과 절차를 갖추고 있어야 한다.

(3) 기술

조직 내의 서비스 적격심사, 서비스 이용의 절차나 의사소통 방식 등이 다문화 대상자들의 참여나 서비스 이용을 중요시하는 조직의 철학과 정책을 보여주어야 한다. 예를 들어, 기관소개서와 대상자가 접하는 서류 양식들을 다양한 언어로 만들고, 기관의 실내장식이나 행사 등에 다문화가 반영되도록 한다. 또한 조직의 서비스를 이용하는 데 언어적 접근성이 확보되어야 한다.

크로스 등(1989)은 서비스 조직의 문화적 역량 수준을 발달 단계적 과정으로 보고 조직의 문화적 역량 수준을 다음의 여섯 단계로 보았다(Cross et al., 1989, 〈표 8-2〉).

① 문화 파괴성(cultural destructiveness): 인종이나 문화를 근거로 서비스로부터 배제시킨다거나, 소수민족 아동이란 이유로 가정에서 분리하여 위탁가정에 배치한다든지, 본인의 동의나 인지 없이 소수민족들을 사회적 · 의료적 실험의 대상으로 사용한다.

② 문화 무능(cultural incapacity): 조직은 의도적이지는 않지만 소수민족 집단이나 개인에게 적절한 방법으로 서비스를 제공할 역량이 없으며, 사회가 가지고 있는 편견이나 차별, 동정에 기반한 온정주의를 재강화하는 경향이 있음. 직원채용 과정에 소수민족 출신자를 차별하고, 소수민족 대상자에 대한 낮은 기대를 가지고 있으며, 그들이 환영받지 않는다는 인상을 준다.

③ 문화 문맹(cultural blindness): 서비스 전달과정에 차별이 없도록 노력을 하는데, 그 방법으로 서비스 전달방법에 있어 문화나 인종에 따라 차별하지 않고, 모든 대상자를 주류문화 집단과 동일한 접근방법으로 서비스를 제공한다. 이 과정에서 문화적 소수자 집단이 가지고 있는 강점이나 고유성은 무시되고, 주류 문화로의 동화를 강조하며, 문제의 원인을 사회보다는 개인의 문제로 본다.

④ 문화 역량 전(cultural pre-competence): 기관들은 다문화 역량을 갖춘 기관이 되고자 하는 노력을 하지만 효과적이지 못함을 인식하는 단계이다. 새로운 문화적 집단에 서비스를 제공하려 할 때 갖추어야 할 역량에 관한 현실적인 평가가 선행되지 않아서 일부의 소수민족 직원을 고용하고 조직의 문화적 역량을 갖추었다고 생각하는 토크니즘(tokenism)의 문제를 보이는 경우가 많다.

⑤ 기초적 문화 역량(basic cultural competence): 문화적으로 역량이 있는 서비스를 제공하는데 갖추어야 할 주요 요소로 언급된 인식 · 지식 · 기술 기반을 갖추었고, 편견이 없는 직원들을 채용하며, 소수민족 지역사회로부터의 자문과 제언을 수용한다. 또한 다문화 대상자 집단에 서비스를 제공하는 데 조직의 장점과 제한점을 잘 인식할 수 있는 능력이 있다.

⑥ 문화적 숙달(cultural proficiency): 기초적 문화 역량 수준의 모든 특성을 갖추고 있을 뿐만 아니라 전체 서비스 전달체계에 다문화주의를 옹호하고 다문화 집단들에 서비스 역량을 향상시키

표 8-2 서비스 조직의 문화적 역량 수준

문화적 역량의 수준	특성
문화적 파괴성 단계	소수민족의 배제, 소수자들에 부정적인 실천 및 기관 정책
문화적 무능 단계	무지로 인해 사회적 편견, 차별, 동정 등을 재강화하는 실천방식 사용, 소수민족지원자를 채용에 차별, 소수자에 대한 낮은 기대, 환영하지 않는다는 메시지
문화적 문맹 단계	차별을 피하기 위해 문화 · 인종 간 차이를 무시, 주류문화 서비스 전략을 모든 집단에 사용, 문화적 동화를 강조, 소수자의 문화적 강점과 고유성 무시
문화적 역량 전 단계	문화적 역량을 협의로 이해, 한두 명 직원의 채용으로 조직의 문화적 역량을 달성할 수 있다고 오판, 토크니즘에 빠질 위험,
기초 문화역량 단계	조직 전반에 문화적 역량의 3요소를 실천, 편견 없는 직원 채용, 지역 주민의 자문과 제언 수용, 기관의 문화적 역량 수준에 대한 현실적 평 가
문화적 숙달 단계	기초문화역량 수준의 특성 뿐 아니라 다문화 서비스 효과성 향상을 위한 연구, 다문화주의 옹호

출처: Cross et al.(1989)
※ 자료원: 김연희(2007), 한국 사회의 다문화화와 사회복지분야의 문화적 역량, 사회복지연구, 35(4), 117-144.(재인용)

는 다양한 연구들을 수행하며, 그 결과를 널리 알리기 위해 노력한다.

4) 거시적 차원

문화적 역량이 전달체계 전체의 가치와 규범이 되고 실천되기 위해서는 체계 전체에서 인식되고 제도화되어야 하고 구조적 지원이 따라야 한다.

(1) 인식

중앙정부와 모든 관련 부처에서 인종, 문화, 언어, 출신지 등의 이유로 인한 차별과 편견을 타파하고, 소수자들의 사회경제적 정의의 보장을 정책의 중심 가치로 규정한다. 또한 서비스 체계의 가치와 목표가 실현되기 위해서는 법적 보장과 제도화하는 노력이 필요함을 인식한다. 예를 들어, 다양한 언어 서비스의 보장을 의무화하거나, 주요 행정구조에 '문화적 역량 위원회'를 둔다거나, 정부 예산으로 운영되는 프로그램은 일정 수 이상의 다문화 집단이 있을 경우에는 문화적 · 언어적 역량이 보장되어야 한다는 등과 같은 규정을 둔다. 그리고 법이나 계약에서 요구하는 언어적 · 문화적 역량을 갖출 수 있는 현실적인 예산 배정도 중요함을 인식한다.

(2) 지식

급격히 변화하는 인구동태에 대한 정확한 데이터를 수집한다. 기본적인 인구학적 정보뿐만 아니라 경제, 의료, 언어, 교육 등 서비스를 계획하고 수행전략을 수립하는 데 활용될 수 있도록 정확한 자료를 수집한다. 또한 문화적으로 적절한 증거에 기반한 실무(evidence-based practice)의 개발 및 보급을 담당하고, 서비스 전달에 관련한 정책의 창출과 지식의 전달을 전담하는 연구기구를 만들어 다문화 서비스의 성과에 대한 지속적인 평가를 할 수 있도록 해야 한다.

(3) 기술

다양한 언어적 능력과 문화적 역량을 갖춘 전문가를 키우려는 적극적인 노력이 있어야 한다. 다중 언어자들이 휴먼서비스 영역에서 고등교육을 받을 수 있도록 장학제도, 특별전형 등을 활용하여 교육의 기회를 제공하는 것은 중요한 사회적 투자가 될 수 있다. 다중언어 전문가 양성이 비교적 장기적인 계획이기 때문에 준전문가들 양성을 위한 자격증 프로그램이나 다중언어 통역사 훈련 프로그램 등을 운영하는 것도 체계 전반의 언어적 · 문화적 역량 확대 방안이 될 수 있다. 그리고 상근 통역사를 둘 수 없는 지역들을 위해 통역서비스 은행(language bank)을 개발하거나 전화나 화상 대화를 통해 통역을 가능하게 하는 것도 언어적 접근성을 개선시키는 방법이 될 수 있다.

우리나라의 경우 현재 개발되고 있는 2022 개정 교육과정도 역량 중심 교육과정을 표방하며, 개정의 중점으로서 미래 사회가 요구하는 역량 함양이 가능한 교육과정을 추구하고 있다. 일반적인 6개의 역량을 제시하고, 미래 변화에 유연하게 대응할 수 있도록 지식 이해, 과정 기능, 가치태도를 아우르는 역량 개념으로 교과 교육과정에 적용하고 있다(교육부, 2021).

다문화교육을 위한 역량

- 토대역량: 자기이해역량, 상황이해역량
- 기초역량: 비판적사고역량, 창의적문제해결역량, 의사소통역량, 공동체역량

>> CHAPTER

09

다문화 교육

학습목표

1. 다문화 교육의 개념을 이해할 수 있다.
2. 다문화 교육의 목표를 열거할 수 있다.
3. 외국의 다문화 교육을 이해할 수 있다.
4. 우리나라의 다문화 교육을 설명할 수 있다.

01 » 다문화 교육의 이해

다문화 교육은 한 사회 내에서 다양한 인종, 민족, 문화 집단들이 공존하기 위해 필요한 교육의 목표와 방향에 대한 논의를 출발점으로 하여, 각 국가의 역사적 배경이나 사회적 맥락에 따라 상이한 양상으로 전개되어 왔다(박윤경, 박선운, 2021). 다문화 교육을 학문의 영역에서 주도해 온 미국에서는 1960~1970년대에 민족학 운동의 일환으로 다문화 교육이 태동한 이후로 다양한 주제로 연구와 정책의 수립이 이루어졌다. 반면에 우리나라에서는 2000년대 후반에 외국인의 국내 이주가 급격히 증가하면서 국가의 정책적 차원에서 다문화 교육이 도입되었다.

교육부는 2006년 '다문화가정 자녀 교육지원 대책'을 시작으로 매년 다문화 배경의 학생들에 대한 지원과 학교에서의 다문화 교육 실행에 대한 기본 방향을 제시하였다. 정부가 수립한 다문화 교육 정책은 초기에는 다문화 배경 학생을 지원하는 것에 초점을 두었으나, 점차 다문화 교육 환경조성을 포함하여 다양한 교육 대상 및 분야를 포괄적으로 지원하는 정책으로 변화하였다. 정책의 중점 또한 '사회 통합'에서 '다양성과 조화'를 추구하는 것으로 변화하였다(양계민 등, 2020). 다문화 배경 학생을 지원하는 정책 및 다문화 교육의 실행을 위한 실천적 정책으로는 다문화거점 학교 선정(2008년), 다문화 청소년의 역량 강화를 지원하는 글로벌 브릿지 사업(2011년), 한국어 교육과정의 정규 과정 도입(2012년) 및 한국어 진단 평가 도구 개발(2014년), 다문화 중점 학교 개편(2014년) 등이 수립 및 추진되었다(박윤경, 박선운, 2022).

1) 다문화 교육의 정의

다문화 교육(multicultural education)은 교육자, 학자, 정책입안자, 시민운동가 그리고 대중들 사이에서 다양한 의미로 존재하고 있다. 그만큼 다문화 교육이 교육 이념이자 실천 전략으로 등장한 지 오랜 시간이 지났음에도 여전히 한마디로 정의하기에는 어려움이 있다.

다문화 교육의 대표적인 학자인 뱅크스(J.A. Banks, 2010)는 다문화 교육에 대해 "학생이 인종과 민족, 사회적 계층, 성 집단의 차이와 관계없이 평등한 학습기회를 얻도록 하는 교육개혁 운동"이라고 정의하였다. 그는 다문화 교육의 역사가 소수인종과 민족문제에 주목하던 단계를 지나서 여성, 장애인, 여러 소수집단으로 관심의 범위가 확장되는 방향으로 발전하였다고 주장하였다. 슬리터와 그랜트(C.E. Sleeter & C.A. Grant, 2007)는 다문화 교육을 "기존 교육과 다른 변혁적 성격을 가지고 있는 교육"으로 바라보며, 학교 교육과정에 반영된 주류집단의 지배적 관점에 대해 비판하였다. 그들은 다문화 교육을 모든 학생들에게 평등한 교육기회를 제공하는 변혁적 교육개혁으로 바라보았으며, 인종, 문화, 언어, 사회계층, 성 및 장애를 포함하는 광의의 개념으로 설명하였다. 그리고 니에토(S. Nieto, 1992)는 다문화 교육을 "모든 학생을 위한 기본 교육과 종합적인 학교 개혁과정"이라고 정의하며, 다문화사회를 살아가는 데 필요한 기초교육으로 개념화하였다. 또한 다문화 교육은 모든 학생들을 위해서 중요한 교육이며, 학교의 모든 영역에 걸친 교육이 되어야만 한다고 강조하였다.

이처럼 학자들마다 다문화 교육의 정의가 조금씩 다르지만 공통적으로 다문화 교육은 교육의 균등한 기회를 기반으로 한다. 기존의 주류문화와 다른 문화적 배경을 가진 학생 또는 소수집단의 학생들이 동등하게 교육받을 기회를 얻지 못했음을 인식하는 데서 다문화 교육이 출발하였기 때문이다. 따라서 오늘날의 다문화 교육은 학교교육에서의 교육적 평등을 지향한다.

따라서 다문화 교육은 문화적으로 다양한 학생들의 교육적 요구를 더욱 잘 충족시켜주는 결정을 내리기 위한 개념, 이론 틀, 사고방식, 철학적 관점, 가치관 그리고 일군의 기준이다.즉 하나의 개념, 아이디어 또는 철학으로서의 다문화 교육은 생활양식, 사회적 경험, 개인적 정체성, 개인과 집단을 포함하는 국민의 교육 기회를 창출함에 있어서 민족적 · 문화적 다양성의 중요성을 인정하고 소중하게 여기는 일군의 신념이자 설명인 것이다. 따라서 다문화 교육은 기술적 차원과 규정적 차원을 갖고 있다. 기술적으로 다문화 교육은 민족적 · 문화적으로 다양한 사회 구조를 인정한다. 또한 다문화 교육은 다양한 집단을 위한 공평한 기회를 보장하기 위해 수행되어야만 한다는 것을 규정한다. 평등, 상호존중, 수용과 이해, 사회 정의에 대한 도덕적 결단의 원리에 기반을 둔 교육 체제 속에서 문화적 다원주의의 철학을 제도화하는 것이 바로 다문화 교육인 것이다(추병완, 2010).

반면에 개혁운동으로서의 다문화 교육은 사회적 문화적 · 인종적 · 언어적 다양성을 반영하기 위한 교육 기획의 구조적 · 절차적 · 본질적 구성 요소들의 개선을 강조한다. 다문화 교육의 옹호론자들은 다문화 교육의 내용이 민족적 정체성, 문화적 다원주의, 자원과 기회의 불평등한 분배, 오랜 억압의 역사로부터 파생하는 여타의 사회정치적 문제들을 포함해야만 한다고 주장한다. 그들은 다문화 교육이 교육개혁을 위한 철학이자 방법론인 동시에 수업 프로그램 안에서의 일군의 내용을 포함하는 영역이라고 주장하였다. 즉 다문화 교육은 문화적 다원성에 대한 학습, 문화적 다원성을 위한 준비, 문화적 다원성의 경축을 의미하는 것이므로, 다문화 교육은 학교의 프로그램 정책 관행에서의 변화를 필수적으로 요청한다는 것이다.

2) 다문화 교육의 목표

다문화 교육의 목표 또한 다문화 교육의 정의만큼 학자들에 따라 다양하다.

우선 뱅크스(2010)는 다문화 교육을 모든 학생들이 문화적 · 민족적 다양성이 증대되는 오늘날의 세계를 살아가는 데 필요한 지식과 기술, 태도를 함양하는 총체적 교육개혁 운동으로 정의하면서 그 목표를 다음과 같이 제시하였다.

① 개인들로 하여금 다른 문화의 관점을 통해 자신의 문화를 바라보게 함으로써 자기 이해를 증진시키는 것
② 학생들에게 문화적 · 민족적 · 언어적 대안들을 가르치는 것
③ 모든 학생이 자문화, 주류문화, 그리고 타문화가 공존하는 다문화사회에서 요구되는 지식과 기능, 태도의 습득
④ 소수민족집단이 그들의 인종적 · 신체적 · 문화적 특성 때문에 겪는 고통과 처벌의
⑤ 전 지구적(global)이고 테크놀로지 세계에서 살아가는 데 필요한 읽기, 쓰기, 수리적 능력을 습득하도록 돕는 것
⑥ 학생들이 자신이 속한 문화공동체, 국가적 시민 공동체, 지역사회 문화, 그리고 전 지구적 공동체에서 역할을 수행하는 데 필요한 지식, 태도, 기능을 다양한 인종, 문화, 언어, 종교집단의 학생들이 습득하도록 도와주는 것

한편 슬리터와 그랜트(2007)는 평등한 기회와 문화적 다원주의의 이상(理想)에 근거한 다문화 교육은 다음과 같은 목표를 추구한다고 역설하였다.

① 문화적 다양성의 이해 · 인정 · 수용의 증진
② 자신의 인종, 젠더(gender), 장애, 언어, 종교, 성적 지향, 사회계층 배경을 완전히 확인한 사람들을 위한 대안적인 선택 장려
③ 모든 학생들이 학업에서 성공할 수 있도록 도움
④ 권력의 불평등한 분배 및 지배 집단이 아닌 사람들의 기회를 제한하는 특권 등과 같은 사회적 이슈에 대한 인식력 제고

그리고 게이(G. Gay, 1994)는 다문화 교육의 목표를 크게 다음의 일곱 가지로 정리하였다.

① **민족적 문화적 리터러시(cultural literacy)의 개발**: 수업 자료 및 교육과정에서 전통적으로 배제되어 왔던 다양한 민족 집단의 역사와 기여에 대한 정보를 학생들에게 제공하는 것을 의미한다. 대부분의 학생들은 주류가 아닌 소수민족 집단의 역사에 대해 아는 바가 별로 없다. 소수민족 집단의 구성원 역시 자신들의 문화와 역사에 대해 많이 알지 못하는 경우가 빈번하다. 그러므로 다문화 교육을 통해 학생들에게 자기 집단의 문화적 유산과 타 집단의 문화적 유산에 대해 학습할 수 있도록 해주어야 한다.
② **개인적 발달**: 다문화 교육의 심리학적 토대는 자기 이해, 긍정적 자아개념, 자신의 민족적 정체성에 대한 자긍심을 강조한다. 자신에 대해 좋게 느끼는 학생들은 타인과의 상호작용에 있어

서 더욱 개방적이고 수용적이며, 자신들의 문화와 정체성을 존중하는 경향이 높다. 자신이 속한 집단 및 다른 민족 집단에 대한 이해를 제고하는 것은 자신이 속한 집단 및 다른 민족 집단에 대한 부정적이거나 왜곡된 개념을 교정할 수 있는 기회를 제공해 준다.

③ **태도와 가치의 명료화**: 개인의 속성과 행위를 그가 속해 있는 전체 민족 집단으로 귀인하려는 경향성은 고정관념, 편견, 인종차별주의를 영속화하는 근거가 된다. 다문화 교육은 민족적 태도와 가치를 명료화하는 목표를 지닌다. 이것은 편견, 고정관념, 자민족중심주의, 인종차별주의에 직접적으로 맞서는 것, 부정적인 민족적 태도와 가치의 근원 표현 효과를 비판적으로 분석하는 것, 민족적 신념과 진리 간의 차이를 일치시키는 것, 낡고 부정적인 민족적 태도와 가치를 새롭고 긍정적인 민족적 태도 신념 가치로 대체하는 것을 포함한다. 다문화 교육은 인간 존엄성, 정의, 평등, 자유, 자기 결정, 민주주의의 원리에서 파생하는 핵심 가치들을 조장하는 목적을 가지고 있다. 다문화 교육은 이러한 핵심 가치들의 교육을 통하여 학생들로 하여금 다양성을 존중하고 포용하며, 다양성은 인간적 삶의 총체적인 조건임을 인식하도록 만든다.

④ **다문화적인 사회적 능력**: 학생들이 민족적 · 인종적 · 문화적으로 다른 사람들을 이해하고 그들과 상호작용하는 방법을 배우는 것은 매우 중요하다. 다문화 교육은 다른 문화 집단 구성원과의 의사소통, 대인 관계, 입장채택, 맥락적 분석, 대안적 관점 또는 준거 틀의 이해, 문화적 조건이 가치 · 태도 · 신념 · 선호 · 기대 · 행위에 영향을 주는 방식의 분석에 필요한 기능을 가르침으로써 문화 간 단절과 고립을 해결하고자 한다. 다문화 교육은 이러한 목표 달성을 위해 학생들로 하여금 그들의 문화적 능력을 실천하고, 상이한 문화 집단과 상호작용할 수 있는 다양한 기회를 부여한다.

⑤ **기본적 기능 숙달**: 다문화 교육은 민족적으로 상이한 학생들의 기본적인 리터러시(literacy) 기능을 촉진시켜 주는 것을 목표로 한다. 다문화 교육은 민족 자료, 경험, 사례를 수업에 활용함으로써 민족적으로 상이한 집단에 속한 학생들의 기본 기능을 숙달시켜 준다. 즉 다문화 교육은 교육의 과정을 민족적으로 다양한 학생들에게 더욱 효과적으로 만들기 위해 문화적으로 맥락적인 교수 활동을 전개하는 것을 목표로 한다.

⑥ **교육적 공평과 수월성**: 다문화 교육은 공정한 교육적 기회의 부여를 통하여 교육적 수월성을 추구한다. 어떤 집단이 최상의 품실을 갖춘 교육을 받을 공평한 기회를 부여받지 못한다면 그 집단에 속한 학생이 교육적 수월성을 나타내는 것은 불가능하다. 그런데 공평한 교육 기회를 제공함에 있어서 핵심이 되는 것은 동일성이 아니라 동등성이다, 학습 기회의 동등성을 확보하게 만드는 것이 무엇인지를 결정하기 위해 교사는 문화가 학습 양식, 교수 행위, 교육적 결정을 조형하는 방식을 이해해야만 한다.

⑦ **사회개혁을 위한 개인적 능력의 구비**: 다문화 교육의 궁극적인 목표는 학교에서 변화의 과정을

시작하여 그것이 사회로 확대되게끔 하는 것이다. 그러므로 다문화 교육은 기회에서의 민족적 인종적 불균형을 없애기 위해 사회를 개혁하려는 의지를 지닌 사회 변화의 주체 세력이 갖추어야할 태도 가치 습관 기능을 계발하는 것에 초점을 맞춘다. 학생들은 다문화 교육을 통하여 자신들의 민족적 이슈에 대한 지식을 확대하고, 의사결정 능력, 사회 행위 기능 리더십 능력 정치 효능감 인간 존엄성과 평등에 대한 도덕적 결단을 개발하게 된다.

3) 다문화 교육의 차원과 접근유형

다문화 교육은 앞에서 살펴본 것처럼 매우 복잡하고 다차원적인 성격이 강하다. 따라서 다문화 교육은 수업이나 교과를 통해서 가능한 것이 아니며, 학교 전체를 변화시켜야 하는 학교 개혁운동의 성격을 띠기도 하며, 지역사회 및 사회 전체의 변화를 촉구하는 급진적인 성격이 되기도 한다.

우선 뱅크스(2002)는 다문화 교육의 차원을 다음의 다섯 가지로 제시하였다.

① 다문화 교육과 관련된 내용의 통합은 교사들이 자신의 교과나 학문 영역에 등장하는 주요 개념, 원칙, 일반화, 이론을 설명하기 위해서 다양한 문화 및 집단에서 온 사례, 자료, 정보를 가져와 활용하는 정도를 지칭한다.

② 지식 구성과정은 특정 학문 영역에 내재하는 문화적 가정, 준거 틀, 관점, 편견 등이 해당 학문 영역에서 지식이 형성되는 과정에 어떠한 영향을 미치는지를 학생들이 이해하고, 조사하고, 판단할 수 있도록 교사가 돕는 것을 의미한다.

③ 편견 감소는 학생들의 인종적 태도의 특징과 학생들이 보다 긍정적인 인종적 · 민족적 태도를 습득할 수 있도록 하는 데 활용할 수 있는 전략을 다룬다.

④ 평등한 교수법은 교사가 다양한 인종, 민족, 사회계층 집단에서 온 학생들의 학업 성취도를 향상시키기 위하여 수업을 수정하는 것을 지칭한다. 이것은 여러 문화적 · 인종적 집단 내에 존재하는 독특한 학습 습관에 부합하는 다양한 교수법을 사용하는 것을 포함한다.

⑤ 학생들에게 기회를 제공하는 학교문화와 사회구조는 다양한 인종, 민족, 언어, 사회계층 집단에서 온 학생들이 장차 교육적 평등과 권한 부여를 경험하도록 학교의 문화와 구조를 재구성하는 과정을 뜻한다. 이것은 모든 집단에서 온 학생들이 평등한 성공의 기회를 가질 수 있도록 학교를 변화의 단위로 개념화하고, 학교 환경을 구조적으로 변화시키는 것을 의미한다.

한편, 다문화 교육 학자들은 다문화 교육을 학교에서 실행할 수 있는 다양한 접근법들을 내놓고 있다. 대표적으로 슬리터와 그랜트(2007)의 다섯 가지 다문화 교육 접근법의 특성을 한국사회의 다문화 교육에 적용하여 살펴보면 다음과 같다(김현영, 2024).

① 특수학생과 문화적으로 다른 학생들에 대한 교수 접근법(teaching the culturally different approach)은 소수집단을 주류사회에 동화시키는 것이 목표이다. 교육은 특수학생과 문화적으로 다른 학생들만을 대상으로 하고, 학교적응에 필요한 내용을 학습하는 것이다. 다문화 학생을 대상으로 한국어를 가르치기 위한 목적으로 모국어를 사용하는 것, 한국어 교실에서 한국어 및 학교적응을 위해 이루어지는 다양한 수업, 이중언어 교사를 통해 한국어를 가르치는 것 등이 이에 해당한다.

② 대인관계 접근법(human relations approach)은 주류사회에서 일치와 관용, 수용성을 높이는 등 주로 정의적인 영역을 목표로 한다. 학생들 간에 차이를 존중하고 의사소통하는 방법을 교육하여 갈등 해결을 돕고, 긍정적인 정서를 증진하고 고정관념을 감소시킨다. 즉 대인관계 및 사회적 기술을 가르쳐서 사회적 관계 형성을 돕는 것이다.

③ 단일집단연구 접근법(single group studies approach)은 주류사회에 적응하는 것을 넘어 해당 집단 학생들을 위해 불평등하고 억압된 사회적 환경에 대한 변화를 추구하는 것이다. 차별의 영향에 관한 교육을 하거나 사회적 쟁점을 교육과정에 포함하는 것이다.

④ 다문화 교육 접근법(multicultural education approach)은 모든 학생을 대상으로 하여, 다양한 집단에 대한 존중을 바탕으로 문화적 다원주의를 중요하게 생각한다. 모든 학생을 위해 학교 전체와 교육과정을 개혁하는 것이다. 이는 다문화 학생을 주류사회로 통합하면서도 이들을 위해 사회를 개선하는 것이다.

⑤ 다문화 사회정의 교육 접근법(multicultural social justice approach)은 학생들이 사회 구조적 평등을 위해 적극적으로 활동할 수 있도록 준비시키는 것이다. 단일집단연구에서는 해당 집단만을 대상으로 하지만 이 접근법은 인종, 계층, 성을 모두 연계한 구성이다. 다문화 교육 접근법과 같이 교육과정을 통해 학교와 교실에서 다양성이 반영되어야 한다는 점에서 같다. 그러나 다문화 사회정의 교육 접근법은 기본적으로 기존의 사회구조와 질서가 불평등하다고 보고 이를 개혁하고자 적극적인 실천을 고양 시킨다는 점에서 다문화 교육 접근법과 다르다.

4) 세계시민 교육

다문화 교육과 구별되는 또 다른 개념으로서 국세사회의 일원으로 책임감을 강조하는 세계시민 교육이 있다. 유네스코(UNESCO, 2014)가 발간한 「세계시민 교육: 21세기 새로운 인재 양성(Global Citizenship Education: Preparing Learning for the Challenges of the 21st Century)」에서는 세계시민 교육을 "더 정의롭고, 평화롭고, 관용적이며, 포용적이고, 안전하고, 지속가능한 세상을 만드는 데 앞장설 수 있도록 필요한 학습자의 지식과 기술, 가치와 태도를 계발하는 것을 목표로 삼는 교육 패러다임"이라고 정의하였다. 따라서 세계시민 교육은 문화다양성 교육뿐만 아니라, 인

표 9-1 4가지 관점에 따른 세계시민 교육의 핵심가치

관점	주요내용	핵심 가치
개인적 관점 (여행자적 관점)	• 문화다양성 이해와 존중 • 다른 국가, 다른 사회, 다른 문화에 대한 습득 및 상호 이해	다양성/상호이해
국제적 관점 (국가주의적 관점)	• 세계화 시대 글로벌 경쟁력 강화	국가경쟁력 강화/리더십
인권, 인도주의적 관점	• 타인에 대한 배려 • 인류공영에 기여할 수 있는 역량 • 빈곤문제에 대한 문제의식	인류애/개발/포용
비판적-변혁적 관점	• 자국 및 타국 문화에 대한 편견 배제 • 비판적으로 성찰하기	정의/다원성/책임감

※ 자료원: 박민정, 심수민, 이은정, 정혜경(2021). 아동 · 청소년 대상 문화다양성 교육 현황 진단 및 주요국 사례 연구.

권 교육, 반편견 교육, 지속가능한 발전 교육, 국제이해 교육, 상호문화교육 등을 모두 포괄하는 개념이다.

세계시민 교육의 관점에 따른 교육내용 및 핵심가치는 〈표 9-1〉과 같다. 특히 개인적 관점에서의 문화다양성 이해 존중, 타인을 배려하는 시민역량 제고, 구조적 차별에 대한 비판적 성찰 등은 문화다양성 교육과 연계되는 측면이라 할 수 있다(박민정 등, 2021).

5) 문화다양성 교육

다문화 교육, 세계시민 교육에 대한 논의가 지속적으로 이루어지고 있는 가운데 최근 문화체육관광부나 한국문화예술교육진흥원 등 정부기관을 주축으로 '문화다양성'의 개념과 그에 대한 교육이 새롭게 강조되고 있다.

우선 문화다양성(cultural diversity)이라는 용어는 유네스코가 주최한 1982년 '멕시코시티 세계문화정책회의(Mexico City Declaration on Cultural Policies, World Conference on Cultural Policies)'에서 문화를 "예술과 문학에 한정되지 않고 인간의 생활양식과 기본적인 권리들을 포함하여 한 사회나 사회 집단을 설명해 주는 독특한 정신적 · 지적 · 정서적 특질들의 복합체 전체"로 정의함으로써, 문화의 개념을 단순한 장르를 넘어선 정체성, 문화와 발전, 문화와 인권, 민주주의 등의 의제로 발전이 가능하게 되었고, 문화다양성 개념화의 근간이 된다고 평가된다.

이후 2001년 유네스코 제31회 정기총회에서 '세계 문화다양성 선언(Universal Declaration on Cultural Diversity, 2001)'에서 명시하였고 이후, 2005년 「문화적 표현의 다양성 보호와 증진 협약(Convention on the Protection and Promotion of the Diversity of Cultural Expressions, 2005)」을 통해 적극적 실천방안을 마련하였다. 문화다양성의 개념 자체는 다양한 집단의 문화가 존재하는 상태,

즉 다양한 가치를 지닌 여러 문화의 공존 상태를 의미하지만, 이것이 협약으로 채택되어 비전과 목표를 가지게 되면서 서로 다른 문화의 보호와 공존, 포용 전략을 포괄하는 개념으로 확장되었다고 볼 수 있다(박민정 등, 2021). 그리고 우리나라는 2010년 4월 1일에 110번째 비준국이 되었고, 2017년 유네스코 문화다양성 협약 아시아 · 태평양 그룹 위원국으로 선정되었다.

한편 유네스코는 「문화다양성선언」 제1조 문화다양성 항목을 통해 인류의 공동유산에서 "문화는 시공간에 여러 형태로 나타난다. 이 다양성은 인류를 구성하는 집단과 사회의 정체성과 독창성을 구현한다. 생태 다양성이 자연에 필요한 것처럼 교류 · 혁신 · 창조성의 근원으로서 문화다양성은 인류에게 필요한 것이다. 이러한 의미에서, 문화다양성은 인류의 공동 유산이며 현재와 미래 세대를 위한 혜택으로서 인식하고 확인해야 한다"고 선언하고 있다. 따라서 유네스코의 문화다양성 개념은 단지 한 사회에서 다양한 문화가 나타나는 현상을 지칭하는 수준의 가치중립적인 개념이 아니라, 문화를 세계 평화, 인류의 공동유산, 지속가능한 발전의 세 차원과 연결하는 개념으로 이해할 필요가 있다. 유네스코의 문화다양성을 근거로 하는 문화다양성 교육은 전 지구적으로 다양한 문화가 공존한다는 것은 물론이고 그 이상의 범주를 목적으로 지향해야 할 것이다(장의선 등, 2016).

우리나라의 문화다양성 교육은 2014년 제정된 「문화다양성의 보호와 증진에 관한 법률」 제13조에 근거하는데, 「동법 시행령」 제11조에 의거한 문화다양성 교육의 내용은 다음과 같다.

① 문화다양성에 관한 조약, 법령 및 정책의 내용
② 국적 · 민족 · 인종 · 종교 · 언어 · 지역 · 성별 · 세대 · 장애 등에 따른 다양한 문화의 내용
③ 문화적 다양성 존중의 구체적 방법에 관한 사항
④ 그 밖에 문화다양성 보호와 증진에 관한 사항

한경구 등(2015)은 문화다양성 교육을 인지 영역, 사회정서 영역, 실천 영역과 문화창조와 표현 영역 등 4가지 영역으로 제시하였다. 문화다양성 교육은 인지 영역→사회정서 영역→실천 영역 및 문화 창조와 표현 영역 순으로 심화되어 가는 것을 바람직하다고 보고 있으며, 각 영역은 독립적이면서 상보적인 성격을 지닌다고 강조하였다(〈표 9-2〉).

한편 문화다양성 교육의 핵심가치는 아래 〈표 9-3〉과 같이, 인권과 자유 존중 하에서의 평등, 국가별 평등, 소수문화 존중, 글로벌 시민성, 문화의 동등성 존중, 상호의존성, 다양성 및 개방성이라고 할 수 있다(박민정 등, 2021).

표 9-2 문화다양성 교육의 영역(한경구 등, 2015)

영역	주요내용
인지 영역	• 자신이 어떤 문화적 속성을 지니고 있으며 그것이 타인의 문화적 환경과 어떤 공통점과 차이점을 가지는지에 대한 인식 • 개인을 이루는 문화적 속성을 객관화시켜 봄으로써 자신과 다른 문화적 특성을 가진 사람들을 이해 • 거시사회적 요소가 문화적 다양성에 끼치는 영향 인지 • 현대사회에서 다양한 문화를 생산 및 재생산하고 전달하는 미디어의 작용 이해 • 문화다양성 개념을 둘러싼 여러 개념의 발생 맥락을 이해
사회정서 영역	• 사회 및 여타 구성원을 바라보는 관점과 태도, 감정의 변화 경험 • 자신과 다른 문화적 배경을 가진 사회구성원에 대한 공감의 폭 확대 • 문화적 차이에 기인한 편견과 혐오 배제 • 특정 문화적 특성을 잣대 삼아 편협하게 타인을 재단하는 태도 지양 • 개인의 문화적 배경을 있는 그대로 존중하는 자세 함양 • 개인의 문화적 특성이 상대적 구성물임을 내재화
실천 영역	• 자신의 문화적 특성에 대해 자신감을 가지고 긍정적 정체성을 드러냄으로써 창의적 생산활동에 기여 • 소비자, 매개자, 해석자, 전달자 모두가 다양한 문화의 표현이 담긴 창작 물을 공유할 수 있는 환경 조성 • 거대 자본과 주류 미디어에 기초한 창작활동 및 작품 뿐 아니라, 비주류에 대해서도 존중하는 태도 함양
문화창조표현 영역	• 일상적 실천 및 행동 언어, 의사소통 영역에서의 변화 • 문화적 차이로 인한 충돌 발생시 상호존중 기반 해결방식 모색 • 사회 안에서 다양한 구성원들의 건강한 공존에 필요한 원활한 소통 능력 함양 • 문화적 특성의 차이로 인한 사회적 차별을 배격하는 자세 함양 • 인권보호 관련 문제점 개선을 위한 제도적 장치 기반 실천 능력 함양

※ 자료원: 박민정, 심수민, 이은정, 정혜경(2021). 아동 · 청소년 대상 문화다양성 교육 현황 진단 및 주요국 사례 연구.(재인용)

표 9-3 문화다양성 협약의 원칙과 문화다양성 교육의 핵심가치 연계(라도삼 등, 2017)

문화다양성 협약 기본 원칙	주요내용	핵심 가치
1. 인권과 기본적 자유 존중의 원칙	• 인권과 기본적 자유를 침해하거나 그 범위를 제한할 목적으로 협약이 규정을 원용할 수 없다는 원칙 하에, • 개인의 문화적 속성이 차별이나 배제의 원인이 되지 않도록 보편적 가치로 존중하도록 함	(개인의) 평등
2. 주권 원칙	• 국가는 UN헌장과 국제법 원칙에 따라 각국 영토 내에 서 문화적 표현의 다양성을 보호하고 증진하기 위한 조치와 정책을 채택하는 주권적 권리를 가진다는 원칙 하에, • 국가 내 문화다양성 관련 조약, 법령, 정책을 검토하도록함	(국가별) 평등
3. 모든 문화에 대한 동등한 존엄성 인정과 존중 원칙	• 문화적 표현의 다양성 보호와 증진은 소수 문화를 포함한 모든 문화에 대한 동등한 존엄성과 존중을 전제로 한다는 원칙 하에, • 주류 문화와 비주류 문화를 동등하게 존중하도록 교육	소수문화 및 비주류 문화 존중
4. 국제적 연대와 협력 원칙	• 국제적 협력과 연대는 국가, 지역정부, 국제적 차원에서의 문화적 표현, 소통, 개방 원칙 하에, • 세계시민으로서의 태도의 가치를 가진 세계시민교육	상호의존성 (상호성)

표 9-3 문화다양성 협약의 원칙과 문화다양성 교육의 핵심가치 연계(라도삼 등, 2017)–계속

문화다양성 협약 기본 원칙	주요내용	핵심 가치
5. 개발의 경제적, 문화적 측면의 상호보완성 원칙	• 문화산업이라는 영역 안에 소비자, 매개자, 해석자, 전달자가 경제적 · 문화적으로 참여하고 향유할 수 있는 권리를 가진다는 원칙 하에, • 문화산업 안에서의 각 주체별 권리와 의무에 대한 교육	상호의존성 (상호성)
6. 지속가능한 개발 원칙	• 개인과 사회의 귀중한 자산으로서 문화를 인식하고, 문화다양성의 보호 및 증진이 미래세대의 이익을 위한 지속가능한 개발의 필수 요소라는 원칙 하에, • 지속가능한 개발 원칙과 연계하는 문화다양성 요소 교육	다양성
7. 공평한 접근 원칙	• 풍부하고 다양한 문화적 표현에 대한 공평한 접근과 보급 수단에 대한 접근을 보장한다는 원칙 하에, • 다양한 문화 및 창작물, 표현에 대한 공평한 접근의 중요성 강조	평등
8. 개방과 균형 원칙	• 국가가 다양성을 지원하기 위한 조치로써, 다른 문화에 대한 개방성을 증진하기 위한 방법을 강구하고 협약이 추구하는 목표 달성에 기여하도록 한다는 원칙 하에, • 개방적 문화민주주의를 위한 제도적 기반 마련	평등, 사회의존성

※ 자료원: 박민정, 심수민, 이은정, 정혜경(2021). 아동 · 청소년 대상 문화다양성 교육 현황 진단 및 주요국 사례 연구.(재인용)

02 » 외국의 다문화 교육

1) 캐나다

캐나다의 2011년 '국가가구조사(National Household Survey, NHS)'에 따르면, 캐나다인 다섯 명 중 한 명이 이민자였을 정도로 캐나다에서 '다문화'는 중요한 화두이다. 1990년대 초반 연방 정부의 다문화주의 프로그램의 독려로 시민사회의 참여도가 높았으며, 특히 캐나다는 강력한 국가 정체성의 한 부분으로서 다문화 정체성 개발 독려, 그리고 사회정의 문제를 언급하는 것을 주요하게 생각하였다.

이에 캐나다 교육부 장관 회의(Council of Ministers of Education, Canada: 이하 'CMEC')에서는 2004년에 「사회 통합을 위한 교육 및 성평등 교육(education and gender equality and education for social inclusion)」이라는 보고서를 통해 이민 배경의 학생들의 성취도와 사회통합에 대해 논의하였다. 이후 2018년 보고서에서는, 캐나다 정부의 인종, 피부색, 성별, 언어, 종교, 정치적 의견, 출신 국가, 경제적 상황, 또는 출생 등의 이유로 인한 차별에 강력한 법적 장치와 함께, 학교 내에서 학생들이 차별에 자유로운 환경을 제공할 것을 강조하였다. 특히 '포괄적 교육(inclusive education)'이라는 개념을 통해 반차별적인 논의를 바탕으로 학생들의 사회적 통합, 소속감, 평등한 성취 기

회, 배움에 대한 활발한 참여 등을 촉진하였다. 또한 1960년 12월에 개최된 유네스코의 국제회의에서의 교육 내 19개 반차별 권고와 관련해, 차별에서 자유로운 교육 시스템과 관련해 "모두를 위한 교육(Education for All)"을 강조하였다(〈표 9-4〉).

유네스코는 정기적으로 회원국에 관련 모니터링을 실시하고 있으며, 이에 따라 캐나다는 평등한 교육 기회와 성취도 증진에 중점을 두고, 2012년부터 2015년까지 13개 관할 구역에서 차별을 제거하기 위한 활동 및 법률 제정 등을 진행하였다. 캐나다는 중등 및 고등교육에서 원주민의 성취도 격차를 줄이기 위해 각 주와 CMEC는 공공 교육 시스템 내 원주민 학생들을 위한 방안을 지속적으로 논의하였으며, 캐나다 교육통계위원회(CESC)는 원주민 및 비원주민 학생들의 학업 성취도와 졸업률 격차를 제거하기 위해 지역사회와 협력해 교육 전반의 데이터를 수집하고 분석하였다. 또한 원주민 차별 관련 입법 및 정책 프레임을 마련하고, 원주민 커뮤니티와 협력하여 원주민 출신 학생들의 성취 격차 해소와 교육 기회의 평등을 제공하기 위한 방법을 강구하였다.

캐나다의 다문화 교육은 사회과 핵심 주제로 '국가 정체성', '시민성 교육'과 다문화주의를 포함하는 등 다양한 교육과정 내에 다문화주의의 이념을 가르치고, 학생들의 반차별 · 반편견 프로그램 개발을 지원한다. '다문화 주간(Multiculturalism day)'에서는 캐나다에서 소수민족에 속하는 학생과 교사들이 자신의 출신 국가 전통 의상을 입고 여러 문화행사에 참여해 다른 다수의 학생 및 교사들에게 본인들의 문화를 소개하기도 한다. 특히 캐나다 정부는 매년 6월 27일을 캐나다 다문화주의의 날로 지정하였다.

캐나다의 경우, 각 교육은 각 주(state)와 준주(territory) 중심으로 이루어지며, 연방 정부의 교육에 대한 개입은 있으나 연방교육부는 별도로 없다. 그리고 1960년대부터 CMEC는 전국 교육에

표 9-4 캐나다의 '모두를 위한 양질의 교육(Quality education for all)' 내용

주제	제공 내용
유아기 학습 및 발달	• 5세 아동을 위한 유치원 프로그램 제공함 평등하고 포괄적인 교육 시스템의 필수 요소로써, 아동과 가족의 다양성을 존중하는 것을 강조함
초등 및 고등 학교 시스템	• 캐나다의 학령기 아동, 청소년의 경우 2012년 OECD의 국제 학생 평가 (OECE's Programme for International Student Assessment: PISA)에서 학생들의 사회경제적 배경이 학생 간의 성적 격차에 가장 영향을 미치지 않는 나라로 평가됨
고등 교육	• 원주민의 경우 대학 출석률과 졸업률이 일반적인 캐나다 인구보다 낮았지만, 전문대학 졸업율은 비슷했음
성인 교육 및 기술 개발	• 캐나다는 OECD 국가 중 가장 숙련되고 교육 받은 노동력을 보유한 국가이지만, 고등학교 졸업자, 이민자, 원주민 등의 경우 문해력, 수리 능력, 문제 해결능력 등에서 낮은 능력을 보유한 것으로 확인됨

자료: Council of Ministers of Education for Canada (CMEC). 2018. Quality Education for All, Canadian Report for the UNESCO Ninth Consultation of Member States on the Implementation of the Convention and Recommendation against Discrimination in Education, pp. 7–10.
※ 자료원: 박민정, 심수민, 이은정, 정혜경(2021). 아동 · 청소년 대상 문화다양성 교육 현황 진단 및 주요국 사례 연구.(재인용)

대한 조정과 소통을 제공하였는데, 2017년 9월에 학교 내에서 존재하는 차별적인 관행, 제도적 장벽 및 편견을 인식하고 이에 대한 적절한 조치를 취하기 위해 학부모, 교육자, 교장, 이사회 직원, 수탁자 및 지역사회와 협력하는 3개년 전략인 '교육 형평성 실천 계획(Education Equity Action Plan)'을 발표했다. 이 계획을 통해 캐나다의 학생들이 학업성취도 격차를 해소하여 성공적으로 학업에 임할 수 있게 새로운 자원을 모색하고 프로그램 개발, 관련 정책 수립 등의 현실적인 목표를 설정하였으며, 이 3개년 실천 계획에서 포괄적이고 문화적으로 대응할 수 있는 교육, 교육과정, 교육 평가 및 자원 등을 마련하는 것을 첫 번째 과제로 설정하였다. 또한 형평성 있고 포괄적인 교육에 부모들의 참여를 장려하는 것을 포함하고 있다.

특히 온타리오주(Province of Ontario)의 경우, 여러 다양한 주정부 부처와 기구에서 온타리오 내 다문화 교육 관련 주요 역할을 담당하고 있다. 안전한 학교 만들기 프레임워크 내 반인종차별 및 소수민족 문화에 대한 평등에 관한 정책을 명시하고 있으며, 특정 괴롭힘에 대한 방지를 목표로 하고 있다. 그리고 1998년 설립된 '토론토 학교위원회(the Toronto District School Board, TDSB)'는 27만 명 이상의 학생들이 소속된 각 학교에 가이드라인 등을 사회적 정의, 사회 통합 등에 관한 인식, 권리 등을 강조하였다. 최근에는 '도시 내 모범 학교(Model Schools for Inner Cities)' 프로그램을 통해 형평성, 공동체 중심으로서의 학교, 공동체 포괄성, 자존감 향상 및 학업 성취도에 대한 기대 등의 항목을 모범 학교의 핵심 요소를 제시하였다.

(1) 온타리오주 교육부의 형평성과 포괄적 교육(Ontario, Ministry of Education)

온타리오주는 캐나다에서 가장 다양한 이민자들이 살고 있는 주로서 지역적 특색과 빠르게 변하는 사회적 요구에 따라 다양성에 관련된 문제가 대두되어 왔다. 이에 온타리오주 내 소속 학교의 경우, 다양성에 대한 인정과 존중을 지원하는 방식으로서 반차별, 형평성, 포괄적 교육과 특정 교과 관련 적절성을 고려해야 했다. 형평성과 포괄적 교육에 대한 원칙은 모든 커리큘럼 내 오리엔테이션에 포함되며, 모든 커리큘럼은 전문가 검수를 받아야 한다. 또한 학교-공동체 파트너십 및 봉사활동을 진행했는데, 학교 이사회는 형평성과 포괄적 교육을 위해 학부모, 지역 공동체 그룹, 이외의 파트너 등과 열린 방식으로 파트너십을 체결하고 유지해야 하고, 관련 봉사 프로그램을 진행해야 한다(〈표 9-5〉).

(2) 매니토바주 교육부의 다양성 교육(Manitoba, Ministry of Education)

다양한 인종과 언어가 존재하는 매니토바주의 교육적 요구에 부합하기 위해 1990년 5월 매니토바 정부는 다문화사회를 위한 정책을 발표하였다. 그리고 '매니토바 사회의 문화 다양성에 대한 자부심', '매니토바 사회구성원의 평등한 기회 부여', '다문화 이상을 실현하기 위한 파트너십'이라

표 9-5 캐나다 온타리오 학교-공동체 파트너십 및 봉사활동의 실제 예시

주제	학교명	학년	상세내용
원주민 커뮤니티와의 예술 심포지움 개최	Thunder Bay Catholic District School	7~8학년	학생들이 원주민 예술과 관련한 스토리텔링, 음악, 시각 미술, 퍼포먼스, 드라마 등을 제작하고 해당 작품들을 소개하도록 함. 원주민 예술가와 원주민 공동체 지도자들이 이 해당 프로그램의 발전과 전수에 참여함. 관련해 학생들이 영화를 제작하기도 함(22)
이민자 공동체와의 멘토링, 체험학습	The Toronto Catholic District School	8~10학년	필리핀계 이민자 공동체 센터와의 파트너십을 체결하고, 학생들이 센터에서 캐나다 적응, 리더십 기술 등에 대해 멘토링을 진행하고, 여름 캠프, 스 케이트 체험 등의 활동을 함께 진행하도록 함(23)

자료: Ontario. Ministry of Education. 2014. Equity and Inclusive Education in Ontario Schools: Guidelines for Policy Development and Implementation. Queen's Printer for Ontario
※ 자료원: 박민정, 심수민, 이은정, 정혜경(2021). 아동 · 청소년 대상 문화다양성 교육 현황 진단 및 주요국 사례 연구.(재인용)

는 세 가지를 목표를 발판으로 다문화 교육 정책의 목표를 수립하였다. 캐나다 내에서 이러한 정책을 수립한 것은 매니토바주가 처음이었으며, 이 정책을 수립 후 매니토바 정부는 반인종차별 교육에 초점을 맞춰 학교 교육과정에 반영할 수 있도록 추진하였다.

매니토바 교육부는 매니토바주 내에 거주하는 여러 문화 및 언어 집단들을 모아 '문화 자문위원회(Cultural Advisory Committee)'를 설립하여 사회 교육과정 프레임워크를 개발하는데 참여할 수 있도록 하였으며, 2003년 매니토바 교육부는 「교육에서의 다양성과 형평성: 인종문화적 평등을 위한 행동계획(Diversity and Equity in Education: An Action Plan for Ethnocultural Equity)」를 발간하였다. 여기에는 학교 시스템 및 교육 정책을 개선하고 포괄적인 교육을 수행할 수 있게 인력 훈련팀 구성 등에 대한 18가지 행동계획을 포함하고 있다. 또한 매니토바주에서는 유치원 단계부터 초 · 중등교육(8학년)까지 사회 과목을 필수과목으로 지정하였으며, 전 학년에 걸쳐서 민주주의 및 글로벌 사회의 시민교육과 더불어 역사, 정치 및 사회적 관점으로 다문화 및 다양성에 관련된 내용을 다루고 있다(〈표 9-6〉).

2) 호주

호주는 다문화주의 정책을 1978년부터 시행하였고, 초기 다문화주의 정책 개발 당시 호주 내 주류 그룹과 원주민 그룹의 학교 내 학업 성취도 및 언어 문제 등 주요한 격차를 경험하면서 발전하게 되었다.

호주 인구의 1/4 이상이 해외 출생자이며, 한 명 이상의 이민자 출신 부모가 있는 경우는 이를 넘어서는데, 뉴사우스웨일스주(State of New South Wales)와 빅토리아주(Victoria)의 경우에는 1/4 이상의 인구가 영어 이외의 언어를 가정에서 구사한다. 호주는 영국의 정착 초기부터 1960년대

표 9-6 캐나다 매니토바주의 유치원~8학년까지 각 학년별 사회 과목 주제 및 목표 역량

학년	유치원 함께하는 것	1학년 연결과 소속	2학년 캐나다의 공동체	3학년 세계의 공동체	4학년 마니토바 캐나다, 그리고 북쪽: 장소와 이야기	5학년 1867년 부터의 캐나다 사람과 이야기	6학년 캐나다: 변화의 나라 (1867년 ~현재)	7학년 세계의 사람과 장소	8학년 세계사: 과거의 사회
기술카데고리	활발한 민주주의 시민권 소통			정보와 생각의 관리			비판적이고 창의적인 생각		
지식과 가치의 결과물	클러스터에 의해 조직되고 중심 개념인 시민권에 포함됨								
클러스터 1	나	내가 속한 곳	지역 공동체	캐나다인에 의한 연결	캐나다의 지리	최초의 인간	국가 수립 (1867~1914)	세계 지리	과거와 현재의 사회 이해하기
클러스터 2	내 주변의 사람들	나의 환경	캐나다 안의 공동체	세계 탐험	캐나다에서의 생활	최초의 유럽계 식민지 (1600~1763)	떠오르는 국가 (1914~1945)	세계적 질의 삶	고대 메소포타미아, 이집트 또는 그리스와 로마
클러스터 3	내 주변의 세계	타인과의 연결	캐나다인들의 공동체	세계의 공동체들	매니토바에서의 삶	모피 무역	현재 캐나다의 형태 (1945~현재)	아시아 아프리카, 또는 호주에서의 삶의 양식	그리스와 로마의 고대 사회
클러스터 4				고대 사회 탐험	매니토바의 역사	영국 식민지에서 연방제로 (1763~1867)	**캐나다의 오늘: 민주주의, 다양성, 과거의 영향**	유럽 또는 미국의 인간 영향	현재로의 전환 (약500~1400)
클러스터 5					캐나다의 북쪽				현대의 형태 (약 1400~1850)

자료: 캐나다 매니토바주 교육부, "K학년 개요(Overview of Grade K)"
※ 자료원: 박민정, 심수민, 이은정, 정혜경(2021). 아동 · 청소년 대상 문화다양성 교육 현황 진단 및 주요국 사례 연구.(재인용)

후반까지 이민자에 대한 동화주의 정책이 주를 이루었으나, 이후 비영국-켈트(스코틀랜드)계 이민자의 비중이 증가하면서 학생들의 영어 구사의 어려움, 학교 중퇴율 증가 등과 함께 이민 배경 이주자들의 투표 영향력 등의 요소로 인해 동화주의의 철폐 및 통합 관련 정책으로의 대체가 발생하기 시작하였다. 특히 다문화주의의 발전과 관련해서, 1978년 「갈발리 보고서(Galbally Report)」는

호주 정부의 소수민족 조직에 대한 직접적인 자금 지원 및 이민자(immigrants)라는 행정용어를 '비영어권 배경(non-English-speaking backgrounds, NESB)'으로 대체할 것을 권고하였고, 이후 다문화주의 발전의 주요 정책에 대한 이정표 역할을 하였다.

호주의 교육과정을 살펴보면, '호주 교육과정, 평가 및 보고 기관(Australian Curriculum, Assessment and Reporting Authority, ACARA)'은 호주 교육과정을 수학, 역사, 시민교육 등 8가지 교육영역(learning areas)과 문해력, ICT 역량, 개인 및 사회적 역량 등 7가지 역량(general capabilities), 그리고 지속가능성, 아시아와의 관계 및 호주 원주민 및 소수민족 등 3가지 전교과적 핵심요소(cross-curriculum priorities)로 이루어져 있다. 특히 7가지 기본 역량 중 하나로서 상호문화 이해(Intercultural Understanding)를 전 교육과정의 필요한 역량으로 넣어 놓았는데, ACARA는 학생들이 다른 역사적 · 사회적 · 문화적 맥락에서 도출된 텍스트를 통해 문화 간 이해를 발전시킬 수 있

표 9-7 호주 교육과정 내 구성요소

<table>
<tr><td rowspan="3">교차 커리큘럼 우선순위 (3가지)</td><td colspan="2">지속가능성(Sustainability)</td></tr>
<tr><td colspan="2">아시아와 호주의 아시아 개입(Asia and Australia's engagement with Asia)</td></tr>
<tr><td colspan="2">원주민 및 토레스 해협 섬 주민 역사 및 문화</td></tr>
<tr><td rowspan="7">보편적 능력 (7가지)</td><td colspan="2">문해력</td></tr>
<tr><td colspan="2">수리능력</td></tr>
<tr><td colspan="2">정보와 소통기술 능력(ICT Capability)</td></tr>
<tr><td colspan="2">비판적이고 창의적인 생각하기</td></tr>
<tr><td colspan="2">개인적이고 사회적인 능력</td></tr>
<tr><td colspan="2">상호문화 이해하기</td></tr>
<tr><td colspan="2">윤리적으로 이해하기</td></tr>
<tr><td rowspan="9">학습 분야 (8가지)</td><td colspan="2">영어</td></tr>
<tr><td colspan="2">수학</td></tr>
<tr><td colspan="2">과학</td></tr>
<tr><td rowspan="4">인문학 및 사회과학</td><td>역사</td></tr>
<tr><td>지리학</td></tr>
<tr><td>경제와 경영</td></tr>
<tr><td>시민과 시민권</td></tr>
<tr><td rowspan="2">기술</td><td>디자인과 과학기술</td></tr>
<tr><td>디지털 기술</td></tr>
</table>

자료: 호주 커리큘럼 평가 및 보고 기관(Australian Curriculum, Assessment and Reporting Authority), "상호문화 이해 학습 연속체(Intercultural Understanding learning continuum)"
※ 자료원: 박민정, 심수민, 이은정, 정혜경(2021). 아동 · 청소년 대상 문화다양성 교육 현황 진단 및 주요국 사례 연구.(재인용)

도록 하고 있다. 또한 총 6단계의 문화적 역량 수준을 나누어 학생들이 교육과정 동안 단계적으로 상호문화 이해 역량을 발전시킬 수 있도록 가이드라인을 작성하였다(〈표 9-7〉).

(1) 뉴사우스웨일스 주정부 수업 활동

뉴사우스웨일스 주정부는 다양한 교과목을 통해서 상호문화 이해 및 세계시민 교육 요소를 교육과정에 포함하였다. 유치원 역사 교과 커리큘럼 내 나와 다른 사람들의 가족 유산에 대해 이야기를 나누며, 가족 간의 유사점과 차이점을 파악하고, 가족 행사의 중요성 등에 대해 인식한다. 학생들은 친숙한 사건들을 순서대로 자신의 과거와 가족의 과거에 대해 질문하고, 직접 관찰하고, 다른 사람과 이야기하고, 텍스트를 보거나 읽고 들으며 정보를 얻는다. 1학년부터 개설된 원주민 언어(Aboriginal Language) 수업에서 학생들은 호주 원주민과 다른 언어, 문화의 존재에 대한 인식이 증가하며, 자신의 배경과 친구들의 배경을 포함해 자신이 알고 있는 것과 관련해서 생각해 보고, 원주민 관련 축제 등을 시연해 본다(〈표 9-8〉).

표 9-8 호주 9–10학년 역사 과목 수업 내 활동(이민자의 삶 이해하기)

활동내용	• 학생들이 전쟁후 시대의 이민자에 삶에 관한 리포트 작성하기. 학생들이 직접 조사를 하거나 커뮤니티 내의 이민자와 인터뷰를 함 • 2번의 50분 수업을 통해서 리포트를 작성함
실제 학생이 작성한 리포트 예시	• 네덜란드에서 호주로 이민 오신 할머니와 인터뷰를 하여 할머니의 삶의 내용을 리포트로 작성함 • 제목: 한 이민자의 이야기 • 내용: 우리 할머니(또는 'Olmar: 올마)는 호주에 1950년대에 이주하셨어요 우리 올마는 결혼하고 나서 9년 후에 이주했는데, 일자리가 부족했고 가족들에게 더 나은 삶을 꿈꿨기 때문이었어요 올마는 비행기로 왔는데, 요즘보다는 훨씬 시간이 많이 걸렸대요 네덜란드에서는 꽤 가난한 삶을 살았는데 호주에 다른 가족이 없어 남편과 함께 호주 정부가 제공하는 작은 오두막에 사셨대요. 우리 올파(할아버지)는 거기서 일했어요. 그리고 할머니가 첫 번째 아이를 낳았어요 그때 할아버지는 호주 철도를 건설하는 일을 얻었어요 제 조부모님은 곳곳으로 이동하며 살았는데, 한번은 리스고(Lithgow)의 눈오는 때 텐트에서 살았대요. 이동을 마친 후 할머니는 새로운 친구도 몇 명 만들고 영어를 더 잘 말하기 시작했어요. 올파는 블랙타운 (Blacktown) 철도역 승강장에서 직업을 구했어요 아직 다른 오두막에서 살았지만 동전과 지폐를 모아서 땅도 가지게 되었어요 우리 할머니는 네덜란드에서부터 다니던 개혁 교회에 등록했고 옛날 친구도 만나고 많은 새 친구를 만들었어요. 블랙 타운에 집을 짓고 할머니는 아이들이 더 나은 삶을 즐기기를 희망했어요. 할머니는 아직도 네덜란드의 가족들을 그리워하고 작게나마 향수병을 앓아요 그렇지만 예전 만큼은 아니에요 할머니는 할머니가 호주로 이민한 것이 옳은 선택이었다고 믿어요. "크고 넓은 땅과 자유는 내가 나와 나의 가족을 위해 원했던 거야."

자료: NSW Government, Education Standards Authority, "A Migrant's Story–Structured Report–Kerry (Grade B), https://arc.nesa.nsw.edu.au/go/sc/australian-history/stu- work/b/a-migrant-s-story-structured-report-kerry/
※ 자료원: 박민정, 심수민, 이은정, 정혜경(2021). 아동 · 청소년 대상 문화다양성 교육 현황 진단 및 주요국 사례 연구.(재인용)

(2) 인종차별 반대(Racism Noway) 프로젝트

2000년 10월에 호주 연방 총독이었던 윌리엄 딘(William F. Deane)에 의해 시작되었고, 뉴사우스웨일스 교육 커뮤니티부의 관리 하에 학교 커뮤니티 내 학습 환경에서 인종 차별을 퇴치하기 위한 정보와 자원을 제공하고 있다. 홈페이지 내 인종차별의 정의, 호주 내 커리큘럼에서의 인종차별 반대와 관련해 개발한 수업 커리큘럼의 내용을 제공하고, 연방 정부 및 주정부 정책 등을 공유한다. 커리큘럼에는 주로 10세부터 18세까지의 연령대 학생들의 영어, 체육, 언어, 수학, 과학 등의 수업에서 학생들이 호주의 문화다양성, 역사, 인권, 인종차별 및 차별 관련한 전반적인 지식을 함양하는 것을 목적으로 하는 활동들을 포함하고 있다.

3) 독일

독일은 1960년대 "경제 기적(economic miracle)"의 일환으로 그리스, 이탈리아, 스페인, 터키 등의 이민자 유입이 증가했다. 오스트리아, 스위스 등의 국가와 같이 독일도 이주노동자(guest worker) 등의 방식으로 일시적인 노동시장 개방을 진행하였고, 출신국으로 귀국하지 않고 체류하는 비율이 높아졌다.

2006년 독일 연방정부가 제정한 「The General Equal Treatment Act」에는 사회, 법적, 건강 등의 주제 이외에 문화다양성 교육을 포함하였다. 이 법률을 통해 다른 인종, 민족 출신, 나이, 성, 장애, 성적 지향, 문화와 상관없이 건강, 선거, 직업, 노동 환경과 교육을 보장받아야 한다고 공고하였다.

교육 분야에서는 문화다양성을 보장하기 위해 독일 연방 차원의 교육정책합의기구인 '문화교육부장관회의(Kultusministerkonferenz; 이하 KMK)'에서 1995년 「상호문화 교육과 훈련 계획(Intercultural Education and Training Plan)」을 발행하였고, 문화 간 차원과 관련된 교과 과정과 교수법 개선, 교재 개발, 교과서 내 타문화를 소외 및 차별하는 그림 및 글 배제, 비독일인 교사 고용 촉진 및 교사 훈련 과정 내 다문화 내용 등을 포함하였다. KMK에서 다문화 교육에 대한 기본적인 가이드라인을 독일의 16개 연방주에 대해 제공을 하지만, 구체적인 커리큘럼은 연방주 정부가 재량으로 자율적으로 구성한다. 또한 2013년 「학교에서의 상호문화 교육(Interkulturelle Bildung und Erziehung in der Schule)」을 개정하면서 KMK는 문화다양성 교육의 가능성에 대해 강조하였다. 그리고 독일의 다문화 시민교육은 현재 유치원에서부터 시작되어 초등학교와 중·고등학교에서 실시되고 있다.

독일은 2008년부터 '문화와 발전'이라는 주제로 독일문화원(Goethe-Institut)을 통해 개발도상국가의 관련 미디어·문화 기관 및 인력을 대상으로 교육과 자문을 실시하였다. 여기서 지속가능발전위원회는 문화다양성과 지속가능발전 교육, 지속가능한 경제 안에서의 소비와 라이프스타일(lifestyle)을 핵심 분야로 선정하였다.

독일 베를린주에서 발행한 '지속적 발전을 위한 교육의 틀에서의 세계 보편적 맥락의 학습'에 대한 교육과정 규정에서 역량/역량모델 및 성취기준을 두 학년 단위로 제시하고 있고, 이에 대한 주제영역 및 학업 평가를 다루고 있다. 상호문화 소통교육 등의 교육에 대해 교과 포괄적으로 수업이 진행되며, 주제영역으로 '이주와 통합', '민주주의와 인권' 등의 주제를 두 학년 단위에서 선택하도록 하고 있다. 그리고 독일 연방 연구교육부에서는 인권, 반차별 등의 가치를 존중하고, 상호문화 이해와 문화다양성, 평화와 비폭력, 사회통합, 활발한 세계시민권 등을 논의할 것을 선언하였다. 특히 '독일 학교 상(German School Award)'의 경우, 2006년부터 다양성을 다루는 방식에 관한 우수 학교를 선정해왔는데, 선정 학교의 경우 이주 배경, 장애 등의 상황에 처한 각 학습자에게 맞춤 교육 제공을 하거나, 학부모에게 학생의 개발 상황을 전달하는 것에 초점을 맞추고 있다.

(1) 베를린 교육부의 상호문화교육

상호문화교육은 베를린 학교에서 가장 중요한 교육 원칙이며, 학교와 수업에서 베를린의 지속적으로 증가하는 문화다양성에 적절하게 대응하는 것을 목표로 한다.

그리고 베를린의 학교들은 지속 가능한 방식으로 반유대주의 문제를 다룰 수 있도록 광범위한 지원을 받고 있다. 교육 행정은 상담센터 및 '반유대주의 이니셔티브' 등의 외부 협력 교육 기관과의 협업을 통해 해당 교육을 지원하는데, '반유대주의 이니셔티브'는 종교 간 이해의 직접적 예로, 종교적 이유로 인한 괴롭힘과 반유대주의를 방지하기 위해 유대교 랍비와 무슬림의 여사제인 이맘 등을 학교 수업에 섭외해 강의 등을 진행하고 있다. 또한 역사, 정치적 교육 작업을 제공하는 11개의 업체로 구성된 'History in Motion' 네트워크를 통해 관련 전문 지식을 모으거나, 'Mediale Pfade'라는 미디어 교육 기관을 통해 미디어 교육 방법론을 정치 교육 작업과 결합하고 있다. 그리고 '베를린 안네 프랑크 센터(Berlin Anne Frank Center)'에서는 베를린 교육부와 센터가 공동 수업자료를 개발하였고, 6~12세 연령 그룹을 대상으로 한 베를린에서의 유대인들의 일상, 홀로코스트, 반유대주의적 편견과 관련된 내용을 다루고 있다.

한편 교사를 위한 지속적인 교육도 실시하고 있는데, 교육청소년가족부는 반유대주의와 반민주주의를 방지하기 위해 교사와 교육 직원에게 추가 교육을 제공하며, 2018년부터 모든 유형의 학교 교사를 위한 연례 이스라엘 방문 프로그램 등이 운영되고 있다.

더불어 이슬람 또는 이슬람으로 이해되는 규범과 가치가 일상적인 학교생활과 충돌할 때마다 발생할 수 있는 학교에의 일상적인 문제와 갈등에 대한 도움을 줄 수 있는 수업 자료를 제공하고 있다. 예를 들어, 이슬람 공휴일에 대한 이해, 학교에서의 기도 시간 준수, 머리 스카프 착용 등 종교적으로 해석할 수 있는 갈등에 대한 답변과 해결책이 제공된다. 또한 법적 틀을 명확히 하는 것 이외에 학교와 무슬림 부모 사이의 협력 가능성 등을 제시하고 있다.

(2) 베를린 청소년 교육센터

베를린 청소년 교육센터는 어린이와 청소년에게 광범위한 교육 기회를 제공하는 학교 이외의 학습 장소이다. 센터 내에서 상호문화 교육 및 국제 교류, 젠더 교육, 폭력 방지 교육, 청소년 그룹 지도자 교육, 연극 워크숍, 온라인 교육 등이 진행된다. 프로그램의 주제는 사회, 문화, 인종적 다양성, 이주, 노동자와 난민, 이주, 정체성, 인종차별주의, 폭력 등이다(〈표 9-9〉).

(3) 베를린의 세계시민 교육(Senatsverwaltung fur Bildung, Jugend und Familie)

베를린 상원 교육청소년가족부에서 2019년 발간한 「수업 계획을 포함한 글로벌 관계 학습 - 베를린 학교의 실제 사례」 보고서에 따르면, 「베를린주를 위한 학교법」 제2항에 근거하여, 베를린과 브란덴부르크의 1~10학년을 대상으로 "지속 가능한 개발 / 글로벌 맥락에서의 학습"이라는 주제로 학제 또는 학제 간 교육 과목 내 프로그램을 제공하였다. 이는 학생들에게 글로벌 관계를 인식하고 분류할 수 있는 기술을 제공하는 것을 목표로 한다. 예를 들어, 학생들은 소비자로서 남아시아의 섬유 산업의 생산 조건을 확인하고, 자신의 소비 행동에 의문을 제기하며 토론을 진행한다. 자신의 실생활과 관련하여 생산 조건을 고려하는 과정을 통해 학생들은 자신이 복잡한 세계 시스템 내의 일부임을 인식하게 된다.

(4) 바이에른주의 상호문화 교육

독일 바이에른주의 범교과 교육주제는 11개로 구성되어 있으며, 교사들은 독립된 과목에서 교

표 9-9 베를린 청소년 교육센터의 이주 관련 프로그램

주제	상세내용
"떠나고 머물고 도착하기" 세미나 프로그램	난민과 이민에 대한 현재 논의를 분석하고, 참가자의 이민 경험과 희망 등에 대해 이야기를 나눔. 더불어 베를린과 주변 지역의 이민 역사를 살펴보고, 현장에서 난민과의 대화를 진행함
"법과 정의 II: 사회 정의"	교육, 건강, 연금, 노동과 실업, 난민의 통합 등의 주제에 관련하여, 사회 불평등의 원인 및 결과와 복지 국가의 "구조조정"에 대한 사실들을 살펴봄. 세계적 규모의 정의, 현재 이주 운동의 배경, 전세계적인 사회적 권리를 위한 캠페인, 지구 내 다른 지역의 공정 무역 및 노동 조합 조직 등에 관련하여 논의함
"이주? 항상 그래왔듯이!"	16세기부터 19세기까지의 이주 운동을 중심으로 국경의 분리로 인한 이주의 개념, 이주에 대한 타인들의 반응 메커니즘 등에 대해 연구자료 및 체험 등의 다각도적인 방식으로 논의를 진행함

자료: DGB 청소년 교육센터. 2021. 세미나 프로그램46)
※ 자료원: 박민정, 심수민, 이은정, 정혜경(2021). 아동 · 청소년 대상 문화다양성 교육 현황 진단 및 주요국 사례 연구.(재인용)

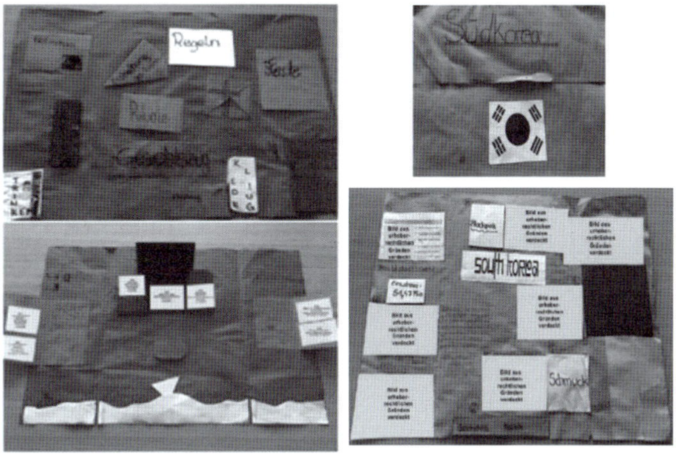

그림 9-1 바이에른주의 6학년 윤리 수업 내 학생 제작 스크랩북(아랍 및 한국 문화 관련)

출처: Bayern State Institute for School Quality and Educational Research, "학교 커리큘럼의 유형(Types of School Curriculum)" https://www.isb.bayern.de/schulartspezifisches/1ehrplan/
※ 자료원: 박민정, 심수민, 이은정, 정혜경(2021). 아동 · 청소년 대상 문화다양성 교육 현황 진단 및 주요국 사례 연구.(재인용)

과과정의 원칙에 입각하여 자율적으로 수업을 진행한다. 바이에른주에서의 상호문화 교육은 하나의 시민교육으로 기능을 하고 있어서 다양한 과목에서 범교과 교육주제로서 학생들에게 제공된다. 예를 들어, 6학년 윤리 수업의 학습영역 3은 '차별성 이해 및 상호존중'인데, 학생들은 자신들에게 낯선 문화나 종교를 소개하는 스크랩북을 만든다. 먼저 "외국(fremd)"이라는 단어에 대해 떠오르는 연관된 단어나 관념에 대해 토론하고, 대단위 항목(예를 들어, 의상, 피부색, 종교 등)을 떠올려 본다. 그리고 마지막으로 "이건 낯설어요!"하는 느낌에 대해 얘기해보고, 이런 느낌을 어떻게 극복하고 다룰 수 있는지에 대해 토론한다(〈그림 9-1〉).

03» 우리나라의 다문화 교육

2021년 5월 우리나라의 문화체육관광부에서는 '제1차 문화다양성 보호 및 증진 기본계획(2021~2024)'을 수립하였다. 이는 정부 차원에서 문화다양성의 가치를 반영한 원칙을 제시하여, 문화다양성 보호 및 확산, 공존기반 형성을 지속적으로 추진하려는 움직임을 보이고 있음을 증명한다. 2001년 유네스코의 문화다양성 선언 이후, 우리나라는 2010년에 '문화다양성 협약'을 비준하였으며, 2014년에는 「문화다양성의 보호와 증진에 관한 법률」을 제정하였고, 2021년에는 본 계획을 수립하기에 이른 것이다.

'유네스코 교육 전략(UNECSCO Education Strategy, 2014~2021)'에서는 인구 증가, 안보, 민주주의, 과학기술, 빈곤, 노동시장 문제 등 전 세계적으로 대두되는 사회문제를 교육을 통해 해결하기 위해 교육 시스템 개발, 세계시민 교육, 미래교육 의제라는 세 가지 항목의 전략을 기획하여 실천하고 있다.

이와 관련하여 우리나라의 유관 교육은 문화체육관광부에서는 '문화다양성 교육', 교육부에서는 '세계시민 교육'으로 추진되어 온 경향이 있었다. 반면에 실질적인 교육 수행에 있어서 이민자 또는 다문화 영역은 매우 협소한 '다문화 이해교육'의 틀에서 벗어나지 못하고 있었다는 비판도 있었다. 즉 문화다양성이라는 맥락 안에서 '이민자'나 '외국인'을 접하는 방식을 교육의 방식으로 재구성할 필요성이 제기된 것이다. 또한 '문화다양성'이라는 틀 안에서 문화적 표현의 다양성이나 소수자의 문화접근성 보장 등의 다양성 가치 확산 전략과 과제는 매우 견고한 체계를 갖춘 반면에, 이민자에 대해서는 '다문화가정'이나 '다문화학생'이라는 굴레를 넘어서지 못하고 있고, 이들을 취약계층이라 언급하는 등의 오류가 여전히 존재한다. 따라서 문화다양성의 가치에 조응하는 현실성 있는 교육방법이나 이민자와 소통할 수 있는 교육 콘텐츠의 개발이 시급하다.

1) 제1차 문화다양성 보호 및 증진 기본계획(2021~2024)

우리나라는 「문화다양성의 보호와 증진에 관한 법률」에 근거하여 문화다양성 보호 및 증진 기본계획을 4년마다 수립하고, 문화다양성위원회를 통해 심의하도록 규정하고 있다. 이에 2021년 5월 '제1차 문화다양성 보호 및 증진 기본계획(2021~2024)'을 수립하였다. 문화다양성위원회가 문체부장관 소속으로 구성되기 때문에 문체부가 문화다양성 관련 정책을 범부처 차원에서 추진하게 되었다. 문화다양성 정책은 단지 문화예술계 영역에 국한되지 않은 사회문화적인 의제를 안고 있으며, 우리사회의 갈등과 차별 그리고 혐오현상이 더욱 증대되는 상황을 반영하여 정책의 영역을 확장하고 있다(〈그림 9-2〉).

'제1차 문화다양성 보호 및 증진 기본계획(2021~2024)'은 "문화다양성을 통한 창의와 혁신의 문화국가"라는 비전 아래 "다양성과 포용성의 문화생태계 조성"을 위한 4가지 정책목표와 핵심가치를 제시하고 있다.

추진전략 및 핵심과제 중 문화다양성 교육과 관련된 과제로는 세 번째 추진전략인 "문화다양성 가치 확산과 공존기반 형성"이 해당되며, 구체적인 사업으로는 다양성 교육을 위한 교육콘텐츠 및 교과서 개발 보급 사업, 다문화교육과의 연계, 무지개다리 사업 등이 있다.

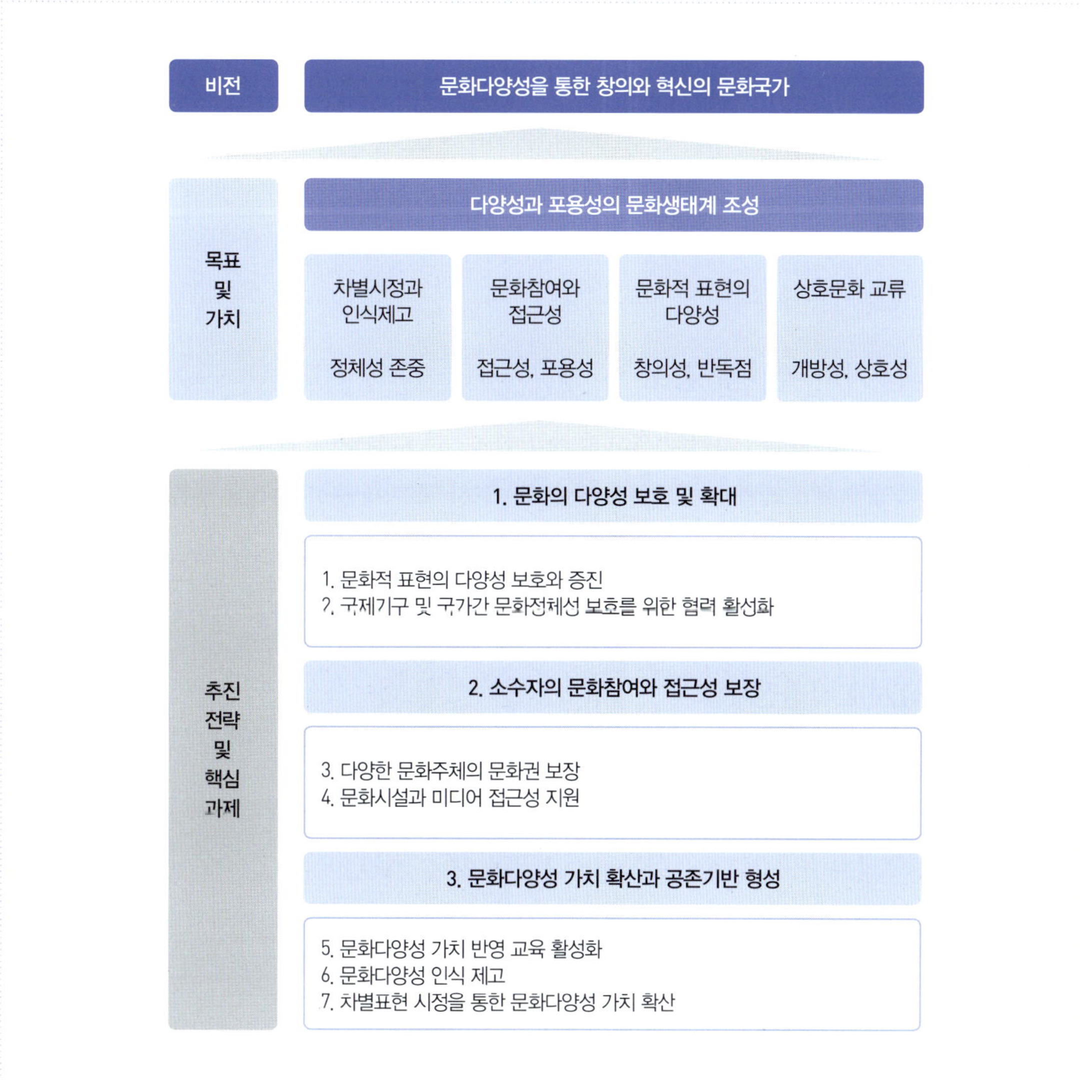

그림 9-2 '제1차 문화다양성 보호 및 증진 기본계획(2021~2024)'의 정책 목표와 추진체계

※ 자료원: 관계부처 합동(2021). 제1차 문화다양성 보호 및 증진 기본계획(2021~2024).

(1) 생애주기 문화다양성 교육지원

영유아 · 아동/초 · 중 · 고교/성인으로 대상을 나누어 문화다양성 교육 콘텐츠 및 교과서 개발 보급하도록 한다. 초 · 중 · 고교 청소년 대상 문화다양성 교과서는 현재 개발 중으로 향후 중 · 고등학교로 보급 및 확대될 예정이다. 이와 동시에 현직 및 예비 교원의 문화다양성 역량 강화를 위한 교육 지원을 할 예정이다.

(2) 다문화 교육과의 연계 강화

다문화 교육 시 활용할 문화다양성 콘텐츠를 확대하도록 한다. 이미 「2015 개정 교육과정 총론」에서 범교과 학습주제로 '다문화 교육'이 제시되었으며, 다문화가족지원센터와 연계를 확대하여 무지개다리 사업과 지역 다문화가족지원센터와 연계를 추진하도록 하였다. 또한 다문화 지원 시설 종사자, 다문화 업무 담당 공무원을 대상으로 다문화 이해교육을 단계적으로 의무화하도록 하고 있다.

(3) 문화다양성 가치 확산 및 홍보

무지개다리 사업에 참여하는 기관의 확대를 추진하며, 특정 범주에 편중되거나 특정 범주가 소외되지 않도록 다양한 프로그램을 개발하도록 한다. 또한 '문화다양성 주간행사'를 축제화하고 지역 연계를 통한 전국적 확대를 추진하도록 한다.

(4) 추진사업

가. 문화다양성 보호 및 증진사업

문화체육관광부와 한국문화예술위원회는 대국민 문화다양성 인식 제고 및 공감대 형성으로 문화다양성 가치 확산에 기여하고 사회 전반의 문화수용성 제고로 사회통합 및 새로운 문화창조에 기여하고자 문화다양성 보호 및 증진 사업을 운영하고 있다. 매년 단년도 사업으로 운영되며 문화체육관광부가 사업을 관리하고 한국문화예술위원회가 사업을 수행한다. 구체적인 사업내용으로는 무지개다리사업 지원 및 운영, 문화다양성 교육사업 운영, 문화다양성 주간(문화다양성의 날) 캠페인 운영, 문화다양성 아카이브 운영 등이 있다.

나. 무지개다리사업

무지개다리사업은 문화체육관광부와 한국문화예술위원회가 관리하고 있으며, 광역자치단체 및 기초자치 단체의 지역 문화재단, 문화예술 유관 공공기관, 기타 문화재단 및 문화예술기관 간의 컨소시엄 형태 등을 지원하고 있다. 주관기관 공모에 따라 지원대상을 선정하고 보조금을 지원하며, 2020년부터 3개년 연속지원으로 전환되어 현재는 26개 주관기관을 지원하고 있다(〈그림 9-3〉).

무지개다리사업은 지역사회가 주체가 되어 문화다양성 보호와 증진을 위한 맞춤형 문화예술프로그램 개발 운영사업을 진행하는데, 사업대상은 장애인, 이주민, 다문화가족, 북한이탈주민, 노인, 청소년, 소수자 등 지역사회 소수자 집단으로서 이들의 문화 표현의 기회 확대를 위한 문화예술프로그램을 운영하고 있다. 또한 지역주민 및 지역 내 문화예술 · 행정인력을 대상으로 문화다양성 교육프로그램 운영하고 있다.

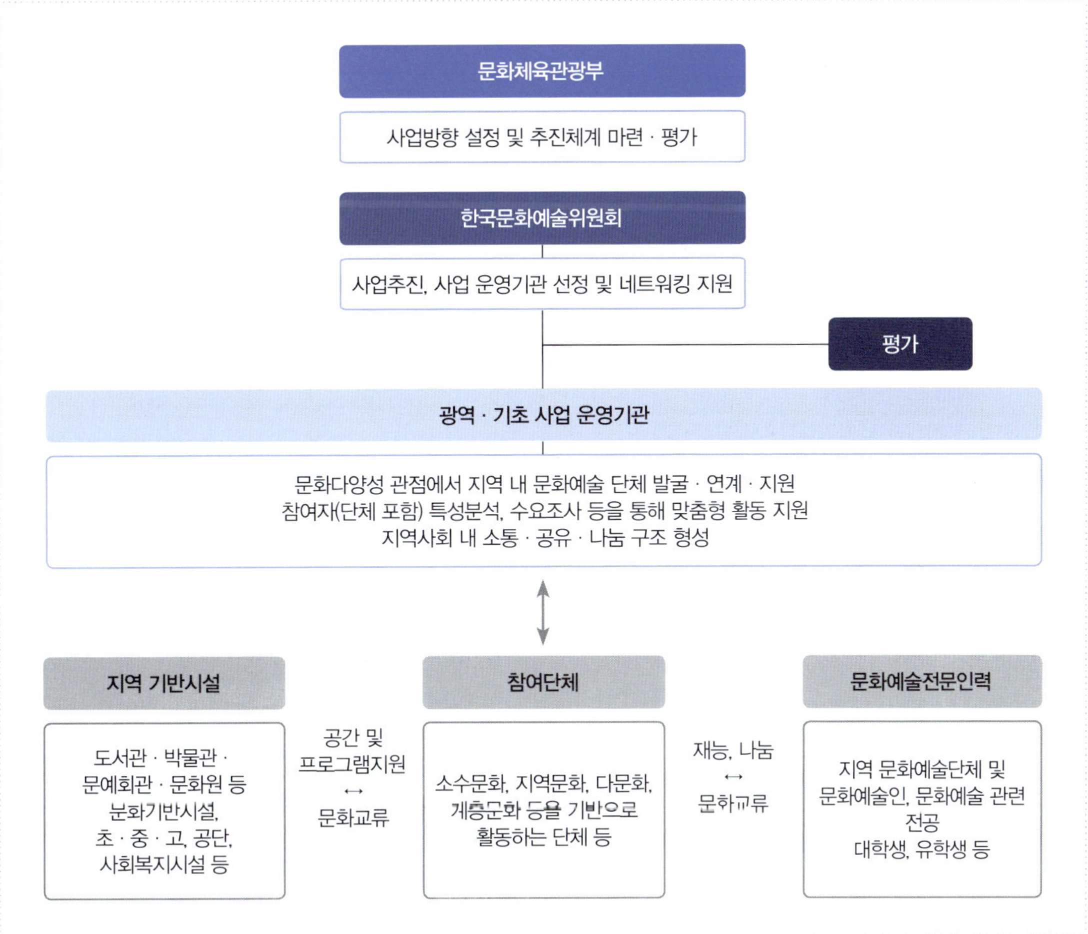

그림 9-3 무지개다리사업 추진체계

※ 자료원: 문화다양성아카이브 무지개다리사업 홈페이지(https://cda.or.kr/RainbowBridge)

다. 문화다양성 주간

매년 문화다양성의 날(5월 21일) 및 주간(5월 21일~5월 27일)을 기념하여 문화다양성에 대한 국민 이해 증진과 가치 확산을 목표로 한다. "차이를 즐기자"라는 슬로건 아래 문화다양성과 관련한 특강, 문화다양성과 관련한 문화예술콘텐츠 큐레이션, 문화다양성 관련 챌린지 등을 진행하고 있다.

라. 문화다양성연구학교

문화체육관광부와 교육부가 협력하여 다양성이 보장되는 유아 · 어린이 교육환경을 조성하기 위해 피교육자 중심의 문화다양성 교수법 · 교육과정 · 교육자료 개발을 지원함으로써 교육실효성을 제고하도록 하고 있다. 연구학교로 지정이 되면 2개년 연속 지원이 이루어지며, 2021년에는 신규추진사업으로 문화다양성 전문인력 양성 온라인 교육과정 개발과 한국방송광고진흥공사와 협

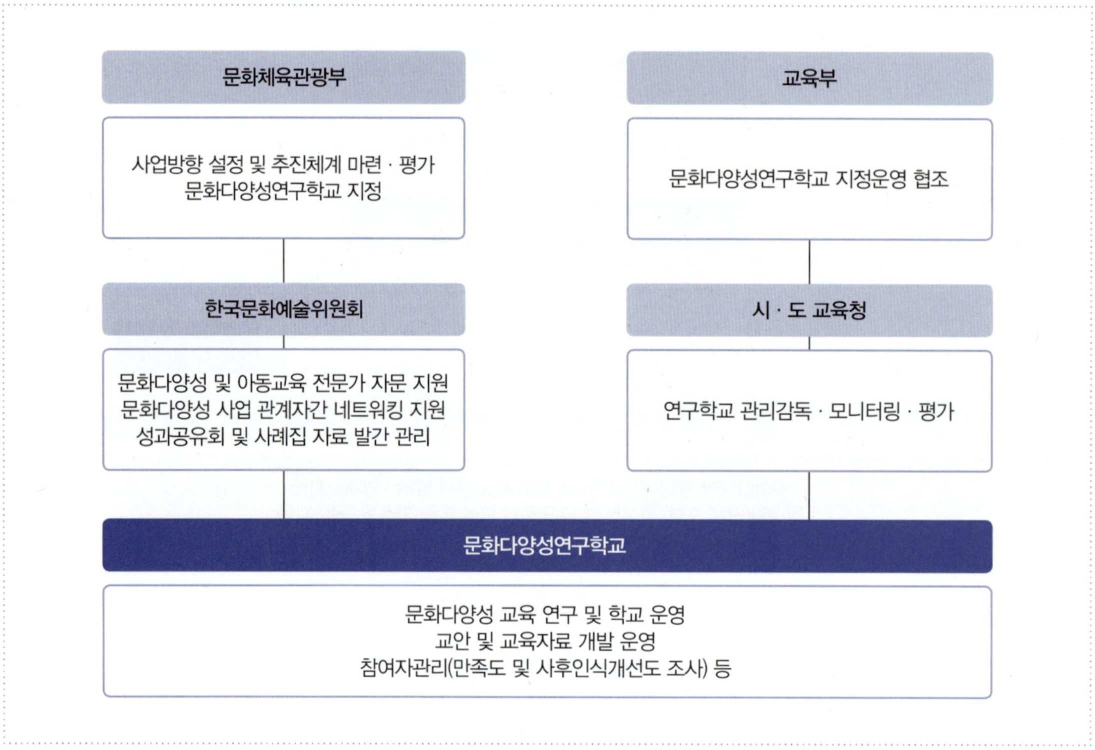

그림 9-4 문화다양성연구학교 추진체계

※ 자료원: 문화다양성아카이브 문화다양성연구학교 홈페이지(https://cda.or.kr/ResearchSchool)

력하여 미디어 다양성 교육과정 개발이 진행되었다(〈그림 9-4〉).

2) 다문화 교육 지원계획

우리나라 교육부에서는 국제결혼과 외국인가정 자녀의 증가에 따른 교육수요에 대응하고, 다문화학생의 교육수요를 고려한 사각지대 없는 맞춤형 지원, 그리고 학교 구성원의 다문화 수용성 개선으로 다문화 친화적 교육 환경조성을 위해 '다문화 교육 지원계획'을 수립하여 추진하고 있다(〈그림 9-5〉).

'2023년 다문화 교육 지원계획'은 "함께 배우며 성장하는 학교, 다양하고 조화로운 학교"라는 비전 아래 "다문화학생 교육기회 보장 및 교육격차 해소"와 "다양한 문화가 공존하는 성숙한 교육환경 구축"이라는 2가지 목표를 설정하였다. 그리고 4개의 추진과제와 10개의 세부 추진계획을 수립하였다.

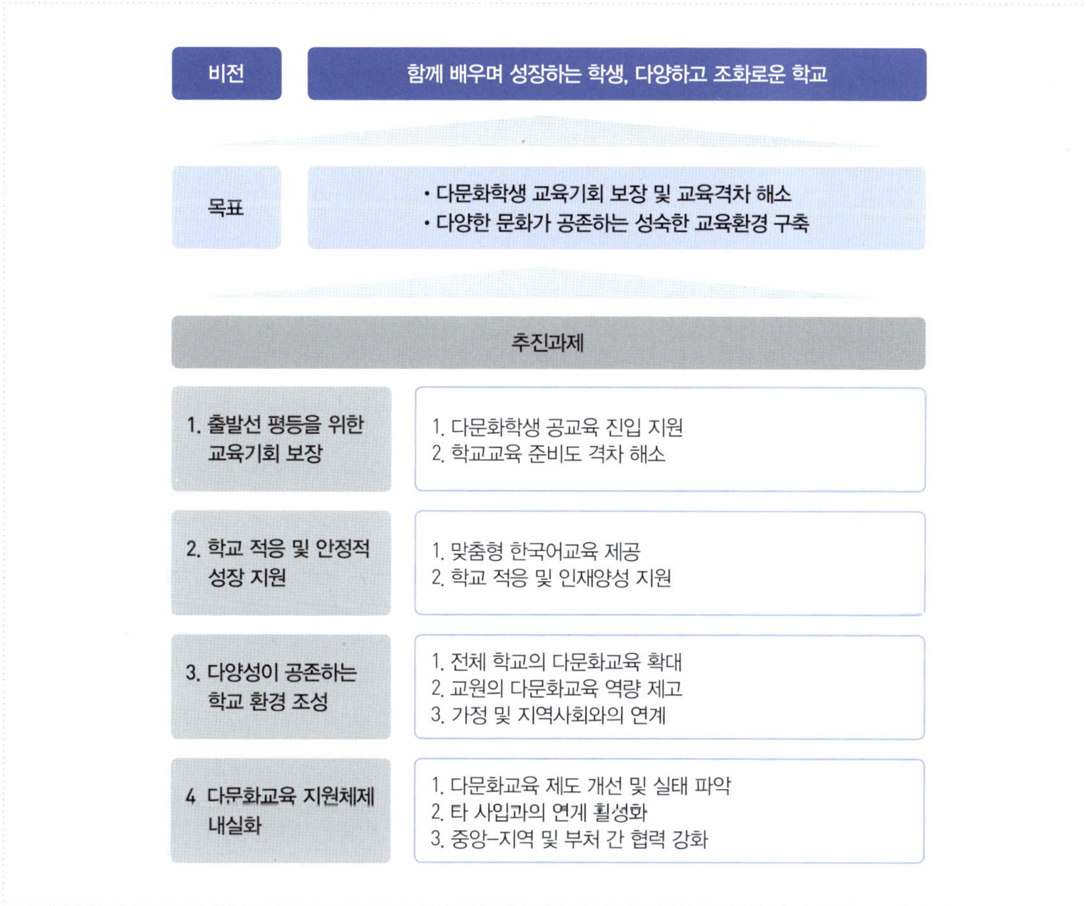

그림 9-5 '2023년 다문화 교육 지원계획' 비전 및 주요과제

※ 자료원: 교육부(2023). 2023년 다문화 교육 지원계획.

(1) 출발선 평등을 위한 교육기회 보장

가. 다문화학생 공교육 진입 지원

다문화학생의 공교육 진입 접근성을 제고하고자 외국인 아동의 조기입학 신청권을 인정하였다. 기존 외국인 아동의 (편)입학 절차와 동일하게 학교장에게 신청이 가능하며, 지역 다문화교육지원센터를 통해 입학 · 편입학, 정책학교, 학적 생성 등 공교육 진입의 전(全) 과정을 지원한다. 또한 다문화학생의 교육권 관련 법령상 근거 및 공교육 진입 절차를 담은 안내자료를 지속적으로 개정 및 배포한다.

그리고 유관기관 협업을 통한 국내학교 편입학에 대해서 안내하는데, 외국인 등록 시 취학여부 파악 후 공교육 진입 절차를 안내하고, 등록된 외국인의 경우엔 법무부와 정보연계를 통해 중도입국 · 난민 자녀에게 학교 편 · 입학 안내자료 및 클립형 영상을 배포한다. 더불어 다문화학생 및 학부모의 방문이 잦은 유관기관에도 공교육 진입 안내자료를 배포한다.

나. 학교교육 준비도 격차 해소

유치원 단계부터 지원체계를 마련하고자 하는데, 다문화유아에 대한 체계적인 지원을 위하여 공립유치원을 기준으로 '보통교부금 교육복지 지원비 산정기준'에 반영하며, 다문화유아의 조기 적응 및 교육 지원을 위한 각종 교수 · 학습자료 및 도움자료를 배포한다. 또한 유아교육 · 아동학과 등 관련 전공 대학생을 멘초로 선발하고, 국 · 공립 유치원에서 멘토링 활동을 수행한다.

그리고 초 · 중학교 적응을 위한 징검다리 과정의 운영 내실화를 위해 노력한다. 초등학교 입학 · 편입학 예정인 다문화학생을 대상으로 학교생활 조기적응 지원을 위한 준비교육을 운영하며, 중학교 입학 · 편입학 예정의 중도입국 · 외국인가정 자녀를 대상으로 학교급 전환기 · 학습자 특성을 반영한 프로그램을 운영한다. 또한 중학교 다문화가정의 학부모용 학교참여 이해도 제고를 위한 안내자료를 다국어로 제작하여 배포하며, 징검다리과정 만족도와 운영 효과를 파악하고 사업 운영 개선사항 발굴을 위해 만족도 조사를 실시한다.

(2) 학교 적응 및 안정적 성장 지원

가. 맞춤형 한국어교육 제공

입국 초기 중도입국 · 외국인학생 등을 대상으로 한국어 집중교육을 위한 특별학급 운영을 지원한다. 한국어학급 미운영 학교에 중도입국 · 외국인학생이 편입학 시에도 한국어교육을 지원한다. 또한 한국어교육을 맞춤 지원하는 '한국어교육 진단-보정 시스템'의 진단 문항 확대 및 초등 1~2학년군 척도 검사(1종)를 개발한다. 그리고 다문화학생의 한국어 능력 향상을 위해 한국어 교육과정(KSL)에 따른 온라인 한국어교육 프로그램을 개발한다(〈그림 9-6〉). 동시에 유관기관과 협력하여 한국어교육 관련 교원 대상의 연수 · 워크숍 등을 실시한다.

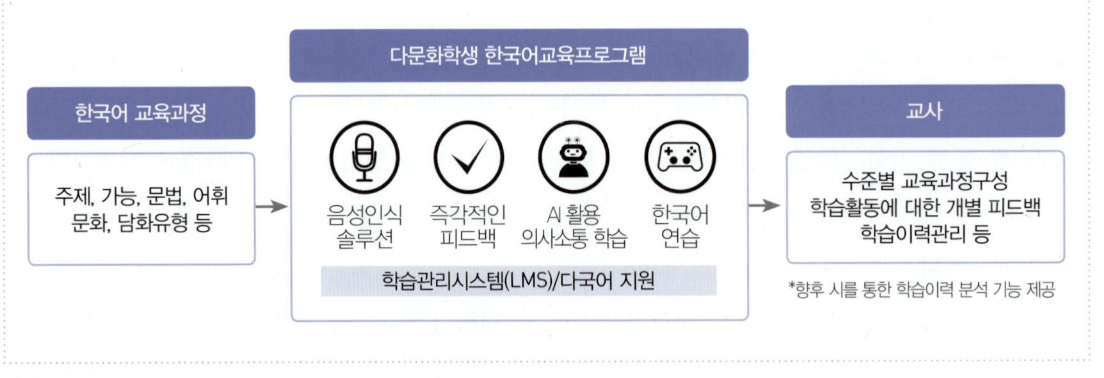

그림 9-6 다문화학생 한국어교육 프로그램(안)

※ 자료원: 교육부(2023). 2023년 다문화 교육 지원계획.

나. 학교 적응 지원

기초학력 향상 지원을 위해 다문화학생(멘티)와 멘토 대학생의 멘토링을 통해 학습, 숙제지도, 고민상담 등 체계적 · 개별적 학습지원을 제공한다. 다문화학생이 어려워하는 교과의 주요 개념과 어휘 등에 대한 교과 보조교재와 연계한 영상콘텐츠를 제작하며, 다문화학생의 이중언어 학습 장려를 위해 전자책 형태의 이중언어 교재를 현장에 보급하고 활용하도록 안내한다. 또한 기초학력 보장을 위해 다문화학생 밀집 학교에는 '두드림 학교'를 우선적으로 지정하도록 권장한다.

학교생활 및 정서 지원을 위해서는 다국어버전(10개 언어)의 정서 · 행동특성 검사지를 제공하여 다문화학생 대상의 정서 · 행동발달 지원의 접근성을 개선하며(〈그림 9-7〉), 사이버폭력의 유형, 특징, 예방 · 대응 방법 및 도움기관 등을 포함하는 다국어용(14개 언어) 안내 리플릿 보급을 지속한다. 또한 학교폭력 사안조사 및 피해학생 지원 시, 통 · 번역사, 다문화 상담사 등 전문가를 참여시키고 학교전담경찰관(SPO)과 연계한다. 진로 지도 측면에서는 다문화학생들의 진로탐색 및 설계를 지원하기 위한 진로교육 콘텐츠를 개발 및 보급하고 진로콘서트를 운영한다. 그리고 다문화학생 등 소외계층 대상으로 '원격영상 진로멘토링'을 실시하여 온라인 진로체험의 기회를 제공한다.

(3) 다양성이 공존하는 학교 환경조성

가. 전체 학교의 다문화 교육 확대

학교 교육과정 전반에 걸친 다문화교육을 실시한다. '2015 교육과정 범교과 학습주제'로 '다문화교육'을 제시하고, 연간 2시간 이상의 교과 · 비교과 활동을 실시하도록 권고하며, 학교 현장의 다문화 교육 지원 및 관련 정보 발굴을 위해 '미디어 클리핑' 서비스를 제공한다.

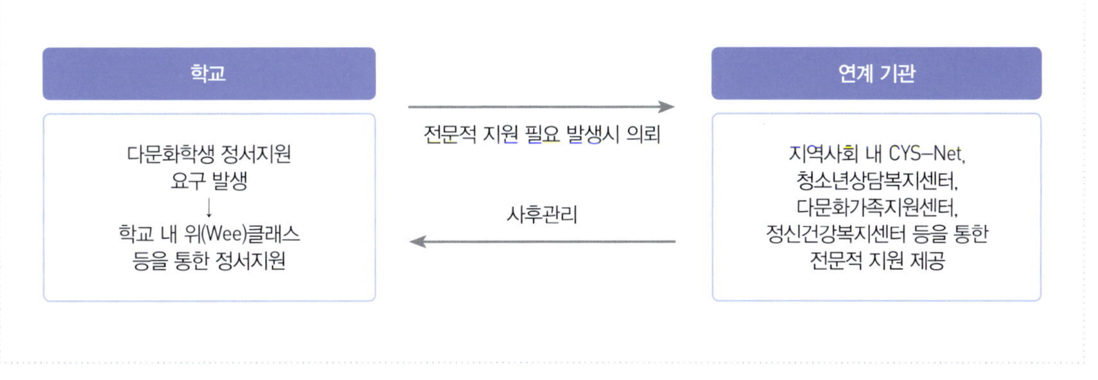

그림 9-7 다문화학생 정서지원 지역사회 연계 체계

※ 자료원: 교육부(2023). 2023년 다문화 교육 지원계획.

그리고 다문화 교육 선도모델 개발 및 확산을 위해 모든 학생을 대상으로 학교 교육과정을 통한 다문화 이해교육 실시 및 한국어교육 지원이 필요할 경우에 '한국어학급'을 운영한다. 또한 학력 격차 해소 및 진로역량 강화를 위한 맞춤형 교수 · 학습방법 연구 및 지역사회 협력 모델 개발 연구학교를 운영한다.

학교의 다문화 교육활동 지원의 강화를 위해서 '다문화 교육 포털(www.edu4mc.or.kr)'을 통해 다문화 교육 관련 자료와 정보를 제공하고, 원활한 활용을 위해 자료 분류체계를 개편한다. 또한 정책학교 및 다문화교육지원센터의 개발자료를 수집하고 현장수요조사를 통한 '다국어 학교 가정 통신문'을 제작 및 보급한다(14개 언어, 총 51종). 그리고 중도입국 · 외국인학생 주요 출신 국가(5개국)의 학교 관련 제도, 학교생활 등 이해를 돕는 안내자료를 개발한다.

나. 교원의 다문화 교육 역량 제고

현직 교원에 대한 다문화 역량 강화를 위해 개발된 원격연수 콘텐츠를 보급하고, 교원 대상으로 이수를 권고한다. 다문화 교육 관련 교원(한국어교육 담당교원, 한국어학급 관리자, 다문화교육 중앙지원단 등)을 대상으로 역량 강화를 위한 연수 · 워크숍 등을 지속적으로 추진한다. 또한 다문화가정 학생 비율이 높은 국가와 교사 교류를 통해 양국 교원의 국제교육역량 증진 및 학교 현장의 다문화 이해도를 증진시킨다.

예비 교원이 다문화 교육에 대한 이해도를 제고하고 관련 역량을 함양할 수 있도록 교원양성 교육과정에 이를 편성 및 운영할 것을 권장하며, 거점 교대와 사대를 지정하여 다문화 교육과정 개발 및 교육활동 운영, 타 대학으로의 성과 확산 지원을 실시한다.

다. 가정 및 지역사회와의 연계

학부모의 다문화 관련 교육활동 참여기회를 확대하기 위해 학부모가 참여하는 다문화 교육 프로그램을 운영하고 사례집 발간을 통해 프로그램을 공유 · 확산시킨다. 또한 지역 여건에 맞는 학부모 대상의 다문화 교육 프로그램을 운영한다. 중앙다문화교육지원센터에서는 다문화가정 학부모의 자녀 지도를 위한 학교 편 · 입학 및 학교생활 등과 관련된 각종 안내자료를 제작 및 보급한다.

그리고 다문화학생 밀집학교를 정책학교로 지정하거나, 연구학교를 운영하여 다문화학생 통합 지원체제 모델을 발굴하고 보급한다. 또한 외국인 · 다문화학생 밀집지역에 대한 교육력 제고 및 교육격차 해소 등을 위한 교육국제화특구를 운영한다.

지역사회 연계 및 대국민 홍보 측면에서는 다문화교육지원센터와 지역사회 내 다문화아동 · 청소년 관련기관과 연계하여 통 · 번역, 전문상담 등 통합적인 지원체계를 구축 및 운영하며, 다문화학생의 이중언어 학습을 장려하고 자긍심을 고취하기 위해 민 · 관 · 학이 협업하여 '전국 이중언어말하기대회'를 개최한다. 그리고 다문화 인식 개선 및 우수사례 발굴 · 확산을 위해 다문화 교육 우수사례 공모전 및 포럼 · 성과공유회를 개최한다.

(4) 다문화 교육 지원체제 내실화

가. 다문화 교육 관련 제도 개선 및 실태 파악

우리나라의 다문화 교육의 근거를 기존의 시행령에서 「초 · 중등교육법」으로 격상하고, 다문화 교육에 대한 안정적인 지원 기반을 마련한다. 또한 다문화 교육 관련 실태 파악을 위해 '교육기본통계'를 통해 초 · 중 · 고등학교 및 각종학교에 재학중인 다문화 학생 및 국 · 공립유치원에 재학중인 다문화유아의 현황을 파악하며, 범부처 통계자료 연계를 통해 다문화학생 취학률 등 다문화학생의 교육기회 보장 관련 지표를 시범적으로 발굴한다.

나. 학생맞춤 통합지원 체계를 통해 타 사업과의 연계 활성화

'학생맞춤통합지원팀(가칭)'의 통합진단 · 지원 체계를 통해 복합적인 어려움이 있는 다문화학생에 대한 맞춤형 지원 우수사례를 개발 및 확산하며, 시범교육지원청의 여건에 맞춰 연계 · 통합하는 대상에 다문화학생 지원을 포함하거나, 교육복지안전망의 외부 자원 연계 네트워크와 연계를 추진한다.

다. 중앙-지역 및 유관 부처 간 협력 강화

중앙다문화교육센터의 지정 및 운영을 통하여 효과적인 정책추진 및 성과 확산을 지원하며, 지역다문화교육지원센터에서는 지역별 여건에 맞는 다문화 교육 모델 구축을 위해 필수항목을 중심으로 지역 특화사업을 운영한다. 그리고 지역별 추천을 통해 다문화 교육 정책학교 활동 경험이 풍부한 교원들로 '다문화교육중앙지원단'을 구성하며, 지역 내 선도인력으로 시 · 도교육청별 '지역 다문화교육지원단'을 구성하고, 지역별 특색을 살린 연수, 자료개발, 컨설팅 등의 활동을 수행한다. 그리고 범부처 합동 정책방향 설정을 통한 총체적 지원 제공, 부처 간 협력을 통한 각종 제도 개선사항을 발굴하고 이를 개선하며, 법무부 · 여가부 · 문체부 등 관계 부처와 사안별 협력 증진을 위해 노력한다.

>> CHAPTER

10

다문화사회의 환경변화와 발전방향

학습목표

1. 국제 이민 환경의 변화를 이해할 수 있다.
2. 우리나라 이민 환경의 변화를 설명할 수 있다.
3. 다문화사회 대응을 위한 제도적 발전방향을 이해할 수 있다.

02 » 국제 이민 환경의 변화

1) 코로나19 팬데믹으로부터의 회복

최근에는 인적 · 물적 교류가 코로나19 팬데믹 이전 수준으로 빠르게 회복되면서, 여행객의 증가와 이민자 유입으로 국제이동이 다시 증가하고 있는 추세이다. 세계 각국은 경제 회복에 중점을 두어 관광객과 유학생을 적극적으로 유치하고 있으며, 취업이민을 허용하는 방향으로 이민정책의 전환이 이루어지고 있는 중이다(〈그림 10-1〉, 〈그림 10-2〉).

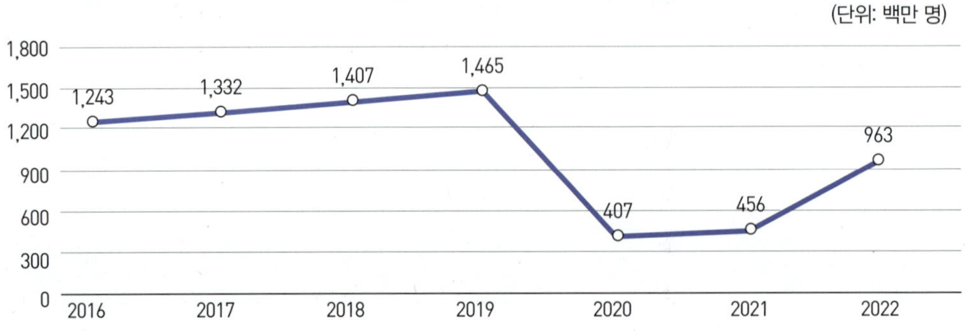

그림 10-1 세계 여행객 수 현황

*출처: 한국문화관광연구원(관광지식정보시스템). 2023
※ 자료원: 법무부 출입국 · 외국인정책본부(2024). 제4차 외국인정책 기본계획(2023~2027).

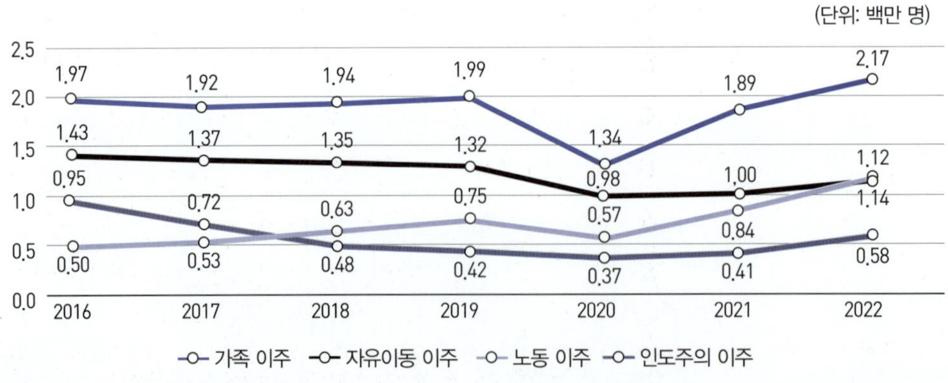

그림 10-2 OECD 국가로의 국제이주 추이

*출처: OECD 국제이주전망보고서, 2023
※ 자료원: 법무부 출입국 · 외국인정책본부(2024). 제4차 외국인정책 기본계획(2023~2027).

최근까지 코로나19로 인해 전 세계적인 인력부족 현상이 심화되었으며, 인구구조의 변화로 인한 생산인구감소와 노동력 부족 문제는 지속되고 있다. 이에 제조, 농업, 보건 등의 인력난이 심한 분야에서는 취업비자 제도 개선, 영주권 접근성 강화 등의 이민자 정착을 유도하는 다양한 정책이 시행되고 있다.

2) 그린·디지털 전환과 첨단기술 경쟁

유럽연합(EU)은 2025년까지 비자절차의 완전한 디지털화를 목표로 하고 있으며, 캐나다는 영주권 신청절차의 100% 온라인화를 선언하는 등 이민행정 영역에 디지털 시스템 활용을 확대하려는 추세이다(〈표 10-1〉).

또한 산업 · 고용 구조의 개편 측면에서 신기술 분야 확대, 고기술 제조 및 서비스업 중심으로의 산업구조 변화, 프리랜서 및 원격근무 증가로 디지털 인재 유치를 위해 25개국에서 디지털 노마드 비자(Digital nomad Visa)를 발급 중이다. 이처럼 세계 각국은 인공지능, 친환경 · 신재생에너지, 우주항공 등 첨단 · 신기술 확보를 위해 핵심인재 보호 및 영입에 경쟁을 가하고 있다(〈그림 10-3〉).

표 10-1 이민행정 영역에서의 디지털 및 AI 시스템 활용 예시

입국 전 단계	입국 단계	체류 단계
• e-비자신청 플랫폼 • 신청서 초기 검토 및 자동 분류 • 기준에 따른 비자 자동 승인 및 발급	• 드론을 활용한 국경 지역 순찰 • 키오스크에서 신원확인 • 보안 검사	• 이민자 법률자문 챗봇 • 난민 정착 거주지 배치 • 직업 알선 • 인도적 지원을 위한 신원정보 • 시스템 활용

*출처: EMN(유럽이민네트워크) · OECD, 이민관리를 위한 디지털과 인공지능 활용, 2022
※ 자료원: 법무부 출입국 · 외국인정책본부(2024). 제4차 외국인정책 기본계획(2023~2027).

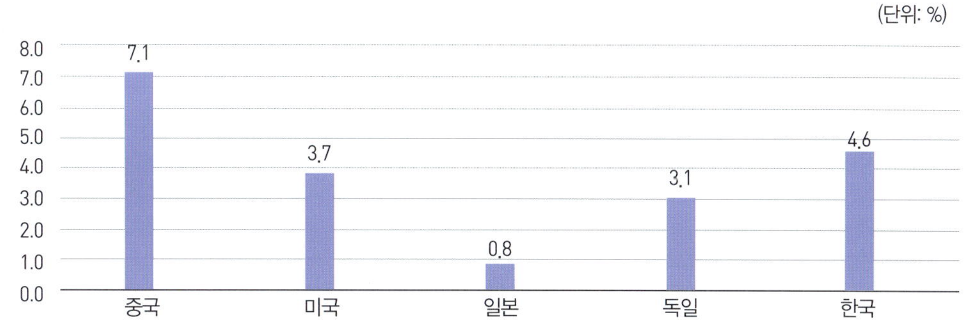

그림 10-3 최근 5년 간 연구개발(R&D) 인력 연평균 증가율 비교

*출처: 한국경제연구원, 기술패권 경쟁과 과학기술인력에 대한 시사점, OECD, 2022
※ 자료원: 법무부 출입국 · 외국인정책본부(2024). 제4차 외국인정책 기본계획(2023~2027).

3) 이민에 대한 사회적 갈등 반복과 정치 쟁점화

이민자의 경제적 불평등과 사회적 소외, 문화적 충동로 인한 차별문제가 자국민과 이민자 간의 갈등을 유발시키고 있다. 이러한 사회적 갈등과 분열은 이민자에 대한 사회통합과 관리를 강화하는 다양한 조치에도 불구하고 여전히 반복되어 나타나고 있는데, 예를 들어, 2005년 프랑스 방리유에서 발생한 이민자 소요사태와 2023년 경찰의 총격에 의한 이민자 2세 청소년 사망 사건으로 인한 소요사태 등이 있다.

또한 난민과 이민자를 대서 받아들인 유럽에서는 이민정책이 정치 쟁점화되면서 '반(反)이민'을 표방하는 극우 성향의 정당이 득세하고 있다. 이는 최근 기후변화와 러시아-우크라이나 전쟁, 시리아 내전, 아프가니스탄에서의 탈레반 재집권 등에 따른 난민 및 이민자의 급격한 유입, 그리고 이에 대한 반감이 주요 요인으로 작용하고 있다고 판단된다. 유엔난민기구(2021)에 따르면 강제 이주자 수가 2022년 1억 8백만 명으로 2013년 5천 1백만 명 대비 2배 증가한 것으로 나타났다(〈그림 10-4〉).

이에 2023년 12월에 EU는 '신(新)이민 · 난민 협약'에 대해 잠정 합의하였고, 프랑스는 이민자에 대한 복지를 축소하고, 이민 쿼터제를 도입하는 내용 등을 골자로 하는 이민법을 개정하였다. '신이민 · 난민 협약'은 장기적인 관점에서 EU 차원에서 이주를 관리하고, 연대, 책임 등을 기반으로 이주 및 비호에 대한 공동된 접근 방식을 확립하기 위한 5개 규정(비호 및 이주 관리, 비호절차, 심사, 생체인증 데이터베이스, 긴급상태 및 불가항력)으로 구성되어 있다.

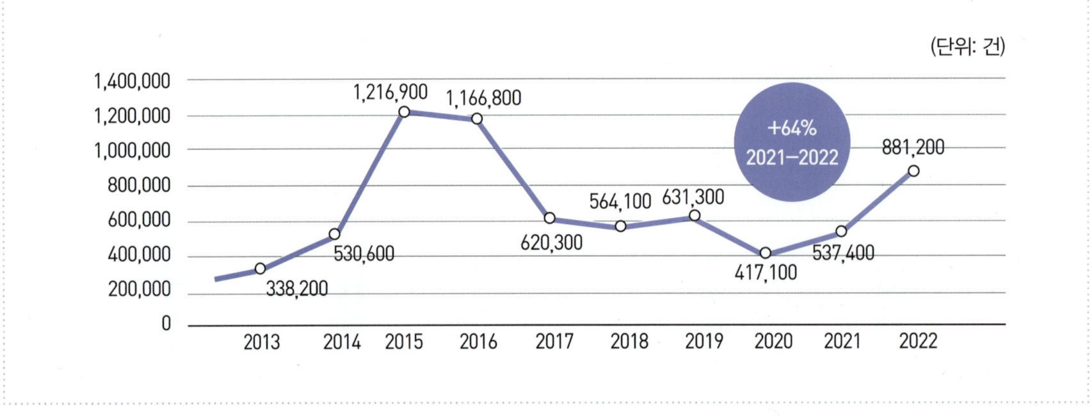

그림 10-4 유럽 내 난민신청 수(2013~2022)

*2015~2016: 시리아, 2022: 우크라이나 · 아프가니스탄 난민
*출처: 유럽연합 통계국(eurostat)
※ 자료원: 법무부 출입국 · 외국인정책본부(2024). 제4차 외국인정책 기본계획(2023~2027).

4) 아시아 지역 내 이민 활성화

2020년 세계 이민자 2억 8,100만 명의 41%가 아시아 지역 출신으로 이 중 60%가 아시아 내 다른 국가로의 이출이었다. 아시아에서 가장 많은 이민자를 수용하는 지역은 동남아시아 25%, 동아시아 21%, 태평양 21%, 남아시아 18%, (중동)서아시아 15% 순이었다(IOM, 2022, 〈그림 10-5〉).

특히 아시아 경제부국인 한 · 중 · 일에서의 빠른 고령화와 인구구조의 변화가 이민자를 흡입하는 요인으로 작용하고 있으며, 일본 · 중국 · 대만은 인구감소 및 인력부족에 체계적으로 대응하고 우수인재와 필수인력 유치를 위해 이민정책 총괄 기관을 신설하고 정비 중이다(〈표 10-2〉).

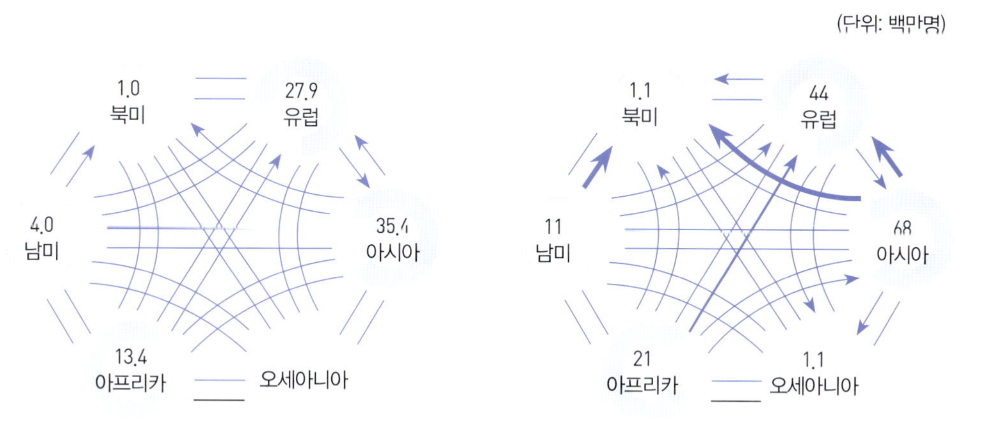

그림 10-5 지역(대륙) 내 이민 현황(1990, 2020)

**출처: IOM, 세계 이민 보고서, 2022 뉴욕타임즈, 전 세계적 이민자가 증가, 2018.6.20.
※ 자료원: 법무부 출입국 · 외국인정책본부(2024). 제4차 외국인정책 기본계획(2023~2027).

표 10-2 일본, 중국, 대만의 이민정책

일본	중국	대만
법무성 출입국재류관리청 (2019 신설)	공안부 국가이민관리국 (2018 신설)	내정부 이민서 (2007 신설, 2015 개편)
'특정기능' 비자 신설(2019): 단순노무 취업제한 폐지 단순노무 → 중숙련 경로 신설 (가족동반, 영주 가능)	외국인주중업무허가제도 실시 (2017): 인재우선발전전략으로 고급인재는 장려하고, 일반 소양의 인구는 통제하며, 낮은 소질의 인구는 제한	신경제이민법 제정(2018): 외국인 중급기술인재 및 전문인재, 투자이민 장려 단순노무 → 중숙련 경로 신설로 영주신청 가능(2022)

※ 자료원: 법무부 출입국 · 외국인정책본부(2024). 제4차 외국인정책 기본계획(2023~2027).

02 » 우리나라 이민 환경의 변화

1) 인구감소와 지역소멸 위험

우리나라는 세계에서 가장 가파른 인구감소에 직면하여 2020년 사상 첫 데드코로스(사망자 수 30.5만 명 〉 출생아 수 27.2만 명) 발생으로 생산연령인구의 급격한 감소가 전망된다. 통계청(2022) 자료에 따르면, 15~64세의 국민 생산연령인구는 2020년 3,738만 명에서 2030년 3,381만 명, 2040년 2,852만 명으로 예상된다(〈그림 10-6〉).

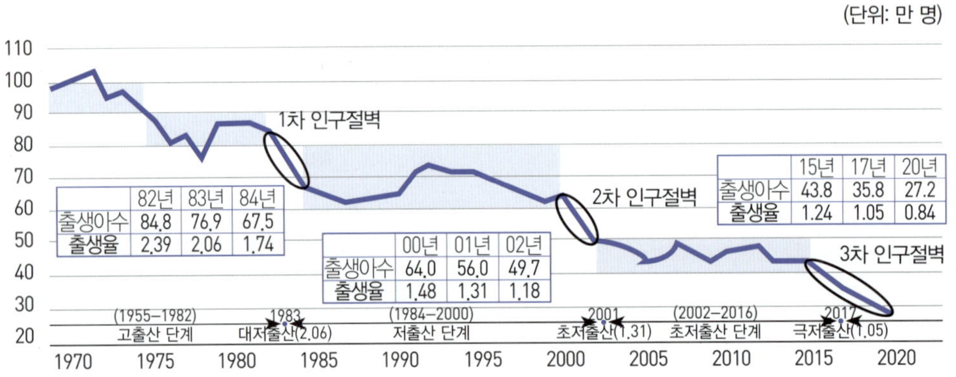

그림 10-6 우리나라 출생아 수 및 합계출산율 추세

*출처: 저출산 · 고령사회위원회, 2023
※ 자료원: 법무부 출입국 · 외국인정책본부(2024). 제4차 외국인정책 기본계획(2023~2027).

그림 10-7 우리나라 출생아 수 및 합계출산율 추세

*출처: 감사원, 감사보고서, 시 · 군 · 구별 장래 소멸위험지역, 인구구조변화 대응실태1(지역), 2021
※ 자료원: 법무부 출입국 · 외국인정책본부(2024). 제4차 외국인정책 기본계획(2023~2027).

국회입법조사처와 감사원(2021)의 자료에 따르면, 2021년 229개 중 108개(47.2%) 시 · 군 · 구가 소멸위험 지역이며, 2047년에는 모든 시 · 군 · 구가 소멸위험 지역으로 예상되고 있다(〈그림 10-7〉).

2) 이민자 수 증가와 구성 다변화

2008년 116만 명(총 인구 대비 2.3%)이던 이민자 수는 2019년 252만 명(총 인구 대비 4.9%)으로 최고치를 기록했으며, 2030년에는 300만 명을 초과할 것으로 예상된다. 이처럼 지난 10년 간의 이민자 수 증가는 다른 OECD 국가에 비해 빠르게 진행되고 있다(〈그림 10-8〉).

더불어 체류외국인 중 많은 비중을 차지했던 동포, 결혼이민자의 증가율은 점차 감소하는 반면에, 유학생 및 영주자격자는 증가하는 등 이민자의 구성이 다변화 추세이다(〈그림 10-9〉).

3) 인력부족 심화

우리나라는 인구구조의 변화로 인한 생산연령인구 감소로 업종과 급여 수준을 불문하고 인력난이 확산되고 있다. 부족인원은 2013년 30.2만 명에서 코로나19 이후 2023년에는 56.3만 명까지 증가하였는데(〈그림 10-10〉), 외국인노동자를 고용하는 이유로 "내국인 고용이 어렵기 때문"(90.6%)을 가장 많이 꼽았으며, "인건비 절감"을 위해서라는 의견은 3.2%에 불과하였다(중소기업중앙회, 2023, 〈표 10-3〉).

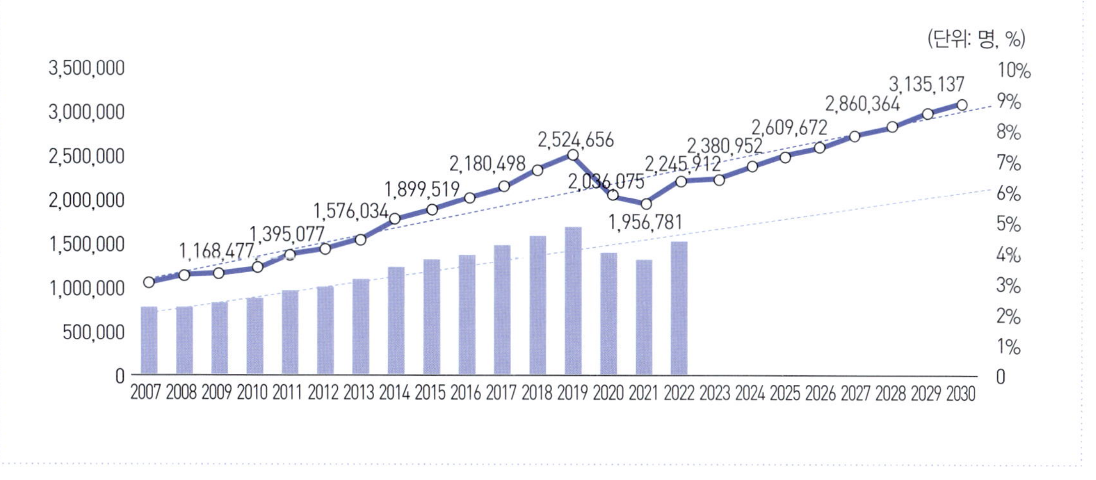

그림 10-8 우리나라 이민자 수 · 비율 변화 추이 및 예상

※ 자료원: 법무부 출입국 · 외국인정책본부(2024). 제4차 외국인정책 기본계획(2023~2027).

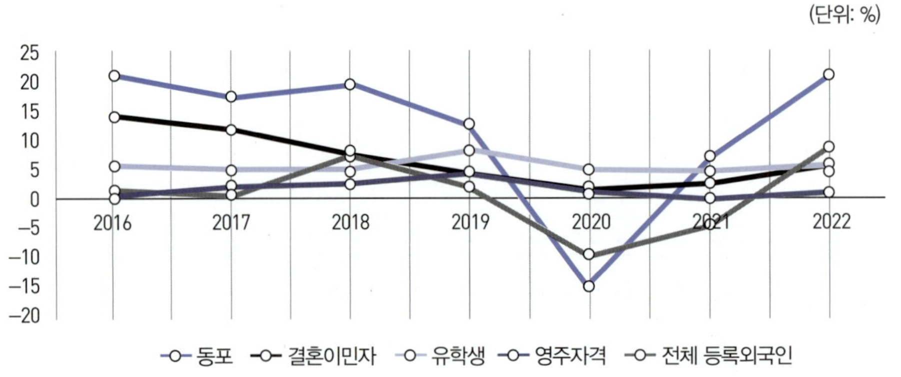

그림 10-9 우리나라 장기체류 이민자 증감 추이

*출처: 법무부 출입국 · 외국인정책본부 통계연보
※ 자료원: 법무부 출입국 · 외국인정책본부(2024). 제4차 외국인정책 기본계획(2023~2027).

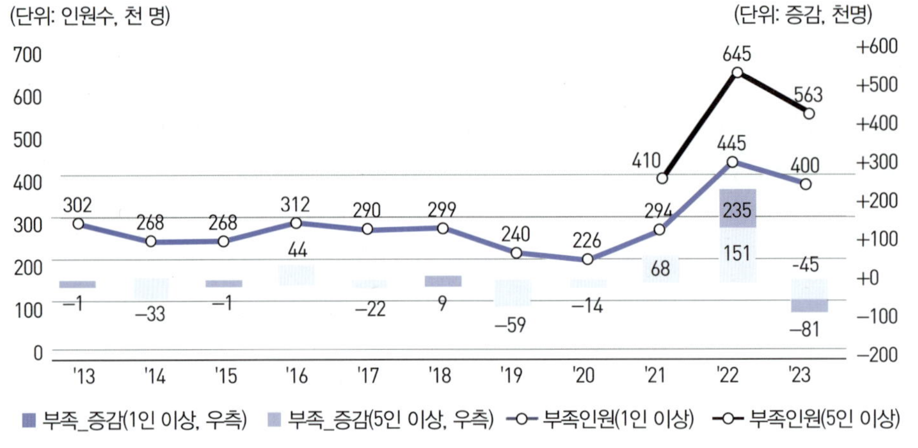

그림 10-10 연도별 부족인원

*출처: 고용노동부, 2023 상반기 직종별사업체노동력조사결과
※ 자료원: 법무부 출입국 · 외국인정책본부(2024). 제4차 외국인정책 기본계획(2023~2027).

더불어 신산업 · 기술 발달과 디지털 전환 등 산업구조 변화에 따라 전문 · 숙련기술 분야의 인력수요는 증가하고 있다. 감사원 감사보고서(2022)에 따르면, 2021~2023년까지 10년 간 신기술 인력수요는 모든 분야에서 관련 학과 대학졸업 인원(공급)을 초과하며 총 132만 7천 명의 인력수급차를 전망하고 있다.

표 10-3 인력부족 해소 노력 실태(다중응답)

(단위: 개소, %)

인력부족 해소 노력	응답수		
채용비용 증액 또는 구인방법의 다양화	1,169,531	[58.9]	(37.1)
외국인력활용	115,083	[5.8]	(3.7)
파견 및 용역근로자 활용	191,140	[9.6]	(6.1)
임금(급여)인상 등 근로조건 개선	706,554	[35.6]	(22.4)
재직자의 근로시간(연장 및 휴일근로)확대	315,208	[15.9]	(10.0)
직업훈련을 실시하여 부족한 직무능력 향상	115,951	[5.8]	(3.7)
생산설비 자동화 또는 사무자동화 추진	48,139	[2.4]	(1.5)
일과 가사를 병행하려는 인력 활용	396,772	[20.0]	(12.6)
기타	93,996	[4.7]	(3.0)

주 1) [ ]: 총 응답사업체 대비 비율[(응답수/총 응답사업체)×100] 2) [ ]:전체 다중응답수 대비 비율 [(응답수/전체 다중응답수)×100]
*출처: 고용노동부, 2023 상반기 직종별사업체노동력조사결과
※ 자료원: 법무부 출입국 · 외국인정책본부(2024). 제4차 외국인정책 기본계획(2023~2027).

4) 체류관리 강화 요구 증대

불법체류자에 대한 단속인력 부족, 제한적인 집행수단 등으로 불법체류자 증가에 적절한 대응을 하지 못하여, 2022년 12월 기준 그 수가 41만 명에 도달했다(체류외국인 전체의 20%). 즉 2008~2016년 사이 20만 명 내외로 유지되던 것이 2017~2022년 사이에 25만 명을 넘어서며 2022년 41만 명까지 증가한 것이다(〈그림 10-11〉).

이에 반이민정서와 함께 불법체류자에 대한 강력한 대응이 필요하다는 국민의 요청 또한 증가하고 있다(〈그림 10-12〉).

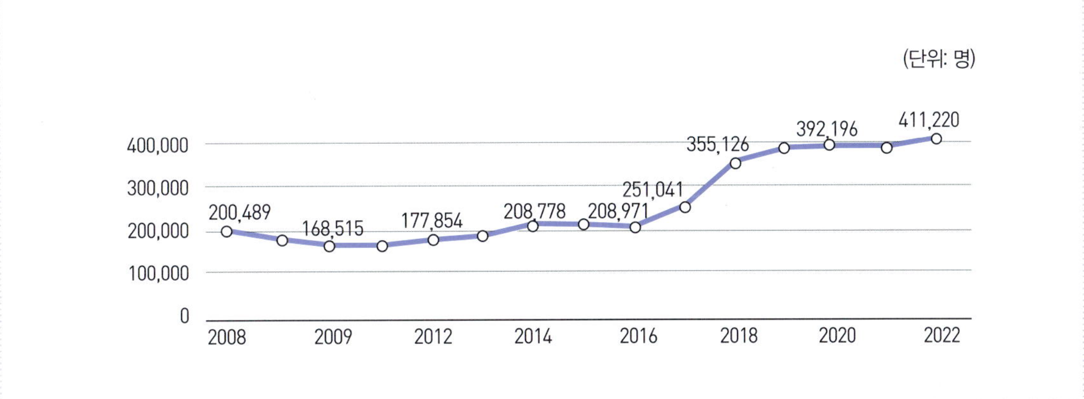

그림 10-11 불법체류자 추이(2008~2022)

※ 자료원: 법무부 출입국 · 외국인정책본부(2024). 제4차 외국인정책 기본계획(2023~2027).

5) 이민정책에 대한 국민인식 변화

이민과 이민자가 우리 사회에 기회요인으로 작용한다는 긍정적인 인식은 높아졌으나, 이주민에 대한 배타적 인식도 강화되었다. 따라서 이민에 대한 국민의 견은 점차 분화되는 양상을 보이고 있는데, 저출산 · 고령화 문제 해결을 위해 이민자 수용 또는 이민을 활성화해야 한다는 의견은 계속해서 변화하고 있다. 특히 아시아 국가로부터 외국인노동자를 수용하는 것에 대해서는 57.2%가 동의하며 불가피함을 인정하는 쪽으로 바뀌고 있다(〈그림 10-13〉).

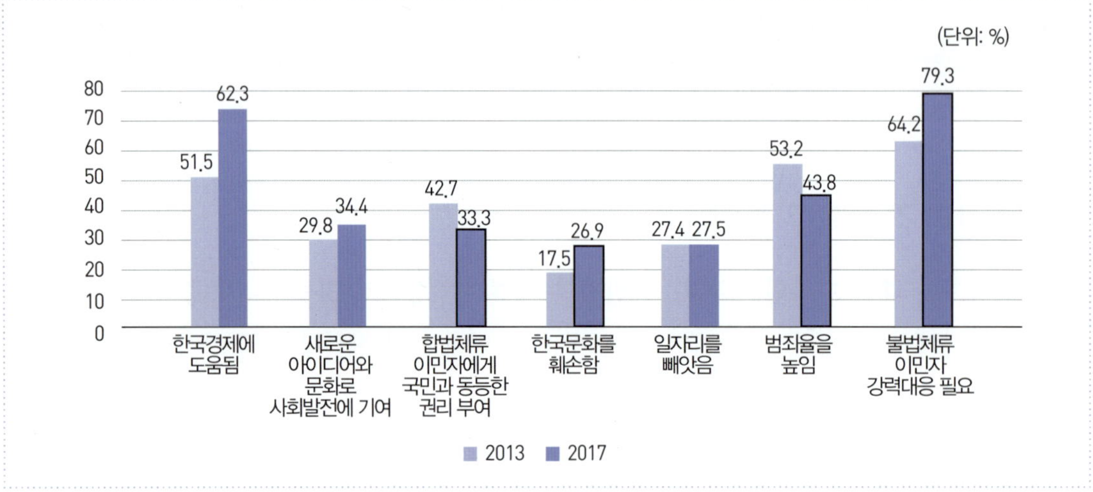

그림 10-12 이주민에 대한 태도 변화(2013, 2017)

*출처: 법무부 출입국 · 외국인정책본부, 외국인 · 이민정책에 대한 국민인식 조사, 2021
※ 자료원: 법무부 출입국 · 외국인정책본부(2024). 제4차 외국인정책 기본계획(2023~2027).

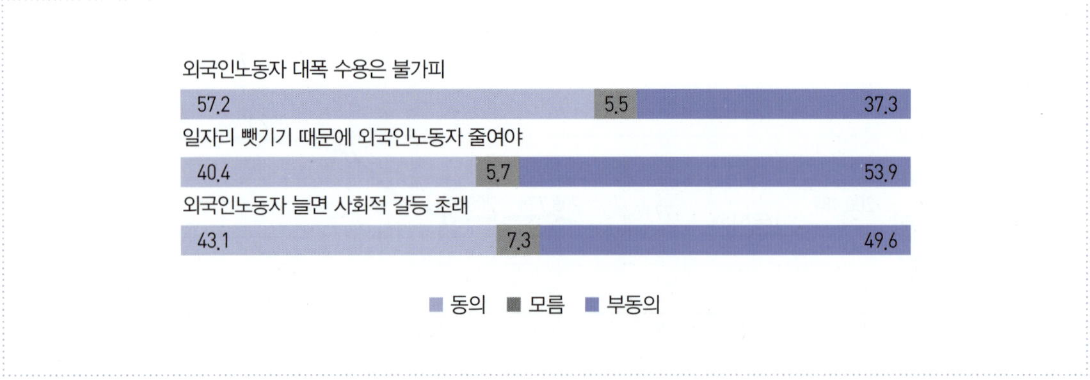

그림 10-13 아시아 외국인노동자에 대한 인식(2022)

*출처: 중앙일보 · 한국리서치 · 서울대 아시아연구소, 2022.12
※ 자료원: 법무부 출입국 · 외국인정책본부(2024). 제4차 외국인정책 기본계획(2023~2027).

03 » 다문화사회 대응을 위한 제도적 발전방향

1) 경제이민제도 개선방안(최서리 등, 2023)

2022년 4월 유럽위원회(European Commission)는 EU 내 기업(고용주)들이 필요로 하는 인재를 보다 효율적으로 찾을 수 있도록 하기 위한 플랫폼이자 매칭 도구인 EU 인재풀(EU Talent Pool) 설치를 제안하였다. EU가 비EU 출신자들에게 보다 매력적인 이민목적지가 되도록 하고, 동시에 EU 내에서 인재 구인에 어려움을 겪는 고용주들의 수요에 대응할 수 있도록 하는 것이 EU 인재풀의 목적이다. 코로나19 팬데믹 이후 이러한 정책 기조의 변화는 유럽에서뿐만 아니라 호주나 캐나다와 같은 정착형 이민국가들, 일본이나 대만과 같은 아시아의 주요 수용국들에서도 나타났고, 영주이민의 규모를 확대하거나 연간 발급하는 고용(취업)허가 쿼터를 확대하는 등의 조치를 취하였다.

코로나19 팬데믹으로 국내에서도 그동안 인력의 공백을 메워준 외국인의 입국이 제한되면서 여러 생산 현장에서 어려움이 드러났다. 2022년 초반부터 중소기업들이 인력수급의 어려움을 호소하였고, 정부는 우선적으로 업체당 고용할 수 있는 외국인 규모를 확대하고, 외국인에 대한 취업허가를 확대하면서 이 문제에 대응하였다.

취업과 거주 허가 관련 정책들이 쏟아져 나오고 있지만, 실제로 외국인과 기업이 만날 수 있는 시장(marketplace)의 형성에 대한 논의와 고민은 크지 않다. 그리고 구직자와 구인자가 어려움 끝에 매칭이 되더라도 취업이나 고용을 허가받기 위해 정부가 정한 요건을 충족시켜야 하는 또 다른 어려움에 봉착하게 되는데, 체류자격에 따라 요구되는 자격요건도 다르고, 이것이 계속 변화하기 때문에 그 어려움이 가중된다. 따라서 외국인과 국내 기업 간 탐색이 이루어지는 시장은 이러한 이민심사 관련 스크리닝이 함께 이루어질 수 있는 시장이어야 한다.

따라서 다양한 기술 수준의 외국인 고용에 대한 국내 사업주의 관심이 증가하고, 생산연령인구 감소에 직면하여 외국인의 장기취업 및 정착에 대한 정부의 기조가 변화하는 상황에서 외국인과 국내 사업주의 매칭을 원활하게 하는 방안을 모색하는 것이 필요하다.

외국인의 경우에는 활동범위나 기간 등에서 체류 관련 규정에 영향을 받을 수 밖에 없고, 고용주 역시 외국인을 고용할 수 있는 요건을 충족시켜야 하기 때문에 이러한 시장(marketplace)이 이민 관련 규정과 어떻게 연계될 수 있는지, 이민심사의 절차와는 어떤 관련이 있는지 살펴보는 것은 중요하다. 이러한 시장구축을 위하여 이민의향표명(Expression of Interest) 모델을 분석하고자 한다.

(1) 외국인(해외) 채용 관련 국제적 논의

사업주들은 해외 채용 정보에 대한 접근성이 제한되어 있거나, 해외 채용에 수반되는 비용이 높아서 어려움을 경험하고 있다. 해외 일자리 매칭을 위해서는 구직자(외국인)가 취업목적국의 공석(빈 일자리)과 연계되어야 하는데, 이 과정이 제대로 작동하는 것은 구직자와 구인자가 서로 얼마나 쉽게 만날 수 있는지, 구직자 프로필이 공석과 얼마나 잘 맞는지에 달려있다. 국내 채용과 비교할 때 해외 채용은 언어적 장벽, 높은 정보 장벽, 네트워크에의 접근성 제한, 대면 인터뷰 기회 제한, 이민절차의 예측불가능성, 고비용, 문화적 차이와 차별, 가족 이주 관련 어려움, 사회보장의 이전 등의 어려움이 있다.

시장(marketplace)은 해외 일자리 매칭과 관련된 어려움을 해소할 수 있도록 한다. 시장은 매칭의 양과 질을 제고할 수 있으며, 매칭 과정은 매칭 알선자(match-makers)의 역할을 하는 중개자에 의해 촉진될 수 있다. 해외 일자리 매칭의 맥락에서 중개자의 개입이 특히 유용하고, 여러 어려움을 줄이는 데 도움을 줄 수 있다. OECD는 해외 일자리 매칭과 관련된 몇 가지 시장과 중재자의 유형과 역할을 ①온라인 구인구직 게시판이나 플랫폼, ②취업 혹은 채용박람회, ③비공식 네트워크와 디아스포라 관계, ④대학교와 동문 네트워크, ⑤민간 채용업체와 이민행정사로 구분하고 있다.

해외 일자리 매칭에 있어서 공공영역의 개입은 평등에 대한 관점에서 정당화될 수 있다. 민간 중개도구들을 활용할 수 있는 큰 고용주들과는 달리 중소기업들은 해외 채용을 통해 공석을 채우는 데 어려움이 더 클 수 있다. 반대로 구직자의 관점에서도 기술 수준이 낮고, 자원이나 네트워크가 부족한 구직자일수록 신뢰할만한 정보에 대한 접근성은 떨어질 수밖에 없다. 더구나 공공영역에서 주도하는 시장은 매칭의 네트워크 효과가 특정 민간 플랫폼의 준독점으로 이어지는 상황을 방지하는 데 도움이 된다. 또한 공공이 주도하는 일자리 매칭은 과도한 수수료나 불법취업, 정보 오용의 위험으로부터 이용자들을 보호할 수 있다는 장점도 있다.

공공이 주도하는 정보와 매칭 도구는 취업이민 관리시스템이나 취업이민 정책과 연계될 수 있다는 점에서 이점을 갖는다. 특히 공공기관들이 최소한의 이민 관련 자격요건에 따라서 구직자들을 사전 심사하고, 그 이후에 고용주들이 그 풀(pool)에서 선택을 할 수 있도록 하는 것이다. 이는 구직자들이 입국허가를 받기 위해 행정절차를 밟을 때, 그리고 취업 이후에 사회에의 통합에 있어서 불확실성을 줄여준다는 효과를 줄 수 있다. 예를 들어, 취업이민 관련 규정에 따라서 구직자와 구인자를 사전에 심사하는 이민의향표명(Expression of Interest) 시스템은 이러한 불확실성을 줄여줄 수 있다.

이민의향표명(Expression of Interest, EOI) 시스템은 이민희망자 풀을 만들어서 이 풀에서 이민자를 심사하는 두 단계 이민 선발 및 관리 시스템이다. 구체적으로 정부가 정한 요건을 충족시키는

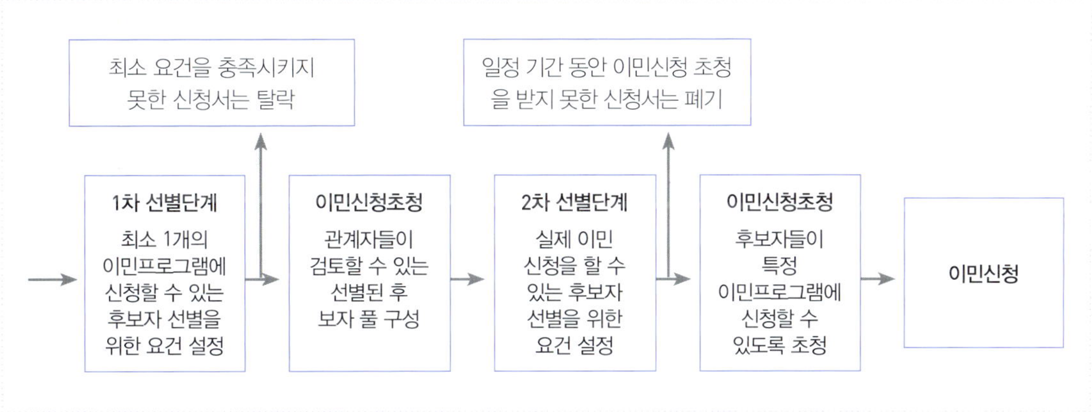

그림 10-14 이민의향표명 모델의 개요

자료: OECD(2019)
※ 자료원: 최서리, 이창원, 이상지, 신소희(2023). 현재의 수요와 미래의 변화에 대응하는 경제이민제도 개선방안(2): 이민의향표명 모델 적용방안. 이민정책연구원.

이민희망자가 정부가 관리하는 풀에 들어가게 되고, 이 풀에서 이민자들이 선별되어 실제 이민을 신청할 수 있도록 초청(invitation)을 받게 되는 것이다(〈그림 10-14〉).

이 시스템은 두 가지 목적을 갖고 있는데, 하나는 이민 신청 과정을 개선하는 것, 다른 하나는 일사리 배칭을 개선하는 것이다. 사전에 심사한 구직자들을 걸러내어 EOI는 정부가 요구하는 최소 요건을 갖춘 후보자들 중에서 우선순위를 정하고, 이를 통해서 일자리 매칭을 개선할 수 있는 환경을 조성할 수 있다. 이러한 방식은 선발과정을 굉장히 선별적이고, 동시에 유연하게 할 수 있다.

한편, EU 인재풀은 호주나 캐나다, 뉴질랜드에서 사용되고 있는 이민의향표명 시스템과는 차이가 있는데, EU가 전문인력의 이주에 열려있다는 시그널을 시장에 주기 위한 목적을 갖고 있으며, 후보자와 고용주 간의 매칭을 원활하게 하는 데 그 핵심이 있다.

OECD(2022)가 제시한 세 가지의 시나리오 중 우리나라에서 적용할 수 있는 시나리오는 가장 높은 전문성을 갖춘 이민희망자들을 선발하는 장치로서 EU 인재풀을 구축하는 것이다. 이민희망자는 온라인 프로필을 작성하도록 요청을 받고, 일정 요건을 갖추면 인재풀에 들어오게 된다. 풀에 들어간 프로필은 일정 기간 동안 저장되어 있고, 그 기간 동안 고용주 또는 중개인, 정부와 같은 다른 관계자들은 이 프로필을 검토할 수 있게 된다. 구직자와 구인자 간의 연락은 인재풀 밖에서 이루어질 수도 있고, 인재풀 내에서 이루어질 수도 있다. 고용주와 외국인 사이에 매칭이 이루어지면 거주허가 신청을 할 수 있게 되며, 인재풀에 있는 제3국 국민과 고용주는 별도로 비자나 거주허가를 신청해야 한다. EU 인재풀 절차의 특정 지점에서 이민당국(immigration authorities)이 관여하도록 하여 인재풀의 활용도를 더 높일 수 있다.

(2) 이민의향표명 모델 사례: 뉴질랜드, 호주, 캐나다

2003년 12월 뉴질랜드 정부는 새로운 기술영주이민제도(Skilled Migrant Category, SMC)를 도입하였고, 고용주의 일자리 제의, 기업의 지역적 위치, 취업 경험(뉴질랜드에서의 취업 경험 포함), 연령, 교육/자격요건을 포괄하는 점수제를 만들었다. 뉴질랜드의 첫 번째 이민의향표명 시스템은 위의 항목들로 구성된 점수제에 기초하여 구축되었다.

이민을 희망하는 자들이 자신의 프로필을 이민당국 웹사이트(New Zealand Immigration)에서 온라인으로 제출하여 뉴질랜드행 이민에 관심을 표명한다. 이들은 뉴질랜드 정부가 정한 최소 자격요건을 충족해야만 풀에 들 어갈 수 있다. 두 번째 단계에서는 취업 여부 등에 따라 적합자들이 기술이민 영주비자(Skilled Migrant Category Resident Visa, SMC)를 신청하도록 초청(Invitation to apply, ITA)을 받는다(〈표 10-4〉).

2023년 10월 이후에는 뉴질랜드 정부가 기존의 점수제를 폐지하고, 새로운 체계를 도입하였다. 개정 후에는 기술 항목에서 학력(학사 학위 이상), 임금(뉴질랜드 평균 임금보다 최소 1.5배 이상 높을 것), 뉴질랜드 유관기관에서의 자격 인정 점수를 산정한다. 단, 위의 세 가지 기술 항목 중 하나의 항목에서 확보한 점수만으로 점수 산정이 가능하며 여러 개의 항목에서 얻은 점수를 합산할 수 없다(〈표 10-5〉).

캐나다와 호주와는 달리, 뉴질랜드의 경우 EOI 정보 수정에 제한이 있다. 현재 뉴질랜드에서는 EOI가 일자리 매칭 도구로 이용되고 있지 않고, 고용주들은 후보자풀에 접근, 또는 후보자들의 프로필 열람이 불가능하다. 풀에 있는 동안 이민희망자들이 일자리를 구하고, 자신의 프로필을

표 10-4 뉴질랜드의 이민의향표명 및 비자 신청 절차

단계	내용
1단계: EOI 작성	• RealMe에서 계정을 생성 • EOI 제출 전 필수 정보를 모두 작성해야 함 • EOI 제출은 SMC 비자 신청을 위한 절차임 • 신원, 나이, 건강상태, 범죄이력증명서에 대한 정보 제공 • 기술, 업무 경험, 교육 및 어학 능력에 대한 정보 제공 • 취업 이력, 교육 및 관련 어학 능력 시험에 대한 세부정보, 기술 및 업무 경험에 대한 정보 제공
2단계: EOI 제출	• 작성한 EOI 제출
3단계: 기술비자 신청 초대장 수령	• EOI를 제출한 후보자들 중 최소 요건(기술/근로 항목 중 최소 6점)을 만족시키는 후보자들은 SMC 비자를 신청할 수 있는 초청장을 받게 됨 • 초청장을 받은 후보자는 4개월 내에 비자를 신청해야 함
4단계: SMC 비자 신청	• SMC 비자 신청서를 제출하고 신청 수수료 결제
5단계: 서류 업로드	• 모든 서류를 업로드

자료: 뉴질랜드 정부 웹사이트의 내용들을 연구자가 재구성
※ 자료원: 최서리, 이창원, 이상지, 신소희(2023). 현재의 수요와 미래의 변화에 대응하는 경제이민제도 개선방안(2): 이민의향표명 모델 적용방안. 이민정책연구원.

표 10-5 뉴질랜드의 2023년 10월 이후 이민의향표명 지원 자격 요건

항목	세부 항목
기술 항목 (Skill category)	• 학위(qualification)[12)] – 박사 학위(6점) – 석사 학위(5점) – 우수 학사 학위(4점) – (전문)학사 학위(3점) – 해당 없음(0점) • 임금(income) – 뉴질랜드 중위임금의 3배 이상(6점) – 뉴질랜드 중위임금의 2배 이상(4점) – 뉴질랜드 중위임금의 1.5배 이상(3점) – 뉴질랜드 중위임금의 1.5배 이하(0점) • 뉴질랜드 유관기관으로부터의 자격 인정(New Zealand registration)
기술직 취업 경험	• 뉴질랜드에서의 기술직 취업 경험 – 5년 내 3년 이상의 경험(3점) – 4년 내 2년 이상의 경험(2점) – 2년 내 1년 이상의 경험(1점) – 1년 미만(0점)

자료: 뉴질랜드 정부 웹사이트13)의 내용들을 연구자가 재구성
※ 자료원: 최서리, 이창원, 이상지, 신소희(2023). 현재의 수요와 미래의 변화에 대응하는 경제이민제도 개선방안(2): 이민의향표명 모델 적용방안. 이민정책연구원.

업데이트하는 것은 문제가 되지는 않지만, 풀에 머물러 있다는 것 자체가 뉴질랜드에서 구직을 쉽도록 하지는 않는다.

뉴질랜드는 ‘SkillFinder’라는 별개의 도구를 활용하여 해외의 구직자와 구인자 간의 매칭을 촉진하고 있다. SkillFinder는 이민자와 고용주들이 접근 가능한 무료 DB이다. 고용주들은 자신들의 공석에 관한 정보를 SkillFinder에 입력을 할 수 있다.

호주는 사업주 추천방식 또는 정부 주도의 두 가지 형태로 취업이민자를 선발하고 있으며, 정부주도형은 온라인 데이터베이스인 ‘SkillSelect’를 통해 이민희망자가 자신의 정보를 온라인상에 입력하면 정부가 이를 바탕으로 점수를 매겨 요건을 충족하는 사람을 선별하여 초청하는 방식으로 이루어진다.

각 EOI는 점수제를 기준으로 평가되며 일정 점수 이상이 되면 SkillSelect 풀에 들어갈 수 있다. 일단 풀에 들어가면 이민희망자는 점수 순위(독립기술 및 지역추천) 및 기타 요건(주정부 추천)에 따라 초청될 수 있다. SkillSelsect를 통해 비자를 신청하기 위해서는 먼저 EOI를 작성하여 제출해야 한다. 이를 위해 이민희망자는 기술평가(skills assessment)를 받아야 하며, EOI 작성 시 기술 및 자격요건들에 대한 질문에 응답해야 한다. 또한 EOI에 제공된 모든 정보가 정확하고 최신 상태인지 확인해야 한다(〈표 10-6〉).

표 10-6 호주의 이민의향표명 및 비자 신청 절차

단계	내용
1단계: 기술평가	• SkillSelect에 EOI를 제출하는 첫 번째 단계는 기술평가를 완료하는 것 • 선택한 직업에 대한 자격 및 업무 경험에 대한 증빙자료를 제출하는 것이 포함됨 • 기술평가가 직업 관련 평가 기관이 정한 요구 사항을 충족하는지 확인해야 함
2단계: EOI 작성	• SkillSelect 온라인 신청 시스템에서 계정을 생성 • EOI 제출 전 필수 정보를 모두 작성해야 함 • 작성 시 신청하는 비자 종류를 선택해야 하며 비자별로 자격 기준과 요구사항이 있음 • 기술평가 및 단기기술직업목록(STOL)을 기반으로 어떤 기술 관련 직업 인지 표시 • 경력, 학력, 언어능력 등에 대한 정보 제공
3단계: EOI 제출	• 작성한 EOI 제출
4단계: 초청장 수령	• EOI를 제출한 이민희망자 중 높은 점수를 받은 사람들은 비자를 신청 할 수 있도록 초청받게 됨 • 초청을 받은 후보자는 주어진 기간 내에 비자를 신청해야 함
5단계: ImmiAccount	• 호주 내무부 계정 생성
6단계: 서류 업로드	• 모든 서류를 ImmiAccount에 업로드

※ 자료원: 최서리, 이창원, 이상지, 신소희(2023). 현재의 수요와 미래의 변화에 대응하는 경제이민제도 개선방안(2): 이민의향표명 모델 적용방안. 이민정책연구원.

호주 EOI 신청자(이민희망자)에 대한 자격 및 기술평가는 다양한 중앙행정기관과 기관들의 참여를 통해 이루어진다. 과거에는 호주 이민당국에서 비자 신청자들의 기술 및 전문성을 검토·심사하여 비자 발급 결정을 내렸다. 그러나 다양한 직종의 기술 검증을 위한 전문지식을 호주 이민당국에서 모두 평가하기 어렵다는 판단하에 현재는 직종별로 전문 기술평가기관들을 통해 심사를 받도록 하고 있다.

호주의 경우 이민희망자들이 풀에 있는 동안 자신의 정보를 수정할 수 있도록 허용하며, 동일한 후보자 풀을 가지고 하나 이상의 경제 이민프로그램을 지원할 수 있다. 또한, 호주에서는 지역 당국이 풀에 접근하여 지역추천경로(regional migration streams) 하에 적절한 후보자를 지명할 수 있도록 하고 있다. 한편 기본적으로 EOI 시스템의 관리는 내무부가 담당하고 있으며 고용주는 후보자 풀에서 후보자들의 프로필을 열람할 수 있는 직접적인 권한은 없다.

캐나다의 신속이민심사(Express Entry)는 다음의 두 단계로 구성된다. 첫 번째로 지원자들은 풀에 들어가기 위해 최소 자격요건을 충족시켜야 한다. 두 번째로 풀에 들어온 지원자들은 연령, 경력, 학력, 언어능력을 고려하여 포괄적 등급 체계(Comprehensive Ranking System, CRS)에 따라 점수가 매겨진다. 호주와는 달리 신속이민심사(Express Entry)에서 이민희망자가 자신의 정보를 등록할 때 이민프로그램을 선택하는 것이 아니고, 캐나다 정부가 희망자들의 프로필을 고려하여 세 가지의 프로그램(캐나다 경험, 연방전문인력, 연방기능인력) 중 가장 적합한 프로그램에 지원하도록 초청한다. 캐나다 정부는 2016년부터 캐나다 경험 〉 연방전문인력 〉 연방기능인력 프로그램 순으로 심사를 진행하고 있다(〈표 10-7〉).

표 10-7 캐나다의 신속이민심사 및 비자 신청 절차

단계	내용
1단계: 지원 자격 평가	• Express Entry에 EOI를 제출하는 첫 번째 단계는 지원 자격이 있는지를 확인하는 것임 • 기술직 취업 경험, 언어능력, 학력, 연령, 캐나다에서의 적응가능성을 고려하여 지원 자격을 평가함 • 각 프로그램에 따라 다른 사전 평가 기준이 적용됨
2단계: EOI 작성	• Express Entry 온라인 신청 시스템에서 계정을 생성 • EOI 제출 전 필수 정보를 모두 작성해야 함 • 국가직업분류(National Occupational Classification)를 기반으로 어떤 기술을 가진 직업인지 표시 • 기술, 경력, 학력 및 언어능력 등에 대한 정보 제공
3단계: EOI 제출	• 작성한 EOI 제출
4단계: 영주이민 신청 초청	• EOI를 제출한 후보자들 중 높은 점수를 받은 후보자들은 영주권을 신청할 수 있는 초청(ITA)을 받게 됨 • 초청을 받은 후보자는 60일 이내에 비자를 신청해야 함
5단계: 영주 이민 신청	• ITA시 제공된 링크를 따라 캐나다 정부 웹사이트에서 영주이민 신청

※ 자료원: 최서리, 이창원, 이상지, 신소희(2023). 현재의 수요와 미래의 변화에 대응하는 경제이민제도 개선방안(2): 이민의향표명 모델 적용방안. 이민정책연구원.

이와는 별개로 캐나다 정부가 영주이민 초청을 보내는 방식은 세 가지로 구분될 수 있다. 첫 번째는 상위권 후보자들에게 세 개 중 가장 적합한 하나의 프로그램에 초청하는 것이다. 두 번째는 프로그램별로 초청을 하는 방식이다. 세 번째는 특정 목적을 달성하기 위한 방식인데, 프랑스어 능력자라든지, 과학 · 기술 · 공학 · 수학(STEM) 직군 종사자라든지 경제 목표를 달성하기 위한 목적에서 초청을 하는 방식이다.

호주와 마찬가지로 캐나다에서도 이민희망자들이 풀에 있는 동안 학력, 어학 능력, 가족 사항 등 자신의 정보를 수정할 수 있도록 허용한다. 풀에 등록한 이후라도 정보 수정이 가능하고 추가적인 자격요건을 더 갖추었을 경우 또는 주정부 지명을 통해 점수와 선발 기회를 높일 수 있다. 캐나다 정부는 주정부(Provincial)가 풀에 접근하여 지역 내 필요한 적절한 후보자들을 지명할 수 있도록 하고 있는데, 주정부의 지명을 받기 위해서 후보자는 연방정부와 주정부가 요구하는 자격요건을 모두 충족시켜야 한다.

캐나다 정부만이 후보자풀에 접근할 수 있으며, 뉴질랜드와는 달리, 신속이민심사(Express Entry)는 캐나다 고용위원회(Canada Employment Insurance Commission)에서 운영하는 일자리 매칭 도구인 일자리센터(Job Bank)와 직접적으로 연결되어 있지는 않다. 그렇기 때문에 정부는 사업주의 일자리 제의를 받지 않은 이민희망자들의 경우 캐나다 일자리센터(Job Bank)에 등록하도록 장려하고 있다.

(3) 국내 적용 가능한 이민의향표명 모델

현재 해외(외국인) 채용을 위한 시장 형성과 접근성을 판단하기 위해 외국인이 이용가능한 온라

인 구인 · 구직 웹사이트/플랫폼, 오프라인 박람회, 네트워크를 살펴보면, 대상(체류자격)별로 시장이 구분되어 있을 뿐만 아니라, 일부 시장은 연중 운영되지 않는다는 한계를 가지고 있다. 현재 체류자격별로 시장이 구분되어 있는 것은 각각의 대상별로 취업 관련 다른 규정의 적용을 받기 때문일 것으로 보인다.

외국인 채용시장에 관한 논의에 앞서 외국인 구인 · 구직 시장의 활성화가 국내 노동시장에 어떤 영향을 미칠 것인지에 대해서는 상반된 의견이 있을 수 있다. 몇몇 전문가들은 한국이 이민목적국으로 경쟁력이 부족하다고 생각하고, 이러한 관점에서는 시장이 형성되더라도 국내 노동시장에 별다른 영향을 미치지 않는다고 볼 수 있다. 다른 한편으로 외국인에 대한 시장이 형성되면 국내 노동시장에 미치는 부정적인 영향을 우려할 수도 있다. 중소기업에서는 한국인 고용이 사실상 어렵고 앞으로 더욱 어려울 것이라고 그간의 경험에 따라 판단하는 반면, 관련 전문가들은 그럼에도 불구하고 한국의 청년층 유입을 유도할 필요성을 강조하고 있다.

현재 우리나라의 외국인 구인 · 구직을 위한 시장은 분절되어 있는데, 이러한 분절된 시장에서 다양한 중개자들이 활동을 하고 있다. 중앙정부(고용노동부, 산업통상자원부 등) 역시 시장 형성

그림 10-15 부산 외국인 유학생 취업지원 플랫폼

자료: 부산일자리정보망(www.busanjob.net)
※ 자료원: 최서리, 이창원, 이상지, 신소희(2023). 현재의 수요와 미래의 변화에 대응하는 경제이민제도 개선방안(2): 이민의향표명 모델 적용방안. 이민정책연구원.

을 위한 중개자 역할을 일부 수행하고 있는데, 그 대상 범위가 제한되어 있고, 시장이 종합적으로 관리되고 있지는 않다. 지방자치단체 역시 해외에서 계절근로자 도입 시중개자의 역할을 부여받은 상황인데, 국내 외국인의 계절근로 참여를 위한 시장은 명확하지 않은 상황이다. 또한 지역특화형 비자 운영과 관련해서도 지방자치단체는 채용박람회 등을 개최하면서 중개자의 역할을 수행하고 있다. 이 밖에도 해외로부터의 인력에 대한 수요가 확대되면서 채용관련하여 네트워크의 역할이나 민간업체의 활동은 점차 확대될 가능성이 있어 보인다.

해외에서와는 달리 국내의 여러 전문가들은 해외(외국인) 채용 관련하여 공공부문의 역할이 있다는 데 동의하였다. 하지만 또 다른 전문가들은 외국인을 위한 구인 · 구직 플랫폼을 정부가 운영하였을 때 발생하는 비용과 효율성에는 의문을 표하기도 하였다. 정부가 플랫폼을 운영하게 되면 새로운 기능들을 추가하는 등의 개발을 계속하려는 의지를 기대하기 어렵다는 한계를 지적했다. 이 밖에도 정부가 제공하는 무료 서비스에 대한 가치평가 절하 문제도 지적하였다.

이민경로를 고려한 맞춤형 정보 제공의 필요성이라는 현장의 목소리를 고려할 때 정부는 단순히 구인 · 구직의 시장을 제공하는 것을 넘어서 이것이 이민심사의 절차와 직접적으로 연계될 수 있는 시스템을 구축하는데 초점을 둘 필요가 있다고 본다.

그리고 해외(외국인) 채용이 어려운 이유 중 하나는 외국인의 역량에 대한 신뢰가 부족한 것도 꼽을 수 있다. 이때 신뢰는 개인의 역량에 대한 신뢰일 수도 있겠지만, 그 외국인이 학업을 수행한 교육기관의 프로그램에 대한 신뢰로도 이해될 수 있다. 이러한 신뢰의 공백을 메우기 위해 외국인 고용에 있어서 네트워크가 중요한 기능을 하고 있기도 하다. 이러한 맥락에서 외국인의 역량을 검증하는 과정에서 사업주나 산업계의 평가가 중요하다는 의견도 있다. 사업주의 평가는 이미 국내에서 일하고 있는 외국인을 검증하는 데 활용될 수 있지만, 이것이 사업주에 대한 피고용인의 종속관계를 강화시킬 수 있다는 우려가 있기도 하다. 따라서 외국인의 전문성이나 기술을 검증하는 데 있어 산업협회의 역할이 중요할 것으로 보인다. 다만, 관련 전문가에 따르면 산업계에도 협회가 잘 되어 있는 분야도 있고, 그렇지 않은 분야도 있다는 한계가 있다. 국내에서도 향후 기술직이나 전문직종사 외국인 고용이 확대되는 경우 이러한 기술평가기관에 대한 고민도 필요할 것으로 보인다.

해외사례에서 살펴보았듯이 이민의향표명(EOI) 모델은 점수제 운영과 밀접하게 관련이 있어 EOI의 국내 적용을 위해서는 국내에서 운영되고 있는 점수제의 현황을 진단할 필요가 있다. 국내에서 여러 체류자격에 점수제가 활용되고 있기는 하지만 실제 취업 관련 자격에 있어서 점수제를 활용하는 경우는 사실상 많지는 않고, 거주(F-2)나 영주(F-5) 자격을 취득할 때에도 제한적으로만 활용되고 있다. 실제 점수제의 이점이 온전히 작동하기 위해서는 신청자들 간 상대 평가가 가능해야 하는데, 현재의 시스템 상으로는 절대 평가를 위한 기준으로서 점수제가 활용되고 있다.

점차 다양화되고 있는 이민경로는 이민의향표명 모델의 필요성을 뒷받침해 준다. E계열 자격 소지자는 보통 정부가 정한 요건을 충족시킬 때 거주(F-2), 영주(F-5) 자격을 순차적으로 취득할 수 있었는데, 특별한 경우에는 거주(F-2) 자격을 취득하지 않고도 영주(F-5) 자격을 바로 신청할 수 있다. 심지어 해외에서도 바로 영주(F-5) 자격 신청이 가능하기도 하다. 또한 국내에서 학위를 취득한 외국인에 대해서 여러 체류 관련 혜택을 부여하고 있어서 체류자격 간 이동이 점차 복잡, 다양해지고 있다. 외국인의 입장에서는 이러한 이민경로에 대한 정보 취득의 어려움에 더해 취업 시적용되는 규정의 차이에 대해서도 인지해야 하는 이중부담을 안게 된다. 해외(외국인) 채용에 관한 시장은 이러한 이민 관련 규정에 대한 부담을 덜어주는 역할도 동시에 해야 한다(〈그림 10-16〉).

한국에서 이민의향표명 모델을 구축하기 위해서는 해외에서와 마찬가지로 전문직을 대상으로 우선적으로 적용을 하는 것이 바람직할 것으로 보인다. 동시에 한시취업자격과 거주자격, 영주자격 신청을 희망하는 모든 외국인들이 이 시스템을 이용할 수 있도록 한다.

첫 번째로 논의할 사항은 외국인이 이민의향을 표명하는 단계에 관한 사항이다. 국내에서 취업허가를 받거나, 정착을 희망하는 외국인은 온라인으로 운영되는 플랫폼에 스스로 계정을 신설하고, 자신의 인적사항과 학력, 경력, 자격증 등의 정보를 입력한다. 해외사례에서는 이민자를 선발함에 있어서 배우자의 역량도 중요하게 고려되는데, 국내에서는 취업이민 심사 시 가족 단위로

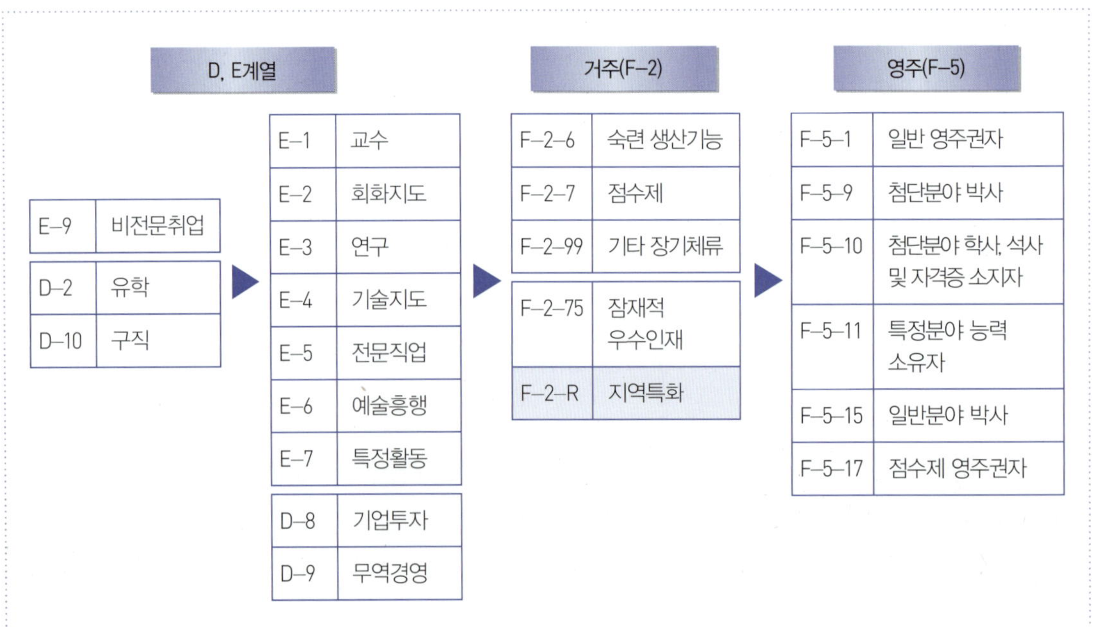

그림 10-16 이민경로 현황(체류자격 변경)

※ 자료원: 최서리, 이창원, 이상지, 신소희(2023). 현재의 수요와 미래의 변화에 대응하는 경제이민제도 개선방안(2): 이민의향표명 모델 적용방안. 이민정책연구원.

심사를 하지 않기 때문에 배우자에 대해서는 기본 인적사항(성별, 생년월일 등)만을 요구할 수 있다. 이때 이민희망자가 어떤 체류자격을 신청하는지 스스로 표시하기보다는 EOI 시스템에서 자동적으로 적합한 체류자격을 안내해 주는 방식이 더욱 효율적일 것으로 보인다. 더불어 외국인은 자신이 이미 취업을 하고 있거나, 취업을 희망하는 직종을 선택한다. 호주에서는 EOI 작성하기 전에 이미 호주의 기술평가기관에서 자격 인증을 받도록 하고 있지만, 이러한 절차는 EOI에 대한 진입장벽을 높일 수 있기 때문에 시스템이 어느 정도 안정화된 이후에 이에 대한 논의도 이루어질 수 있을 것이다(〈표 10-8〉).

두 번째 논의사항은 1차 심사와 인재풀 구축에 관한 것이다. 즉, 인재풀 구축을 위해 정부가 최소한의 요건을 어떻게 설정할 것인가를 논의해야 한다. 1차 심사에서 체류자격별로 기준을 달리 설정하면 각각의 풀을 따로 관리해야 하는 문제가 발생한다. 그렇게 되면 후보자가 정해진 체류자격 외 자격을 신청하지 못하는 결과를 낳게 되므로 체류자격과 무관하게 동일 기준을 적용하여 풀을 일원화할 필요가 있다. 그 기준은 점수제 통과점수(pass mark)로 설정하거나, 절대기준을 설정하는 두 가지 방식이 있을 수 있다. 첫 번째 방식은 학력, 임금(연간소득)과 한국어 능력에 대해서

표 10-8 이민의향표명 시 작성해야 하는 정보 항목(안)

항목	제공 정보
인적사항	• 여권 정보 • 국적(시민권) • 다른 국가 여권 소지 여부
등록(국내 체류 시)	• 외국인등록번호
현재 체류자격	• 체류자격(세부약호)
가족구성원	• 신청자 배우자의 국적 • 배우자 등 가족 동반 여부
배우자(동반 시)	• 배우자의 여권 정보 • 국적(시민권) • 다른 국가 여권 소지 여부
한국어 능력	• 유효한 한국어 시험 성적이 있다면 한국어 시험 성적 • 없다면, 스스로 평가하는 한국어 의사소통 수준(말하기, 쓰기, 읽기, 듣기)
학력	• 학력 • 한국에서 학위 취득 여부
경력	• 유관 경력(기간으로 표시하도록 함)
임금(국내 취업 중인 신청자 대상)	• 연간소득
관심 있는 거주지	• 관심 있는 거주지를 광역지방자치단체 수준에서 표시하도록 함
신청 직종(직업)	• 한국표준직업분류에 따른 직업코드

※ 자료원: 최서리, 이창원, 이상지, 신소희(2023). 현재의 수요와 미래의 변화에 대응하는 경제이민제도 개선방안(2): 이민의향표명 모델 적용방안. 이민정책연구원.

배점을 하고, 셋 중 하나의 항목에서 높은 점수를 취득하거나, 각각의 항목에 보통 점수를 취득하더라도 1차 심사를 통과할 수 있도록 하는 방식이다. 두 번째 방식은 뉴질랜드와 같이 학력, 임금(연간소득), 한국어 능력 중 하나의 항목에서 기준점을 통과하면 1차 심사를 통과할 수 있도록 하는 방식이다. 그리고 이용자의 진입장벽을 낮추기 위해 두 번째 단계에서는 증빙자료를 최소화하기 위해 1차 심사의 평가기준이 되는 한국어 능력이나, 학력, 임금 관련 증빙자료만을 제출하도록 한다(〈표 10-9〉).

세 번째 논의점은 인재풀을 관리하는 방식이다. 1차 심사를 통과한 후보자, 즉 인재풀에 진입한 후보자가 최종 심사 시까지 점수를 높이기 위해 자신의 프로필을 계속 업데이트하도록 하는 것이 가장 적합한 인재를 선발하는 방식이 될 수 있을 것이다. EOI 풀에 머물 수 있도록 하는 기간은 12개월의 기간을 설정하도록 한다.

네 번째로 논의할 사항은 누가 인재풀에 접근하도록 할 것인가이다. 이는 인재풀을 구인구직을 위한 시장으로 만들 것인지의 이슈과 관련이 있는데, 국내 적용 모델에서는 인재풀과 구인구직 플랫폼은 분리하여 운영할 것을 제안한다. 즉, 중앙행정기관, 그리고 지방자치단체만이 이 풀에 접근가능하고, 적합한 외국인이 이민을 신청하도록 '추천'을 할 수 있다. 이때 이민은 모든 취업 관련 체류자격(D-8~9, E-1~7), 그리고 거주(F-2)와 영주(F-5) 자격으로의 전환을 의미한다.

인재풀에서 구인 · 구직 기능을 배제한다면 다섯 번째로 논의가 필요한 점은 구인 · 구직 매칭을 위해서 정부가 어떤 역할을 할 것인가이다. 이를 위해 워크넷의 활용과 AI에 기반한 인재 매칭 도구 개발이 가능할 수 있다. 구체적으로 구인자는 워크넷에 구인공고를 올리도록 하고, 매칭을 위한 도구를 개발하여 워크넷에 올라온 구인공고와 매칭되는 인재풀의 프로필을 찾아내도록 한다. 매칭 결과를 외국인에게 먼저 보내고, 외국인이 구인 공고의 근로조건 등에 만족하는 경우 해당 외국인의 정보를 구인자에게 보내게 된다. 실제 채용으로 이어지는 경우에 인재풀에 들어와 있는 외국인이 자신의 사업주에 대한 정보와 고용계약서 등의 추가 정보를 입력하게 된다(〈그림 10-17〉).

표 10-9 인재풀에 진입하기 위한 기준 설정(안)

평가방식	심사 항목	평가 기준
점수제	• 한국어 능력(한국어 시험 성적) • 학력 • 임금(연간소득)	• 각각의 심사 항목에 배점 • 기준 점수를 통과하는 사람에 대해 인재 풀 진입 허용
절대기준	• 한국어 능력(한국어 시험 성적) • 학력 • 임금(연간소득)	• 세 개의 심사 항목 중 하나의 항목에 대해 설정한 기준점을 통과한 사람에 대해 인재풀 진입 허용

※ 자료원: 최서리, 이창원, 이상지, 신소희(2023). 현재의 수요와 미래의 변화에 대응하는 경제이민제도 개선방안(2): 이민의향표명 모델 적용방안. 이민정책연구원.

마지막으로 논의할 사항은 인재풀에 있는 이민후보자들을 체류자격별로 최종 심사를 하는 것이다. 1차 심사에서는 점수제 혹은 절대기준으로 평가가 이루어졌는데, 2차 심사에서는 점수제를 적용한다. 인재풀에 있는 후보자들 중 체류자격을 신청할 수 있는 사람을 선발하기 위해서도 AI를 활용하여 높은 점수를 취득한 사람 우선으로 선발한다. 이민의향표명 모델의 장점은 외국인이 한 번 정보를 입력하고 나면 이 정보가 그대로 이민심사 절차로 넘어간다는 것이다(〈그림 10-18〉).

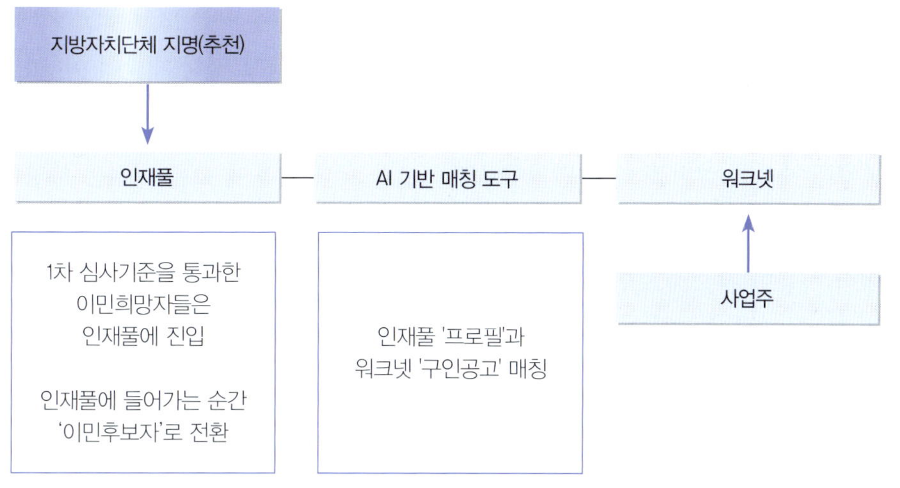

그림 10-17 인재풀–워크넷 구인 · 구직 매칭

※ 자료원: 최서리, 이창원, 이상지, 신소희(2023). 현재의 수요와 미래의 변화에 대응하는 경제이민제도 개선방안(2): 이민의향표명 모델 적용방안. 이민정책연구원.

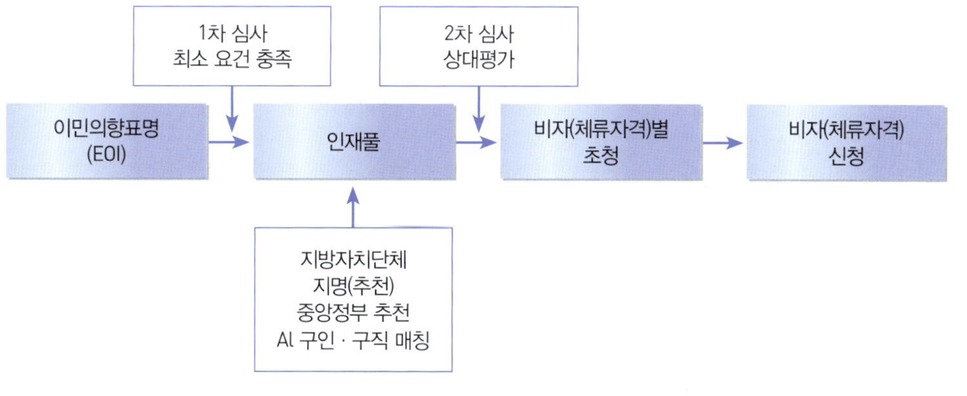

그림 10-18 이민의향표명 시스템 순서도

※ 자료원: 최서리, 이창원, 이상지, 신소희(2023). 현재의 수요와 미래의 변화에 대응하는 경제이민제도 개선방안(2): 이민의향표명 모델 적용방안. 이민정책연구원.

(4) 결론

현재 한국의 취업이민정책, 그리고 이민심사 관련 제도의 문제점은 여러 가지를 꼽을 수 있는데, 먼저 외국인 구인 · 구직을 위한 시장은 분절되어 있고, 많은 구인자와 구직자가 모여서 나타나는 최적의 매칭이 구현되고 있지 않다. 그리고 체류자격 간 이동이 점차 복잡, 다양해지고 있는데, 취업활동을 목적으로 국내 생활하는 외국인의 입장에서는 이러한 이민경로에 대한 정보 취득의 어려움에 더해 취업 시 적용되는 규정의 차이에 대해서도 인지해야 하는 이중부담을 안게 된다. 더불어 현재 국내에서는 주요 이민수용국에서와 마찬가지로 점수제가 운영되고 있지만, 점수제의 이점이 국내에서는 제대로 구현되지 않고 있으며 점수 배점에 따른 영향 등이 분석되고 있지 않기도 하다. 또한 최근 인구구조 변화의 심각성을 인식하여 다양한 정책 개발이 이루어지고 있지만, 정책의 효율성을 담보할 수 있는 시스템 구축은 이루어지지 않고 있다.

이러한 현행 문제점을 살펴볼 때 이민의향표명 모델을 국내 적용에 따른 이점은 분명해 보인다. 먼저 이러한 시스템 도입을 통해 합리적인 이민심사의 기준 설정이 가능하다. 그리고 효율적인 이민제도 운영이 가능할 것으로 보인다. 후보자 풀을 구성하게 되면 국내 이민을 희망하는 사람들이 어떤 특징을 가지고 있는지 확인이 가능하고, 이러한 정보를 토대로 이민심사의 기준 설정이 가능할 것으로 보인다. 마지막으로 이민의향표명 모델을 통해 이민희망자의 목록이 확보되고, 이것이 구인공고에 따른 빈 일자리와 매칭되는 시스템을 구축하면 현재의 외국인 구인 · 구직 시장 부재의 문제를 해결할 수도 있다.

그리고 이민의향표명 모델이 국내 적용되기 위해서는 국내 이민 관련 정책과 행정의 몇 가지 부분이 개선될 필요가 있다. 먼저 이민의향표명 모델이 적용 가능하기 위해서는 국가 차원에서 이민행정 관련 디지털 플랫폼에 적극 투자가 전제되어야 한다. 물론 이 과정에서 디지털 약자의 접근성에 대한 고민도 필요하다. 그리고 앞서 호주의 사례에서 확인하였듯이 기술이민제도의 원활한 운영을 위해서는 이민희망자가 해당 직종에 적합한 자격을 보유하였는지를 확인하는 절차에 대한 고민도 필요하다. 더불어 이민의향표명 모델 적용과 동시에 점수제 적용범위 등 운영 방식을 개편할 필요가 있을 것이다.

2) 지역 이민정책 발전 방안(안미연 등, 2024)

최근 한국 사회는 국내 체류 외국인 유입 증가로 인해 다양한 문화가 공존하게 되었고, 이에 따른 내 · 외국인과의 사회통합 및 협력의 필요성이 제기되고 있다. 일부 지역의 경우 외국인 비율이 상당히 높아지고 있기에 이러한 점에서 외국인들의 주민자치 참여 요구는 늘어나고 있는 상황이다.

외국인 주민의 참여를 토대로 외국인 주민과 다문화가족의 지속적인 증가는 일상생활에서부터 정치, 사회경제, 문화 등 다양한 영역에서 내 · 외국인 주민 간 교류를 증가시켰다. 이로 인해 내 · 외국인 주민 간 서로의 문화를 존중하며 공존할 수 있는 상호문화주의의 필요성이 제기되고 있다.

기존의 다문화주의는 역동적인 상호작용보다는 서로 다름에 대한 인정과 이해에 주안점을 두고 있어 사람들의 시야를 넓히는 데는 긍정적인 영향을 끼쳤지만, 한편으로는 인정과 이해에 머물러 오히려 서로가 분리되어 사회적 응집력을 낮추는 결과를 가져왔다고 비판받기도 한다. 이제는 단순히 공존의 수준을 넘어서서 더욱 적극적인 상호작용을 통해 우리 사회에 거주하는 내국인과 외국인이 잘 통합될 수 있도록 도모해야 하며, 이러한 점에서 상호문화주의의 필요성이 부각되는 것이다.

전 세계적으로 문화 다양성의 중요성이 확대되지만, 한국 사회는 이주민에 대한 일방적인 동화 기대가 증가하는 추세이기에 상호문화의 필요성이 증대되고 있다. 다양한 문화, 국적, 민족, 종교 집단이 서로의 문화를 존중하며 교류하고 상호작용을 통해 동등하게 공존하고 상생할 방안으로서, 내 · 외국인이 소통을 통한 개방된 상호작용을 유지하는 사회로 전환하는 상호문화의 확산이 필요한 시점이다.

(1) 선행연구 검토

국내 · 외에서 수행된 주민자치회에 대한 선행연구는 기존의 주민자치회를 다룬 선행연구들에서 주민자치의 이론과 법제, 주민자치회 시범사업에 대한 소개가 많은 편이다. 그러나 주민자치회의 역할에 대하여 논의하거나 상호문화적 관점에서 주민자치회의 지역 이민정책 발전에 관한 논의는 비교적 최근에 나타난 경향이다. 또한, 지역 관점에서 상호문화주의를 실현할 수 있는 제도는 주민자치회, 주민참여, 주민조례개폐청구, 주민투표, 주민참여예산제 등과 다양하게 연결하여 볼 수 있다(〈표 10-10〉).

기존의 대부분의 연구들은 주민자치회 형성에 관한 요인, 주민자치회가 지역사회 안에서 자리잡기 위하여 행정 · 행정조직과 지역주민과의 협치에 대한 방향성을 제시하고 있으며, 지역사회와 적극적으로 협력하기 위해 주민자치회 활동에 대한 긍정적인 인식, 주민자치회 관련 제도 마련, 주민자치회와 지역사회 간 교류 등이 필요함을 강조하기도 하였다.

그리고 국내 · 외 사례연구에서 공통적으로 주민자치회, 주민자치 조직 주민참여, 주민자치회 운영 및 성과, 주민참여예산제도 등을 통해 지역 관점에서 상호문화주의를 실현할 수 있는 제도를 살펴보았다. 최근에는 지방자치단체의 다문화정책을 대상으로 사례연구를 수행하는 경우가 늘어나고 있다. 그러나 유럽평의회의 '상호문화도시'로 지정된 안산시와 서울시 구로구, 관악구, 영등포구를 대상으로 상호문화정책을 비교 연구한 사례는 없다.

상호문화주의에 대한 국내 · 외의 기존 연구를 살펴보면, 우선 해외사례의 경우 오정은(2012)의 '유럽의 상호문화정책 연구: 상호문화도시 프로그램을 중심으로'가 있는데, 이는 다문화주의의 한계를 넘어서서 상호문화주의 필요성을 강조하면서, 구체적인 상호문화도시의 사례들을 검토하고 있다. 2012년 당시에는 상호문화주의의 역사가 불과 4년 남짓 되었을 때라서 종합적인 성과평가는 어려웠지만 문화간 교류라는 것을 강조하며 다문화주의의 극복을 위해 상호문화의 개념과 사례를 소개했다는 점에서 의의가 있다.

해외의 사례연구에서는 상호문화도시협의회의 홈페이지와 선행연구에서 제시된 사례들을 바탕으로 상호문화도시지표(ICC-index)에 기초하여 사례들을 분류해 보았다. 이론적인 차원에서 볼

표 10-10 주민자치위원화와 주민자치회의 제도 비교

구분		주민자치위원회	주민자치회
조직설계	법적 근거	•「지방자치법」 제8조 및 동법 시행령 제8조 (2002년 기준) – 지방자치단체 관련 조례	•「지방자치분권 및 지방행정체제 개편에 관한 특별법」 제27조 제28조 제29조 • (2023년 기준) 지방자치단체 관련 조례
	목적	• 주민편의 및 복리증진 도모, 주민자치 기능 강화, 지역공동체 형성에 기여	• 주민자치회의 효율적 운영을 위한 분과 위원회 구성 • 주민자치회의 공동 추진을 위한 협의체 구성 · 운영
조직구성	설치	• 읍 · 면 · 동사무소에 설치 원칙	• 읍 · 면 · 동장의 자문기구
	기능	• 주민자치사무 • 협의 및 자문사무 • 수탁사무 • 주민자치센터의 운영사항 심의	• 주민자치센터 운영 및 프로그램 운영 • 주민생활과 밀접한 관련사항 심의 · 협의 • 지자체가 위임 위탁하는 사무처리 등
	형태	• 읍 · 면 · 동 자문기구	• 읍 · 면 · 동 주민자치기구
	위촉권자	• 읍 · 면 · 동장	• 시장(또는 군수 · 구청장)
	지자체와의 관계	• 대부분 읍 · 면 · 동 주도의 운영	• 대등한 관계에서 파트너십 구축
	위원의 대표성	• 대표성 미약, 지역유지 중심	• 주민대표성, 전문성 확보
	위원 구성	• 주민자치위원회 및 각 단체가 추천한 자 • 공개모집 응모자 중에서 읍 · 면 · 동장이 위촉 • 20~50명	• 주민대표 및 직능대표(공개모집) • 30명 이상 50명 이하 자율 결정 • 3~6개 분과 자율 개설(1개 분과당 4~10명 위원으로 구성)
	주민 참여	• 주민자치센터 운영에 대한 참여 요구 · 주민총회 참여, 발언, 의견 제출 또는 의견 제출	• 주민자치회에 의해 상정된 안건 제출

자료: 행정안전부(2020). 주민자치회 표준조례 개정 및 안내서, 홍성우(2022). 저자 재구성
※ 자료원: 안미연, 장익현, 박민혁(2024). 상호문화적 관점에서의 지역 이민정책 발전 방안 연구: 주민자치회의 지역사회 역할을 중심으로. 이민정책연구원.

때 상호문화주의가 다문화주의와 구분되는 핵심은 상호작용과 참여이다(〈표 10-11〉). 이러한 차원에서 볼 때, 현실 사례에서도 상호작용과 참여를 강조하는 경우가 많은 것을 볼 수 있다. 결국 ICC에서 제시하고 있는 다른 지표들도 참여와 상호작용을 증진하기 위한 것이다.

공공도서관이나, 공공 광장 활용 등은 이러한 좋은 예가 될 수 있다. 또한, 참여의 촉진이 공식적인 정치적 참여뿐 아니라 일상생활에서의 모임과 의사결정과정에서 이주민들을 참여시키고 그들의 의견을 적극적으로 청취하는 것이 중요하게 여겨지고 있다는 것을 볼 수 있다. 다시 말하면, 단순히 외국인 주민들의 참여를 활성화하고 제도적으로 이를 보장한다고 해서 외국인 주민의 참여가 촉진되는 것은 아니다. 언어의 문제, 문화적인 문제, 공간의 문제, 도시계획상의 문제에서다 참여의 기반이 마련되어야 비로소 의사결정에서의 제도적 참여가 실제로 작동하게 된다는 것을 확인할 수 있다.

표 10-11 다문화정책과 상호문화정책의 시행 원칙 비교

정책영역	다문화정책	상호문화정책
소수집단 조직	정부 예산의 지원을 받는 역량 강화의 주체	정부 예산의 지원을 받는 통합의 주체
노동시장	차별금지 정책: 직업 훈련과 고용에서 소수 이주자집단에 대한 우대 조치	차별금지 정책: 소수 이주자집단의 상호문화 능력과 언어 능력 강조
주거	차별금지 임대 정책: 공공주택 이용 우대 조치	차별금지 임대 정책: 인종 구성비의 모니터링을 통해 인종적 주거혼합 장려
교육	다양한 문화적 배경을 가진 학생들이 다니는 학교에 대한 특별지원, 소수 문화집단의 언어 · 종교 · 문화교육 지원	주류문화집단의 언어와 소수 문화집단의 언어교육과 문화교육, 모든 사회구성원을 대상으로 한 상호문화능력 함양, 특정 소수집단의 사회공간적 분리 금지
치안	사회 봉사자로 역할을 하는 경찰, 인종차별 금지 조치의 적극적 시행	인종갈등을 관리하는 주체로 역할을 하는 경찰
대중홍보	문화다양성 축제 및 홍보, 지역 브랜드화 캠페인	상호문화적 상생을 강조하는 캠페인
도시개발	소수민족 집단거주지(enclave)형성과 민족 커뮤니티 리더십의 인정, 도시재생 구역의 조성, 이슬람 사원의 첨탑 등과 같은 소수민족 집단의 상징물 허용	인종 혼합 거주지와 공공장소의 조성 장려 지방정부와 NGO의 갈등관리 능력
거버넌스와 시민권	지역사회 리더십, 지역자산의 분배를 위한 자문단 구성 시 민족별 구성비율 고려	교차문화적 리더십 함양, 교차문화 관련 협회와 자문기구의 구성, 문화혼종성 인정, 공간 활용의 상징성보다는 기능성 강조

자료: Wood(2010). 김형민 · 이재호(2021)에서 재인용
※ 자료원: 안미연, 장익현, 박민혁(2024). 상호문화적 관점에서의 지역 이민정책 발전 방안 연구: 주민자치회의 지역사회 역할을 중심으로. 이민정책연구원.

(2) 정책 추진 체계 및 추진 사례 비교분석

우선 경기도는 현재 국무총리실, 중앙정부와 연계하여 31개 기초자치단체, 공공기관, 민간단체 등과 상호작용을 통해 외국인 주민이 필요한 서비스를 제공하고 있다. 구체적으로 여성가족국 가족다문화과, 노동국 외국인정책과를 통해 외국인 주민에 대한 정책과 프로그램을 제공한다. 또한, 경기도의 31개 시 · 군은 지역의 특성을 고려하면서 자율적으로 기구를 설치하여 운영하고 있다(〈표 10-12〉).

공공기관을 경기도의 공공기관과 31개 시 · 군의 공공기관으로 유형화하면, 경기도의 경우 경기연구원, 경기도여성가족재단, 경기복지재단 등이 있고, 31개 시 · 군에는 수원시정연구원, 용인시정연구원, 각종 여성 관련 기관이 있다. NGO로는 수원이주민센터, 재한외국인지원협회, 지구인

표 10-12 경기도 외국인 주민 정책 관련 기관

지역	외국인 관련 비영리 민간단체명
수원시	수원이주민센터, 수원엠마우스이주민센터, 재한외국인지원협회
성남시	성남이주민센터
시흥시	외국인근로자쉼터
김포시	김포 이주민지원단체협의회, 이주노동자지원센터 김포이웃살이
용인시	용인이주노동자쉼터
광주시	광주외국인노동자센터, 세상의빛 이주민센터, 곤지암외국인교육지원센터
부천시	부천외국인노동자의집, 아시사인권문화연대, 부천이주노동복지센터
군포시	아시아의 창, 군포이주와다문화센터
오산시	오산이주노동자센터, 행복한이주민센터
안산시	안산외국인노동자의집/중국동포의집, 한국외국인인권보호 법률위원회 경기도지부, 공감&동행, 안산외국인 노동자 선교센터, 지구인의 정류장, 너머, 글로벌미션센터, 고려인센터 미르
하남시	외국인비전센터, 하남외국인지원센터, 드림피플
여주시	여주이주민지원센터
고양시	아시아의친구들, 에코랜드이주민센터
남양주시	남양주샬롬의집
안양시	안양이주민센터
의정부시	이주민 월드비전센터
화성시	화성외국인노동자센터
동두천시	능인동두천이주민센터
평택시	평택외국인복지센터

자료: 라휘문 외(2024). 외국인 전담 기구 경기도 유치 추진 당위성 및 경제적 · 사회적 효과분석
※ 자료원: 안미연, 장익현, 박민혁(2024). 상호문화적 관점에서의 지역 이민정책 발전 방안 연구: 주민자치회의 지역사회 역할을 중심으로. 이민정책연구원. 이민정책연구원.

의 정류장, 경기도글로벌 센터 등 다양한 기관들이 있다. 또한, 경기도의 외국인 주민 관련 정책 추진을 위하여 필요한 업무를 위임 위탁받아 수행하는 다문화가족지원센터, 수원외국인복지센터, 경기도 외국인인권지원센터 등 다양한 집행기관이 있다.

우선 경기도 안산시를 살펴보면, 2024년 3월 기준으로 법무부 등록 외국인 지역별 현황 통계에 따르면, 외국인 주민의 체류자격별 분포는 제외동포(F-4)의 체류자격을 가진 자가 45.7%로 가장 많으며, 그다음으로는 영주(F-5) 13.1%, 방문취업(H-2), 방문동거(F-1) 순이었다. 안산시는 등록 외국인과 외국국적동포를 포함해 전국에서 최대 비율의 외국인 주민을 보유하고 있다. 또한 안산시는 외국인 주민 수가 5만 명 이상이며, 총인구 대비 10% 이상의 도시이다(〈표 10-13〉).

이처럼 안산시는 국내 최대의 외국인 밀집 거주 도시로 다양한 문화가 공존하고 있다. 특히, 대한민국 최초이자 아시아에서 두 번째로 유럽평의회가 주관하는 상호문화도시로 2020년 2월 18일에 지정된 곳이다. 경기도 안산시는 상호문화정책을 효율적으로 추진하기 위하여 외국인 주민 행정 전담팀이 있다. 또한, 외국인 주민의 인권과 인식개선을 위한 교육 추진과 내·외국인이 자연스럽게 상호문화적 교류를 할 수 있는 공간과 한국 최초이자 최고 수준의 외국인 행정기관을 운영하며 원스톱 행정서비스를 제공하고 있다. 현재 외국인주민지원본부, 다문화이주민플러스센터, 글로벌다문화센터 등 10여 개의 외국인 행정 타운이 다문화 마을 특구에 위치하여 외국인 주민을 위한 논스톱 행정서비스를 제공한다. 또한, 40여 개의 외국인 주민 커뮤니티 역시 각 분야에서 다

표 10-13 안산시 체류자격별 외국인 주민현황

(단위: 명, %)

체류자격	명	체류자격	명	체류자격	명
문화예술 (D1)	–	회화강사 (E2)	42 (0.04)	동반 (F3)	1,308 (1.3)
유학 (D2)	3,051 (3.1)	연구 (E3)	42 (0.04)	재외동포(F4)	44,335 (45.7)
기술연수 (D3)	36 (0.03)	기술지도 (E4)	–	영주 (F5)	12,721 (13.1)
일반연수 (D4)	717 (0.7)	전문직업 (E5)	–	결혼이민 (F6)	3,805 (3.9)
취재 (D5)	–	예술흥행 (E6)	41 (0.04)	기타 (G1)	2,692 (2.7)
종교 (D6)	27 (0.02)	특정활동 (E7)	659 (0.7)	관광취업 (H1)	4 (0.01)
주재 (D7)	3 (0.01)	계절근로 (E8)	1 (0.01)	방문취업 (H2)	10,516 (10.8)
기업투자 (D8)	93 (0.1)	비전문취업 (E9)	5,428 (5.6)	기타	585 (0.6)
무역경영 (19)	35 (0.3)	선원취업 (E10)	–		
구직 (D10)	178 (0.2)	방문동거 (F1)	7,318 (7.5)		
교수 (E1)	11 (0.01)	거주 (F2)	3,244 (3.3)	계	96,895 (100)

자료: 법무부, 등록 외국인 지역별 현황(2024년 3월 말 기준)』, 『외국국적동포 거소 신고자 현황 (2024년 3월 말 기준)』

※ 자료원: 안미연, 장익현, 박민혁(2024). 상호문화적 관점에서의 지역 이민정책 발전 방안 연구: 주민자치회의 지역사회 역할을 중심으로. 이민정책연구원. 이민정책연구원.

양한 활동을 이어가고 있다.

서울시 관악구를 살펴보면, 2024년 3월 기준으로 법무부 등록 외국인 지역별 현황 통계에 따르면, 외국인 주민의 체류자격별 분포는 재외동포(F-4)의 체류자격을 가진 자가 38.1%로 가장 많으며, 그다음으로는 영주(F-5) 14.5%, 유학(D-2)이 13.5%, 방문취업(H-2)이 7.7% 순이었다. 이 중 5년 이상 체류한 외국인이 46.1%를 차지하고 있어서 장기체류 외국인이 많으며, 지역사회 통합을 위한 장기적인 계획이 필요하다고 볼 수 있다(〈표 10-14〉).

상호문화 도시적 관점에서, 관악구는 형식적으로 대부분 잘 갖추어진 모습을 보인다. 다문화가족지원협의회를 구성하여 정책 참여를 확보하고 있으며, 초기 정착 이주민에 대한 적극적인 한국어 교육 및 생활교육, 그리고 청소년의 교류에 대한 프로그램이 잘 갖추어져 있는 것으로 추정된다. 특히, 외국인들의 사회통합뿐 아니라 선주민들의 외국인에 대한 이해의 폭 확장을 위한 상호문화 교육 등을 시행하는 모습은 매우 긍정적이다. 그리고 선주민들과 이주민들의 교류 활성화를 위한 다문화 축제의 개최, 멘토링 프로그램 등은 교류 증진이라는 점에서 주목할 만하다. 그러나 관악구의 대부분 정책이 가족센터를 통해서 이루어지고 있는데, 가족센터의 설립 목적에 따른 한계로 정책 수혜 대상이 결혼이주민이나 다문화가족 구성원에 집중된다는 문제점이 있다. 따라서, 다양한 외국인들에게 보편적으로 적용될 수 있는 정책 추진 체계를 구축할 필요가 있다.

한편 서울시 구로구를 살펴보면, 2024년 3월 기준으로 법무부 등록 외국인 지역별 현황 통계

표 10-14 관악구 체류자격별 외국인 주민현황

(단위: 명, %)

체류자격	명	체류자격	명	체류자격	명
문화예술 (D1)	6 (0.02)	회화강사 (E2)	208 (0.8)	동반 (F3)	214 (0.8)
유학 (D2)	3,467 (13.5)	연구 (E3)	147 (0.5)	재외동포 (F4)	9,807 (38.1)
기술연수 (D3)	1 (0.01)	기술지도 (4)	–	영주 (F5)	3,736 (14.5)
일반연수 (D4)	983 (3.8)	전문직업 (E5)	–	결혼이민 (F6)	1,181 (4.6)
취재 (D5)	–	예술흥행 (E6)	155 (0.6)	기타 (G1)	213 (0.8)
종교 (D6)	6 (0.02)	특정활동(E7)	574 (2.2)	관광취업 (H1)	330 (1.3)
주재 (D7)	5 (0.02)	계절근로 (E8)	–	방문취업(H2)	1,991 (7.7)
기업투자 (D8)	31 (0.1)	비전문취업 (E9)	58 (0.2)	기타	162 (0.6)
무역경영 (19)	2 (0.01)	선원취업 (E10)	–		
구직 (D10)	575 (2.2)	방문동거 (F1)	681 (2.6)		
교수 (E1)	54 (0.2)	거주 (F2)	1,089 (4.2)	계	25,676 (100)

자료: 법무부, 『등록 외국인 지역별 현황(2024년 3월 말 기준)』, 『외국국적동포 거소 신고자 현황 (2024년 3월 말 기준)』.
※ 자료원: 안미연, 장익현, 박민혁(2024). 상호문화적 관점에서의 지역 이민정책 발전 방안 연구: 주민자치회의 지역사회 역할을 중심으로. 이민정책연구원. 이민정책연구원.

에 따르면, 외국인 주민의 체류자격별 분포는 제외동포(F-4)의 체류자격을 가진 자가 52.5%로 가장 많으며, 영주(F-5) 17.6%, 그다음으로 방문취업(H-2), 방문동거(F-1), 거주(F-2) 순이었다. 또한 구로구는 외국인 주민 수가 5만 명 이상으로 총인구 대비 10% 이상의 도시라고 볼 수 있다(〈표 10-15〉).

구로구는 서울의 자치구 중 최초로 상호문화도시협의회에 가입하는 등 매우 적극적인 행보를 펼치고 있었다. 2020년에는 전 세계 141개 상호문화도시 가입 도시 중 1위를 차지할 정도로 높은 평가를 받기도 하였다. 특히, 이 중에서도 언론 및 홍보, 리더십, 상호작용과 공약, 국제적 관점 등에서 우수한 성적을 받은 것으로 나타났다. 그러나 종합적인 측면에서 볼 때, 전반적인 제도 구축 및 법 규정 정비 등의 영역과 시민들과 이주민들이 경험하는 정책적 효능감은 차이가 있는 것으로 보인다. 예를 들어, 이주민들이 구로구 정책에 대해서 느끼는 감정인 여전히 '미흡' 혹은 '보통' 수준이 가장 높았고, 선주민들의 이주민에 대한 인식도 여전히 부정적인 것으로 나타났다. 이러한 점들을 극복하기 위해서 적극적인 이중언어 정책과 일상생활에서 이주민과 선주민이 긍정적으로 상호작용을 할 수 있는 공공 공간의 확립이 중요할 것으로 보인다.

그리고 서울시 영등포구를 살펴보면, 2024년 3월 기준으로 법무부 등록 외국인 지역별 현황 통계에 따르면, 외국인 주민의 체류자격별 분포는 제외동포(F-4)의 체류자격을 가진 자가 53%로 가장 많으며, 그다음으로 영주(F-5) 17%, 방문취업(H-2), 방문동거(F-1), 거주(F-2), 결혼이민(F-6)

표 10-15 구로구 체류자격별 외국인 주민현황

(단위: 명, %)

체류자격	명	체류자격	명	체류자격	명
문화예술 (D1)	1 (0.01)	회화강사 (E2)	63 (0.1)	동반 (F3)	78 (0.2)
유학 (D2)	443 (0.9)	연구 E3	8 (0.01)	재외동포 (F4)	25,313 (52.5)
기술연수 (D3)	6 (0.01)	기술지도 (E4)	–	영주 (F5)	8,486 (17.6)
일반연수 (D4)	173 (0.3)	전문직업 (E5)	–	결혼이민 (F6)	1,898 (4.0)
취재 (D5)	–	예술흥행 (E6)	13 (0.02)	기타 (G1)	397 (0.8)
종교 (D6)	8 (0.01)	특정활동 (E7)	162 (0.3)	관광취업 (H1)	35 (0.07)
주재 (D7)	3 (0.01)	계절근로 (E8)	–	방문취업 (H2)	6,301 (13.0)
기업투자 (D8)	68 (0.2)	비전문취업 (E9)	130 (0.2)	기타	231 (0.5)
무역경영 (19)	11 (0.02)	선원취업 (E10)	–		
구직 (D10)	105 (0.2)	방문동거 (F1)	2,519 (5.2)		
교수 (E1)	4 (0.01)	거주 (F2)	1,741 (3.6)	계	48,197 (100)

자료: 법무부, 등록 외국인 지역별 현황(2024년 3월 말 기준)』, 『외국국적동포 거소 신고자 현황 (2024년 3월 말 기준)』.
※ 자료원: 안미연, 장익현, 박민혁(2024). 상호문화적 관점에서의 지역 이민정책 발전 방안 연구: 주민자치회의 지역사회 역할을 중심으로. 이민정책연구원. 이민정책연구원.

순이었다. 영등포구는 구로구 다음으로 외국인 주민 수가 5만 명 이상으로 총인구 대비 10% 이상의 도시라고 볼 수 있다(〈표 10-16〉).

영등포구는 2021년 상호문화정책을 시행했다. 또한, 상호문화 존중을 위한 다문화 인식개선 및 이해 교육 운영 추진과 전국 단위 및 지역사회 다문화 네트워크 구축을 위한 전국다문화도시협의회의에도 가입했다. 하지만, 현재) 영등포구는 상호문화주의 정책보다는 다문화가족 정책에 초점을 맞추는 것으로 보인다. 영등포구는 외국인 주민의 등록 외국인의 평균 연령은 전국, 서울시, 기타 외국인 밀집 지역(시흥시, 안산시) 대비 상대적으로 높은 것을 알 수 있다. 영등포구의 경우 대표적인 외국인 주민 밀집 거주지역(외국인 주민 수 전국 7위)이다. 이는 영등포구 내에 다양한 국가의 출신 인구가 존재하며, 다양한 문화가 공존하고 있으며, 다문화가족, 사회통합을 위한 상호문화 공동체 형성을 위해 노력하고 있음을 볼 수 있다.

(3) 면접조사 분석 결과

상호문화 · 마을자치 연구자, 지역주민, 지역 내 거주 외국인을 대상으로 면접조사를 실시했다. 면접조사 결과를 정리하면 아래와 같다.

① 상호문화주의에 대한 인식의 차이에서는, 모든 그룹에서 상호문화주의에 대한 일반적 이해는 부족했고, 다문화주의와의 차이는 아직 생소하다고 느끼고 있으며, 상호문화의 개념을 처음 들

표 10-16 영등포구 체류자격별 외국인 주민현황

(단위: 명, %)

체류자격	명	체류자격	명	체류자격	명
문화예술 (D1)	–	회화강사(E2)	94 (0.2)	동반 (F3)	123 (0.2)
유학 (D2)	778 (1.6)	연구 (E3)	7 (0.01)	재외동포 (F4)	25,667 (53.0)
기술연수 (D3)	2 (0.01)	기술지도(E4)	51 (0.1)	영주 (F5)	8,255 (17.0)
일반연수 (D4)	203 (0.4)	결혼이민(F6)	–	전문직업 (E5)	1,554 (3.2)
취재 (D5)	1 (0.01)	예술흥행 (E6)	43 (0.1)	기타 (G1)	257 (0.5)
종교 (D6)	11 (0.02)	특정활동(E7)	340 (0.7)	관광취업 (H1)	84 (0.2)
주재 (D7)	22 (0.04)	계절근로(E8)	–	방문취업(H2)	6,253 (13.0)
기업투자 (D8)	108 (0.2)	비전문취업(E9)	211 (0.4)	기타	237 (0.5)
무역경영 (19)	7 (0.01)	선원취업 (E10)	–		
구직 (D10)	169 (0.3)	방문동거(F1)	2,251 (4.6)		
교수 (E1)	5 (0.01)	거주 (F2)	1,728 (3.5)	계	48,461 (100)

자료: 법무부, 등록 외국인 지역별 현황(2024년 3월 말 기준)』, 『외국국적동포 거소 신고자 현황 (2024년 3월 말 기준)』

※ 자료원: 안미연, 장익현, 박민혁(2024). 상호문화적 관점에서의 지역 이민정책 발전 방안 연구: 주민자치회의 지역사회 역할을 중심으로. 이민정책연구원. 이민정책연구원.

어본다는 응답이 많았다. 이주민과의 사회통합에서의 가장 중요한 문제는 상호문화에 대한 인식개선이라는 것을 인터뷰를 통해 확인할 수 있었다.

② 주민자치에 대한 개념 이해, 주민자치 인식과 관련한 질문에 응답자들은 주민자치회가 생기기 전과 후를 비교했을 때, 시간에 따른 주민자치회 인식의 변화가 있다고 느끼고 있었다. 한편, 주민자치를 연구하고 있는 연구자들은 몇 년 전과 다르게 주민자치회의 역할과 참여도가 축소된 부분에 대하여 아쉬움을 나타냈다.

③ 지역사회에서 지역주민 간의 상호교류 부분에서는 지역주민의 경우에는 지역사회에서 지역주민 간의 상호교류가 잘 되고 있지 않다는 의견이 많았다. 이주민들을 존중하지 않는 부분도 생각보다 다양하게 제시되었다. 이주민들 역시 다양한 활동을 하면서도 같은 사회의 공동체 구성원으로 존중받지 못한다는 생각을 많이 가지고 있으며, 본인들이 봉사활동과 같이 공동체를 위해서 노력할 때도 마찬가지로 인식하는 경향이 있었다.

④ 제도(법제회) 요인에서는 모든 그룹에서 이주민과의 사회통합을 위해서 가장 중요하게 생각하는 요인으로 이주민에 대한 인식 차이의 폭 감소, 상대방을 존중하는 문화의 바탕을 만드는 것이 중요하다고 말했다. 특히, 지역주민의 경우 이주민이 원주민 사회로 진입할 수 있는 구조가 되어야 한다고 말하고 있다.

⑤ 지역사회 내에서 겪는 문제점에서는 모든 그룹에서 이주민에 대한 인식개선과 지역사회에서의 참여를 할 수 있는 동기가 부여되면 좋겠다는 의견이 많았다.

(4) 정책적 시사점

본 연구의 결과에 따른 정책적 시사점을 도출하면 다음과 같다.

① 상호문화라는 개념이 우리에게 낯설고, 대부분의 인식이 다문화주의에 머물러 있다는 점을 확인해 볼 수 있다. 이주민과의 사회통합에서의 가장 중요한 문제는 상호문화에 대한 인식개선이라는 것을 확인할 수 있었다.

② 주민자치회 내에 상호문화적 관점을 담아낼 수 있는 주민자치회 분과로 외국인 분과의 설치, 문화교육 운영 등을 포함하여 외국인을 참여시키는 방안을 모색하는 것이 필요하다고 볼 수 있다. 더불어서 외국인들의 주민자치 참여가 활성화된다면 서로 다른 문화가 만나는 기회가 늘어날 뿐만 아니라 궁극적으로 통합의 가능성은 높아질 수 있다.

③ 친밀감 형성을 위한 교류 및 커뮤니티 공간이 필요하다. 모임 및 동아리, 체험 프로그램을 통해 교류를 늘리면서 일상에서의 친밀감을 형성하는 방식이 필요하다. 또한, 이주민 분포에 따라 거점 공간을 활용한 만남 및 이벤트, 축제 등을 통하여 교류를 늘려야 한다. 주민자치회는 공식적인 의사소통기구인데, 공식적인 의사소통기구는 비공식적인 유대감과 친밀감이 없으면

지속가능성을 확보하기가 어려운 경우가 많다. 따라서, 교류 및 커뮤니티 활동, 그리고 이를 지원하는 공간의 제공 등을 고려해볼 수 있을 것이다.

④ 외국인의 주민참여를 증대시키는 방안으로는 인센티브를 부여하는 정책이 필요하다. 주민자치회와 같은 협력적 거버넌스의 경우 참여자들의 참여동기를 지속가능하게 해야 참여의 확보가 가능해진다. 외국인들의 경우 주민 활동 참여 시 봉사점수를 부여해 영주권 신청이나 국적 신청에 활용하게 한다면 적극적인 인센티브가 될 수 있을 것이다. 동시에 외국인들의 참여를 증대시키기 위해 한국인들의 외국인에 대한 혐오주의, 편견 등 인식개선이 필요하다고 볼 수 있다.

⑤ 지역사회에서 지역주민과 이주민의 상호교류를 위해 외국인 주민들이 지역공동체 참여를 통해 지역문제를 해결할 수 있다는 점을 강조할 필요성이 있다. 이를 위해 기획과 예산의 기능을 주민자치회에서 처리할 수 있도록 권한을 부여해야 한다.

참고문헌

- 강경희(2015). 멕시코 노동법의 제도적 특징과 작업장 노사관계 연구. 노동정책연구, 15(10), 147-167
- 강동관, 김원숙, 민지원, 박성일, 양윤희, 이상지, 현채민(2017). 주요국가의 이민정책 추진체계 및 이민법. 이민정책연구원, 이민정책 연구총서6.
- 강동완(2018). 북한이탈주민의 사회적응과 정착지원 방안: 보건 · 의료분야 실태와 과제를 중심으로. 정치 · 정보연구, 21(2), 185-206.
- 강명원(2019). 한국의 다문화가족지원법에 관한 비판적 고찰: 프랑스 다문화 통합정책 관점에서. 공법연구, 20(3), 273-293.
- 강민주(2019). 외국인근로자의 산업재해와 실질적 균등대우. 공익과 인권, 19(0), 3-34.
- 강휘원(2006). 한국 다문화사회의 형성 요인과 통합 정책. 국가정책연구, 20(2), 5-34.
- 고길섶(2000). 소수문화들의 정치학. 문화과학사, 32-33.
- 고용노동부(2024). 2024년판 고용노동백서.
- 교육부(2023). 2023년 다문화 교육 지원계획.
- 곽윤경, 김기태(2021). 이주노동자의 사회보험과 4대 전용보험 정책과제. 보건복지포럼, 295, 42-56.
- 관계기관 합동(2023). 제4차 다문화가족정책 기본계획(2023~2027).
- 관계기관 합동(2023). 제4차 다문화가족정책 기본계획(2023~2027). 2024년도 시행계획.
- 관계기관 합동(2024). 2024년도 북한이탈주민 정착지원 시행계획.
- 관계부처 합동(2021). 제1차 문화다양성 보호 및 증진 기본계획(2021~2024).
- 국가인권위원회(2011). 다르지만 평등한 이주민 인권 길라잡이.
- 국가인권위원회(2024). 2024년도 업무계획.
- 권영호(2014). 다문화가족지원법제의 개선에 관한 연구. 법과 정책, 20(1), 83-108.
- 권채리(2020). 코로나19 이후 이민정책 및 법제변환의 전망. 유럽헌법연구, 34, 327-356.
- 김남국(2005). 다문화 시대의 시민: 한국사회에 대한 시론. 국제정치논총, 45(4), 97-121.
- 김병록(2020). 이민정책의 법제와 헌법적 과제. 미국헌법연구, 31(2), 31-55.
- 김연희(2007). 한국 사회의 다문화화와 사회복지분야의 문화적 역량. 사회복지연구, 35(4), 117-144.
- 김은영(2012). 문화적 역량 증진 프로그램 개발: 다문화가족과 일하는 사회복지사를 중심으로. 이화여자대학교 박사학위 논문.
- 김이선, 김민정, 한건수(2007). 여성 결혼이민자의 문화적 갈등 경험과 소통 증진을 위한 정책 과제. 한국여성개발원.
- 김정원(2006). 국내 몽골 출신 외국인 근로자 자녀 학교교육 실태 분석. 교육사회학연구, 16(3), 95-129.
- 김종세(2017). 다문화사회의 헌법적 가치와 사회통합. 법과 정책연구, 17(3), 155-182.
- 김현경(2011). 한국유학생들의 '인종차별경험' 이해에 관한 질적 사례 연구 – 영국의 대학교를 중심으로. 사회과교육, 50(1), 13~30.
- 김현영(2024). Sleeter와 Grant의 다문화교육 접근법에 따른 다문화교육 정책 분석. 다문화사회와 교육연구, 15, 27-50.
- 김혜순(2007). 한국적 다문화주의의 이론화. 한국사회학회. 동북아시대위원회 용역과제 07-7.
- 김홍운, 김두정(2007). 한국사회의 다문화 현상과 교육적 과제. 인문학연구, 34(3), 153-176.
- 남북하나재단(2023). 2023 북한이탈주민 정착실태조사.
- 노인숙 등(2012). 다문화사회와 건강간호. 현문사.
- 라도삼, 조윤정, 이정현(2017). 서울시 문화다양성 의제와 정책방안. 서울연구원.

- 문소현, 김미옥, 나현(2019). 유아기 자녀를 둔 결혼이주여성의 양육행위 유형별 모성이데올로기 및 양육스트레스. 한국간호과학회지, 49(4), 449-460.
- 박길순, 이은아(2020). 여성 결혼이민자의 문화적응 스트레스 경험에 관한 연구. 디지털융합복합연구, 18(11), 596-605.
- 박미화, 최서리(2024). 국내거주 동포(한국계)의 체류자격, 연령 및 지역 분포. 이민정책연구원.
- 박민정, 심수민, 이은정, 정혜경(2021). 아동 · 청소년 대상 문화다양성 교육 현황 진단 및 주요국 사례 연구.
- 박민정, 장주영, 강동관, 김혜경, 신소희(2019). 보건소 근무인력의 이민 · 다문화정책 교육현황 분석 및 개선안. 이민정책연구원.
- 박상민(2018). 북한이탈주민을 진료하는 보건의료인을 위한 10대 가이드라인. 2018 춘계 남북하나재단 · 통일보건의료학회 공동춘계학술대회집.
- 박윤경, 박선운(2021). 다문화교육 질적 연구의 동향과 과제. 교육인류학연구, 17(1), 261-290.
- 박윤경, 박선운(2022). 다문화교육의 연구 동향 분석: 『다문화교육연구』(2008-2021)를 중심으로. 다문화교육연구, 15(4), 111-132.
- 박천응(2009). 다문화교육의 탄생. 국경없는 마을.
- 법무부(2012). 법무부 이민정보과.
- 법무부(2021). 법무부 통계연보.
- 법무부 출입국 · 외국인정책본부(2024). 제4차 외국인정책 기본계획(2023~2027).
- 법무부 출입국 · 외국인정책본부(2024). 2023 출입국 · 외국인정책 통계연보.
- 법무부 출입국 · 외국인정책본부(2024). 출입국 · 외국인정책 통계월보. 2024년 7월호.
- 보건복지부, 한국건강증진재단(2012). 함께하는 건강성공! 북한이주민 건강정보.
- 설동훈(2005). 국제결혼 이주여성 실태조사 및 보건 · 복지 지원 정책방안. 보건복지부.
- 성상환(2010). 다문화인권교육프로그램. 국가인권위원회.
- 손영기(2020). 다문화사회에 관한 국내 법제의 현황과 과제. 민족연구, 75, 170-194.
- 손윤석(2013). 이주노동자의 고용허가제 개선 방안. 법학연구, 49, 1-23.
- 신현영(2018). 보건의료기관을 이용하는 북한이탈주민을 위한 10대 가이드라인. 2018 춘계 남북하나재단 · 통일보건의료학회 공동춘계학술대회집.
- 안미연, 장익현, 박민혁(2024). 상호문화적 관점에서의 지역 이민정책 발전 방안 연구: 주민자치회의 지역사회 역할을 중심으로. 이민정책연구원.
- 양계민, 장윤선, 정윤미(2020). 2020 다문화교육 종합발전방안연구. 교육부.
- 여성가족부(2022). 2021년 전국다문화가족실태조사.
- 오경석, 이경숙, 박선희, 홍규호, 엥크자르갈 빌궁(2017). 경기도 외국인 산업재해자 실태조사. 경기도 외국인인권지원센터.
- 오성배(2009). 외국인 이주노동자가정 자녀의 교육 실태와 문제 탐색. 한국청소년연구, 20(3), 305-334.
- 유민이, 박민정, 김도원, 이창원, 박형준, 이병하, 장봉진(2021). 이민통합정책 평가지표 개발 및 지수 측정. 법무부 출입국 · 외국인정책본부.
- 윤광일, 오혜진(2020). 한국 MIPEX 결과 및 주요 쟁점. 이민자 사회통합을 위한 정책세미나 자료집. 법무부, 이민정책연구원, 숙대 사회갈등 및 통합 연구센터.
- 윤인진(2008). 다문화 사회의 도전과 우리의 과제. 계간 시대정신, 봄호, 339-357.
- 윤자호(2021). 한국 이주노동자 실태와 고용허가제의 현황: 비전문취업자(E-9), 방문취업자(H-2)를 중심으로. KLSI ISSUE PAPER. 한국노동사회연구소.

- 윤형숙(2004). 국제결혼 배우자의 갈등과 적응: 한국의 소수자 실태와 전망. 한울아카데미.
- 이상림(2012). 이주자 건강증진을 위한 정책 제안. 보건복지포럼, 187.
- 이수형, 황나미, 조성은, 김예슬(2018). 북한이탈주민의 건강증진을 위한 통합적 지원 체계화 방안. 경제 · 인문사회연구회.
- 이슬기, 서은숙,김형렬(2021)다문화역량개념 도출을 위한 델파이 조사연구
- 이용승(2004). 호주의 다문화주의. 동아시아연구, 8, 177-205.
- 이인선, 박주혜, 최보라(2019). 이주여성 가정폭력 실태 및 보호시설 운영개선 연구. 여성가족부.
- 이혜경(2007). 이민정책과 다문화주의: 정부의 다문화 정책 평가. 한국사회학회 동북아시대위원회 용역과제 07-7.
- 임미화(2013). 다문화 도덕교육의 정의공동체적 접근에 관한 연구. 서울대학교 석사학위 논문.
- 장서연(2009). 사회권 관련 국내법 현황 및 국제기준의 이해. 이주분야 국제조약의 국내이행 강화를 위한 활동권 워크숍 자료집, 169-217.
- 장선희(2010). 한국의 다문화가족 관련법제의 현황과 평가. 민족연구, 42, 83-102.
- 장의선, 이소연, 강민경, 한건수(2016). 문화다양성 역량 증진을 위한 교수학습 방안. 한국교육과정평가원.
- 장정은(2012). 재한외국인 처우 기본법에 대한 비판적 고찰: 관(官) 주도의 다문화주의를 중심으로. Ewha Law Review, 2(1), 1-25.
- 전경근(2015). 다문화가족지원법제의 현황과 개선방안. 저스티스, 146(2), 293-314.
- 전정희(2010). 북한이탈주민의 건강신념이 건강행위에 미치는 영향. 한국방송통신대학교 간호학석사 학위논문.
- 정상기(2018). 국내체류외국인의 참정권과 법적 보호. 과학기술법연구, 24(1), 221-261.
- 정상준(1995). 문화적 다양성과 다문화주의. 외국문학, 여름호, 79-95.
- 정연, 이나경(2022). 이주노동자 산업안전보건 현황과 정책 과제. 보건복지포럼(2022.02).
- 정장엽, 정순관(2014). 한국 다문화가족정책의 정향성 분석: 동화주의와 다문화주의. 지방정부연구, 17(4), 121-124.
- 정진경, 양계민(2004). 문화적응이론의 전개와 현황. 한국심리학회지, 23(1), 101-136.
- 조기제(2004). 다문화사회에서의 민주시민 교육: 심의민주주의 교육의 필요성. 초등도덕교육, 7, 95-108.
- 조혜영, 서덕희, 권순희(2008). 다문화가정 자녀의 학업수행에 관한 문화기술적 연구. 교육사회학연구, 18(2), 105-134.
- 조효제(2008). 인권경영의 모색: 쟁점과 비판. 아세아연구, 51(3).
- 주유선(2021). 이주노동자의 건강권 보장 실태 및 정책 과제. 보건복지포럼(2021.05).
- 차용호(2015). 한국 이민법. 법문사.
- 최명민, 이기영, 최현미, 김정진(2009). 문화적 다양성과 사회복지. 학지사.
- 최서리, 이창원, 이상지, 신소희(2023). 현재의 수요와 미래의 변화에 대응하는 경제이민제도 개선방안(2): 이민의향표명 모델 적용방안. 이민정책연구원.
- 추병완(2010). 다문화적 시민성 함양을 위한 도덕과 교육 방안. 다문화 도덕교육의 이론과 실제, 하우.
- 통계청, 법무부(2021). 2021년 이민자 체류실태 및 고용조사 결과
- 통계청, 법무부(2023). 2023년 이민자 체류실태 및 고용조사 결과
- 통일부(2024). 2024 통일백서.
- 한경구, 양일모, 한건수, 정은주(2015). 문화다양성 교육 커리큘럼 개발을 위한 지침서. 한국문화예술위원회.
- 한국다문화가족정책연구원(2011). 주요 선진국가의 다문화정책 방향 비교 분석: 한국에 주는 정책적 시

사점을 중심으로.
- 한승미(2003). 일본의 내향적 국제와와 다문화주의 실험. 한국문화인류학, 36(1).
- 한승준(2008). 프랑스 동화주의 다문화정책의 위기와 재편에 관한 연구. 한국행정학보, 42(3), 463~486.
- 한정훈(2019). 이주노동자의 안전보건 불평등에 관한 연구. 사회과학연구, 58(1), 123-159.
- 한양대학교 글로벌다문화연구원, 국가인권위원회(2011). 이주 인권가이드라인 구축을 위한 실태조사.
- 한양대학교 글로벌다문화연구원, 안산시(2010). 안산시 이주민주민 인권증진 기본계획.
- 황갑진(2015). 한국 다문화사회의 특성과 사회적 갈등. 사회과교육연구, 22(3), 13-29.
- 현채민, 최서리, 이창원(2024). 국내 외국국적 학생과 유학생(D-2) 규모 추이(2014~2023). 이민정책연구원.
- Banks, J.A.(2002). An introduction to multicultural education(3rd ed). Allyn & Bacon.
- Banks, J.A.(2010). Multicultural education: Charateristics and Goals. Multicultural education: Issues and perspectives(7th ed.). John Wiley & Sons, Inc.
- Bohning Wolf R.(1984). Studies of International Migration. Macmillan.
- Burchum,J.(2002). Cultural Competence: An Evolutionary Perspective. Nursing Forum, 37(4), 5-15.
- Campinha-Bacotte, J.(1999). A Model and Instrument for Addressing Cultural Competence in Health Care. Journal of Nursing Education, 38(5), 203-20.
- Collins, S., Arthur, N.(2010). Culture-infused counselling: A model for developing multicultural competence, Counselling Psychology Quarterly, 23(2), 217-233.
- Cross, T., Bazron, B., Dennis, K., Isaacs, M.(1989). Towards a culturally competent system of care. Washington, DC: Georgetown University Child Development Center.
- Davis, T.S.(2009). Diversity Practice in Social Work: Examining Theory in Practice. Journal of Ethnic And Cultural Diversity in Social Work, 18(1&2), 40-69.
- Epstein, R., & Hundert, E.(2002). Defining and assessing professional competence, JAMA, 287(2), 226-235.
- Gay, G(1994). A synthesis of scholarship in multicultural education. Urban Education Monograph.
- Giger, Joyce Newman(2013). Transcultural Nursing: Assessment and Intervention. Elsvier.
- Heslehurst, N., H. Brown, A. Pemu, H. Coleman and I. Rankin(2018). Perinatal health outcomes and care among asylum seekers and refugees: A systematic review of systematic reviews. BMC Medicine, 16, 89.
- IOM(2010). World Wide Migration Report 2010.
- IOM(2020). World Migration Report 2020.
- IOM(2022). World Migration Report 2022.
- IOM(2024). World Migration Report 2024.
- Iten, A.E., E.A. Jacobs, M. Lahiff and A. Fernandez(2014). Undocumented immigration status and diabetes care among Mexican immigrants in two immigration "sanctuary" areas. Journal of Immigrant and Minority Health, 16(2), 229 – 238
- Lonnroth, K., G.B. Migliori, I. Abubakar, L.(2015). Towards tuberculosis elimination: An action framework for low-incidence countries. European Respiratory Journal, 45, 928 – 952.
- Lum, D.(2005). Cultural competence, practical stages, and client systems: A case study approach. Belmont, CA, Brooks/Cole Thomson Learning.
- Lum, D.(2007). Culturally competent practice: A Framework for Understanding Diverse Groups and Justice Issue. CA: Brooks/Cole Thomson Higher Learning.
- McPhatter, A.R.(1997). Cultural competence in child welfare: What is it? How do we achieve it? What hap-

pens without it?. Child Welfare, 76(1), 255-278.
- Miley, K., O'Melia, M., & Dubois, B.(1998). Generalist social work practice: An empowering approach. Boston: Allyn & Bacon.
- Mladovsky, P.(2013). Migrant health in the EU. In: Disaggregated Data and Human Rights: Law, Policy and Practice. The University of Essex Human Rights Centre Clinic, 31 – 32.
- Nieto, S.(1992). Affirming diversity: The sociopolitical context of multicultural education(3rd ed.). Teachers College Press.
- Obegi, A.D., Ritblatt,S.N.(2005). Cultural Competence in Infant/Toddler Caregivers: Application of a Tri-Dimensional Model". Journal of Research in Childhood Education, Spring, 199-213.
- Sleeter, C.E. & Grant, C.A.(2009). Making choices for muticultural education: Five approaches to race, class and gender. 문승호 외 역(2009). 다문화교육의 탐구: 다섯 가지 방법들. 서울: 아카데미 프레스.
- Sue, D.W.(2001). Multidimensional facets of cultural competence, Counseling Psychologist, 29, 790 – 821.
- Sue, D.W.(2006). Multicutura lSocial work practice. JohnWiley & Sons, Inc.
- Suh, E.E.(2004). The model of cultural competence through an Evolutionary Concept Analysis. Journal of Transcultural Nursing, 15(2), 93-10.
- Suzuki, L.A., McRae, M.B., Short, E.L.(2001). The Facets of Cultural Competence: Searching Outside the Box. The Counseling Psychologis, 29(6), 842-849.
- Taylor, Charles(1992). Multiculturalism and the Politics of Recognition. Princeton University Press.
- Weaver, H.N.(2004). The Elements of Cultural Competence: Applications with Native American Clients. Journal of Ethnic And Cultural Diversity in Social Work, 13(1), 19-35.

참고 사이트

- 교육부 공식 블로그 https://if-blog.tistory.com
- 국가법령정보센터 https://www.law.go.kr
- 국가인권위원회 https://www.humanrights.go.kr
- 문화다양성아카이브 https://cda.or.kr
- 법제처 https://www.moleg.go.kr
- 서울대학교 인권센터 https://hrc.snu.ac.kr
- 서울특별시 https://www.seoul.go.kr
- 외교부 https://www.mofa.go.kr
- KOSIS 국가통계포털 https://kosis.kr

찾아보기

한글

저자소개

김동옥 서울대학교 간호과학연구소
강경숙 부산여자대학교
김원종 김천대학교
김희연 가톨릭상지대학교
이미자 송곡대학교
이상민 위덕대학교
이정숙 대경대학교
장성림 문경대학교
차지은 수원과학대학교
함혜연 안동과학대학교

저자와의 협의로 인지생략

다문화사회와 건강

발 행 일 2025년 1월 3일 1쇄 인쇄
2025년 1월 10일 1쇄 발행
저 자 김동옥 강경숙 김원종 김희연 이미자
이상민 이정숙 장성림 차지은 함혜연
발 행 인 김재민
발 행 처 정문각 JMK
서울특별시 마포구 백범로 104, 봉화빌딩 4층
출판등록 2011년 1월 19일 제2011-000035호
전 화 02)713-0421~3
팩 스 02)704-6265
전자우편 jmk@jmkp.co.kr
홈페이지 www.jmkp.co.kr

JUNGMUNKAG JMK, 2025, Printed in Seoul, Korea

정 가 **32,000원**

ISBN 979-11-6260-407-6 93510